徽学文库（第二辑）
主　编◎周晓光
副主编◎王振忠　胡中生

教育部人文社会科学重点研究基地
安徽大学徽学研究中心基金资助

历史社会地理视野下的徽商及徽州社会

——以清民国时期的绩溪县为中心

周炫宇◎著

北京师范大学出版集团
安徽大学出版社

图书在版编目(CIP)数据

历史社会地理视野下的徽商及徽州社会:以清民国时期的绩溪县为中心/周炫宇著.—合肥:安徽大学出版社,2020.9
(徽学文库/周晓光主编.第二辑)
ISBN 978-7-5664-2098-5

Ⅰ.①历… Ⅱ.①周… Ⅲ.①徽商-研究-绩溪县-近代 Ⅳ.①F729.5

中国版本图书馆 CIP 数据核字(2020)第 167765 号

历史社会地理视野下的徽商及徽州社会
——以清民国时期的绩溪县为中心

周炫宇 著

Lishi Shehui Dili Shiyexia De Huishang Ji Huizhou Shehui

出版发行:	北京师范大学出版集团 安徽大学出版社 (安徽省合肥市肥西路 3 号 邮编 230039) www.bnupg.com.cn www.ahupress.com.cn
印　　刷:	安徽新华印刷股份有限公司
经　　销:	全国新华书店
开　　本:	170 mm×240 mm
印　　张:	22.25
字　　数:	324 千字
版　　次:	2020 年 9 月第 1 版
印　　次:	2020 年 9 月第 1 次印刷
定　　价:	68.00 元

ISBN 978-7-5664-2098-5

总　策　划:陈　来　齐宏亮
执行策划编辑:李　君　方　青　邱　昱　　装帧设计:李　军
责　任　编　辑:方　青　邱　昱　　　　　　美术编辑:李　军
责　任　校　对:姚　宁　　　　　　　　　　责任印制:陈　如　孟献辉

版权所有　侵权必究

反盗版、侵权举报电话:0551-65106311
外埠邮购电话:0551-65107716
本书如有印装质量问题,请与印制管理部联系调换。
印制管理部电话:0551-65106311

总 序

徽学是以徽州历史地理、徽州传统社会、徽州历史文化及其传承创新为研究对象的一门学问。尽管关于徽州自然与人文的记述与探究,历史上由来已久,但作为具有现代学科意义的徽学,则形成于20世纪80年代。已故徽学研究奠基人和开拓者张海鹏先生在《徽学漫议》一文中说:"在20世纪70年代末到80年代中期,随着'科学的春天'的到来,学术园地百花齐放,异彩纷呈。其中,'徽学'也在群芳争妍中绽开了蓓蕾,成为地域文化中的一枝新秀。"[①]已故著名徽学专家、原中国社会科学院历史研究所周绍泉先生在《徽州文书与徽学》一文中说:"徽学(又称徽州学)是80年代以后才出现的新学科。"[②]著名徽学研究大家叶显恩先生在胡益民先生编著的《徽州文献综录》一书写的序中说:"徽学在短暂的三十年间,从默默寡闻而勃然兴起,今已蔚然成大国,耸立于学界之林,成为与敦煌学、藏学相比肩的显学。"[③]回溯30年,正是20世纪80年代。中国社会科学院栾成显先生在《明清徽州宗族文书研究》中同样指出:"20世纪80年代徽学兴起以来,学者们利用谱牒、方志及其他文献资料,乃至进行社会调查,对徽州宗族作了较为深入的研究,成果

---

① 张海鹏:《徽学漫议》,载《光明日报》,2000年3月24日。
② 周绍泉:《徽州文书与徽学》,载《历史研究》,2000年第1期。
③ 叶显恩:《徽州文献综录序》,见胡益明:《徽州文献综录》卷首,合肥:安徽教育出版社,2014年。

显著。"①上述关于徽学形成于20世纪80年代的观点,已是学术界的基本共识。

徽学之所以在20世纪80年代以后勃然兴起,有其天时、地利、人和等多种因素。

从"天时"来看,20世纪80年代是学界处于中华人民共和国成立以来的一个学术研究重要转型期。就史学研究而言,著名史学理论与史学史研究专家、北京师范大学瞿林东先生认为:"中国史学上的第五次反思出现于20世纪八九十年代,其历史背景和学术背景是,20世纪七十年代末,中国的政治形势从'以阶级斗争为纲'转向实行改革开放、以经济建设为中心;在意识形态领域则是以拨乱反正、正本清源、解放思想、实事求是为其时代特征……中国的理论界、学术界从'万马齐喑'的状态一下子活跃起来,几乎每一个学科或学术领域都在思考自身的发展道路。"②中国史学"视野开阔了,研究领域拓展了,中外史学交流日益加强了,新问题、新材料、新成果不断涌现出来"。③ 在此转型期中,文化史、社会史和区域史的研究受到高度重视。徽州因其独特的地理与历史文化秉性,吸引了海内外学者的目光,有关徽州及其历史文化的各类研究成果纷纷问世。由此,徽州成为当时区域史研究的一个重要对象。正是基于学术研究转向的这一背景,徽学因时而生。中国社会科学院卜宪群先生在《新中国七十年的史学发展道路》一文中评述这一时期的史学研究时说:"与历史文献学有密切关系的甲骨学、简帛学、敦煌学、徽学等古文书学研究取得了重要成就。徽学成为国际性学科,敦煌在中国,敦煌学在国外的状况得以根本改变。"④1999年12月,中华人民共和国教育部设立首批15所人文社会科学重点研究基地,安徽大学徽学研究中心入选。它标志着经过20年的发展,徽学学科得到了国家层面的正式认可。

---

① 栾成显:《明清徽州宗族文书研究序》,见刘道胜:《明清徽州宗族文书研究》卷首,合肥:安徽人民出版社,2008年。
② 瞿林东:《史学理论史研究 中国史学上的五次反思》,载《史学史研究》,2015年第1期。
③ 瞿林东:《传播·反思·新的前景——新中国70年史学的三大跨越》,载《中国史研究动态》,2019年第4期。
④ 卜宪群:《新中国七十年的史学发展道路》,载《中国史研究》,2019年第3期。

从"地利"来看,它包含了多个方面的内容:

一是历史上关于徽州自然与人文的探究传统,为徽学形成奠定了基础。从南朝梁萧几《新安山水记》、王笃《新记》,唐代《歙州图经》,北宋祥符年间《歙州图经》、黄山祥符寺僧行明《黄山图经》,南宋姚源《新安广录》、罗愿《新安志》、刘炳等《新安续志》,到元代朱霁《新安后续志》,明代程敏政《新安文献志》、程曈《新安学系录》《新安文献补》、何东序等《徽州府志》、方信《新安志补》、蒋俊《祁阊图志》、戴廷明等《新安名族志》、张涛等《歙志》、傅岩《歙纪》,清代高晫《徽州府通志》、赵吉士《徽州府志》、施璜《紫阳书院志》《还古书院志》等,以及各历史时期其他大量有关徽州的府县志、专志、纪述,都是涉及徽州山川风物、疆域沿革、风俗变迁、宗族迁徙、文教兴衰、人物事迹等自然与人文历史的记述与考察。近代以来,学者又开始有意识地关注徽州历史与文化问题,把徽州视为一个既有特殊性、又具普遍性的区域加以关注、研究。其成果为20世纪80年代的徽学成为专门学问奠定了基础。

二是源远流长且内涵丰富的徽州历史文化,为徽学形成提供了研究对象。徽州文化具有丰富的内涵,其内容包括新安理学、徽派朴学、徽州教育、新安医学、徽商、徽州科技、徽派建筑、新安画派、徽派篆刻、徽派版画、徽剧、徽菜、徽派雕刻、徽派盆景、宗族、民俗、方言,以及文房四宝等。其文化秉性既是区域个性的标签,也展现了独特的文化风采。第一,徽州文化是连续不断的文化。宋徽宗宣和三年(1121)"徽州"得名,从此开始了徽州文化的时代。在其后的800年间,徽州文化有过盛衰变迁,但它从未中断过,长期保持了高位水平发展态势且始终具有个性特征。这在其他区域文化中是不多见的。徽州文化的"连续不断",主要表现在两个方面:一方面,宋代以降,各个时期徽州都是传统文化的发达之区,其生生不息的文化传承,构成了徽州文化的连续性;另一方面,徽州文化中的一些主要文化现象,宋代以来一直传承不息,源远流长。比如,徽州传统学术文化从新安理学到徽派朴学延续了600多年而未断层就是一个典型的事例。第二,徽州文化是兼容并包的文化。徽州文化虽有其独立的个性,但在其发展过程中,也吸收了大量的其他区域、其他学派的文化。因此,兼容并包成为徽州文化的重要特色之一。第三,徽州文化是引领潮流的文化。作为引领潮流的文化,徽州文化中的新安理学成为国家意志和国家"主流"意识;而徽州文化中的其他各种文化现象,不仅因其地域特色鲜明而在中国传统文化中独树一帜,而且能突破区域局限,引领各领域的文化潮流。第四,徽州文化是世俗生活的文化。徽州文化中无论是精神层面的文化,还是物质层面的文化和制度层面的文化,都与世俗生活息息相关。第五,徽州文化是体系完备的文化。在中国传统社会后期,随着传统文化的地域化发展,各具特色的区域文化纷纷出现,形成繁星满天的情景。这些区域文化,各擅其长,或以哲学思想影响当时及后世,或因文学流派享誉天下,或藉教育和科举形成特色,或由民风民俗传扬四方,但集各种文化现象于一身者,并不多见。徽州文化则因其具有丰富的内涵,成为别具一格的文化体系,形成鲜明的区域特色。这些文化现象,涉及徽州经济、社会、教育、文学、艺术、工艺、建筑、医学等学科,涉及中国传统文化的各个方面,也全面反映了中国传统社会后期经济、社会、生活及文学艺术等基本内容。无论是物质层面的文化、制度层面的文化,还是精神层面的文化,中国传统文化的特质在徽文化中均有典型体现。因此,徽州文化具有独特的研究价值,也成为徽学之所以形成的"地利"因素之一。

三是丰富的徽州历史文献和大量的文化遗存,尤其是20世纪80年代以来近百万件徽州文书的重新发现,为徽学的形成提供了坚实的资料支撑。徽学是以历史学为基础的综合性学科,史料是支撑学科成立的重要因素。历史上徽州向来以"文献之邦"著称,《新安歙北许氏东支世谱》说,江南诸郡中"以文献称者吾徽为最"。[1] 清乾隆年间编纂的《四库全书》,收录徽人著作254种(含存目类);而道光《徽州府志·艺文志》则著录徽人著述宋504种、元288种、明1245种、清(道光以前)1295种,总数达3332种,分经、史、子、集四大类,数十门类。胡益民编著的《徽州文献综录》著录的各类徽州典籍文献逾15000种。[2] 这些历史文献成为徽学研究的重要史料,并且在20世纪80年代以后包括《四库全书》在内的大型丛书陆续影印出版,为研究者提供了便

---

[1] 《新安歙北许氏东支世谱》卷五《寿昌许公八秩序》。
[2] 胡益民编著:《徽州文献综录》,合肥:安徽教育出版社,2014年。

利。徽州还是物质和非物质文化遗产保存较为丰富的地区,祠堂、牌坊、古民居、古村落、传统工艺、民间艺术等数量巨大,类型多样,它们既是徽学研究的重要内容,也是支撑徽学学科的资料类型之一。值得特别强调的是,20世纪80年代以来近百万件徽州文书的重新发现,在徽学形成过程中起到了极其重要的作用。甚至有学者认为,徽州文书具有"启发性、连续性、具体性、真实性和典型性的特点",这些特点"吸引了许多研究者全力以赴地研究它,以致出现了一门以徽州文书研究为中心、综合研究社会实态、探寻中国古代社会后期发展变化规律的新学科——徽学"。[①] 丰富的历史文献、大量的文化遗存和百万件的徽州文书,成为徽学形成的重要"地利"因素。

从"人和"来看,学术界致力于徽学学科的理论与方法研究,推动了徽学的形成。20世纪80年代以来,众多学者开始自觉为构建徽学学科体系而开展了一系列的讨论,涉及的问题包括徽学的名称、徽学的研究对象和研究范围、历史时段等。张立文、刘和惠、张海鹏、周绍泉、赵华富、黄德宽等学者分别撰文,探讨徽学学科建设的相关问题。安徽大学徽学研究中心在2004年还召开了"徽学的内涵与学科建构研讨会",40余位专家围绕徽学的内涵和学科体系建构等问题展开了深入讨论,会议成果被编成论文集《论徽学》,由安徽大学出版社出版。[②] 2000年,中国社会科学出版社出版的《徽州学概论》,也是一部探讨徽学理论与方法的著述。[③] 这些有意识地构建徽学学科的研究,成为20世纪80年代以后徽学形成的重要因素。

天时、地利、人和,三者共同促成了徽学在20世纪80年代后成为一门与藏学、敦煌学齐名的"显学"。在至今近40年的发展历程中,徽学研究取得了丰硕的成果。数千篇散见于报刊的徽学相关领域研究的论文,为我们展示了徽文化的博大精深和研究者的深度思考;数百部徽学专著,为我们解读和剖析了徽文化中诸种文化现象的前因后果,以及这些文化现象在中国历史和中国文化史上的地位与作用;数十种大型徽州文书与民间文献丛刊的影印出

[①] 周绍泉:《徽州文书与徽学》,载《历史研究》,2000年第1期。
[②] 朱万曙主编:《论徽学》,合肥:安徽大学出版社,2004年。
[③] 姚邦藻主编:《徽州学概论》,北京:中国社会科学出版社,2000年。

版,为我们提供了徽学研究的重要珍稀资料。徽学成为一门"显学",正是立足于近40年徽学研究的成果之上。

为推动徽学研究的深入开展,集中展示最新的徽学研究成果,从2014年开始,安徽大学徽学研究中心与安徽大学出版社联手打造了《徽学文库》项目。该项目受到了国家出版基金的立项资助,第一辑共9种于2017年全部推出。《徽学文库(第一辑)》出版后,在学界产生了较大的影响。随后,我们策划了《徽学文库(第二辑)》出版项目,并再次得到国家出版基金的立项资助。《徽学文库(第二辑)》共收录徽学研究原创性著作10部,其中部分著作是省部级以上重点项目的结项成果,前后持续数年打磨而成;部分著作是学界新锐的博士学位论文,在导师指导下积数年之功形成的学术精品。作者分别来自安徽大学、复旦大学、上海财经大学、安徽师范大学、黄山学院和香港浸会大学等高校,均为长期关注徽州、从事中国史和徽学研究的学者。

《徽学文库(第二辑)》呈现了以下特色:

第一,聚焦徽学研究薄弱领域,填补学科发展空白之处。第二辑推出的10部著作,选题大多聚焦于徽学原先研究中相对薄弱的课题。比如,近年来随着徽州文书和民间文献的发现和整理,数量众多的徽州日记得以披露,但学界关于徽州日记的专题研究成果,尚未出现。第二辑中《明清以来徽州日记的整理与研究》一书,是作者20余年来深入村落田野进行调查,收集到大量散落民间的日记后,探幽发微、精心整理而成的著作,既有重要的学术价值,又填补了徽学相关研究领域的空白。徽州长期以来被视为儒学发达之区,有关徽州儒学的研究备受重视,而对徽州宗教的研究则相对薄弱。《徽州佛教历史地理研究》通过对大量徽州文书、佛教史籍、金石文字和考古资料的分析,从不同角度对徽州特定历史与地区的佛教传播、寺院分布、高僧籍贯等进行全面研究,对徽州各地区佛教发展的水平层次及其前后变化进行探讨,揭示了徽州佛教文化与其他文化的关系,以及佛教文化与徽州地理的相互作用。这一研究也是针对现有徽学研究的薄弱之处而进行的探索,具有填补空白的意义。《宋元明清徽州家谱的历史演进》《宋明间徽州社会和祭祀礼仪》等,均为徽学研究中独辟蹊径、创新领域的成果。

第二,重视徽州文书和民间文献等新资料的挖掘、整理与研究,推动徽学研究利用特色资料走向深入。大量徽州文书和民间文献存世,是20世纪80年代以来徽学得以形成的重要"地利"因素。本辑中的多部著作,非常注重利用徽州文书与民间文献开展研究。如《宋元明清徽州家谱的历史演进》立足于徽州地域社会,以时间为序,对宋元明清徽州家谱进行了细致的考察与分析,揭示其内在特质及发展规律。《明清以来徽州日记的整理与研究》分上、下两编。上编为研究编,收录作者研究明清徽州日记的最新成果,内容涉及徽州乡土社会、徽州商人的活动和徽州名人的事迹等。下编为资料编,收录《曹应星日记》《复堂日记》《习登日记》等10部日记,或为稿本,或为抄本,极具学术研究价值。《晚清乡绅家庭的生活实态研究——以胡廷卿账簿为中心的考察》对晚清时期的徽州乡村社会及民众的日常生活图景作了总体性描绘,而其主要资料来源则是胡廷卿账簿前后19年的流水记录。通过对胡廷卿一家日常生活状况的研究,结合族谱资料,分析晚清时期徽州社会民众日常生活中的空间、生计及社会关系等问题。注重对徽州文书与民间文献的挖掘、整理与利用,成为本辑多数著作的共同特色。

第三,致力于以微见著,体现徽学作为区域史研究的典范价值和宏观意义。本辑著作从题目来看,多为关于徽学领域中的具体问题或某一现象的研究,但作者往往以小见大,着眼于相关问题的宏观意义,从而凸显徽学研究在解读中国历史、社会和文化发展中的样本价值。如《多元视角下的徽商与区域社会发展变迁研究——以清代民国的婺源为中心》围绕徽商中婺源商人与区域社会之间的互动、融合、发展与变迁这一核心问题展开讨论,希望揭示的是传统社会中商人群体兴起和形成的原因、商业经营网络及其主要经营行业、商人流动迁徙及其组织形态、同乡组织及其慈善事业、乡村的人口流动与商业移民、商业移民与侨寓地的社会变迁、商人和商业与市镇之间的关系等宏观问题。《历史社会地理视野下的徽商及徽州社会——以清民国时期的绩溪县为中心》较为系统地考察了绩溪本土社会的近代化表现,而作者的立意则是剖析近代商人、商业与地方社会变迁之间的内在联系。《晚清乡绅家庭的生活实态研究——以胡廷卿账簿为中心的考察》虽是关于胡廷卿一家日常生活状况的研究,但作者的目的在于阐释晚清时期国家、社会与个人之间的相互关系。《传统职业变迁与明清徽州人口流动研究》从明清徽州的自然与社会因素出发,较为系统地考察了明清徽州传统职业观的转换与建构,而作者的意图还在于解读"四民"间职业变迁、"四民"间人口流动及其对整个明清社会的作用和影响。本辑10部著作是关于徽州区域史研究的精微力著,但其学术价值和研究意义是远远超出徽州的。

第四,跨学科方法的运用,也是本辑著作的显著特色之一。如《民间历史文献与明清徽州社会研究》首先从文献学的角度对徽州档案文书史料进行了系统的考证和研究,再立足历史学、社会学等视角对徽州民间文书所反映的各种社会关系加以阐发,深入解读并阐释徽州民间文书的形式和内涵,从而探索基层社会诸侧面,以及开展徽州区域社会的研究。《徽州佛教历史地理研究》《多元视角下的徽商与区域社会发展变迁研究——以清代民国的婺源为中心》《历史社会地理视野下的徽商及徽州社会——以清民国时期的绩溪县为中心》等作品,则侧重于采用历史学、历史地理学、宗教学、社会学等多学科方法进行综合研究。《徽州文献探微》在研究中采用了文献学、方志学、谱牒学及史学研究的方法。跨学科的研究方法,有助于多角度、多层面探讨相关问题,从而得到更为可靠的结论。

徽学作为一门新兴的学科,只有近40年的历程,未来要发展为成熟的学科,仍需学界同仁作出持之以恒的努力。我们相信,久久为功,必有大成。这次推出《徽学文库(第二辑)》,是我们为发展繁荣徽学贡献的绵薄之力,期待有助于徽学研究水平的提升和徽学学科的建设。

是为序。

周晓光

2020年5月20日于
安徽大学徽学研究中心

目 录
MULU

绪论 ·· 1
　　第一节　徽商研究相关成果述评 ··· 1
　　第二节　区域研究的思路和方法 ··· 17

第一章　区域开发的时空背景 ·· 22
　　第一节　地理环境与空间格局 ·· 22
　　第二节　绩溪聚落的形态、格局及分布 ····································· 30
　　第三节　传统时代绩溪的生态环境与农业生产 ··························· 49

第二章　绩溪经商风气的产生和商人群体的勃兴 ·························· 61
　　第一节　何以"惟守农业，罔事商贾"：商贸风气晚成的原因探讨 ······ 62
　　第二节　绩溪商人的初现 ·· 68
　　第三节　太平天国运动与地方商业的复兴 ································· 80

第三章　绩溪商人经营的主要行业——以徽馆业和茶业为中心 ········· 92
　　第一节　绩溪商人经营行业概述 ··· 92
　　第二节　绩溪徽馆业的发展及其分布变迁 ································· 98
　　第三节　绩溪茶商和茶业经济 ·· 143

第四节　近代以来绩商经营领域的拓展 …………………… 189

第四章　绩商社会网络的构建与变迁 …………………………… 204
　　　第一节　绩溪会馆的空间分布与组织类型 ………………… 205
　　　第二节　早期地缘组织的类型、运作和功能 ……………… 215
　　　第三节　近代绩商会馆的嬗变 ……………………………… 236

第五章　宗族商人的经商模式及其活动空间
　　　　　——以《西关章氏族谱》为中心 …………………… 259
　　　第一节　宗族建设的历史脉络 ……………………………… 261
　　　第二节　宗族经商活动的特征表现 ………………………… 273
　　　第三节　活动空间的分布及变迁 …………………………… 280

第六章　绅商个体所见之乡村生活与地方社会
　　　　　——以胡近仁及其家族为中心的考察 ……………… 293
　　　第一节　胡近仁的生活环境及其家族背景 ………………… 294
　　　第二节　商业经营：胡近仁与"胡景隆春牌号药店" ……… 299
　　　第三节　乡儒胡近仁的社会职业及社会关系 ……………… 308
　　　第四节　跨越府界的区域互动：上庄、三溪两镇的社会和经济交流……
　　　　　　…………………………………………………………… 315

结语 ………………………………………………………………… 322

参考文献 …………………………………………………………… 328

绪 论

第一节 徽商研究相关成果述评

一、研究旨趣

明清以来的徽州,由于极具特色的区域人群——徽商的出现和壮大而受到世人的瞩目,明人汤显祖"欲识金银气,多从黄白游。一生痴绝处,无梦到徽州"的诗句更是生动地体现了徽地在时人眼中的富庶印象。在徽州内部,盐、典、茶、木这四个行业有着较为明显的地域分布特征,其中歙县以盐商著称,"歙之业鹾于淮南北者,多缙绅巨族";① 而"典商多为休宁人"②;"木则婺源最盛";③ 茶业为六县皆产,其地位则仅次于盐业。除上述四大支柱行业以外,墨业、国药业、徽馆业以及杂货业等虽不能与盐、典、茶、木业等量齐观,却也成为徽州地域商帮不可或缺的组成部分,特别是在徽州府的边缘县份,其

---

① 许承尧:《歙事闲谭》卷一八《歙风俗礼教考》,合肥:黄山书社,2014年,第603页。
② 许承尧:《歙事闲谭》卷一八《歙风俗礼教考》,合肥:黄山书社,2014年,第604页。
③ 陈去病:《五石脂》,见《江苏地方文献丛书》,南京:江苏古籍出版社,1999年,第326页。

商人群体和商业社会的形成和发展相对滞后，与中心地区的休宁、歙县相比，徽州边邑县份的商业社会面貌及其发展脉络，呈现出颇为明显的差异，这种差异现象背后隐含着复杂的时空因素。

由于徽州在历史上所具有重要的地位，再加上徽州地方民间文书的大量发现，自 20 世纪以来，以徽州社会经济史为研究主体的徽学研究已经成为一门颇具活力的新兴综合性研究学科。例如，在日常生活史方面，徽州的村落文书、家族文书、商业文书、诉讼文书、徽商尺牍、宗教科仪文书等以及相关口述资料，为深入研究该地区的社会风貌，诸如村落礼俗、宗族、乡约、灾害应对策略、佃仆生活、商人的社会交际等各方面的生活实态提供了极为丰富的史料。在现有海内外研究徽州区域社会的论著中，有关商人的内容占据了大多数，此外也有涉及徽州宗族组织、社会生活、土地赋役、艺术科技等方面的研究成果。[1] 但对于徽州内部，以县为单位加以探讨的还相对较少，[2]歙县、休宁、黟县、祁门、婺源、绩溪六县之间的社会实态和发展程度不可一概而论，同样也存在明显的差异性。以往的研究多以整个徽州或者徽商群体为关注点，回避了徽州府内部的地域差异，也容易忽视徽州六县与周边县份的联系与互动。另外，从史料运用的角度来看，多数研究关注在民间文书发现较为集中的歙县、黟县、休宁、婺源等县，关于绩溪县徽商和社会变迁的研究则相对缺乏。无论是从徽州本土的区域划分，还是旅外徽商内部的身份认同，多是以县为基本区分标准。在礼教风俗和行业选择方面，徽州内部各县及邻邑之间，既有着差异和侧重，也有着内在的联系和统一。因此，通过对一县区域的

---

[1] 卞利发表在 2002 年《徽学》上的《20 世纪徽学研究回顾》一文详细地回顾了 20 世纪以来徽学各个领域研究所取得的成果，并对其作了充分的梳理和归纳。

[2] 赵力：《商业与社会变迁——以 1644－1949 年黟县为例》，复旦大学硕士论文，2003 年 5 月；何建木：《商人、商业与区域社会变迁——以清民国的婺源为中心》，复旦大学博士论文，2006 年 4 月；韩旭：《明清绩溪商人研究》，安徽师范大学硕士论文，2014 年 4 月。另外，李甜《明清时期宁国府旌德县商业发展和社会变迁》（复旦大学硕士论文，2009 年 5 月）一文，以徽州邻县旌德为中心，讨论了徽宁之间过渡地区商业社会的发展变迁，也为徽商研究提供了一个独特的研究视角。

人群结构、社会文化环境和商业经济兴衰的社会历史地理研究,徽州本土和徽商侨寓地的社会变迁有了具体和微观的观察视角。

绩溪作为徽州六邑之一,地理位置相对偏远,位于徽州之东北隅,面积较小,人口较少,民间资金积累十分有限,"绩山多土瘠,邑小民贫,惟守农业,罔事商贾,是以从来并无盐商盐牙"。① 范金民认为"其县在嘉庆时期农业仍是主业,外出经商之风形成相当晚"。② 虽然绩溪商业起步晚,但颇具区域特色。绩溪商人群体是徽州商帮的墨业、茶业、徽馆业、南北杂货业等几大行业的主要经营者,与歙县盐商、休宁典当商一样,是明清以来传统社会中引人注目的一个群体,特别是墨业和徽馆业,已成为绩溪标志性的产业。《歙县志·食货志》载,"墨虽独工于歙,而点烟于婺源,捣制于绩溪人之手",③而徽馆业则成为武汉、杭州、上海等地绩溪商人的垄断行业。值得关注的是,绩溪商人的活跃时段与传统时期徽商的鼎盛期存在较为显著的时间差,在歙县、休宁商人唱主角的盐业集团于道光年间遭受重创之际,绩溪商人却异军突起,高奏了徽商的中兴之曲;从晚清到民国中期,绩溪徽商以上海为主要经营地,通过以茶业和徽馆业为支柱的行业运营,在很大程度上提振了一度衰败的徽商势力;在绩溪商人队伍壮大的同时,其内部的分工也进一步细化。对此,胡适敏锐地觉察到晚清以来绩溪商人移徙经商和建立商业垄断的现象,他在写给民国新修县志的建议中谈道:"新志应列'大绩溪'一门,由各都画出路线,可看各都移殖的方向,及其经营的种类。如金华、兰溪为一路,孝丰、湖州为一路,杭州为一路,上海为一路,自绩溪至长江为一路。然亦有偏重,如面馆虽起于各村,而后来成为十五都一带的专业;如汉口虽由吾族开辟,而后来亦不限于北乡。然通州自是仁里程家所创,他乡无之;'横港'一带亦以岭南人为独多。"④从清中叶嘉庆年间至民国建立的百年时间里,绩溪本土及旅外经营

---

① (乾隆)《绩溪县志》卷二《食货·赋役》。
② 范金民:《明代地域商帮的兴起》,载《中国经济史研究》,2006年第3期,第93~103页。
③ (民国)《歙县志》卷二《食货志·贡品》。
④ 耿云志、欧阳哲生编:《胡适书信集》(上册),北京大学出版社,1996年,第593~594页。

的绩溪籍商人群体呈现出较为明显的增长,期间还伴随着外来列强的资本输出,"咸同兵燹"的沉重打击,清政府的高额赋税压榨,以及朝代鼎革的时局动荡等诸多不利于商业发展因素的影响,这种"逆流而上"式增长现象背后,其商业社会发展过程中的具体细节和家族个案,以及在时代背景下商业发展与社会变迁之间的内在联系,是有待观察和揭示的关键问题。

二、相关研究成果述评

学术界目前已有的徽商研究成果可谓浩如烟海,而且近年来又有大量新的论著问世,不同观点之间的争鸣此起彼伏,若要面面俱到地将其一一介绍则将长篇累牍,在此笔者拟梳理一些较有代表性且能与本著直接对话的论著,并从下述诸方面作回顾。

(一)早期的徽商综合研究

以徽商研究为中心的徽州社会经济史研究始于1947年傅衣凌的《明代徽商考——中国商业资本集团史初稿之一》,①此文第一次提出了学术意义上的"徽商"概念,对徽商的活动区域、经营领域、资本运作和徽商在中国社会中的地位及产生的影响都作了详细深入的论述。

在海外,20世纪20年代,日本学者根岸佶以上海徽宁思恭堂为关注对象,通过对其内部组织结构和运营模式的详细分析和研究,讨论了徽商会馆这一地缘组织的运作状况。1953年,藤井宏发表了《新安商人研究》一文,②该文以汪道昆《太函集》为主要资料,第一次深入系统地研究了新安商人产生的背景、活动范围与经营项目,新安商人资本积累的过程与其经营形态,新安商人与生产者、消费者、国家和官僚的种种关系,是迄今被公认的另一篇徽商研究的奠基之作。

---

① 1956年,傅衣凌将其发表的有关明清商人与商业资本的论文集结成《明清时代商人及商业资本》一书,《明代徽商考——中国商业资本集团史初稿之一》一文题作《明代徽州商人》也被收入此书。

② 该文后被傅衣凌、黄焕宗译成中文分别发表在《安徽历史学报》(1958年第2期)和《安徽史学通讯》(1959年第1期)上。

何炳棣在1954年就开始对徽商展开研究,他以聚居在扬州的徽州盐商为切入点,通过对贸易组织、人的财富规模、生活形态、文化表现和家族继承制度的分析,探讨了18世纪的中国在出现了财富聚集之后,为什么没有发展出资本主义的问题。[1]

叶显恩在研究明清徽州佃仆制的同时,也关注到徽商的资本积累问题,他在20世纪80年代陆续发表了几篇围绕佃仆制与徽商关系的文章,以徽州佃仆制为关注点,研究了徽州商人资本积累的来源和过程。[2] 他认为佃仆交纳的物质产品和在商品运输上提供的劳动力,是徽州商业资本的重要来源,而徽商对佃仆的人身控制和剥削则成为徽商资本形成的重要条件。[3]

1985年,张海鹏、王廷元主编的《明清徽商资料选编》正式出版。[4] 为了编纂好这样一部徽商研究史料的汇编,编者团队(张海鹏、王廷元、王世华、唐力行等人)通过走访各地藏书机构和科研单位,并深入徽州民间访求珍藏,从史籍、方志、谱牒、笔记、小说、文集、文书、碑刻和档案中梳理出四十余万字的徽商资料。虽然此书并非研究著作,但其对于以往徽商零散史料的整理,特别是对徽州谱牒中有关徽商活动资料的挖掘,为当代学者的研究提供了极大便利,并且在成书过程中收录了不少稀见的地方史料。因此,此著可谓徽商研究学术史上的一个里程碑。

总体来说,早期的徽商研究还较为薄弱。一方面,研究成果相对较少,自20世纪40年代末50年代初傅衣凌和藤井宏相继发表《明代徽商考——中国商业资本集团史初稿之一》与《新安商人研究》以来,徽商研究一直处于相对低迷状态,并无他作能与之相提并论,直到1980年叶显恩在《中国史研究》

---

[1] 何炳棣著,巫仁恕译:《扬州盐商:十八世纪中国商业资本的研究》,载《中国经济社会史研究》,1999年第2期,第59~76页。
[2] 叶显恩:《试论徽州商人资本的形成与发展》,载《中国史研究》,1980年第3期,第104~118页;叶显恩:《徽商的衰落及其历史作用》,载《江淮论坛》,1982年第3期,第57~63页;《徽商利润的封建化与资本主义萌芽》,载《中山大学学报》,1983年第1期,第49~65页。
[3] 叶显恩:《明清徽州农村社会和佃仆制》,合肥:安徽人民出版社,1983年,第106~116页。
[4] 张海鹏、王廷元主编:《明清徽商资料选编》,合肥:黄山书社,1985年。

上发表了《试论徽州商人资本的形成与发展》——此文是"文革"结束后所知第一篇公开发表的有关徽商研究的论文。另一方面,这一时段的徽学研究只是社会史研究所派生出的产物,其并未脱离社会经济史的思维范式。特别是1949年后,在政治变迁与社会变迁的交互影响下,社会经济史研究带有明显意识形态特色,其论证并非单单着眼于学术研究的需要,而是满足政治需要,在极"左"思潮的影响下,史学研究的目的缺乏多元化,特别是社会史研究也日趋单一化。

(二)徽商与区域社会的研究

随着20世纪80年代日本学者森正夫首次提出"地域社会论"这一概念,①区域社会史的研究开始大规模地开展。1994年,"地域社会与传统中国"国际学术会议在日本召开,本次会议所发表的若干篇论文中已表现出中国区域社会史研究的走向,区域社会史研究开始成为研究的重点。②

在这一时期,有关徽商和区域社会的研究成果中,唐力行的《苏州与徽州——16—20世纪两地互动与社会变迁的比较研究》③和王振忠的《明清徽商与淮扬社会变迁》④这两部著作较有代表性。

---

① 1981年名古屋大学举办的中国史研讨会,其主题为"地域社会的视角——地域社会与领导阶层",会议中森正夫对20世纪60年代以来的经济史分析立场和阶级分析视点进行了反思,并尝试将自己的观点体系化,正式提出他的地域社会研究设想。1991年,森正夫进行了名为"旧中国地域社会的特质"项目的研究,将"地域社会"作为方法论概念,试图用"地域社会"来理解中国社会。

② 会议论文集中一些文章,比如王振忠在《从祖籍地缘到新的社会圈——关于明清时期侨寓徽商土著化的三个问题》中提出,所谓商籍是指客商子弟被允许在其父、祖本籍之外的行商省份附籍。大批徽商"不欲以徽人称",即使修谱,也不冠以徽州之名,显示出由其祖籍地缘向新的社会圈转移的轨迹。(周天游,葛承雍:《中国社会史研究的新趋向——"地域社会与传统中国"国际学术会议综述》,载《历史研究》,1995年第1期,第103~119页。)唐力行在其《徽州方氏与社会变迁——兼论地域社会与传统中国》通过对徽州方氏的个案研究,分析了徽州宗族社会里"流凑"之间宗族的动静分合力,并以之来考察地域社会与传统中国的关系。(唐力行:《徽州方氏与社会变迁——兼论地域社会与传统中国》,载《历史研究》,1995年第1期,第73~85页。)

③ 唐力行:《苏州与徽州——16—20世纪两地互动与社会变迁的比较研究》,北京:商务印书馆,2007年。

④ 王振忠:《明清徽商与淮扬社会变迁》,北京:三联书店,2014年。

《苏州与徽州——16—20世纪两地互动与社会变迁的比较研究》一书吸纳了社会史理论,通过区域比较,对区域史进行了科学阐释,以苏州、徽州这"两个江南小区域"的互动与社会变迁为主题,在宏阔的视野中,深刻揭示了江南地域变迁的社会经济根源。唐力行总结和强调了区域比较在区域社会研究中的重要性,"只有对各个区域进行深入细致的研究,把一个个区域钻研透了,才有可能对各个区域进行综合的研究,我们的整体研究才有可能提升到一个新的层面上。区域是一个相对的概念,小可至一村、一镇、一县、一城,大可至一省或数省,以至一国、一洲。全面的空间,不仅是指区域之大小,或区域之相加整合,而且包含另一层意思,即区域社会是整体社会的细胞形式,认真解剖一个区域社会,可以获得整体社会的全信息"。①

《明清徽商与淮扬社会变迁》一书则从明清盐政史上"占窝"的考释出发,并将这一问题置于大的社会制度背景中考察,由此引出"商籍"与"占籍"这一徽商土著化的过程以及徽商和盐业城镇发展问题的探讨,最后对徽商的活动和东南地区社会文化习俗的变迁之间的互动关系作了细致深入的分析,揭示了盐商的社区文化对徽州本土和两淮地区的风俗所产生的深远影响。该著中既对一些细节问题有精彩细致的讨论,如康熙南巡对徽州盐商控制两淮盐务所产生的影响,"月折"制度下徽商家族组织对经营活动的两面作用,又深刻揭示了长时段里历史事实和现象的内在逻辑,如对盐政制度与淮扬社会变迁的因果解释,这也为区域社会的研究提供了一个良好的范例,陈克艰先生评价其为"历历如绘地展出一幅历史长卷。是工笔画,细部清晰;又是远景图,整体在目"②。

随着区域研究的发展和深入,对徽州区域的研究也在不断拆分和细化,赵力《商业与社会变迁——以1644—1949年黟县为例》一文整理并统计了明

---

① 唐力行:《从区域史研究走向区域比较研究》,载《上海师范大学学报(哲学社会科学版)》,2008年1月,第37卷第1期,第74~79页。
② 陈克艰:《历史具体和理论"态度"——评〈明清徽商与淮扬社会变迁〉》,载《史林》,1997年第3期,第111~113页。

清和民国时期的黟县商人个案资料,分析了黟县商人的主要经营行业和迁移的空间区域,并对商业移民与徽州基层社会的关系作了细致的微观讨论。①何建木的博士论文《商人、商业与区域社会变迁——以清民国的婺源为中心》以徽州县一级的政区为视角,依据地方志、谱牒、档案和民间文献等资料,通过对商人群体兴起和形成的原因、商业经营网络及其主要经营行当、商人流动迁徙及其组织形态、乡村的人口流动与商业移民、商业移民与侨寓地社会变迁的关系、商人活动与家族社区的变迁、商人和商业与市镇之间的关系等相关内容的实证研究,展示了徽州区域社会真实的社会面貌,也动态地揭示了商人和商业的兴起带动区域社会变迁这一发生过程。②韩旭在《明清绩溪商人研究》一文中梳理了明清时期绩溪商人的主要经营行业,对绩溪商帮形成时间及其原因作了相关分析。③董乾坤的博士论文《传统时代日常生活的空间分析:以晚清胡廷卿账簿为中心的考察》以《祁门胡廷卿家用收支账簿》为核心材料,通过对胡廷卿个人生活的分析,探讨了晚清时期徽州社会民众日常生活中的空间、生计以及社会关系。④除了对徽州府的区域研究以外,也有研究者开始对徽州府邻近府县的区域社会作了相关研究。李甜所著《明清宁国府区域格局与社会变迁》一书,从地理、商业和宗族三个方面分析了宁国府区域格局与社会变迁的关系,并利用新发掘的宁国府乡土文献,对宁国世仆这一"贱民"群体作了较为完整、细致的梳理,加深了人们对皖南佃仆制和传统社会变迁的理解。⑤

区域研究在积累了丰硕研究成果的同时,也出现了一些问题,如区域研

---

① 赵力:《商业与社会变迁——以1644—1949年黟县为例》,复旦大学硕士论文,2003年5月。
② 何建木:《商人、商业与区域社会变迁——以清民国的婺源为中心》,复旦大学博士论文,2006年4月。
③ 韩旭:《明清绩溪商人研究》,安徽师范大学硕士论文,2014年4月。
④ 董乾坤:《传统时代日常生活的空间分析:以晚清胡廷卿账簿为中心的考察》,复旦大学博士论文,2016年9月。
⑤ 李甜:《明清宁国府区域格局与社会变迁》,上海:复旦大学出版社,2016年。

究模式的僵硬化,在区域研究中机械地套用"国家—地方""全国—区域""精英—民众"等二元对立的观念,将复杂的历史事实和社会关系简单地模式化。针对这一情况,陈春生指出:"更多的著作,实际上只是几十年来常见的《中国通史》教科书的地方性版本,有一些心怀大志、勤奋刻苦的学者,穷一二十年功夫,最后发现他所做的只不过是一场既有思考和写作框架下的文字填空游戏。"①

(三)徽商经营行业的分类研究

传统徽商经营以盐、典、茶、木四大行业为大宗,也兼及墨、粮、丝布、杂货和徽馆业等,徽州六县之主营行业各有侧重,就绩溪籍徽商所从事的几个主要行业,学界有以下论述。

1. 茶业

日本学者重田德较早关注到徽州茶业经济的相关问题,他通过对民国《婺源县志》中有关茶商资料的梳理分析,揭示了近代徽州婺源茶商从木业到茶业的行业转变现象,归纳了"乡族结合是徽州商人形成历史范畴的核心契机",并以此来探求中国区域社会的变化。②

唐力行、吴仁安在对明清时期徽州茶商的活动地区和商业网络进行归纳整理之后,将明清徽商经营取得成功之因素归结为"振兴文教"和封建政治势力的庇护,而将徽州茶商的衰落归因于鸦片战争后封建政权的盘剥和帝国主义资本的经济侵略,并借茶商的兴衰来揭示我国资本主义萌芽缓慢发展的原因。③

张海鹏、王廷元在《徽商研究》中从徽商经营的主要行业变迁的角度,分两个阶段考察了茶叶贸易在徽商经营活动中地位的升降,其认为从明成化、弘治到清道光中叶这一阶段中,茶叶贸易在徽州商帮经营活动中的地位仅次

---

① 陈春生:《走向历史现场》,载《读书》,2006年第9期,第19~28页。
② (日)重田德著,刘森译:《清代徽州商人之一面》,刘森辑译《徽州社会经济史研究译文集》,合肥:黄山书社,1987年,第417~456页。
③ 吴仁安、唐力行:《明清徽州茶商述论》,载《安徽史学》,1985年第3期,第35~43页。

于盐业;从清道光中叶到清末民初这一阶段中,徽商正处于衰落时期,茶叶贸易的地位反而上升,成为支撑徽州商帮残局的最主要力量。① 该著中还收录了一篇芳坑江氏后人江怡桐撰写的《歙县芳坑江氏茶商考略》,文章利用大量江祥泰茶号的账簿以及江有科父子的信函,详尽地介绍了茶号经营活动的环节、茶叶运销广东的行商路线和各种茶叶的制造技术,较为完整地呈现了清末民初徽州茶商家族的盛衰变迁。②

张朝胜利用上海档案馆所藏有关旅沪徽州茶商档案,关注民国时期在上海从事茶业贸易的徽州茶商,对其分布、数量、业务范围、组织结构等诸多方面进行分析,并以程裕新茶号为例,从其所采取的"改进包装""防伪措施""推广宣传"等一系列现代化商战策略中,提出了对近代徽商衰落说的反思。③

邹怡的博士论文《明清以来徽州茶业及相关问题研究》从松萝茶的成长故事切入,论述了技术变革对区域经济的影响,随后研究了徽州六县的茶叶栽培和茶业分布,解释了茶地"破碎"分布的现象。文章以屯溪一地的茶业贸易个案为例,论证了"核心产业支撑起城市空间范围的基本骨架,生活服务产业完成对城市空间的繁荣填充"这样一种以特定产业带动城市发展的模式的形成,在论文最后部分,作者将茶农经济与徽州家族组织研究相结合,从产权角度切入研究,揭示了社会经济因素对茶业"破碎"分布的作用。④

刘芳正《民国时期上海徽州茶商与社会变迁》⑤一文,以民国时期上海徽州茶商为研究对象,考察了上海徽州茶商的发展脉络,探究了在近代社会经济变迁大背景下上海徽州茶商的困境和机遇,进而分析了民国时期上海徽州

---

① 张海鹏、王廷元主编:《徽商研究》,2005年,第220~226页。
② 江怡桐:《歙县芳坑江氏茶商考略》,见张海鹏、王廷元主编:《徽商研究》,2005年,第585~608页。
③ 张朝胜:《民国时期的旅沪徽州茶商:兼谈徽商衰落问题》,载《安徽史学》,1996年第2期,第74~77页。
④ 邹怡:《明清以来的徽州茶业与地方社会》,上海:复旦大学出版社,2012年。
⑤ 刘芳正:《民国时期上海徽州茶商与社会变迁》,上海师范大学硕士学位论文,2009年。

茶商持续发展的原因,并探讨了以上海徽州茶商为媒介的沪徽两地区域文化互动,其中也搜集和引用了大量绩溪茶商,如程裕新、汪裕泰等著名茶号的资料。

2. 典当业

王廷元认为徽州典商的兴起与明清时期徽州商业资本的运作规律是紧密相连的,经商者中资本较为薄弱的需要贷款来实现资本启动,经商致富后的商人改治典业,或兼营典业来获取高额的资金回报。明清时期商品经济发展迅速,白银成为通用货币,南方盛行的押租制,使得白银支付手段的功能不断扩大,为典业的发展提供了天然的土壤。因此,以休宁典业为主的徽州典业迅速地发展起来。①

范金民和夏维中分析了明清时期徽州典商在全国范围内的分布状况及其经营特征,其认为徽州典商的活动范围是以长江流域为中心而扩及全国广大地区,苏州、杭州、南京等大城市是徽州典商最为集中之地,江浙中小城市以及广大市镇是徽州典商开张兴旺之地。徽州典商的经营特征体现为经营地域集中、家族经营、世代承继、数业兼营等,而且一般是在商业活动中积累起一定的资本后才转型典业。②

王裕明所著《明清典商研究》一书,以徽州典商遗存文书为核心材料,对明清时期徽州典商的兴衰变迁、活动地域和典当铺的经营管理作了大量的梳理和分析,并以徽、晋两地典商为例,对两者在活动空间、经营方式、组织管理、典本及身份来源等方面作了细致的对比研究。该著作还列举了吴文奎、胡学梓、程林等典商个案,探讨了徽州典商的社会作用、社会关系、商业伦理及在明清社会的变迁过程。③

---

① 王廷元:《徽州典商述论》,载《安徽史学》,1986年第1期,第15～21页。
② 范金民、夏维中:《明清徽州典商述略》,载《徽学》,2002年第1期,第129～138页。
③ 王裕明:《明清典商研究》,北京:人民出版社,2012年。

3. 徽墨业

王廷元、张海鹏通过对《胡氏阄书》①"原序"和"后序","前例"和"续例"中有关叙述家庭和胡开文墨店经营状况、分产原则的分析,归纳了其在经营和析产上的特征:其一为分家不分店,分店不起桌,起桌要更名;其二为独立经营与合伙经营的方式并举。②

胡云作为胡天注长房八代孙,他对胡开文墨业的相关问题进行了详细的考证,如对胡天注创开海阳、屯溪店的时间考证,通过对族谱和县志上相关人物生卒年月的分析,作者认为胡余德回忆"先父(胡天注)创开海阳、屯溪店为乾隆四十七年(1782)"的时间是错误的,而应该是道光十四年三月(1834);对"胡开文"店名来源的考证,作者认为"开文"二字是来源于居安村石亭石额上"宏开文运",而非胡天注在南京考场中所见之的"天开文运"匾额。③

林欢利用北京故宫博物院所藏胡开文墨票资料,分析论证了胡开文墨业的初创地点、时间、家族内部竞争等多种问题。他认为,胡开文墨业在经营中注重产品质量,善于结交权贵势力和根据社会形势适时改变营销策略是经营取得成功的关键所在,而胡开文墨业的衍化及家族内部斗争反映了中国近代东南沿海地区商业发展的趋势,也是徽州封建宗法制崩溃的反映。④ 在此基础上,林欢进一步挖掘了胡开文墨业相关的实物与文字资料,撰成《徽墨胡开文研究(1765—1965年)》一书,对胡开文墨业的经营与分布状况,墨的装饰、设计、款识和年代辨析等问题作了细致的考辩和研究,并且完整梳理了胡开文墨业的历史发展过程。林氏认为,胡开文墨业在晚清时期经营取得成功的根本原因是"宫廷文房用品的来源在晚清发生了局部改变:即由稳定的内府营造向地方纳贡、进贡的渠道转变"。⑤

---

① 该阄书包含两份分家阄书,一为胡开文墨业创始人胡天注于嘉庆十四年(1809)所立的分家阄书,另一为胡天注次子胡余德于道光十四年(1834)续立之分家阄书。
② 张海鹏、王廷元主编:《明清徽商资料选编》,1985年,第566~580页。
③ 胡云:《胡天注与"胡开文"墨业考证》,载《黄山学院学报》,2005年第5期,第44~49页。
④ 林欢:《从墨票看胡开文墨业发展的几个问题》,载《徽学》,2010年第1期,第65~78页。
⑤ 林欢:《徽墨胡开文研究(1765—1965年)》,北京:故宫出版社,2016年,第178页。

此外,徐子超、陈平民、汪庆元、黄秀英、胡毓华、周生春等学者也围绕"胡开文"墨店及其家族的墨业经营相关问题作了较为全面的研究和考证。① 王振忠利用新发现的婺源岭脚詹氏墨业的珍稀文献和族谱资料,发表了《从谱牒史料谈徽州墨商的几个问题——以光绪戊戌环川〈(璁公房修)詹氏支谱〉为中心》②《重商思潮激荡下的传统徽墨经营——关于〈有乾公号四轮承做合同新章〉的解读》③和《晚清徽州墨商的经营文化——婺源商业秘籍〈墨业准绳〉抄本研究》④等一系列文章,通过具体案例的深入剖析,对婺源墨商和墨业的经营特点作了细致的研究。

4. 徽馆业

徽馆业虽然在徽商经营行业中所占之比重较小,但却是绩溪人所主营的新兴行业,也引起了不少学者的关注和研究。

邵之惠作为徽菜名厨邵仁卿的后人,较早地对绩溪籍徽厨、徽菜和徽馆作了整理和研究。他认为地瘠民贫的环境迫使伏岭镇人外出谋生,从最初的旅外徽面馆业到全国各地开设酒楼,使得这一行业成为伏岭一带的专属,伏岭也成为徽厨之乡。⑤ 他与洪璟、张脉贤共著的《徽菜》一书,介绍了徽菜"重油好色"特点的形成,是源于徽州山区的自然地理条件、徽州的民间习俗活

---

① 徐子超:《也谈"胡开文"的创业与创名》,载《江淮论坛》,1985 年第 3 期,第 102~104 页;陈平民:《也谈徽墨奇葩"胡开文"——与紫玉同志商榷》,《江淮论坛》1984 年第 4 期,第 39~41 页。《对几份徽商析箸阄书的研究》,张海鹏、王廷元主编:《徽商研究》,2005 年。汪庆元、黄秀英:《胡开文墨业考》,载《东南文化》,2003 年第 9 期,第 82~86 页。胡毓华:《徽墨世家"胡开文"》,载《寻根》,2003 年第 1 期,第 108~114 页。周生春,陈倩倩:《家族商号传承与治理制度的演变——以胡开文墨业"分产不分业"为例》,载《浙江大学学报》(人文社会科学版),2014 年 3 月,第 33~43 页。

② 王振忠:《从谱牒史料谈徽州墨商的几个问题——以光绪戊戌环川〈(璁公房修)詹氏支谱〉为中心》,载《安徽史学》,2008 年第 1 期,第 98~103 页。

③ 王振忠:《重商思潮激荡下的传统徽墨经营——关于〈有乾公号四轮承做合同新章〉的解读》,载《安徽大学学报(哲学社会科学版)》,2014 年第 4 期,第 93~100 页。

④ 王振忠:《晚清徽州墨商的经营文化——婺源商业秘籍〈墨业准绳〉抄本研究》,载《复旦大学学报(社会科学版)》,2015 年第 1 期,第 106~115 页。

⑤ 邵之惠:《烹饪劲旅伏岭徽厨》,见《绩溪文史资料》(第二辑),1988 年,第 27~33 页。

动、经营需求和饮食市场竞争等诸多因素,并由此引出对绩溪旅外徽馆业的分布、发展、经营沿革和经营管理等方面的追溯,强调了饮食文化在徽州文化中的重要地位。该书作为第一部较为系统地介绍徽菜、徽厨和徽馆的文史性、原创性专著,也是目前论述徽菜及徽州饮食文化最为详尽的著作。①

朱国兴认为绩溪的自然环境是徽菜形成的基础,食材的获得来源于徽州山地,重油、重色、重火功的烹饪方式是为了适应当地地理环境的需要;而人文环境,特别是徽商的崛起是促动徽菜传播的主导因素,并促使其成为我国八大菜系之一。②

王振忠的《清代、民国时期江浙一带的徽馆研究——以扬州、杭州和上海为例》③一文,以扬、沪、杭三地之徽馆业为主要对象,利用档案卷宗资料和《六安材会征信录》,研究分析了以上三地徽馆行业与底层社会民众的互动关系,并揭示了早期徽馆业发展的真实状况。与其他徽馆研究所不同的是,此文主要以社会史的视角来而非以饮食史视角来关注区域社会的生活实态,从沪、杭两地徽馆业与慈善事业的互动中,展现了徽馆作为绩溪主干商业,在其宗族势力下的血缘网络与垄断经营之间的内在联系。

(四)徽商与徽州宗族研究

唐力行较早地关注到徽商的兴起与封建宗族势力之间的紧密联系。他认为传统的宗族势力为徽州人经商提供了原始资本,借助于宗族力量控制从商伙计,开展商业竞争,建立徽帮组织并形成商业垄断,最终投靠封建政权,实现其自身地位的提升。④ 他于 2002 年发表的《重构乡村基层社会生活的实

---

① 邵之惠、洪璟、张脉贤著:《徽菜》,合肥:安徽人民出版社,2005 年。
② 朱国兴、金声琅、孙克奎:《徽州菜肴的地理表征及感知分析》,载《地理研究》,2011 年第 12 期,第 2222~2228 页。
③ 熊月之、熊秉真主编:《明清以来江南社会与文化论集》,上海社会科学院出版社,2004 年。
④ 唐力行:《论徽商与封建宗族势力》,载《历史研究》,1986 年第 2 期,第 144~160 页。

态——一个值得深入考察的徽州古村落宅坦》①一文中对徽州绩溪宅坦村的宗族社会生活实态开展调查,结合《龙井春秋》剖析了宅坦村宗族、商业和文化三者间的互动关系,并一一分析了宅坦村落历史上四次主要的社会动乱,揭示了"由于宗族聚居的格局使徽州社会具有特殊的应变力,始终保持自身的稳定"这一徽州宗族社会的特征。2007 年,唐先生再次发表《"千丁之族,未尝散处":动乱与徽州宗族记忆系统的重建——以徽州绩溪县宅坦村为个案的研究》②一文,以徽州绩溪宅坦村胡氏为样本,考察胡氏在咸丰年间战乱后,是如何重建宗族记忆的,揭示徽州宗族记忆系统由文本与仪式两个子系统所组成,这两个子系统相互作用、相互制约,构成一个完整、复杂的记忆系统。文中指出"这是徽州社会得以保持'千丁之族,未尝散处'的内在机制,宗族记忆系统的重建得到了政府的支持,因为它与地方社会秩序重建是一致的。传统中国社会特有的不同层次、不同地域交织而成的完善的记忆系统是中华文明历经劫难而长盛不衰的内在机制之一"。在其后出版的《徽州宗族社会》③一书中,唐先生根据《新安名族志》所提供的资料,对 16 世纪中叶,即明嘉靖三十年(1551)前,徽州望族的分布加以细致的探讨,制作了《徽州望族之地域分布》《徽州地域之宗族分布》和《〈新安名族志〉载各族进士统计表》,并绘制出徽州歙县、休宁和绩溪三县的分都图,绘制都一级的《徽州三邑人口相对密度分布图》和《徽郡三邑名族密度分布图》,尔后唐先生围绕宅坦,利用该村的民间文献,对"咸同兵燹"与徽州宗族之重建作了深入的个案研究,再利用 20 世纪 50 年代的"土改"资料,细致分析了土地革命与徽州宗族的消亡,从而向我们展示了自明清迄新中国建立后徽州宗族社会长时段的传承和变迁。在其 2015 年 10 月出版的《延续与断裂——徽州乡村的超稳定结构与社会变迁》一书中,唐先生主要从乡村自治的内、外动力的角度切入,论述了

---

① 唐力行:《重构乡村基层社会生活的实态——一个值得深入考察的徽州古村落宅坦》,载《中国农业史》,2002 年第 4 期,第 77~87 页。
② 唐力行:《"千丁之族,未尝散处":动乱与徽州宗族记忆系统的重建——以徽州绩溪县宅坦村为个案的研究》,载《史林》,2007 年第 2 期,第 82~94 页。
③ 唐力行:《徽州宗族社会》,合肥:安徽人民出版社,2005 年。

宗族势力、士绅群体、徽商资本与徽州乡村社会变迁的密切联系。他认为,内外循环的良性互动和互补是保证徽州乡村自治延续和维持乡村社会超稳定结构的主要原因,而近代后期士绅群体的弱化和宗族组织的式微则使得乡村自治失去基础,在国家权力的监督与制约下,内、外循环断裂,乡村自治的空间不复存在。①

(五)徽商衰落论的讨论

近代徽商的衰落是学界较为关注的一个问题,学界就其衰落的过程和原因展开了激烈的讨论。李则纲认为,道咸以后,盐商的衰落和国外资本主义国家的产品倾销,使徽商在清末已濒于危殆,而在民国时期已完全退出历史舞台。② 叶显恩认为徽商在嘉庆以后失去了封建政权的庇护,徽州缙绅势力式微。③ 周晓光则认为,咸同年间的太平天国运动对徽州本土徽商资本的直接打击和政府的高额增税导致徽商一蹶不振。④ 王廷元、张海鹏在《徽商研究》中总结了徽商衰落的阶段性,并将其归纳为两个阶段,即嘉道年间盐商的衰落昭示着徽商走下坡路的开始;道光三十年(1850)以后,茶商盛而复衰,表明徽州商帮终结了其盛极300年的历史。⑤ 但也有学者表达了不同的观点,张朝胜通过对上海茶商的档案资料整理和分析,认为民国年间徽商仍是一支重要力量,其依然沿袭重商传统,从经商人数、活动范围、经营行业来看,徽商在民国时期并未衰落。⑥ 日本学者重田德以婺源商人研究为焦点,认为其以茶业、木业作为经商的业种,利用五口通商之机,得到新的成长和发展,标志

---

① 唐力行:《延续与断裂——徽州乡村的超稳定结构与社会变迁》,北京:商务印书馆,2015年,第375~381页。
② 李则纲:《徽商略述》,载《江淮论坛》,1982年第1期,第1~14页。
③ 叶显恩:《徽商的衰落及其历史作用》,载《江淮论坛》,1982年第3期,第57~63页。
④ 周晓光:《19世纪50—60年代中国社会的战乱与徽州商帮的衰落》,见赵富华主编:《首届国际徽学学术讨论会文集》,黄山书社,1996年,第227~247页。
⑤ 王廷元、张海鹏主编:《徽商研究》,合肥:安徽人民出版社,2005年,第632页。
⑥ 张朝胜:《民国时期的旅沪徽州茶商:兼谈徽商衰落问题》,《安徽史学》,1996年第2期,第74~77页。

着徽商的营业活动进入新阶段。①

第二节 区域研究的思路和方法

一、从社会经济史到日常生活史视野下的区域社会研究

对于徽州地域社会解读的细化使得学者们开始逐渐关注徽州社会的日常生活史,而这一概念源于西方史学界在 20 世纪 70 年代后逐渐兴起的微观历史学。"微观史学把研究的视线投向历史中特定时间和空间内的个人和小的社会群体,将它们聚焦在历史学的显微镜下,放大、重现和传递普通人生动真实的生活经历和精神体验,从而完成见微而知著、由特殊到一般的历史认识过程"。② 日常生活史作为微观史学的一部分,给我们提供的是具体的知识。将日常生活史引入中国史研究时,学者们关注的重点便不再局限于中国的发展有什么规律之类的宏观论题,而是致力于展现中国传统社会的方方面面,用具体的史实拼合出一个实实在在的中国形象。

日常生活史的观点其实与"自下而上"视角研究区域社会历史的趋向不谋而合。所谓"自下而上"的视角,是通过研究一个小人物的日常生活世界来窥探整个社会风貌,在这个过程中不避讳研究政治、研究事件、研究精英,从民众的角度和立场来重新审视国家与权力,审视政治、经济和社会体制,审视帝王将相,审视重大的历史事件与现象,主张"将在历史书上消失的小人物请回来,即把视线移向社会下层民众,以便对历史有个整体的看法"。③ 徽州作为这样一个存世文书极其丰富的区域,正为日常生活史的开展提供了非常好

---

① 重田德:《徽州商人之一面》,载《徽州社会经济史研究译文集》,合肥:黄山书社,1989年,第 455~456 页。
② 周兵:《显微镜下放大历史:微观史学》,载《历史教学问题》,2007 年第 2 期,第 38~43 页。
③ 冯尔康:《中国社会史概论》,北京:高等教育出版社,2004 年,第 85 页。

的史料基础。2001年,王振忠的《民间档案文书与徽州社会史研究的拓展》[①]一文从民间档案的角度在理论上论证了社会史的研究趋势,注重对普通民众生活实态的复原,而丰富的徽州民间文献为实现这一目标提供了可能,此文更重要的意义在于唤起学界对于徽州社会微观生活的关注。在这一理论指导下,王振忠于次年出版了《徽州社会文化史探微——新发现的16世纪-20世纪民间档案文书研究》[②]一书,该书是著者对徽商日常生活世界研究论文的结集,通过对16世纪至20世纪的民间档案文书的研究,展现了晚明以来的徽州普通民众生活的全貌,是对徽商生动而具体的的揭示。与以往徽商研究不同,著者关注的不是其经济状况而是其思想、生活的实态。

二、历史社会地理概念的提出

1991年,王振忠提出"历史社会地理"这一概念,[③]这是在历史人文地理框架下而构建的一种理论模式,是将结合人类学研究方法的社会史研究,融入人文地理学中所产生的结果。从当时著者的学术背景来看,正如他在文中所言,"笔者一直从事徽州与绍兴区域社会的比较研究……历史上,徽州与绍兴都是地狭人稠的地区,然而何以会发展出不同的社会人文类型,以致'徽州朝奉,绍兴师爷''徽州算盘,绍兴刀笔''无徽不成镇,无绍不成衙'的谚语尽人皆知"?这一系列的疑问正是促成历史社会地理概念形成的背景意识。在讨论历史社会地理与社会史联系方面,王振忠认为,"人地关系一直是人文地理学关注的焦点,只有通过研究地理行为以及人对空间的感觉和思维,才能真正理解人类的世界。特别是从事社会分析、生产布局及人文现象的研究,更不能停留在过去传统因素和概念的分析上,而应从其他学科汲取相关的成

---

① 王振忠:《民间档案文书与徽州社会史研究的拓展》,载《天津社会科学》,2001年第5期,第140~144页。

② 王振忠:《徽州社会文化史探微——新发现的16—20世纪民间档案文书研究》,上海社会科学院出版社,2002年。

③ 王振忠:《社会史与历史社会地理》,载《复旦学报》(社会科学版),1997年第1期,第16~18页。

果和方法"。与社会史研究不同的是,社会地理不仅关注人本身及其所创造的文化,还注重人群的区域分布,分析比较人文类型及其形成过程,人群的地理分布,人群的形成、发展及其与社会文化环境的关系,人群的特征和心理差别等。① 对此,唐晓峰其后作出了回应,其在《社会历史研究的地理学视角》一文中补充道,"更有许多全非制度性的社会地理现象,由社会自己滋生而出,研究起来,更觉贴近事实。它们虽多发生在县以下的社会里,但规模却可能比县大,甚至连州跨县也打不住,比如教帮、商帮、匪帮、庙会、山香、市集之类的活动"。② 此后由吴宏岐、王洪瑞发表的《历史社会地理学的若干理论问题》一文也对这一概念在研究对象、学科性质特点和研究内容上作了补充论述并指出,"历史社会地理学的研究内容应为历史时期的社区研究、不同区域人群兴衰的地理背景、不同区域人群的空间结构及其时空演变规律、不同区域人群的社会行为和历史时期社会问题的空间研究。它的根本特性是区域性、时序性、综合性、社会性和阶段性"。③

但是"历史社会地理"这一概念自提出以来,在学界并未引起过多的关注和重视,正如王振忠本人所言,"历史社会地理在历史地理学中至今尚未占有一席之地"。④ 当我们回溯一门学科的发展史,在其设立之初大多是饱受争议,同样,想要构建人文地理学的一个新的分支也是困难重重的。时至今日囿于种种条件,社会地理学的理论框架与内容体系尚未完全定型,但是历史社会地理作为人文地理学的一个新兴分支,其意义就在于极大地扩展了人文地理的研究领域,提供了新的研究视角。这不仅是历史地理学发展的必然结果,还是包括历史学、地理学以及其他社会学科理论研究方法的新趋向。笔

---

① 王振忠:《社会史与历史社会地理》,载《复旦学报》(社会科学版),1997年第1期,第16~18页。
② 唐晓峰:《社会历史研究的地理学视角》,载《读书》,1997年第5期,第3~8页。
③ 吴宏岐、王洪瑞:《历史社会地理学的若干理论问题》,载《陕西师范大学学报》,2004年第3期,第89~94页。
④ 王振忠:《历史社会地理研究刍议》,《中国历史地理论丛》,2005年第4期,第5~14页。

者在此重提这一概念,窃以为,当今历史地理学和社会学的理论体系和研究方法已日臻成熟,就徽州这一区域而言,其社会集团的区域分布、形成过程、空间结构、行为特征、心理差别、社会问题及其时空演变都是上述两者所要关注和研究的。作为一门交叉学科,历史社会地理的视角无疑更能符合这些主题的切入,既能"自上而下"在地理学视野下对区域作整体性的把握和对整体作宏观性的探讨,也能"自下而上",以社会学和人类学的方法对基层社会民众生活实态给予关注,既有树木,也见森林。

本著拟以历史社会地理的视角,在地理空间上,将微观社会生活研究与宏观分析相结合,既有对具体而微的事件、人物的"深度描写",又有广阔的社会背景下的宏观叙述。历史社会地理在探讨历史时期社会人群生活空间的同时,也要包含对其社会生活方式的研究,主要包括以下三个方面:"以人和社会为中心的人群研究,即研究历史时期各地人群的形成、分布及其影响;以民间生活的空间形式为中心的风俗研究,即用地理学的理论和方法研究民俗的形成、发展、演变、分布规律和区域特征;以社会形态、社会结构、社会制度、社会关系、社会组织、生活方式、风俗时尚等一切社会现象变动为中心的社会变迁。"[①]历史地理学的理论体系自成立以来发展至今已较为完备,利用历史地理学,将生活空间及其社交网络运用GIS(地理信息系统)技术呈现于地图上,通过历史变迁中的空间分布变化得出区域社会变化发展的一般规律,这也是现代史学发展的必然趋势。

三、社会学、历史人类学方法与徽州区域社会研究

20世纪60年代,西方史学界出现了"历史人类学"这一新的概念,90年代初历史人类学开始在国内得到推广。刘志伟认为,通过历史人类学的研究方式,透过对一个家族、一个村落的细致研究,从中发现了社会经济变迁中诸如权力、礼仪、身份认同的文化符号,从而为传统社会提供了另一个面相,展

---

① 王振忠:《历史社会地理研究刍议》,《中国历史地理论丛》,2005年第4期,第5～14页。

示一个了解传统社会新的窗口。① 同样,对于在绩溪社会的某一个宗族、村落中生活过的数代商人,进行长时段的考察,这不仅可以探寻其在商业经济中的脉络,还能够解读出其在整个区域社会中的互动关系。

自20世纪80年代以来,社会学为区域经济史提供了一个更为深刻的研究视角,从社会生活、社会文化、社会风俗、社会群体、社会问题等较为具体的社会史研究领域到社会结构、社会变迁、社会运行、社会控制、社会功能等更为宏观和抽象的研究范畴。由此极大地扩展了史学研究的对象范围,甚至有学者认为"社会史根本不是历史学中的一个分支,而是一种运用新方法、从新角度加以解释的新面孔史学"。② 区域社会史把中国的历史变迁置于特定的空间维度下进行考察,将时间与空间两种尺度相结合地来看待一个区域的总体发展,这就是一种整体社会史在特定区域内的研究尝试。绩溪徽商作为社会的一个群体,它的兴起必定与当时的社会环境密切相关,而在逐渐成为一支重要的社会力量后,必然会对其生活过或者生活中的社会产生影响。

---

① 刘志伟:《地域社会与文化的结构过程——珠江三角洲研究的历史学与人类学对话》,载《历史研究》,2003年第1期,第54~64页。
② 赵世瑜:《中国社会史研究笔谈——社会史研究呼唤理论》,《历史研究》,1993年2期,第15~16页。

第一章　区域开发的时空背景

第一节　地理环境与空间格局

一、绩溪县的政区单元

绩溪县位于今安徽省东南部,北接宁国市,西北邻旌德县,西邻太平县,南连歙县,东与浙江省临安市毗邻,地处北纬29°57′~30°20′、东经118°20~118°55′之间,县域面积1126平方千米。①

绩溪县原为梁大通元年(529)析歙县之华阳镇所置之梁安县,武德中废。后由唐大历元年(766)析歙县华阳镇置,"永泰二年,宣州旌德县王万敌入寇,胁其居人,贼平置县",②隶属江南西道歙州管辖。宋徽宗宣和三年(1121),改歙州为徽州,将其作为徽州府下辖的县级行政单位,宋元明清以来,这一隶属关系一直未发生变化。至民国元年(1912),裁撤徽州府,绩溪县直属安徽省。民国二十年(1931),设首席县长制,绩溪县归宣城县长节制。民国二十

---

① 绩溪县地方志编委员会编:《绩溪县志》,第48页。
② (宋)罗愿 著:《新安志》卷5《绩溪沿革》,见《宋元方志丛刊》第八册,北京:中华书局,1990年。

九年(1940),改属安徽省第七行政督察区。1949 年 4 月 30 日,绩溪县解放,于同年 5 月 13 日成立徽州专区,属皖南区管辖。1988 年 1 月 1 日,绩溪县划归宣城地区,至今仍属宣城市管辖。

绩溪县之下的建置在宋代以前已不可考,依据史料记载,宋代绩溪县城厢共分为七坊,其外的乡村共分十乡,辖二十六里。① 明嘉靖间,县分置三十五图十甲。明清以后至民国建立,绩溪县以下行政区划格局基本保持稳定(表 1-1)。民国以后,绩溪先后出现了自治区、乡镇、联保等多种行政区划。

表 1-1 绩溪县历代基层政区划分一览表

时间	乡	里(都)	坊
宋	仁慈乡	龙泉、龙宣	崇贤坊、崇仁坊、归德坊、连城坊、敦礼坊、清宁坊、临河坊
	新安乡	龙山、新兴、永宁	
	维新上乡	新安	
	遵化乡	石门、偖溪、新建	
	宣政乡	扬溪、斜溪、归仁	
	新华乡	分流、幽山、随溪	
	杨山乡	徽阳、修仁、高峰	
	修仁乡	常溪、守节、归善	
	良安乡	新合、宁泰、花干	
	维新下乡	感化、麟福	
	七坊十乡二十六里		

---

① (嘉庆)《绩溪县志》卷一《舆地志·坊市》。

续表

时间	乡	里(都)	坊
元	仁慈乡	坊市、一都	崇儒坊、美俗坊、宣政坊、锦绣坊、传桂坊、仁慈坊、中和坊、居贤坊、丽泽坊、成德坊、积庆坊、中正坊、文明坊、孝义坊、仁寿坊、崇仁坊、义和坊、德安坊、乐安坊、义井坊
	宣政乡	二都、三都	
	新荣乡	四都	
	杨山乡	五都、六都	
	修文乡	七都、八都	
	良安乡	九都	
	维新下乡	十都	
	维新上乡	十一都	
	新安乡	十二都、十三都	
	遵化乡	十四都、十五都	
	二十坊十乡十五都		
明	仁慈乡	坊市十一图,一都一图,九都一图、二图、三图	遵义坊、遵和坊、仁慈坊、集贤坊、福泉坊、庆丰坊、太平坊、宣泽坊、美俗坊、敦睦坊、清和坊、中正坊、崇德坊、处仁坊、登云坊、里仁坊、西关坊
	新荣乡	十都一图、二图,十一都三图、四图	
	新安乡	十一都一图、二图,十二都 图、二图、三图,十三图一图	
	遵化乡	十四都一图,十五都一图	
	宣政乡	二都一图,三都一图、二图,四都一图	
	杨山乡	五都一图,六都一图	
	修文乡	七都一图,八都一图	
	十九坊七乡十五都三十五图十甲		
清	全县分仁慈乡和南、北乡,共三大直辖乡,都图划分,仍明旧		新增颍川、惠川、惠人、导泉、聚贤五坊
	二十四坊七乡十五都三十五图十甲		

资料来源:(宋)罗愿,《新安志》卷五《乡里》,《宋元方志丛刊》第八册,北京:中华书局,1990年,第7667页;(清)清恺编著:(嘉庆)《绩溪县志》卷一《舆地志·乡里》,第63~65页。

二、绩溪县地理环境的特征

皖南地区最大的地理特征就是多山,民间素以"七山半水半分田,二分道路和庄园"①的民谣传唱,形象地勾勒出徽州府的地理概貌。绩溪作为徽州六邑面积最狭小的县,县境内山地所占比例相当高。晚清绩溪名儒胡晋接曾在其编写的《绩溪山水歌略》中如是状摹:"绩地虽小,居浙上游。山脉如城,环绕四周。"②按照现代的地形分类,绩溪县境内的山地地形分为中山(海拔1000~3500米)、低山(海拔500~1000米)和丘陵(海拔500米以下,相对高度不超过200米)三种类型,其所占比例分别为27%、10%、55%,三者共占总面积的92%,而盆谷地区仅占8%。③ 根据统计,这种"山脉如城"的描述是毫不夸张的。从山脉分布上看,绩溪县境内自北向南依次排列着大会山、徽岭(亦作翚岭)和大鄣山三条山脉,三者大致为东北—西南走向,呈"多"字形的雁行式延伸。绩溪不但多山,而且其地势之高,为六邑之最,有"宣歙之脊"之称。古人对此亦有体会,乾隆二十一年(1755)时任徽州知府的何达善在《乾隆丙子志序》中提到:"徽郡据江左上游,而绩溪实当其脊,崇山峻岭之间,土硗用啬。"④后任徽州知府成履恒在为嘉庆《绩溪县志》题序也言:"度其地势,广轮百里,非若雄州剧邑为大都会,然势居宣歙之脊,为入徽之冲。"⑤

复杂的河流水系是绩溪地理环境的另一个特征。绩溪的县名来历就与其水系有着密切的联系,"乳溪与徽溪相去一里,诘曲并流,离而复合,故以为名"。⑥ 根据《说文解字》的注释:"绩,缉也。"⑦本意是将麻搓捻成线或绳,此意则是将河流的交汇比作拧麻成绳的过程,"若扬之水自北而南流,昆、常、庐

---

① 《徽州地区交通志》编委会编:《徽州地区交通志》,合肥:黄山书社,1996年,第3页。
② 绩溪县地方志编委员会编:《绩溪县志》,北京:方志出版社,2011年,第104页。
③ 绩溪县地方志编委员会编:《绩溪县志》,第72页。
④ (嘉庆)《绩溪县志》卷首《叙例图》。
⑤ (嘉庆)《绩溪县志》卷首《叙例图》。
⑥ (宋)罗愿 著:《新安志》卷五《绩溪沿革》。
⑦ (汉)许慎撰:《说文解字·说文目第十三》(上),北京:中华书局,1978年。

诸水自西而东流,登水自东而西流,并会于象山,皆得为绩之意"。① 由此而见,此种复合汇流的水系状态,在其境内并不是个别现象,一个"绩"字,便将其水系特征极其形象凝练地概括出来。与平原圩区河网交织格局不同的是,绩溪县境内的河流多为急流湍水,几无航运价值,"徽河又水浅滩多,行船甚费时日,交通梗阻,莫此为甚"。② 作为徽州北部地区多数河流的发源地,绩溪地势陡峻,河流落差大,河床比降一般为7‰~20‰,河源比降多超50‰。③ 以登源河江南第一关河段为例,其在1千米的流段内落差竟逾百米。其地河流径流量季节变化大,丰水期时常有暴雨引发山洪,流量短时可增数十倍,而在枯水期其则流量细小,水溪时有断流。

狭小的县境之中,峻山和急流占据了绝大部分的空间,其余下部分仅占总面积8%的盆谷地带,是绩溪耕地的主要分布区域。在传统的农业社会之中,田土的数量和质量往往成为衡量一地人口承载能力的标准,绩溪却在此方面长期以来维持着较低的水平。从数量上看,自宋绍兴年间(1131—1162)至清嘉庆十五年(1810)止,凡600余年间,入册田土的数量不升反降;④从田土的肥瘦程度上看,虽然徽州总体上的耕作环境都较为艰难,但绩溪的现实状况较之于徽州其他各邑更为突出。对田土贫瘠程度的描述,则以耕者的实际耕作状态体现得最为真实,从绩溪知县较陈锡在乾隆《绩溪县志》中的一段论述中可以看出:

> 罗氏《新安志》曰:"郡在万山间,其地险狭而不夷,其土驿刚而不化,水湍悍,少潴蓄,民之田其间者,层累而上,指数级不能为一亩。快牛刳粗不得旋其间,刀耕而火种之。十日不雨,则仰天而呼,

---

① (嘉庆)《绩溪县志》卷二《建置志》。
② (民国)胡步洲编:《绩溪乡土地理》第3章第7节《绩溪将来之交通》。
③ 绩溪县地方志编委员会编:《绩溪县志》,第80页。
④ 据(嘉庆)《绩溪县志》卷三《食货志》载:"宋绍兴间,田土共三十万九千五百六十六亩有奇……现田一千四百三十一顷三分七厘三毫,地四百六顷二十八亩六厘五毫,共折实田二百三十六顷四分五厘四毫,山一千六百三十顷九分七厘三毫,共折实田三百二十九顷二十六亩九分九厘一毫。以上田并地、山、塘折实田总共二千三十八顷五十亩五分八厘二毫。"

一遇雨泽,山水暴出,则粪壤与禾荡然一空,盖地之勤民力者如此。每岁芸以三四方,忱五六月田水如汤,父子袒跣膝行其中,溷深泥,抵隆日,蚊蝇之所扑,缘虫蛭之所攻毒,虽数苦有不得避其生勤矣。"此说虽属鄂州为合郡言之,而在绩溪为尤甚,其平原又苦蛟水横溢,不甚,则沙石壅涨,胼胝开垦,经旬逾月,始可艺植;甚,且冲激倏成溪河,虚赔粮税。三农之困如此,则又罗说之所未及者。①

绩溪整体地理环境的特点,正如清人曹有光的总结,"山压水冲,偏绩有难耕之确土"。② 一个"压"字,状摹出绩溪县山脉环绕、压城欲摧的逼人气势;一个"冲"字,勾勒了其河流湍急、旱涝易发的水系特征。山石广布,不仅限制了耕地的扩展空间,还加深了农事作业的艰难程度;水冲沙涨,水土流失的发生使得本已有限的耕作田土,在肥力程度上不断降低,导致亩产下降,人地矛盾进一步加剧。山、水、田土三者在构建绩溪"山压水冲"地理格局的同时,也通过农业生产条件和交通区位的制约和限制,使绩溪在长时段的社会发展过程中处于一个相对稳定的社会状态和秩序。

三、空间格局的划分

绩溪县政区界线的划定,大部分是依照"山川形便"的准则实行的。县西南以金坑西山脊与旌德为界,北部以龙门岭山脊与宁国划界,东部大鄣山脉将绩溪县与浙江昌化县隔开。在这样一个三面环山的区域,山脉也成为地理空间天然的划分方式,县中部西南—东北走向的徽岭山脉将其全境一分为二,其南者为岭南,其北者为岭北。

徽岭同时还是徽州境内南北水系的分水岭。以徽岭为界,绩溪县河流分为长江、钱塘江两大水系。其下又可细分为岭南的新安江水系、天目溪水系,岭北的水阳江水系和青弋江水系。民国时期,胡步洲在其所编《绩溪乡土地

---

① (乾隆)《绩溪县志》卷二《食货·田土》。
② (嘉庆)《绩溪县志》卷首《叙例图》。

理》中也照此分类:"凡水皆滥觞于山,绩溪大会山脉横亘东西,故水南北二流,其南流者若扬之水、小昌溪水、杨书坑水皆入新安江,若浙溪田水、石门亭水、峤岭水皆入天目溪,而新安江、天目溪又皆委竟于钱塘江。其北流者,若芦塘水、古川水、黄石坑水、小坞水、柏坑水皆入青弋江,若万富山水、金竹湾岭水、戈溪水、彬坑水、楼下水、丁家亭水皆入水阳江。"①根据当代县志的统计,绩溪有主要河流4条(登源河、扬之河、大源河、戈溪河)及其大小支流117条,河网密度为每平方千米0.75千米,其中属长江水系的流域面积占总面积的36%,属钱塘江水系的流域面积占总面积的64%(表1-2)。②

层峦叠嶂的丘陵山地,在构建起绩溪地理结构的整体框架同时,还促成了社会格局的差异与分化。早在宋代,歙县人罗愿就注意到了徽岭南北两区域的社会差异,其在所著《新安志》中如是表述,"绩溪俗有二:由徽岭以南,壤瘠赋重而民贫;其北壤沃赋平,人有余则柔循肤"。③徽岭显著的分水岭隔断效应,不仅在地理上构造出山脉两侧区域不同的自然环境条件,还成为其语言习惯、风俗人情、农业生产以及社会结构等方面分化差异的推动因素。从大的区域范围上看,徽州内部分水岭的阻隔造就了徽州经济的差异格局。邹怡在他博士论文《明清以来徽州茶业及相关问题研究》中通过研究徽州六县茶业生产和分销路线,指出分水岭南北两侧的破碎地貌和相似经济社会发展历程所形成的小农经济,使得徽州地区的茶业分布整体表现为空间意义和产权意义上的细碎化。

在崇山峻岭间分布着的河流水系,成为影响绩溪县基层政区格局划分的主要因素。早先,以农业为主的生产生活方式对于水资源的依赖程度极高,因此,早期的人类活动和聚落形态都呈现出逐水而居的特征。宋代所置的十

---

① 胡步洲编:《绩溪乡土地理》第3章第1节《水道说略》,1926年油印本,安徽省图书馆藏。
② 绩溪县地方志编委员会编:《绩溪县志》,第80页。
③ (宋)罗愿 著:《新安志》卷一《风俗》,见《宋元方志丛刊》第八册,北京:中华书局,1990年,第7604页。

乡二十六里,大部分位于与歙县邻近的县西南地区或靠近县治所在的扬溪河沿岸,"新安乡,在城东;维新上乡,在城东;新华乡,在县西;杨山乡,在县西;修仁乡,在县西;良安乡,在县南;维新下乡,在县南",①而在地势较高、河流较少的北部和东部区域,仅设有遵化乡一乡。基层政区的划分一般以人口数量为依据,宋代绩溪县基层政区多集中分布在岭南新安江流域区反,这映出当时人口密度分布极不平均。人口的数量与赋役的额度直接挂钩,在人口密度大的区域,所征收的税额也高,因而对于土地的压力也相应增加,而岭北人口密度相对较小、土地承载压力较轻,在罗愿看来,这便形成了"壤瘠赋重而民贫"与"壤沃赋平,人有余则柔循肰"的区别。

绩溪在明清两朝设七乡十五都,里(图)的数量增至三十五个,基层政区数量的增加说明人口规模的扩大,而其分布的调整也反映了区域开发程度的加深,特别是对于县东北部山地区域十五都、十四都一带的开发。但从各都面积的直观比较可以发现,位于山区地带的一都、二都、十三都、十四都和十五都面积较大,而盆谷地带的三都、四都、五都、十都面积较小,"县大率方百里,其民稠则减,稀则旷,乡、亭亦如之,皆秦制也"。② 一般政区面积大小与人口密度成反比,村都面积的悬殊差异说明了绩溪县内人口密度分布仍极不平均,聚落还是多集中于河谷和平畈地带。而且相对于同邑的歙县和休宁,无论是聚落还是人口数量,绩溪都要远远落后于前者。从歙县、休宁和绩溪三邑的人口密度与分布的比较看,徽州存在着三个层次的生存圈,其与三邑的自然地理的布局是一致的,而绩溪则处于人口密度最低的三邑边缘所形成的环形地带。③

绩溪境内水系分布与政区划分,两者呈现出非常密切的关系,县内各都的数量与河流分布、流域面积成正比(表1-2)。例如,在徽岭以南的长江流域

---

① (嘉庆)《绩溪县志》卷一《舆地志》。
② (汉)班固:《汉书》卷十九上《百官公卿表第七上》,北京:中华书局,1999年。
③ 唐力行:《明清以来徽州区域社会经济研究》,合肥:安徽大学出版社,1999年,第235~236页。

内,都的数量为9,占都总数的60%,与其64%的流域面积几乎吻合。县级以下政区的划分,除了依照人口和田土数量以外,其边界的划定也多为依照"山川形便"的原则实施。清代绩溪十五都的划分,多以山脊为界,几乎不存在跨流域设都的现象。这种空间格局的出现,在很大程度上取决于绩溪独特的地形地貌。

表1-2 清代绩溪县十五都划分与流域区对照表

流域区	都	数量
新安江	一都、七都、八都、九都、十都、十一都、十二都、十三都	8
天目溪	十四都	1
水阳江	二都、十五都	2
青弋江	三都、四都、五都、六都	4

资料来源:绩溪县地方志编纂委员会编,《绩溪县志》,第52页。

第二节 绩溪聚落的形态、格局及分布

在社会层面,聚落强调的是一种社会组织结构内的社会关系和社会秩序,并带有浓厚的血缘色彩。在明清时期的徽州,以宗族血缘关系为纽带的乡村社区构成了主流的聚落格局。在明清时期方志、族谱等地方文献中,对徽州一府六县村落的描述,往往是与"聚族而居"的宗族社会联系在一起,如明嘉靖《徽州府志》云:"家多故旧,自唐宋来数百年世系比比皆是。重宗义,讲世好,上下六亲之施,无不秩然有序。所在村落,家构祠宇,岁时俎豆。间小民亦安土怀生,即贫者不卖侲子。"[①]在聚落形态和分布变迁的过程中,宗族观念成为其主要的影响因素。

绩溪作为一个小型区域社会,其聚落的形态和分布,从地缘关系层面上看,很大程度上是受到了"山压水冲"的地理格局影响;而以聚落内部组织结

---

① (嘉靖)《徽州府志》卷二《风俗》,见《北京图书馆古籍刊本丛刊》29《史部·地理类》,北京:书目文献出版社,2000年7月。

构观之,则是明清时期典型的"聚族而居"的宗族血缘社区。绩溪聚落格局的变迁和调整,是自然和社会两方面共同影响和作用的结果,但随着时间的推移,这两方面因素的影响程度也会出现变化,这也是本节所要关注的问题。

一、聚族而居是基本的社会形态

(一)宗族聚居是基本的社会基础

1. 族谱

要实现宗族聚居的状态,必须满足三方面的条件:即修族谱、建祠堂和置祠产。"宗族是由同一祖先按男性血缘系统传承的家庭组成的族群共同体",①想要实现对这一血缘传承系统的认同,编修族谱是最直接有效的方式。在构建起宗族认同的系统之后,要使宗族记忆得到长时间的延续,则需要通过持续的修谱方式,不断维持和强化族群的记忆系统。这种"持续"的间隔,理想状态是三十到六十年,一般不超过百年,"古人云,三世不修谱为不孝",②然而这种理想状态在现实中很难实现。以世居宅坦村的明经胡氏龙井派为例,自北宋景德四年(1007),"七世端五公子忠公迁翚北龙井"③始至民国十年(1921)胡士坊主修完《明经胡氏龙井派族谱》止,共有9次修宗谱的过程(见表1-3)。明清凡500余年间,胡氏共修谱5次,其中时间间隔最短的为34年,而最长为120年。

---

① 唐力行:《"千丁之族,未尝散处":动乱与徽州宗族记忆系统的重建——以徽州绩溪县宅坦村为个案的研究》,载《史林》,2007年第2期,第82~94页。
② (清)邵兰等修:《华阳邵氏统宗谱》卷首《修谱则例》。
③ (清)胡祥木等修:《上川明经胡氏宗谱》下卷之中《存旧》。

表 1-3　历代宅坦所修宗谱一览表

时间	作者	谱名
宋嘉定四年(1211)	胡俊卿、胡子春	嘉定谱(已佚)
元延祐元年(1314)	胡景	延祐谱(已佚)
元至正六年(1346)	胡复初	至正谱(已佚)
明嘉靖三十五年(1556)	胡文宪、胡永生、胡东池、胡东升、胡东溢等十七人	嘉靖版龙井胡氏宗谱(现存于宅坦)
明万历间(年份不详)	胡桓、胡东溥	万历谱(已佚)
清康熙五十九年(1720)	编者失考	康熙谱(已佚)
清乾隆十九年(1754)	胡履泰、胡学礼、胡至德	考川明经统宗谱
清同治十三年(1874)	胡宝铎、胡道升	同治谱(未完辑)
民国十年(1921)	胡士坊	民国明经胡氏龙井派族谱

资料来源：胡昭璧主编，《龙井春秋》，内部资料，2001年。

2. 宗祠

祠堂的修建为"聚族而居"提供了社会控制的手段。徽州的大宗望族多保持着严格的宗族制度，长期以来形成了一种极强的思想控制力和约束力。在徽州宗族的族人眼中，上族谱和进祠堂被视为最后的荣誉和归宿，而族人受到的最大惩罚就是被逐出祠堂，开除族籍。以宗祠为标志的宗族制度，在明清时期已经成为徽州宗族社会最大的特征之一。

徽州祠堂的创建，在宋代已经开始，但数量较少，也未形成风气。明代以后，徽州商人外出经商取得成功，以盐商为代表的徽商在攫取了高额商业利润之后，将部分资金投入桑梓的宗族建设，在徽州地区掀起了大规模的修祠风潮。常建华研究指出，"(明代)徽州宗祠的数量之多、规模之大，在全国位居首位"。[①] 明清时期，徽州一府六县已经呈现出祠堂林立的社会景象，在绩溪这一特征也体现得非常明显，乾隆《绩溪县志》载：

邑多聚族而居，有宗祠、支祠、香火堂。岁时伏腊、生忌、荐新皆

[①] 常建华：《明代宗族研究》，上海人民出版社，2005年，第77页。

在香火堂。宗祠礼较严肃,春分冬至,鸠宗合祭。有家法,凡乱宗渎伦及有劣迹者,皆摈斥不许入祠,故邑宗祠最重。族各有宗谱,支派分昭穆、序世系,千年不紊,比户可稽,奸伪无所托足。①

清乾隆二十年(1755),绩溪县境内共有祠堂115个,②而至清嘉庆年间,绩溪祠堂数量大为增加,根据嘉庆《绩溪县志》的统计(见表1-4),绩溪县域及所辖15都共分布有191个族祠(堂)。分布在县城的祠堂数量占全县祠堂总数的近三分之一,共包含38个姓氏。一些大姓望族,不仅有宗祠,还有支祠、公祠和特祭祠,其分支也热衷于兴建祠堂,其中胡氏建有祠堂30个、程氏27个、汪氏21个、章氏15个、周氏9个,因而形成了一姓多祠的局面。晚清以来,新建祠堂的数量一直处于增加的状态,据民国三十六年(1947)的统计,祠堂数量已逾340个。其中县城、临溪、高迁和瀛洲四乡镇的祠堂数量占全县的五分之二,县城祠堂建筑面积达4.15万平方米,约占当时县城面积的十七分之一。③

表1-4 清嘉庆绩溪县族祠数量统计

地区	祠堂名称(部分)	数量
县城	程氏宗祠、程氏支祠、汪氏宗祠、胡氏宗祠、章氏宗祠、周氏宗祠、周氏支祠、张氏宗祠、方氏宗祠、黄氏宗祠、舒氏宗祠、舒氏支祠、许氏宗祠、唐氏宗祠、吴氏宗祠、李氏宗祠、高氏宗祠、冯氏宗祠、任氏宗祠、刘氏宗祠、陈氏宗祠、余氏宗祠、程振德堂、胡丰苣堂、章怡亲堂、章启佑堂、章骏惠堂、章光裕堂、章仁聚堂、章世德堂、章怡顺堂、章敬宗堂	59
一都	葛氏宗祠、江氏宗祠、凌氏宗祠、王氏宗祠	4
二都	黄氏支祠、叶氏宗祠、舒氏宗祠、汪氏宗祠、陈氏支祠、陈氏宗祠	6
三都	陈氏宗祠、汪氏宗祠、倪氏宗祠	6

---

① (乾隆)《绩溪县志》卷1《方舆志·风俗》。
② (乾隆)《绩溪县志》卷5《祀典志·族祀》。
③ 绩溪县地方志编委员会编:《绩溪县志》,第377页。

续表

地区	祠堂名称（部分）	数量
四都	胡氏支祠、程氏宗祠、舒氏宗祠、冯氏支祠、程世荣唐、程集义堂、程馀庆堂、程尚义堂	9
五都	胡氏支祠、冯氏宗祠、冯氏支祠、戴氏宗祠、章氏宗祠	7
六都	胡氏宗祠、汪氏宗祠、黄氏宗祠、洪氏宗祠、宋氏支祠、章氏支祠、朱氏宗祠	9
七都	曹氏宗祠、程氏宗祠、石氏宗祠、张氏宗祠、李氏宗祠	8
八都	胡氏宗祠、程氏宗祠、汪氏宗祠、柯氏宗祠、王氏宗祠	6
九都	汪氏宗祠、胡氏宗祠、程氏宗祠、吴氏宗祠、葛氏宗祠、陈氏宗祠、王氏宗祠、叶氏宗祠、方氏宗祠、余氏支祠	15
十都	汪氏宗祠、胡氏宗祠、王氏宗祠、姜氏宗祠、叶氏宗祠、吴氏宗祠、程氏宗祠、济阳江氏宗祠、萧江宗祠	13
十一都	程氏宗祠、汪氏宗祠、胡氏宗祠、周氏宗祠、方氏宗祠、吴氏宗祠、王氏宗祠、程迪光堂、程忠孝堂、程百顺堂、程光启堂	17
十二都	胡氏宗祠、胡康惠公祠、章氏宗祠、方氏宗祠、丁氏宗祠、王氏宗祠、胡惇本堂	9
十三都	汪氏宗祠、程氏宗祠、张氏宗祠、邵氏宗祠、许氏宗祠、邵惇叙堂、章惇五堂、邵世德堂、邵惇睦堂、邵世美堂、邵惇顺堂	12
十四都	汪氏宗祠、周氏宗祠、姚氏宗祠、胡氏宗祠	4
十五都	胡氏宗祠、周氏宗祠、许氏宗祠、秀硎公祠、竹山公祠、曹氏宗祠	7
合计		191

资料来源：（嘉庆）《绩溪县志》卷七《祀典志·族祀》，第190～198页。

修建祠堂，并以祠堂为中心开展祭祀活动，可以在宗族内部起到增强宗族凝聚力的作用，进而实现对其族人的控制目的。常建华认为，共同的祖先是宗族成为血缘群体的要件之一，宗族通过祖先崇拜的方式增强向心力和凝聚力。[①] 这种宗族控制的手段，在明清时期的绩溪社会中体现得非常明显，

---

① 常建华：《宗族志》，上海人民出版社，1998年，第55页。

如《黄氏家庙遗据录》中对于在祠堂开展的宗族祭祀方式和目的有明确的记载：

> 绩风俗，岁时伏腊，生忌荐新，皆在香火堂。冬至、春分鸠宗合祭于宗祠，是则时祭之定至分，遵朱子之用孟仪也。而至、分之用冬、春，绩俗宗祠之大祭也。冬至为一阳之始，春分正萌芽之时，祭始祖以及高曾祖考，夫固感时象类之祭也，而所以合族之道，亦即在是。凡其子孙序拜奔走之列者，其祖考皆在焉。不分远近亲疏，皆合享于一堂，合祀死者，所以萃聚生者也。①

祭祀作为一种仪式，能让人在心理上产生敬畏感，其目的在于通过"合祀死者"而起到"萃聚生者"的效果，进而实现所谓的"合族之道"。而宗祠作为一个有空间感的场所，其更多起到的是人身约束的作用，乾隆《绩溪县志》对此也表示认同：

> 较陈锡曰：明祖定制，士、庶人许祀其高曾考，世宗复昭天下，得祀其始祖，于是祭不以世限，而人皆得尽其孝子、慈孙之情矣。徽俗聚族而居，群建宗祠，奉其始迁之祖，而后子孙以世祔焉。祠有谱，序以昭穆，祠有祭，肃以朱子家礼，其族不类者摈不入，义笃而法严也。②

除祭祀以外，宗祠也是执行宗族法规的权力机构。在明清时代，绩溪县下属的村落名义上是皇权统治的地区，而实质上是宗法社会的族权代政。每一族在修建祠堂的同时，都会定下若干条族规，以惩治严重触犯族法族规的族人，维护族权的尊严。

在明清时期的绩溪，宗祠所代表的族权已经得到地方上的普遍认可，以开除族籍为最高惩罚手段的族规成为对族人实行人身控制的有效手段，"宗祠立有宗法，旌别淑慝，凡乱宗、渎伦、奸恶事迹显著者，皆摈斥不许入祠"。③

---

① （清）黄佩玉主：《黄氏家庙遗据录》卷二《祠祭》。
② （乾隆）《绩溪县志》卷五《祀典志·族祀》。
③ （乾隆）《绩溪县志》卷一《方舆志·风俗》。

除此以外,诸如调解处理族内纠纷,赈济族人,定时进行族内教化和宣传等都是在宗祠内开展的。由此可见,以宗祠为中心的宗族制度及其宗族权力,在传统时代是实施有效社会控制的主要手段。

3. 族产

族产是聚族而居的物质基础。祠堂拥有田地和山场的多少是衡量一个家族兴旺与否的重要标志,也为穷困族人的基本生活提供了经济救济的保障。族产的土地占有形式,主要分为宗族公有和家族公有两种。以绩溪磡头村的涧州许氏族产为例,通过梳理其族产的分类和社会运作,我们可以了解族产是如何保障聚族而居的聚落形态的。

宗族公有财产即祠产,是以祠堂的名义取得田地产权,属该宗族共同拥有的集体财产,包括田、地、山场和屋舍等形式。涧州许氏追远堂拥有十五都戈溪河流域近百亩的田地和山场,其范围大致为:东至峤岭外侧的黄毛尖、转桥湾、太子山,东北至黄石崖、踏耙岭,西至黄甲村和绩溪岭凹,南至荆州上胡家,北至宁国界。其田地分为"大买"(拥有所有权,但不亲自耕种)、"小顶"(拥有耕种权而没有所有权),宗祠通过收取佃户的租金来负责缴纳政府税收。在磡头民间流行着"死人往里抬,稻谷往外挑"的说法,意思是磡头村人死后抬到里节段(指周村、石门口和杨坞、平坑一带)的田地或山场上安葬,而该区域佃农在许氏山场田地上所租种的谷物要挑到磡头村内的许氏祠堂。这些山场、田地等祠产的主要来源是族人为捐"配享"(祭祀时单独配置的神主牌)的赠予。①

光绪初年,追远堂对其名下的祠产作了一次清算整理,族人许锡禹将祠产整理成册,作为其收租依据。光绪二十七年(1901)许洪管重编《追远堂租谱》,并作记:

> 今夫先人之置产业而昭来兹者,其意有二:有为子孙计者,有为祭祀计者。为子孙计者,将产业而分授后人者是也;为祭祀计者,坐

---

① 涧州人士:《磡头志》(中卷),2002年,第29页。

产业于众,世所谓之祀产者是也。我祖当日丕建宗祊,广置产业,其所以为祭祀者,固不待言。夫以产业之得传于今日,而无参差之异者,将何所恃乎? 恃有谱据而已。然谱亦有难恃者,年湮世远,蠹虫咬害,能保其常传于后世乎? 无已,则恃有谱以记之,人以抚之,谱坏则从而新之。如此,则虽百世之远,犹可保其无虞也。我族产业,原有旧谱,按班递谱收租,以延祭祀。不谓摩挲既久,将有坏而无可稽者矣。今冬,族中诸长咸谓裔曰:"谱已坏矣,尔盍从而新乎?"裔虽谫陋,谊不容辞。故将我族一切产业,仍遵旧谱而录之,是亦体先人置产之意而为之也。倘后之人,亦如裔之体先人置产之意与所以立谱之由,踵而行之,则产业不患其难保,血食亦得以常享矣。是为记。①

族产作为宗族聚居的经济基础,是产生经济收入的方式,主要是通过出租田地、山场等给佃农来收取租税。正因为族产具有重要的经济地位,所以每个宗祠都非常注重族产的管理和运作,在编修族谱时,对族产,如字号、土名、亩数和税额等的记录都极为细致和明晰。

(二)族姓迁移和村落变迁

族以姓氏为区分,一个姓氏可以构成一族或分为多族,而村落往往是由同族在某一固定地区长期聚居而形成的。以绩溪大姓胡氏为例,按照迁入顺序的不同,可以分为四派,即"龙川胡"②"金紫胡"③"明经胡"④和"遵义胡",⑤

---

① (清)许洪管编:《追远堂租谱》,转引自洞州人士:《磡头志》(中卷),第30页。
② 东晋大兴元年(318),散骑常侍胡焱镇守新安,咸康三年(337)从濮阳迁家龙川(大坑口),由此而世称"龙川胡"。
③ 唐大中五年(851),散骑常侍胡宓持节歙州,从濮阳迁家乌聊山,宓子治,居家华阳镇。宋时,胡舜陟官徽猷阁待制,逢金紫光禄大夫,后称"金紫胡"。
④ 唐朝天祐元年(904年),朱温威逼唐昭宗李晔从长安迁都洛阳,御驾途中,何皇后分娩一子。此时,唐昭宗为篡位心切的朱温所弑。皇宫近侍胡三目击时艰,遂携褓褓中的皇儿潜回皖南,并易姓名为"胡昌翼"。此儿长大成人后,已是五代后唐时期,胡昌翼以明经科及第,后称"明经胡",亦可称"李改胡"。
⑤ 宋朝南渡时,湖州乌程胡清迁家高车。元末,其裔迁居县治遵义坊,世称"遵义胡"。明正德年间,胡松任工部尚书,其后裔又称"尚书胡"。

绩溪胡氏四派分布在其县内70多处村镇，如"明经胡"主要聚居在上庄、宅坦、湖里、上胡家等村，"龙川胡"则集中在大坑口和株树下两村，"金紫胡"和"遵义胡"主要分布在县城内和岭南地区的一些乡村。如若不对其姓氏源流作详细了解，则较容易混淆胡氏四派，梁启超在其所著之《近代学风地理的分布》中关于"绩溪三胡"的叙述，也出现了认知上的偏差：

> 绩溪胡朴斋（匡衷），生雍乾之交，其学大端与双池、慎修相近，以传其孙竹村（培翚）、子继（培系）。竹村与泾县胡墨庄（承珙）同时齐名。墨庄亦自绩迁泾也，时称'绩溪三胡'……绩溪诸胡多才，最近更有胡适之（适）云。①

"绩溪三胡"指的是胡匡衷、胡秉虔和胡培翚三人，又称为清代"礼学三胡"，其三人均属绩溪县城内"金紫胡"，而胡适则属岭北上庄的"明经胡"，胡适虽与"三胡"皆为同姓，却为不同族。潘光旦也注意到了梁氏文中的疏漏，并指出，"他结语说：'绩溪胡多才，最近更有胡适之（适）云。'读者的印象一定以为适之先生大约也是朴斋先生的后辈。这种印象是错的"。②

究竟是梁启超行文的疏漏，还是本身认知的不足，并非此处讨论的重点，但从这一细节可以反映出，在绩溪县境内，类似于胡氏这样的同姓各族之间，普遍存在着明确的空间划分。在绩溪民间，对徽岭南北的胡姓还有着"南胡"和"北胡"的划分方式。除此之外，族姓人群的集体迁移使其原有的村落格局发生改变，在空间上拓展了聚族而居现象的分布。以绩溪"明经胡"迁居的过程为例，通过观察同族聚落之间的交流合作和对抗冲突，能更深入地展示聚落格局调整与变迁的过程。

对于绩溪"明经胡"的源流及迁绩的经过，乾隆年间绩溪知县何达善在其撰写的《绩溪明经胡氏谱叙》中已经梳理得较为清楚：

> 兹绩之胡里、龙塘、上川诸胡鸠宗修谱，乞余写序，予阅胡氏世

---

① 梁启超：《近代学风地理的分布》，载《清华学报》，1924年第1期，第25页。
② 潘光旦：《一本有趣的年谱》，载《新月》，1931年第5、6期，1931年，第53~61页。

系,其迁绩始自胡里之延进公。延进公者,婺人也,从刘光义平蜀有功,令绩溪晋秩,唐中王赐籍于绩,从而家焉。是谱之修,必上溯于唐之昌翼公。公本昭宗之子,冒臣胡常侍姓,匿于婺之考川,避朱温乱也。延进公乃其冢子,改李为胡,实始于公……再由胡里、龙塘、杨林而他迁者,不可更仆,其附近而确有可稽者,族虽单微,必为注明。①

宅坦旧时被称为"龙塘"或"龙井",因该村有龙井而名,"方形,深可三尺,水从石出,味甘而冽,旁有石兔二,骈形而立作回头状,虽旱而不竭"。② 该村是由胡里延进公后世子孙迁居而形成的聚落。《上川明经胡氏宗谱》中的乾隆版谱序载,"吾族自延进公由考川迁绩居胡里,又分而龙井,而杨林,而上川,世远人繁,谱不续修将益教而无纪"。③ 由此可知,宅坦、杨林和上川的胡氏族群均迁自胡里,而上川(即今之上庄)则是"明经胡"最后迁移定居的一个村落。

随着明经胡氏一族的发展繁衍,新的支派不断从族中分裂产生,宅坦胡氏六世至十三世期间分出了两个共祖不同派的支派。根据宣统版《上川明经胡氏宗谱》的记载,第七世胡德真始迁杨林,第十五世七二公始迁上川,龙井杨林派就是从龙井胡氏分出的支派。在乾隆版的考川胡氏统宗谱中,对杨林派的世系只录到二十世胡顺、胡巽为止,民国版《明经胡氏龙川族谱》中的记录亦是如此,而宣统版《上川明经胡氏宗谱》中,又重新出现了胡顺、胡巽及其后世的谱系,还包括了上庄胡氏始迁组七二公及其下五代。由此可以推断,杨林派自二十世后并未失传,而是移居到杨林镇的后岸,即今天的上庄,杨林派就成为后来的龙井上庄派。而这其中宅坦胡氏族谱和上川胡氏族谱对于

---

① (清)胡祥木等修:《上川明经胡氏宗谱》下卷之中《存旧》。
② (嘉庆)《绩溪县志》卷二《建置志·水利》。
③ (清)胡祥木等修:《上川明经胡氏宗谱》下卷之中《存旧》。

杨林派记录的差别,则要牵扯两村胡氏同族之间的利益纠纷。①

以同族相聚的方式构成的聚落形态,也是徽州宗族社会长期以来形成的生活方式。在绩溪,由于山高水险的地形阻隔,区域社会的封闭程度相对他邑较高,人群的流动频率较低,"绩邑士人除应试外,足不出里闬,农工妇女亦终岁家居,不知乡里外有何世界",②商业和商帮的形成也较晚。"绩山多土瘠,邑小民贫,惟守农业,罔事商贾,是以从来并无盐商盐牙",③因此其聚落形态的稳定程度相比于歙县、休宁等邑也更高。

二、聚落分布与空间形态

(一)地名所见之聚落分布

地名是对于某一特定空间位置上自然或人文地理实体的直观表述,原始的地名多数则是人们对该地地理特征的最初印象,因此往往带有浓烈的自然环境色彩。绩溪的地理特征在地名上体现得尤为突出,在绩溪的聚落名称中,以坑、塘、岭、坞、源、溪、湾、坦、川、垅、降等命名的较多,这些名称同当地的地形地貌有着极大的联系(表1-5)。依据山、水两种地理实体可分为两类,其一是围绕水体而命名的,如坑、川、溪、湾、源等,根据《安徽省绩溪县地名录》的统计,带有上述地名的地名数量为210个,其中以"坑"的类型为最多,达104个,约占总数的一半,其次为"川"和"塘";第二种是以地形命名的村落或据点,如坞、岭、坦、坪、垅、降等,其数量为216个,其中"岭"和"坞"占了多数,分别为97个和67个。陈桥驿通过研究绍兴地区聚落的形成和发展,发现聚落一般最先出现于山麓冲积扇地形,因其土地广阔平坦,土地资源丰富且灌溉便利,而相对于平原沼泽,其又地势高燥。④和绍兴地区相比,绩溪山

---

① 胡维平在《胡雪岩·胡适家世家乡》(内部资料,2005年4月,第27~45页)一书中对宅坦与上庄两村胡氏族人的斗争纠纷过程有过详细的考证论述,此处不再赘述。
② (清)刘汝骥:《陶甓公牍》卷一二《法制科·绩溪民情之习惯》。
③ (乾隆)《绩溪县志》卷二《食货·赋役》。
④ 陈桥驿:《历史时期绍兴地区聚落的形成与发展》,载《地理学报》,1980年第1期,第15~23页。

水相交的地形特色更为明显,在聚落地址的选择和分布上,其依山傍水而建的聚落特征显得尤为突出。

表 1-5 带有地形色彩的绩溪地名统计

地名词汇	含义	举例	数量
坑	山涧溪流	大口坑、金坑、际坑	104
塘	面积不大的水池	莲花塘、呈华塘、泉塘	31
坞	山坞	舒家坞、横坞、碓坞	67
源	河流上游(源头)	大源乡、下源、王家源	4
岭	山岭,或是人工修筑的山路	伏岭、葫芦岭、降岭	97
川	河流	旺川、会川、吴川	39
溪	河流	大溪、扬溪、临溪	17
坦	宽而平的土地	宅坦、坦头、黄基坦	33
坪	山间河谷的冲积地形	荷花坪、安基坪、木料坪	6
湾	河流弯曲处	章家湾、王岭湾、方家湾	15
垲	(绩溪方言)周围高,中间低的小盆地	上垲、程家垲、下村垲	9
降	(绩溪方言)同"冈",较低而平的山脊	前山降、西降、七里降	10

资料来源:绩溪县地名办公室编,《安徽省绩溪县地名录》,第 10~110 页。

"坑"在绩溪方言中表示山涧溪流。绩溪山石广布,其间溪流纵横,在地势较低的溪谷地带,是相对适宜人类定居和发展农业生产的地区,因此带有"坑"字的地名,在绩溪最为常见。比较有名的如坑口(又称龙川),是明代名将胡宗宪的祖籍地,也是绩溪金紫胡氏聚居的一个村落。坑口即河流的出入口,坑口村西面山岭发源一山涧名为"玉带水",自西向东横贯全村,汇入登源河,整个村落就分布在两河交汇的河谷带,因此而得名。此外,还有诸如油坑口(现名"瀛洲",因村在油坑出口处而得名,油坑的来历和含义,是因坑水中含有棕色似油的矿物质),[1]富林坑(位于富林山南麓,山坑水穿流村庄,注入登源河,故名)[2]等以坑命名的村落。

---

[1] 绩溪县地名办公室编:《安徽省绩溪县地名录》,1988 年,第 30 页。
[2] 绩溪县地名办公室编:《安徽省绩溪县地名录》,1988 年,第 28 页。

相对于山涧旁的聚落，主要干流沿岸的乡镇数量则更多，其地名常带有"川""溪"等字眼。径流量大的河川，其冲刷和堆积作用更为显著，在盆谷地形的底部，河流两侧形成的平坦地带面积往往更大，因此分布的聚落也较为集中。以扬之河为例，其沿岸地区的乡村多以"川""溪"等命名，从上游依次往下分布有扬溪镇、郎家溪、何川、洪川、灵川、溪西、蒲川、临溪 8 个村镇。由于绩溪地形层峦叠嶂、山高路陡，水路航运成为出入境的主要交通运输方式，过去茶、木、粮等货物的行销基本依托水运，因此靠近航运河流的乡镇，受商业的推动作用，其人口和市镇规模相对较大。例如，扬之河东岸的临溪，因其高于河床十余丈，有居高临下之势而得名。临溪最早于明代设铺（官道驿站），清代称"临溪镇"，至民国年间，临溪一直是绩溪重要的水路交通枢纽，"今往来临溪渔间之船只，凡百数十里，每年运费可数十万余，出口货物以米为大宗，因绩北旌德、宁国皆产米，米贩以临溪为销场也，进口商货皆由船运临溪"。①

塘在绩溪的村落中极为常见，位于村中或者附近地形低洼处，是村落居民日常生活和饮用的主要水源。以"塘"命名的村落，一般是由于塘的规模或者数量较多，村庄依塘而筑。例如，上塘村位于临溪对岸，因村庄上首有大塘而得名；泉塘村因该村有水塘，塘中清泉一脉，蓄溢广深，汪洋清湛，四时不竭，古称"泉塘"，村依塘名。② 有的塘或因历史传说而得名，如龙塘村，在清代为龙塘镇，村东北有口大塘，名为"到塘"，相传明太祖朱元璋征婺源过此，曾在该塘洗手，故改名为"龙塘"。

在以地形命名的村落中，以"岭"和"坞"的数量最多。绩溪县东北部山区十三都、十四都和十五都一带，是该类地名的主要集中地区。例如，十五都的金沙乡，其地形除金沙河两岸狭长的谷地外，其余均属山区，金沙乡内的村落大多分布在狭小的山坳谷地，因此以"坞"命名的居多。有起坑坞、龙坞、前坞、东村坞、前坞里、常乐坑坞、上木杓坞、小坞、口坑坞弯、上坞、下坞、中坞、杭坑坞、黄花坞、高桥坞、下塘坞、坑连坞、西直坞、横坞、石蒙坞口 20 个之多，

---

① 胡步洲编：《绩溪乡土地理》第 3 章第 5 节《临溪渔间之航路》。
② 绩溪县地名办公室编：《安徽省绩溪县地名录》，第 58 页。

约占全县带"坞"地名的三分之一。在绩溪当地对山坳谷地的地形还有进一步的区分,绩溪方言词汇里有一个"垬"的名称,指的是周围高、中间低的小盆地,与"坞"代表的地形相近,但面积要小一些,如上垬、程家垬。"岭"有两种含义,一是指山岭,二是指人工修筑的山路,在绩溪带"岭"字的地名中,以后者所指代的居多。绩溪境内有一条通往杭州的乡道,名为登源道,现被称为"徽杭古道",在过去,绩溪人向东前往杭州、上海多选择这一陆路通道,其自登源起,经伏岭下、祝山、马头岭、雪堂岭到达浙江境内,而分布在古道沿线的村落也因此多而以"岭"命名。

绩溪县地名中有出现不少"山、下、里、外"的前后缀,实际上是对于聚落分布的方位描述。比如,戈溪河上游地区的上许和下许两村,民国时邑人胡晋瀛曾著有《云川辨》一文考其村名来源,"云川者,绩东之村名也,宋吏部员外郎许透由荆州迁居下许村,爱云山拱秀,川水潆洄,遂以云川二字名其村"。① 下许村今称之"霞水",由于村内许氏人丁稀落,而同村唐、胡、汪等姓兴旺,他姓村民认为以"许"字为村名难副其实,又因"下许"与"下水"方言同音,词义不雅,故改称"霞水"或"霞川";② 而上许村的村名后来也同样发生了变化,晚清时期迁入村的章氏、高氏繁衍兴旺,上许村名中的"许"字被逐渐略去,改称为"上村"。民国后期,因村名与伏岭下"上村"重名,而再改为"尚村"。③"上许村"和"下许村"这两个最初的称谓,是因其分别处于云川溪(今霞水村河)的上、下游,且其均为"云川许氏"后裔的定居点,固有上、下许之分。

(二)聚落规模与空间形态

上文述及,绩溪县内聚落多为聚族而居的状态,宗族人口的多少直接关乎聚落规模的大小。绩溪人口的分布极不平均,各个村落之间人口规模也相差悬殊。自明代至清末,在绩溪先后出现的 439 个村落中,④ 较大的村落人口

---

① 涧州人士:《磡头志》(中卷),2002 年,第 9 页。
② 清嘉庆《绩溪县志》卷一《舆地志·村都》仍有上许村,但已无下许村,而改称"霞水村","十五都经理……其村……上许村、霞水村"。
③ 涧州人士:《磡头志》(中卷),第 399 页。
④ 唐力行:《徽州宗族社会》,合肥:安徽人民出版社,2005 年,第 21 页。

有数千人,胡适在回忆其老家时曾这么说:"我家世代乡居。古宅在绩溪城北五十华里……我们的村庄(上庄)正与华南其他地区的村落一样,是习于聚族而居的。洪杨起事之前,我们聚居的胡氏一族总人口在六千上下——当然也包括散居各地经商的族人在内——大半务农为生。但是大多数家庭也都有父兄子弟在外埠经商的——尤其在南京、上海一带。"①上庄是一个典型的单姓村镇聚落,其胡姓一族的人口基本反映了该村的人口数,胡适认为的六千人上下,在唐德刚看来显得有些匪夷所思,因而在文末特加一条注释:

> 胡铁花先生在他的自述里提到洪杨乱前,他们绩溪上庄的胡氏,人口总数有六千之众。这数字可能是笔误——罗尔纲抄写时所发生的笔误,亦未可知。绩溪是皖南山区里的一个小县,人口甚少,有这六千人聚居的大族,是件不可想象的事。
>
> "太平之乱时",李鸿章奉旨回籍组织团练,这些后来发展成为清末有名的淮军的团练,事实上便是皖北一带——尤其是合肥一县之中,各大宗族所自动组织的子弟兵。合肥是当时安徽省,甚至是整个大清帝国里人口最多的一县;其时充当淮军骨干的周、刘、唐、张等大族,似乎没有一族的人口是超过六千人的。据此类推,绩溪八都上庄胡氏的丁口似乎不可能有这么大的数目。②

唐氏在后文中也注意到反复出现的这一人口数,他坚定认为人口"六千"是"千六"的误写,"一千六"和"六千"之间的差距颇大,绩溪上庄在遭遇兵燹前的人口数量究竟是多少,通过对诸方史料的解读,或许可以推算出其当时的实际人口。

根据胡适回忆,"太平军覆灭后的第二年(1865),我族再作第二次的人口调查,拟再按口派捐,重建宗祠。调查所得,乱后剩余丁口不过一千二百人左

---

① 胡适口述,唐德刚整理翻译:《胡适口述自传》,合肥:安徽教育出版社,2005年,第5~6页。

② 胡适口述,唐德刚整理翻译:《胡适口述自传》,2005年,第9页。

右,减少了百分之八十"。① 唐氏在此处是这样出注的:"铁花先生对当时徽州一带受劫的情形记述甚详细。如果他们胡氏一族的人口在四年之乱中便死掉百分之八十,他的记录中一定有更多骇人听闻的故事。但是全稿中似乎只提到他原配冯氏死难一事,未见有其他死难的记述。所以一族人口损失八成的情形,似乎不大可能。"② 从唐德刚的行文逻辑来判断,他对于乱后剩余一千二百余人的记录并不存疑,而将矛盾的焦点转移到战乱对村落人口的削减程度上,他言下之意是在洪杨兵燹中,上庄村人口由原来的一千六下降到战后的一千二。显然这只是唐氏的臆测,且与当时记录有关洪杨兵燹的史料存在严重不符。战乱对绩溪人口造成破坏,呈现出二段式的作用过程,即战争中人口的直接死亡和战后瘟疫而造成的间接死亡。黄崇惺曾言:"庚申之乱,徽人之见贼遇害者才十之二三耳,而辛酉五月贼退之后,以疾疫亡十之六七。"③ 上庄位于绩溪、歙县两邑的交界处,是兵家必争之要道,在此次兵燹中景象尤为惨烈,《钝夫年谱》中如是记载:"时已三月,贼屡由吾乡过竦岭,自岭头至岭脚长五里,自余川以东各姓民村十余,横尸遍野,臭不可闻,鲜有归者……吾家门前溪中及菜园百步内尸二十余,均腐溃蛆出,血肉狼藉,风吹臭气入,无可避,坐卧均不能自堪。"④

如果唐德刚对当地洪杨兵燹的记录作过全面调查,相信他也不会作出之前的臆测,因此笔者认为胡适对于上庄六千人的叙述并非笔误。但是,上庄一村中是否真的有六千实际人口,胡适自己也说了,这六千人中还包括了旅外经商的族人,其家族也是茶商世家,"余家世以贩茶为业,先曾祖考创开万和字号茶铺于江苏川沙厅城内……道光二十三年先考分川沙业于上海,曰茂春字号"⑤。胡铁花对本村的经商人数比例有一个初步的统计,

---

① 胡适口述,唐德刚整理翻译:《胡适口述自传》,2005 年,第 12 页。
② 胡适口述,唐德刚整理翻译:《胡适口述自传》,2005 年,第 20 页。
③ 黄崇惺:《凤山笔记》,载《近代史资料》,1963 年第 1 期,第 140 页。
④ 胡传:《钝夫年谱》,欧阳哲生编:《胡适文集》(1),北京大学出版社,1998 年 11 月,第 456~457 页。
⑤ 胡传:《钝夫年谱》,欧阳哲生编:《胡适文集》(1),第 444~445 页。

"然则(在家之)老幼男女约八百余口……复检各册详细核算,乃知阖族为工商于外者四百余人"。① 按照这个经商比例估算,在太平天国前,上庄村的实际常驻人口数量应该在四千人左右。在距离上庄数里之隔的宅坦,也是胡氏一族聚居的村落,根据其村志《龙井春秋》的记载,宅坦村人口数量的顶峰出现在清乾嘉年间,共六千余人,在太平天国之后,人口数量下降到不足千人。上庄胡氏一派迁自于宅坦龙井派,建村要比宅坦晚二百余年,其村落的规模也大致相近,由此推断,胡适回忆其老家上庄的人口数量应该是可确信的。

在开发时间相对较晚的十四都、十五都一带,其村落的规模虽未及上庄、宅坦等大村,但也有上千的人口数量,特别是在康乾盛世时期,由于"摊丁入亩"取消了"人头税",村中户口的数量每岁剧增。以磡头村为例,其村内大姓——涧州许氏第十、十一、十二、十三世的户数分别为 102、131、178、258 户,世递增率都在 30% 以上。到咸丰初年,许氏户口数达到了历史峰值:第十六世和第十七世分别达 527 户和 551 户。加上村中其他姓氏的人户,当时的磡头有"千灶万丁"之称。②

太平天国期间,徽州成为清军与太平军拉锯的战场,对于防守徽州的策略,歙县人王茂荫认为,"守徽州与他郡不同,他郡务在守城垣,徽州务在守边界。边界守得住,全郡可保。若边界不守,全郡即将糜烂"。③ 作为徽州本土人士,王茂荫深知徽州境内在城池以外分布着相当数量的聚落,这些聚落的人口规模和富庶程度毫不亚于县城,明清时期徽商外出经商所取得的财富,有很大一部分回流入了故里。在太平军到来之前,在徽州村落中的百姓早已习惯了数百年来"千丁之族,未尝散处"的安定社会生活,不仅是徽州,整个皖南地区都呈现这样的状态。南陵人刘镇铬在给曾国藩的《善后条陈》中指出,

---

① 胡传:《钝夫年谱》,欧阳哲生编:《胡适文集》(1),第 482~483 页。
② 涧州人士:《磡头志》(中卷),2002 年,第 3 页。
③ (清)王茂荫撰,张新旭等点校:《王侍郎奏议》卷五《寺稿下·请饬徽州知府驰赴婺源防堵片》,合肥:黄山书社,1991 年。

"盖我皖南富庶，不在城池，而在乡村"。① 财富和人口在村落的聚集，使得其规模相比于我国其他区域的村庄要更庞大，虽然绩溪的商业发展相对于徽州其他县份较慢，但其县内人口数量在一千以上的大型聚落依然为数不少。

上文述及，绩溪县内聚落的分布与地形有着密切的联系，而聚落的规模和空间形状也受其所处地形地势的制约。处在山间盆地的村庄，多为块状聚落，其民宅集中，呈团块状分布，如胡家、伏岭、水村、大坑口（龙川）、仁里、旺川、上庄、尚田、金沙等村。地处谷地的村落，多为狭长的带状聚落，由于两岸山势陡峻，其屋舍一般沿着地势较平缓的河谷溪流筑建，如扬溪、新桥、朱村培、半坑等。处在山坞之中的村庄，由于盆地面积较小，其原有聚落规模往往不大，而随着宗族人口的繁衍，屋舍只能向四周山沟谷地扩建，呈现出以山间小盆地为中心向周围山沟延伸的放射型分布，如大源、水涯和北村等；在地势较为平缓的低山丘陵区，其聚落依山势而呈梯形分布，如磡头、班肩坞、水浪头、仙川等村；在地势跌宕的边远山区，只能寻找零星的平基建屋，因此民宅分散，呈散碎状分布。

从聚落数量上看，分布于山间盆地的块状聚落占大多数，且聚落规模也较大。以旺川为例，其村在20世纪60年代前还基本保持古村落的面貌，从东村彩云亭到上坑毕家岭下，筑有一条东西向的石板主干道，南北向干道则是从曹氏老屋（时思堂）经中渡桥到新屋边九思堂，两条干道交汇于十字街，成为旺川的中心。昆溪自西向东流经旺川，以河为界，旺川分为河北与河南两部分。

分布在河谷溪流处的带状聚落类型也是绩溪聚落的主要空间形态，如扬溪镇。其镇位于绩溪县中部的半丘陵、半山区地带，地势西北高、东南低。扬之河由北向南流经该镇，其三条支流龙丛源、扬溪源、际坑源自西向东汇于扬之河，因其河流处于低深的"V"型河谷，故当地民谚称之"扬溪三条源，有水不浇田"。整个扬溪镇沿扬之河自北而南呈反"C"字的带状分布。

---

① 民国《南陵县志》卷四一《艺文志·文二》。

磡头为典型的低山丘陵聚落,其聚落形状呈现出依山势而上的梯形。"磡头磡,上床三档磡"的民谣形象地道出了该村落的地形地貌。磡头村最早的屋舍集中在云川溪两岸,而由于宗族繁衍、村域拓展,村民便开始沿两岸依山筑屋,就势建房。因山坡石阶颇多,屋舍显得跌宕起伏,故名为"磡头"。

聚族而居是过去徽州宗族社会的主要居住形态,一个族姓群体在选择聚居区域时,首先需要考虑的便是自然环境条件。绩溪县内聚落早期多分布于盆谷底部的河流沿岸,唐大历元年(766)析置的华阳镇旧址就位于徽溪桥南岸下三里村,"门尚署其名"。① 这些分布于河流沿岸的聚落,多呈现狭长的带状形态,平畈地区的聚落则多为块状。随着宗族的繁衍,人口规模逐渐扩大,村落内的一部分姓氏人群会选择迁移他处,这种情况在徽州非常普遍,"公讳垚,随宦迁绩之虎头山……其地曰周坑,子三,长公讳固,徙旌及歙之小路口;次公讳国,居仍周坑;三公讳渊,徙邑东北乡之竹里,今湖里镇"。② 明代以前始建的聚落一般集中于平畈地带,而明代以后开始向山间盆地和山湾岗坳扩展。有的村落居民,为避战难或谋求生计,举家从大村庄徙入深山半岭聚族为村。③ 这些村落最初以山间盆地为中心,尔后向山沟延伸,形成了放射状的形态。最晚开发的偏远山区,由于地势跌宕,房舍依山势而建,也就形成了梯形聚落。

绩溪县内聚落分布的变迁,可视为人类活动沿着河流从河谷平原到山间谷地,再向更崎岖的山岭不断延伸的过程。在这过程中,聚落的形态也随着地形环境的变化而发生改变,商业发展和人口流动在很大程度上影响了聚落格局的变化和调整。从地名的演变中可以发现,人类活动对自然要素的改造程度不断加深,在聚落格局中自然环境要素的色彩在逐渐褪去,而人文社会因素则体现得更为明显。

---

① (嘉庆)《绩溪县志》卷一二《杂志·古迹》。
② (清)周之屏编:《绩溪城西周氏宗谱》卷首《绩溪周氏前修宗谱序》,光绪三十一年(1905),木活字本。
③ 绩溪县地方志编委员会编:《绩溪县志》,第 372 页。

第三节　传统时代绩溪的生态环境与农业生产

一、农业生产环境与水旱灾害

(一)农业生产的地理环境

绩溪地处皖南的低山丘陵区,属于亚热带季风气候,四季的时间分布并不均衡,春、秋两季短,夏、冬两季长。① 其境内多山,地势颇高,受高山地形影响,徽岭南北地区的物候多有不同,清代绩溪知县高孝本所赋《绩溪杂感》一诗,便直观地描绘出了两地的物候差异,"翚岭路最长,蜿蜒行百折。新岭崎岖上,磴道更峭绝。过岭气候殊,迥若南北截。岭南微霰零,岭北积深雪。北才腰镰始,南已农事辍"。② 从诗句反映出的农事作息来看,岭北节气较之岭南要推迟将近半月。地形的差异导致了水土等自然条件的分异,进而影响了农业分区的格局。据当代《绩溪县志》描述,绩溪境内可分为六种农业区:一是低山丘陵单季稻区,区内海拔在 300～466 米,耕地类型以梯田为主,粮食和油料作物产量占全县总产量的三分之一,该区包括尚田乡、校头乡和板桥头乡的大部分地区;二是丘陵盆地单双季稻混作区,区内海拔在 250～332 米,以单季稻为主,占水田面积的 60%,其中一油一稻占 40%,其余为一稻一麦、一肥一稻,该区包括浩寨、旺川、镇头的大部分和上庄乡的择里;三是中低山稻麦一年两熟区,其特征为山高水冷日照短,适宜一麦一稻,该区包括磡头、胡家、和阳、逍遥、荆州乡和伏岭乡合庄;四是中低山单双季稻混作区,区内海拔多为 300 米以上,以单季稻为主,占 60%,双季稻占 40%,该区包括金沙乡、扬溪镇和大源、上庄、校头、板桥头、瀛洲、高迁、镇头、旺川、浩寨乡的部分地区;五是山间盆地单双季稻

---

① 根据 1998 年版《绩溪县志》统计,春季一般始于 3 月上旬,止于 5 月下旬;秋季始于 9 月中旬,止于 11 月中旬,两季时长在 60～70 天,实为冬、夏之过渡性季节。
② (嘉庆)《绩溪县志》卷一一《艺文志》。

混作区,区内海拔在 200～300 米,以稻麦两熟为主,其余为稻油两熟,该区包括大石门、北村乡和伏岭乡的大部分地区;六是山间盆地双季稻适宜区,区内海拔在 140～200 米,以双季稻为主,该区包括华阳镇、临溪乡和瀛洲、高迁乡大部分地区。①

除地形外,土壤环境对农业生产类型的影响也十分深远。绩溪土壤以红壤为主,占全县土地面积的 56.7%。其具有富铝化高岭土矿物类型和黄壤黏土矿物类型特征,主要特点为酸、薄、瘦。②红壤肥力较差,不适宜水稻种植,而宜于茶、竹生长。《绩溪杂感》中称,"人言山最瘠,土不盈一掬。种植非所宜,遂令茂草鞠……阳坡宜栽茶,阴崖宜种竹"。③适宜种植水稻的水稻土,主要分布于河流盆谷地带,只占全县土地面积的 8.05%。④耕地面积绝对数量少导致绩溪常年粮食不能自给,民国时王集成认为:"绩为山邑,丰岁无七月粮,不足之食恒仰给于邻封。"⑤水稻种植区一般位于地势较低的河谷,在洪涝灾害发生时遭受的破坏最为深重。

(二)水旱灾害的社会影响

绩溪县溪流广布,其水多为湍流,且径流量年际变化大,易发旱涝灾害,"雨集,则砂石并陨;雨止,则水源立竭"。⑥自唐永徽元年(650)至 1987 年的 1338 年中,有记载的旱涝灾害次数为 194 次(见表 1-6),其中水灾 133 年次,旱灾 61 年次。

---

① 绩溪县地方志编委员会编:《绩溪县志》,第 159～161 页。
② 绩溪县地方志编委员会编:《绩溪县志》,第 94 页。
③ (嘉庆)《绩溪县志》卷一一《艺文志》。
④ 绩溪县地方志编委员会编:《绩溪县志》,第 102 页。
⑤ (民国)王集成修:《绩溪庙子山王氏谱》卷末《食货志第四》,1935 年。
⑥ (嘉庆)《绩溪县志》卷三《食货志·土田》。

表 1-6 绩溪历代旱涝灾害统计

灾害类型	朝代	次数	灾害类型	朝代	次数
旱灾	唐	2	水灾	唐	3
	宋	1		宋	12
	元	3		元	4
	明	16		明	28
	清	23		清	29
	民国	2		民国	7
	新中国(1949——1987)	14		新中国(1949——1987)	50
	合计	61		合计	133

资料来源：绩溪县地方志编纂委员会编,《绩溪县志》,第118~125页。

虽然从灾害记载的古今分布上看,近现代的灾害次数要远多于前代,但在史料的记录和保存上,越接近现代则留下的资料就越丰富,记录也越详细,因此不能绝对地认为自唐迄今,灾害发生的频率越来越高。从水旱灾害的比例上看,水灾发生的频率要远高于旱灾。就水旱灾害的发生时段而言,水灾一般发生在5~8月期间,在6月下旬至7月中旬水灾次数尤多;旱灾则多发生于在夏秋之交,往往伏旱连秋旱,历时较长。

绩溪水灾发生的类型大致可以分为两种。一是"霪雨"形成的渍涝灾害,这种连续降水的时间一般在30天以上,如"康熙三十四年十二月,大雨,四十日不止";①②连续不断的降水造成地面积水成涝,旱地作物根系腐烂,而且容易诱发虫害,如"康熙五十五年六月,大水漂没田地,虫伤禾稼"③。二是短时暴雨所形成的山洪,这也是对生命和财产造成危害最大的水灾形式,如"顺治五年,大水冲圮桥梁数处,田地千余亩""乾隆九年秋七月,蛟水陡发,漂没人口田园庐舍。十二年五月,蛟水二次陡发,漂没人口数百,田庐无数,民

---

① (嘉庆)《绩溪县志》卷一二《杂志·祥异》。
② 绩溪县地方志编委员会编:《绩溪县志》,第122页。
③ (嘉庆)《绩溪县志》卷一二《杂志·祥异》。

饥"。① 洪水不仅冲毁了屋舍和桥梁,还冲刷了本已瘠薄的耕作土层,"一遇雨泽,山水暴出,则粪与禾荡然一空",②这让农业生产环境进一步恶化。

相比于水灾,旱灾次数虽不及前者,但其所造成的危害和社会影响则更为深远。旱灾具有连续性和广泛性两个特点。连续性是指旱灾发生和持续的时间长,一旦成灾,往往出现持续几个月的旱情,甚至有时出现连年大旱,如"嘉靖二十四年,春大饥,夏秋大旱。二十五年,夏旱。二十六年,夏旱"。③广泛性表现为两个方面,一方面是指旱灾影响的地域面积广,民谚称"水荒一条线,旱荒一大片",便是如此。旱灾发生时,同一气候区内的农作物出现大面积的绝收,加之绩溪原本就存在产粮不足的情况,因此引起米价飞涨,进而引发社会恐慌,如"万历十七年,饥,斗米一百三十文";④"乾隆十六年,夏秋冬大旱二百余日,民皆凿溪汲水,是岁大饥,斗米三百文有零"⑤;"嘉庆七年,夏大旱,自五月不雨至七月始雨,地焦草枯,井水尽涸,是岁大歉,斗米四百万"。⑥ 另一方面是指旱灾引起的次生灾害较多,在绩溪一般表现为蝗灾、虎患和瘟疫。民间自古流传着"旱极而蝗""久旱必有蝗"的说法,蝗虫习惯于把虫卵产于土壤中,而干旱引起的湖、河面积减小则为蝗虫提供了更多的产卵场所,因此蝗灾与旱灾相伴而生。而虎患的产生是因为旱灾引起大范围的食物短缺,使人和动物都扩大了各自的觅食范围,从而出现了活动空间的重叠交错现象,如"嘉靖三十一年,大无麦,夏秋旱,多虎"⑦;"乾隆十年,夏秋旱,多虎伤人"。⑧ 瘟疫的出现代表了旱情发展到最严重阶段。瘟疫一般是由死去的人或动物尸体长期暴露在空气中而引起的,这说明干旱已经造成了大范

---

① (嘉庆)《绩溪县志》卷一二《杂志·祥异》。
② (乾隆)《绩溪县志》卷二《食货·田土》。
③ (嘉庆)《绩溪县志》卷一二《杂志·祥异》。
④ (嘉庆)《绩溪县志》卷一二《杂志·祥异》。
⑤ (嘉庆)《绩溪县志》卷一二《杂志·祥异》。
⑥ (嘉庆)《绩溪县志》卷一二《杂志·祥异》。
⑦ (嘉庆)《绩溪县志》卷一二《杂志·祥异》。
⑧ (嘉庆)《绩溪县志》卷一二《杂志·祥异》。

围的人畜死亡现象,如"康熙四十八年,大旱,饥,大疫,死者无数,且多举家疫死者"①;"乾隆五十年,复旱,自五月不雨至七月始微雨,禾早晚俱不登,斗米三百六十文,秋冬疫"。②

旱灾的发生往往是渐进式的,在出现旱情之前,较难评估和预警干旱的严重程度。而旱灾一旦发生,其持续的时间较长,且影响的地域范围较大,由此导致政府实施赈济次数和规模都要远高于水灾。根据嘉庆《绩溪县志》统计(表1-7),从北宋嘉泰元年(1201)至清乾隆十六年(1751),旱灾赈济的次数为13次,而水灾赈济的次数则只有7次。与水灾相比,在大旱年份,米价上涨的几率要高出许多,也更容易引发社会动乱,曹志宁在《太乙桥碑记》中写道:"乡之人因进余曰:庚辰、辛巳岁大歉,斗米千钱,我邑弱者多菜色称莩,豪强不免斩竿为盗矣。"③

表1-7　北宋至清中期绩溪水旱灾害赈济统计

类型	时间	描述
旱赈	嘉泰元年(1201)	江东旱,赈之。
	元统元年(1333)	江浙饥旱,发义仓粮,募富人出粟赈之。
	嘉靖二年(1523)	大旱,发米银赈之。
	嘉靖二十四年(1545)	旱灾,巡抚丁汝夔赈饥。
	嘉靖三十九年(1560)	旱,巡抚翁大立赈谷。
	顺治四年(1647)	旱,县赈饥。
	顺治十一年(1654)	旱,知县朱国杰煮粥救饥。
	康熙二年(1663)	均以旱荒赈。
	康熙十一年(1672)	旱,赈饥。
	康熙十八年(1679)	旱,赈饥。
	康熙六十年(1721)	秋旱,照前分别饥口放赈。
	乾隆三年(1738)	
	乾隆十六年(1751)	

---

① (嘉庆)《绩溪县志》卷一二《杂志·祥异》。
② (嘉庆)《绩溪县志》卷一二《杂志·祥异》。
③ (乾隆)《绩溪县志》卷一《方舆志》。

续表

类型	时间	描述
水赈	至顺元年(1330)	江浙大水,民饥,诏行省赈之。
	嘉靖四十年(1561)	水,巡抚方濂赈饥。
	万历三十年(1602)	水灾,巡抚曹时聘奏赈。
	万历三十五年(1607)	水灾,巡抚周孔教奏赈。
	康熙五十七年(1718)	水灾,巡抚题奏赈饥。
	乾隆九年(1744)	水灾,分别极次男妇大小饥口放赈。
	乾隆十三年(1748)	水,照前分别饥口赈济,其冲倒小堨坝,动支帑银修筑。
合计	旱赈 13 次	水赈 7 次

资料来源:(嘉庆)《绩溪县志》卷四《恤政志·赈济》,第 137~139 页。

二、棚民进入绩溪的社会和生态影响

(一)棚民进入绩溪的背景

绩溪多山少田、土地瘠薄的状况是制约其地农业生产的主要因素,嘉庆时任绩溪知县的清恺曾曰:"绩溪地多硗确,户鲜盖藏,山林川泽之利,又歉于他邑。岁或不登,即呼庚癸,不得以耕九余三例之。"同时,明清时期绩溪人口数量的高居不下也加剧了粮食紧张的局面,"徽六邑绩溪最苦,地狭人多也……年必家居半截,生育日繁(嫁娶亦太早),故人多于他邑,而愚于他邑,贫于他邑"。① 对于这种地狭人稠的地区而言,粮食问题成为制约地区发展的最大瓶颈。在提升本地粮食产量的尝试上,水利设施的修建在于改善农业生产的水土环境,从而增加谷物的亩产量。然而在传统农业时代,受制于技术,谷物亩产量的提升空间十分有限,因此,寻求高产的替代作物和扩大粮食种植面积成为缓解人口压力的另外一条出路,在此背景之下,棚民的产生便有了合理的解释。

---

① 汪士铎著,邓之诚辑录:《汪梅翁乙丙日记》卷三,见《历代日记丛钞》,第 57 册,北京:学苑出版社,2006 年。

棚民最早是指从事租山垦荒等各类生产经营活动的山区移民群体,"棚民之称,起于江西、浙江、福建三省,各山县内,向有民人搭棚居住,艺麻种菁,开炉煽铁,造纸制菇为业"。① 早期棚民的出现,在很大程度上是由于平原地区人口压力过大,政府对于一些封禁山区出台弛禁和开山垦辟的鼓励政策。这一时期的棚民,大部分以种植青靛等染料作物为主,很少栽种谷物。而清初以后,随着人口压力的持续增大,加之玉米、红薯等耐旱高产作物的推广,很大一部分流民迫于生存压力,进入山区以种植玉米等粮食作物为生。

徽州境内的棚民则主要来自安徽省安庆府所辖怀宁、潜山、太湖等县,一小部分来自江西和浙江等邻近省份,②其入徽的时间"大约始于前明,沿于国初,盛于乾隆年间"。③ 在明清时期,徽州人大量外出经商,人口的外流使其成为一个较为典型的移民输出地区。在此背景下,徽州由于农业人口缺少而闲置的山场吸引了大量经济相对落后地区的流民前来租垦,"郡民多逐什一于外,而棚民反远离乡井来此山中"。④ 根据《徽州府志》中《道宪杨懋恬查禁棚民案稿》的统计,歙县有棚 334 座,棚民 1415 丁口;休宁有棚 395 座,棚民 2522 丁口;祁门有棚 579 座,棚民 3465 丁口;黟县有棚 9 座,棚民 69 丁口;婺源有棚 74 座,棚民 295 丁口;绩溪有棚 172 座,棚民 915 丁口。⑤

(二)绩溪棚民的营山活动及环境破坏

棚民善于垦种,且雇佣的成本相对较低,绩溪县内一些拥有山场土地的农户更愿意将其地承包给棚民,"近多不业农而罔利者,招集皖人谓之棚氓,刊伐山木,广种苞芦,山童则砂石不能蓄,土田日废。虽屡奉严禁,里胥得规

---

① (民国)赵尔巽等撰:《清史稿(第十三册)》卷一二〇《食货一》,北京:中华书局出版社,1998年。
② (道光)《徽州府志》卷四之二《营建志·水利》。
③ (道光)《徽州府志》卷四之二《营建志·水利》。
④ (道光)《徽州府志》卷四之二《营建志·水利》。
⑤ (道光)《徽州府志》卷四之二《营建志·水利》。

隐庇，满山遍坞，驱除为难，所赖父母斯土者，加意去害焉"。① 眼前利益的驱使导致在乡村环境中，从乡吏到农户对于政府的禁令置若罔闻。很显然，他们对于由棚民活动而引发的生态环境恶化并没有充分的认知，使之逐渐成为清中叶以后一个重大的社会问题。

棚民的营山活动一般有两种形式，一是通过出卖劳动力以求谋生，二是通过对山场的投资来获得商业利润。明清时期绩溪境内的棚户，以租垦荒山、种植苞芦为主要的谋生手段。苞芦即玉米，原产自美洲，15世纪传入欧洲，在明朝时由欧洲人传入中国，最先在我国广西、贵州等西南诸省种植。有关徽州地区种植玉米的记载，最早见于清乾隆时期，"近于乾隆三十年间，安庆人携苞芦入境，租山垦种，而土著愚民间亦效尤而自垦者"。② 玉米属于耐旱涝的山区作物，对土壤和水质的要求较低，且亩产量较一般粮食作物高，因而非常适合在多山少田、粮食短缺的绩溪山区种植。由安庆籍棚户所引进的玉米，在绩溪非常受欢迎，不少当地的农户也参与玉米的种植。在绩溪首先获得可观的经济效益之后，玉米种植也迅速在徽州其他地区推广开来，"查徽属山多田少，棚民租种山场由来已久，大约始于前明，沿于国初，盛于乾隆年间。初起于租山者之贪利，荒山百亩所值无多，而棚户出千金数百金租种，棚户也因垦地成熟后布种苞芦，获利倍蓰，是以趋之若鹜"。③

虽然高产的玉米能够在一定程度上解决绩溪的粮食紧张问题，但是玉米种植面积的迅速扩张，不仅挤占了稻、麦等粮食作物的种植空间，还给山区脆弱的生态环境造成了极大的破坏，甚至一度引发徽州历史上罕见的生态环境危机。绩溪平畈地区的耕地垦种殆尽，棚户只能向还未开发的山区开荒垦殖，但其方式极其原始和粗暴，"其种法必焚山掘根，务尽地力，使寸草不生而后已"。④ 在人类活动较为频繁的地区，植被恢复的周期较长，而棚民斩草除

---

① （嘉庆）《绩溪县志》卷一《舆地志·风俗》。
② （嘉庆）《绩溪县志》卷三《食货志·土田》。
③ （道光）《徽州府志》卷四之二《营建志·水利》。
④ （嘉庆）《绩溪县志》卷三《食货志·土田》。

根式的开荒,完全使生态环境丧失了自我恢复的能力,清人梅曾亮总结了棚户活动与水土破坏之间的因果关系,在其《柏枧山房文集》中云:

> 未开之山,土固石坚,草树茂密,腐叶积数年可二三寸,每天雨从树至叶,从叶至土石,历石罅滴沥成泉,其下水也缓,又水下而土不随,其下水缓,故低田受之不为灾,而半月不雨,高田犹受其浸溉。今以斧斤童其山,而以锄犁疏其土,一雨未毕,沙石随下,奔流注壑,涧中皆填污不可贮水,毕至洼田中乃止,及洼田竭,而山田之水无继者,是为开不毛之土而病有谷之田。①

自有棚民活动以来,绩溪山区的植被覆盖率一直处于较低的状态,高孝本在《绩溪杂感》中形容其为:"四顾皆童山,对之但蒿目。"②植被的破坏导致了严重的水土流失,使山间农田受到极为严重的冲压与毁损,"山既尽童,田尤受害,雨急则沙石并陨,雨止则水源立竭,不可复耕者所在皆有。渐至壅塞大溪,旱弗能蓄,潦不得泄,原田多被涨没"。③在整个徽州地区,这一现象十分普遍,其境内棚户"垦地成熟后布种苞芦,获利倍蓰,是以趋之若鹜,或十年,或十五年,或二十余年至三十年,殆山膏已竭,又复别租他山,以至沙土冲泻,淤塞河道农田"。④

作为缓解人口压力的方式和手段,棚民种植玉米客观上确实提高了本地区的粮食产量。在棚民进入徽州的早期阶段,种植玉米带来的短期收益确实要远超修筑水利的成本。但由于受到狭隘逐利观念的驱使,农户为使利益最大化,不但将大量的土地和山场出让或承包给棚民,而且自己也放弃稻麦等传统谷物的种植而改种玉米,"人情见利必趋,不肖之土民既阳奉阴违,无业之异民遂争先恐后,相继不绝,日聚日多",⑤"安庆人携苞芦入境,租山垦种,

---

① (清)梅曾亮撰:《柏枧山房文集(一)》卷十。
② (嘉庆)《绩溪县志》卷一一《艺文志》。
③ (嘉庆)《绩溪县志》卷三《食货志·土田》。
④ (道光)《徽州府志》卷四之二《营建志·水利》。
⑤ (道光)《徽州府志》卷四之二《营建志·水利》。

而土著愚民间亦效尤而自垦者"，①以简单粗放、掠夺式的手段盲目地扩大开荒垦殖的规模，过度开荒导致的植被减少、水土流失、河道淤塞、水旱灾害频发等一系列恶果与其初衷显得背道而驰，并成为制约和阻碍农业长期良性发展的阻力。棚民营山活动给山区生态环境造成的破坏最终引发了更为严重的生态和粮食危机，甚至还引发了一系列的社会问题。②

在传统农业社会时期，农业生产环境是衡量一区域发展水平的重要指标，同时也与当地商业社会的形成存在紧密的联系。绩溪多山少田的地理环境，是其常年米粮短缺的根源所在，但这却有利于该地茶、竹等林木资源的种植，与旌德、泾县等邻县及浙江、江西邻省之间以粮食运销为主的商业贸易成为绩溪维持社会发展和民众生活的必然选择。

旱涝灾害是历来农业发展所要面对的关键问题，对于绩溪这样旱涝易发的丘陵山区更是如此。棚民进入绩溪并开荒垦种玉米主要也是为解决粮食短缺的问题，然而由于垦殖方式的简单粗放和垦殖规模过大，不仅没有缓解当地的粮食问题，反而造成水土流失、堨坝损毁、航道淤塞等系列后果，并加剧了水旱灾害的发生频率和严重程度，由为粮食增产提供的助力沦为导致农业生产环境恶化的阻力。

本章旨在揭示绩溪区域开发过程中的自然和人文要素之间的内在联系，并为后续章节研究铺垫地域空间背景。第一节交代了绩溪地理环境的特征以及空间格局的划分；第二节主要从绩溪聚落的社会形态和空间形态两个方面考辨其聚族而居特征的形成以及聚落分布和变迁的过程；第三节围绕水旱灾害和棚民来讨论绩溪农业生产环境的相关问题。

---

① （嘉庆）《绩溪县志》卷三《食货志·土田》。
② 棚民入徽州以来，与徽州土民的冲突不断，如道光《徽州府志》卷四之二《营建志·水利·道宪杨懋恬查禁棚民案稿》中所提到的"休宁县耆民程元通呈控棚民盗租山场纠众酿"一案，官方和乡绅认为其起因是"流匪方会中等向无业地棍程金谷等盗租山场，搭棚纠集多人，私行开垦，种植苞谷"。此外，棚民开山毁伤坟茔的事件也时有发生，因此，徽州社会采取了一系列的驱禁棚民措施。

地理环境是决定区域开发模式的空间基础,以"山压水冲"为显著环境特征的绩溪,山川形便成为其内部空间格局划分的主要原则,以徽岭为界而划为岭南、岭北两大片区域,以河流为限又将其分为新安江、天目溪、青弋江和水阳江四片流域区,绩溪县以下行政单元的划分也与空间格局基本保持一致。从乡、里的分布和变迁可以看出,该地区域开发的过程呈现出由县西南地势较低的河谷盆地向东北部地势更高的丘陵山区延伸的趋势。

地理环境在决定空间格局划分的同时,也影响聚落形成的时间顺序和空间形态。绩溪聚落的分布,从最初的河谷平原扩展到山间谷地,再向崎岖的边远山岭延伸,这种聚落产生和发展的时空顺序与该地区域开发的过程高度重合。陈桥驿认为,聚落的地域类型反映了生产的地域差异,[①]绩溪县内聚落空间形态形成的差异同样也是适应生活和生产环境所作出的调整。

作为典型的近世宗族社会,聚族而居是绩溪社会的基本聚落形态特征之一,唐力行和冯尔康都认为聚族而居的社会基础来自族谱、祠堂和祠产三个主要方面。唐力行强调祖坟在维系宗族记忆中所起到的作用,而冯尔康则将聚族而居和祠堂建设看作宗族社会的主要方面。[②] 从绩溪的实际情况来看,当地以传统农业为主的社会环境更有助于维持聚族而居的局面,而在嘉庆以后经商风气逐渐形成,部分商业资本回流和聚集也加强了故里的宗族建设。

在传统农业社会,农业生产力的水平决定了一个区域人口和聚落规模的上限,而其又在很大程度上取决于人类对水土环境改造和利用的合理程度。一方面,水利设施的筑建,在保障了居民的生命和财产安全的同时,也改善了农业生产环境和航运条件,增加了粮食的产量和供应,从而提升了区域人口

---

① 陈桥驿:《历史时期绍兴地区聚落的形成与发展》,载《地理学报》,1980年第1期,第14~23页。
② 唐力行:《徽州宗族社会》,第49页;冯尔康:《18世纪以来中国家庭的现代转向》,上海人民出版社,2005年,第32页。

承载力;另一方面,棚户对于山地的不当垦殖,致使水土流失加剧,恶化了农业生产环境,又重新激化了脆弱的人地关系矛盾,这一正一反两方面的共同作用,成为影响区域社会发展变迁的重要因素。

第二章　绩溪经商风气的产生和商人群体的勃兴

绩溪作为徽州六邑之一，该地商人群体也是徽州商帮的重要组成部分，并且有着徽商浓厚的地域和行业特色。与传统时代徽州其他县份的商人相比，绩溪商人表现出较明显的差异性：整体经商风气形成较晚，绩溪直到乾隆初期仍是"惟守农业，罔事商贾"；[①]经营的行业较少涉及传统徽商的盐、典、木业；商人数量和商业规模在徽商群体中所占比例小，远低于休宁、歙县、婺源等商业大邑。也正因绩溪商人和商业社会区别于徽商核心群体的多方面体现，所以对于绩溪商人的解读和研究能够更全面地理解徽州商帮在晚清以来的发展脉络和整体状态。

本章主要围绕绩溪社会经商风气和商人群体兴起这一主题，从其商人群体产生的社会人文背景、历史发展变迁和地域分化差异等方面切入，试图探析绩溪商业社会形成和发展的内外原因。

---

①　(乾隆)《绩溪县志》卷二《食货·赋役》。

第一节　何以"惟守农业,罔事商贾": 商贸风气晚成的原因探讨

自然环境条件是决定一个区域发展模式和生存出路选择的主要影响因素,学界对于徽州商帮形成原因的讨论,也普遍认同这一观点。唐力行认为,强烈的人地矛盾是刺激商人懋迁的源动力,中国传统十大商帮发源地区大多是土地贫瘠、地少人多的状况。① 康熙《徽州府志》也言:"郡邑处万山……其势不得不散而求衣食于四方,于是呼民而出。"但是这一观点在绩溪这一个例中体现得不甚明显,明末清初时期由地理环境客观形成的人地矛盾和地方赋役制度人为制造的社会矛盾并没有迅速促使绩溪经商风气产生,或者更准确地说,在咸丰之前,绩溪民生虽苦,却鲜有懋迁外出者,仍维持着"农居什之八九,墙阴悉成艺圃,妇子亦荷耰锄,终年力穑,勤务盖藏"②的传统农业社会图景。上文述及,绩溪无休宁、歙县之富贾,从嘉庆《绩溪县志》统计看,在嘉庆之前少有记载之显赫商贾,而对于这一现象,史书也多有着墨。曹有光在康熙《绩溪县志》序中称:"南辕北辙,惟绩鲜有挟赀之游人。"③ 乾隆《绩溪县志》则载:"绩山多土瘠,邑小民贫,惟守农业,罔事商贾,是以从来并无盐商盐牙。"④ 曾为逃避太平天国之乱而至绩溪宅坦村的汪士铎,则将绩溪地少民贫之根源归结于不事商贾,"徽六邑绩溪最苦,地狭人多也。祁门次之。推原其故,他邑人皆经商在外,故生子少,妇人独居故也。又或携眷迁徙,故人不多而富,绩溪民愚,拘牢旧俗,牢不可破,迁于他所者百之一,而经商者亦绝少,即为商亦负贩小经纪,年必家居半载,生育日繁(嫁娶亦太早),故人多于他邑,而愚于他邑,贫于他邑"。⑤ 直到宣统年间,这种不喜懋迁的风气仍存有

---

① 唐力行:《商人与中国近世社会》,杭州:浙江人民出版社,1993 年,第 45 页。
② 嘉庆《绩溪县志》卷一《舆地志·风俗》。
③ 嘉庆《绩溪县志》卷首《叙例图》。
④ 乾隆《绩溪县志》卷二《食货·赋役》。
⑤ 汪士铎著,邓之诚辑录《汪悔翁乙丙日记》。

之。此种"异类"现象的背后,隐含着绩溪地方上各种复杂交织的地理环境、社会文化和政治等各方面因素。

一、"山压水冲"的地理格局和相对偏远的地理位置

在第一章中笔者曾概述了绩溪县"山压水冲"的地理格局,这种环境特征不仅对当地农业生产有着极大的制约,同时也在很大程度上限制了商业发展的空间,主要表现为交通运输方面的制约。所谓"行商",即挟资贩运之团体,交通对其而言即命脉。徽州虽处万山之中,但其航运水系发达,可依托府内最大的新安江水系与江南相连。但绩溪偏处徽州东北,地势较高,多河流发源地,山陡水湍,河流落差大、比降大,其县内多数河流几无航运价值,"徽河又水浅滩多,行船甚费时日,交通梗阻,莫此为甚"。① 即便是绩溪最大的河流扬之水,也只有在临溪镇以下的河段才能通航较大的运输船只,而"临溪以上则恃畜驮运,亦有由船直运杨柳村,或东门外者,然因水浅滩多,不常见也"。② 岭北的长江流域区内河流更是不通舟楫,若要北上至长江沿线,则需先经由陆路前往邻县旌德,再经由青弋江通往芜湖。民国时期歙县人吴日法如下记述:

> 吾徽之由陆路旅行者,东则大鄣之固,西则浙岭之塞,北则黄山之隘;由水陆旅行者,则东涉浙江,滩险三百六十,西通彭蠡,滩险八十有四。经历险阻,跋山涉水,靡费金钱,牺牲时日,旅之往来,殊非易事。③

由此可见,绩溪人出行的经济与时间成本十分高昂,在险滩急流中行船,

---

① 胡步洲编:《绩溪乡土地理》第3章第7节《绩溪将来之交通》。
② 胡步洲编:《绩溪乡土地理》第3章第5节《临渔间之航路》。
③ 吴日法:《徽商便览·缘起》,转引自张海鹏、王廷元主编《明清徽商资料选编》,合肥:黄山出版社,1985年,第7页。

甚至还有生命危险。胡适父亲胡传在一次行船途中触礁落水,险些身亡。①这也是传统水运所必须面对的客观环境。

以水运为主的粮食调运是绩溪的主要粮食补给方式。道光《徽州府志》载:"徽民寄命于商,而商之通于徽者,取道有二:一从饶州鄱浮,一从浙省杭严,皆壤地相邻,溪流一线,小舟如叶,鱼贯尾衔,昼夜不息。一日米船不至,民有饥色;三日不至,有饿莩;五日不至,有昼夺。"绩溪常年粮食短缺,即使在丰年也不能实现粮食自给,因此米粮贩运一直处于重要地位,直到民国时期米粮贸易仍是大宗。绩溪境内由徽溪、乳溪而下可直接通往浙江杭严地区,除粮食以外,本地所产之木材与其他林产品也主要由此航道进行贸易运输。民国《绩溪乡土地理》载:

> 自临溪至歙县渔梁水程四十余里,今往来临溪渔间之船只,凡百数十里,每年运费可数十万余,出口货物以米为大宗,因绩北旌德、宁国皆产米,米贩以临溪为销场也,进口商货皆由船运临溪。②

然而,徽州棚民各类营山活动造成的水土流失导致其境内河道水系不同程度地淤塞受阻,"郡地势高峻,骤雨则苦潦,旬日不雨又苦旱。自皖民开种苞芦以来,沙土倾泻,溪堨填塞,河流绝水利之源,为害甚大"。③河道淤塞降低了其通航能力,徽州与外界正常的水运贸易受阻,清代歙县人方椿对此深有体会:

> 郡日用之需,皆取给于外,而米粮一项,本地即年登大有,亦仅三月之储,由恃外来接济,一线溪河,实百年生灵所系。山沙陡泄,既填于溪涧,即由溪涧冲入经河,河身日高,河流日浅,船只挽运日

---

① 《钝夫年谱》载:"二十日至鹅掌滩,所坐舟独触石沉没。钝夫急跳出船舱,入水没顶,幸落水时足先下,势猛,足踏河底,用力耸上身,复浮出水面,已近岸,手攀岸旁小树枝,得登陆未死。而舟所载货皆没水。"(欧阳哲生编:《胡适文集》(1),北京大学出版社,1998年11月,第454页。)
② 胡在渭编:《绩溪乡土地理》第3章第5节《临溪渔间之航路》。
③ (道光)《徽州府志》卷四之二《营建志·水利》。

觉艰难。断雨经旬即物价翔贵,米粮不能接济,人心汹汹,无岁无之。①

自然客观环境条件的制约,加上人为的破坏行为,造成了绩溪水运交通的尴尬局面。发达的水系不仅未能提供便利的航运,还成为阻碍人口和商业流动的因素,如清末徽州知府刘汝骥所言:"绩邑士人除应试外,足不出里闬,农工妇女亦终岁家居,不知乡里外有何世界……论绩民之天性流动少而固定,多观趋势之大同固定四而流动六。"②由此而促成了长期以来罔事商贾、相对封闭的社会格局。

二、传统浓厚乡土观念的束缚

"山压水冲"的地理格局使绩溪县形成了相对稳定的社会状态和秩序,从而使得当地居民产生较为浓厚的乡土观念,而这种自给自足和安土重迁的观念往往会成为商人懋迁的反向拉力。一个地区诸如自然资源枯竭、人均占田量下降、农村劳动力过剩、农业生产环境恶化等一系列消极因素会逐渐堆积形成一种推力,迫使当地居民迁出原居住地。绩溪与徽州其他县份的情况类似,同样也是山多田少、产粮不足的状况,本县所出产的米粮数量在丰年时也不足以维持一年的粮食消耗。种种迹象表明,绩溪人地矛盾的突出程度已经形成足够强大的推动力,然而在持续的生态高压下,绩溪仍未出现大量人口迁出的现象。

安土重迁的乡土观念的形成也源于传统社会的思想教化。作为"东南邹鲁"的徽州,自南宋后,特别是在明清时期,新安理学的盛行极大地巩固了宗族社会的思想基础。朱熹所倡导的人伦规范已成为徽州社会无可撼动的金科玉律,三纲五常、忠孝节义和森严的宗法等级制在现实生活中起着强有力的控制作用,而在边邑僻壤的绩溪,士农工商的"四民"等级观念久居人心,士

---

① (道光)《徽州府志》卷四之二《营建志・水利》,附《楚颂山房杂著》。
② (清)刘汝骥:《陶甓公牍》卷一二《法制科・绩溪民情之习惯》。

为四民之首,而商处其末,时人皆以士为荣,康熙时代《绩溪县志》称:"大江之东以郡名者十,而士之慕学,新安为最;新安之俗以县名者六,而邑小士多,绩溪为最。"①这种所谓的伦理精神使得民众虽身处贫苦却安然自得,视为"魏唐古风",其地民风甚俭,"居乡者数月不沾鱼肉""山谷民衣冠至百年不变",闺门严肃,"节妇烈女最多"。② 正是受到传统理学和宗族思想潜移默化的熏陶,在徽州六县中绩溪的社会风俗也体现出较为质朴的一面,"歙东南二乡,比西北为俭朴,而于绩则较侈矣。绩俗极俭,而安守本分,为诸邑所不及。语云:'惟有绩溪多老实。'非伪言也"。③ 礼失而求诸野,边远地区对于从商服贾等新兴观念的接受往往要慢于中心区域,农本思想和宗族控制所形成的反向拉力,与生态压力的推力之间实现了一种动态、微妙的平衡,这便是绩溪鲜有商贾的内在原因之一。

三、政治资源的缺乏

在清中期以前,绩溪的商业发展缺乏必要的政治依靠。明清时期,在徽商中势力和资本最为庞大的是盐商。胡适曾指出:"近几百年来的食盐贸易差不多都是徽州人垄断了。食盐是每一个人不可缺少的日食必需品,贸易量是很大的。徽州商人既然垄断了食盐的贸易,所以徽州盐商一直是不讨人喜欢的,甚至是一般人憎恶的对象。"④徽州盐商的兴起又与政治高层有着密不可分的关系,特别是与"江南三大政"之一的两淮盐政更是存在千丝万缕的联系,王振忠教授在《明清徽商与淮扬社会变迁》一书中详细论述了清代前期徽州盐商如何对两淮盐务实施控制。⑤ 准确地说,徽州盐商的绝大多数其实就是歙县、休宁二县的盐商,而传统宗族社会家族式的经营和传承模式使得权

---

① (嘉庆)《绩溪县志》卷一《舆地志·风俗》。
② (嘉庆)《绩溪县志》卷一《舆地志·风俗》。
③ 许承尧《歙事闲谭》卷一八《歙县风俗礼教考》。
④ 胡适口述,唐德刚整理翻译:《胡适口述自传》,第3页。
⑤ 王振忠:《明清徽商与淮扬社会变迁》,北京:生活·读书·新知三联书店,2014年,第6页。

力与财富集中于较小的血缘关系网络之中。绩溪虽属徽州，却无法参与盐商的经营活动，其县的食盐分销也长期受歙县商人操控，乾隆《绩溪县志》载：

> 绩山多土瘠，邑小民贫，惟守农业，罔事商贾，是以从来并无盐商盐牙，每年止分销歙盐四千三百小引。顺治十七年，歙商汪玉立等以歙引雍滞，控绩代销十分之三。推官林云铭判云"食盐之法，计口而课，诚如卤司牒中所云，照户口之多寡，即为分买之定数"。其议确乎为定案矣。今查《赋役全书》，歙之户口人丁七万四千六百四十七丁，绩则一万二百六十九丁，合而计之，比而分之，是绩应分歙引八分之一，则原额四万八千一百六十九引中，绩止应代销六千零二十引有奇。①

从上述盐引分销的案例可以窥见，在歙县强大的商业资本力量笼罩下，绩溪本地商人的话语权是非常微弱的，其常年分销盐引的数量（4300引）要远低于其邑人丁数的配额（6020引）。除盐以外，绩溪其他课税和承担的赋役也要高于邻县：

> 绩溪里分甚寡，止当歙县十二分之一，税则近歙之大半。若山税则反倍于歙，其亩步仅与田等，邑民业农，无服贾出外者，故籍无遗丁，且独当郡北一面，赋繁役重。本府属县差役，嘉靖十六年以前，歙县每二丁折粮一石，休宁县每三丁折粮一石，婺、祁、黟三县每五丁折粮一石，绩溪县每丁准田一亩。至嘉靖十七年，遵奉抚院欧阳会议清册，里甲、均瑶二差，休、歙二县，俱三丁折粮一石；婺、祁、黟、绩四县，俱五丁折粮一石。休、婺、祁、黟得其常，歙每丁已减粮一斗七升，绩丁役比旧增三倍矣。②

从盐引分销到赋役税额，绩溪在徽州六邑中长期处于被政策性挤压的边

---

① （乾隆）《绩溪县志》卷二《食货·赋役》。
② （嘉庆）《绩溪县志》卷三《食货志·赋役》。

缘化状态，一直维持着"惟守农业，罔事商贾"的社会格局，而一份正德八年（1513）抚院王札上报州府的函文道出了这其中的主要原因："自宣德以来至弘治年间，更历巡抚如王尚书等未尝更改，中间不知因何作弊，变更一二年，至巡抚侣都御史仍复旧规，不知侣去之后何人作弊，又复变更，皆因绩溪仕官少、贫穷多，所以累累求申未能明白。"①正是因为绩溪籍仕官在高层官僚系统中所占比例少，能够提供的政治依靠十分有限，所以在清中期之前，绩溪社会一直处于赋役和税收的高压之下，既得不到宗族血缘关系网络的惠泽，也很难积累发展商业的原始资本，其商业发展的起步远远落后于徽州的核心地区。

绩溪作为皖南山区中的一个县份，仅依靠自给自足的传统小农经济不能够满足人口日益增长所带来的生活需求，而必须通过其他的手段方式来解决这一主要社会矛盾，而相邻的歙县、休宁商人在明清时期通过懋迁经商取得的巨大成功无疑成为绩溪效仿的一种模式。从这一层面上说，这就是绩溪"与生俱来"的商业基因，但相对于歙县、休宁等县的具体情况而言，绩溪地处偏远，交通运输条件极其恶劣；浓厚的乡土观念在一定程度上阻碍了商业的发展；同时，政治资源的缺乏也无法为该县商人提供一个相对优势的政商环境。因此，在较长一段时期内，绩溪县仍是"惟守农业，罔事商贾"的社会局面，但随着时间的推移，原有的社会平衡出现了微妙的变化，而孕育中的商业基因也开始逐渐显现出来。

第二节　绩溪商人的初现

一、徽州商帮形成与绩溪商人的初现

"商帮"是晚清以来对地域商人群体的一个代称，范金民认为"商帮"的提法，虽然清末光绪年间在相关文献中睹见，但在实际的商业活动中，有关地域

---

① （嘉庆）《绩溪县志》卷三《食货志·赋役》。

和行业"帮"的说法,在乾隆年间就已经散见了。①而徽商作为以乡族关系为纽带而集结为商人群体的出现,大约是在明代中叶。王振忠考证"徽商"一词最早出现在明代正德年间,而至万历年间"徽商"一词已经在社会上极为普遍地使用开来。②徽州商帮的形成必须具备两个基本条件:一是有一大批手握巨资的徽州富商构成商帮的中坚力量;二是商业竞争日趋剧烈,徽州商人为了战胜竞争对手,有结成商帮的必要。而这两个条件只有到明代中叶才能具备。③

虽然徽商的空间范围涵盖了徽州的一府六县,但由于历史条件和自然环境的差异,各县商人群体的兴起时间并不相同。明代中叶成化、弘治时期形成的徽州商帮,基本集中于徽州核心地区的休宁、歙县二县,其次是婺源,而边邑的黟县和绩溪则是六邑之中经商风气最晚出现的县份。范金民研究指出:"黟县经商成风是清前期的事。婺源商人以长江沿线贩木而出名,但也是清前期的事,而且仅限于该县东北乡人。绩溪直到嘉庆时,农业仍是主业,外出经商之风形成相当晚。"④近年来学界对徽州各县商业的具体研究则更深入分析了徽商产生的内部时间差异,赵力在其学位论文《商业移民与社会变迁——以 1644－1949 年黟县为例》中研究认为,"直到顺治、康熙、乾隆中期,黟县社会的经商风气还没有形成气候,商人还没有形成规模"。⑤何建木则认为,"婺源商人在长江沿线贩木而出名,却并非清前期才开始的⋯⋯至迟到明初,婺源木商即已形成一定规模,虽然不一定形成商帮,但却在当时的木

---

① 范金民:《明代地域商帮的兴起》,载《中国经济史研究》,2006 年第 3 期,第 93～103 页。
② 王振忠:《明清文献中"徽商"一词的初步考察》,载《历史研究》,2006 年第 1 期,第 170～173 页。
③ 张海鹏、王廷元主编:《徽商研究》,2005 年,第 2 页。
④ 范金民:《明代地域商帮的兴起》,载《中国经济史研究》,2006 年第 3 期,第 93～103 页。
⑤ 赵力:《商业移民与社会变迁——以 1644－1949 年黟县为例》,复旦大学硕士学位论文,2003 年 5 月。

材市场上占据有重要的一席之地"。①

有关绩溪县商人的记载最早见于明代嘉靖年间的粮食贸易行业。"绩为山邑,丰岁无七月粮,不足之食恒仰给于邻封",②由于绩溪本土的粮食生产能力不足以满足本县居民的日常之食用,需要从江苏、浙江、江西或皖南其他地区输入。由这种刚性需求而形成的米粮贸易催生了绩溪本地的第一批粮商,绩溪七都旺川的曹显应便是其中之一,民国《曹氏宗谱》对其生平有下述记载:

> 一名文,字武应,号锦里。性质朴,居家孝友,乐善好施,周恤贫乏,捐建崇福寺佛堂神像,夫妇塑像于神座之右龛,下有碑文。捐助独造本都文济石桥及八都羊须坑石桥,偕诸弟造曹溪石桥,助县造城隍庙,勒有碑记。邑侯郁公奉旨筑城,助造十丈七尺,助修府治万年石桥,助造茗堂庵,晚年建燕诒堂厅宇于马公塘畔,取楼台倒影之义,颜曰倒厅,并于厅东建绣花楼,为内子操习女红之所,其他公务义举种种,未及枚数,有司屡请宾筵,不赴,载《嘉靖府志》(志行)、《康熙府志》(尚义)及康、乾、嘉县志(尚义、桥梁),后人援礼追敬,偕氏配祀中龛。生于明成化一十年乙未九月二十八日午时,殁于明嘉靖三十七年戊午三月十三日未时,享年八十有四岁,娶八都宅坦胡瑞宗公女贤贞,孺人生于明成化十年甲午十月初六日子时,殁于明嘉靖二十四年乙巳六月二十九日酉时,享年七十三岁,生儿子永祚、永辅,二女长名牙音,适八都瑞川程克敬公,此次名君音,适八都宅坦胡东池公。③

《曹氏宗谱》和历代县志、府志都记载了曹显应对乡族和县所做的公益善举,而他之所以有能力为之,是因为早年在粮食贸易中所取得的成功。明代

---

① 何建木:《商人、商业与区域社会变迁——以清民国的婺源为中心》,复旦大学博士论文,2006年4月。
② (民国)王集成修:《绩溪庙子山王氏谱》卷末《食货志第四》,1935年。
③ 曹诚瑾等修:《曹氏宗谱》卷一《十九世统纪》,1927年。

米粮运徽的路线主要分为三条,即江浙、江西和宣池水路,"转他郡粟给老幼,自桐江,自饶河,自宣池者,舰相接肩相摩也",①其中来自宣池水路的运粮船只通过青弋江抵达绩溪,后经一段陆路抵达临溪,再由水路至歙县、屯溪驻地,而七都旺川恰好处于这段陆路的必经之地,这也是曹显应选择从事粮食贸易的天然地利条件。弘治年间,曹显应通过其父亲曹富积担任徽州府税吏时所积累的经济和社会资源,在歙县县城北门外开设了"万年米行"。

曹显应主要从旌德、南陵、泾县三县收购稻谷,但他并不是直接将稻谷运往歙县米行销售,而是先经由旌德西乡将稻谷运至旺川,利用本村人力和水碓把谷物加工成米后,再驮往临溪装船运至歙城米行外销。据曹健、洪树林考证,当时旺川有碓房15幢,每个碓房配有4~6个碓窝,每年能够加工300万斤稻米和100万斤小麦。② 由于雇佣的工人、脚夫都来自本村或本族,他们作为季节性的劳动力,雇佣成本相对较低,曹显应此举既为同村乡亲创造了额外的收入,同时也为自己节省了运输和加工成本。曹显应在两个儿子曹永祚、曹永辅的辅佐下,米行生意愈加兴旺,还在歙县县城西门外开设了另一家"万年米行"分号。在他去世之后,两个儿子在经营上一如既往,经久不衰,相继在深渡、街口、浙江淳安县、威坪镇和昌化县开设了分店。

早期绩溪的粮商除旺川曹显应父子以外,有记载的还有明万历时期的程圣通,"明万历间,程圣通由徽州绩溪来衢贸易运米,往返有年,遂娶西河徐氏女,生一子贤佐,清顺治间卜筑于城西大路口,因聚族焉"。③ 这位程姓粮商的经商范围已经跨出了徽州本土,前往浙江西部的衢州从事米粮贸易,在当地定居并繁衍。

从总体上来看,清代以前诸如曹显应、程圣通此类的商人数量屈指可数,他们的经商行为并没有对绩溪县的社会风气产生大的影响。直到康熙时期,

---

① 顾炎武:《天下郡国利病书·江南二十》,转引自张海鹏、王廷元主编《明清徽商资料选编》,1985年,第4页。
② 曹健、洪树林:《粮商曹显应》,见《古代商人》,合肥:黄山书社,1999年,第98~102页。
③ (民国)郑永禧修:《衢县志》卷一一《望族志·望族表》。

曹有光在《绩溪县志》中对其县经商现象的描述仍为"南辕北辙,惟绩鲜挟赀之游人"。① 而后续乾隆《绩溪县志》的描述与康熙《绩溪县志》差别不大,"绩溪隶于徽,而田畴不逮婺源,贸迁不逮歙、休"。② 以上两部县志关于绩溪经商之风的叙述逻辑,实际上是基于绩溪与歙县、休宁等徽商麇聚的核心地区作出的比较,以上县份在明代中叶已形成普遍从商风习,相比之下,绩溪直到清代前中期才有一些旅外商人的记载,在嘉庆《绩溪县志》中载有:

> 周昊,字万龄,市西人,太学生。季昆五人,昊居长,服贾赢利,俟四弟完聚均分,一无私藏。
>
> 程士尹,字又莘,仁里人。早失恃,躬耕事父,后以服贾家稍裕,母党中落,婚丧事悉肩之。
>
> 张伸,字志舒,市北人,太学生。家贫营商,敦本重义,尤喜诗书。
>
> 章廷泰,一名通,字汝侯,西关人,职员。随父服贾,质直好义。
>
> 汪作霖,字雨时,号友泉,学前人,太学生。少业儒,孝养尽职,因亲老兄故,弃而就商。
>
> 余文彬,字自英,市南人,太学生……贾于衢。
>
> 冯正培,梧村桥人,太学生。客庐州,往来界河、三河间,以义声著。
>
> 章名榴,字紫如,西关人。业贾好义,兄某远适关东,抚其二子如己出。
>
> 汪锡畴,字惠臣,号禹泽,孔灵人,太学生。贾于兰溪,先贫后裕,有不给者,必周之。
>
> 黄明杰,字志勇,犁阳里人。能通大义,有胆识,贸易江右,因

---

① (嘉庆)《绩溪县志》卷一《舆地志·风俗》。
② (嘉庆)《绩溪县志》卷一《舆地志·风俗》。

家焉。

戴文达,东村人,太学生。家贫,营商后稍裕。

曹徽松,字茂先,旺川人。年十七母卒,父服贾远处。

周云駆,字歧宾,市西人。兄贸闽客死……

周昌符,市西人。服贾歙城。

胡之菜,字分木,居市东。服贾,养亲尽孝。

胡三泰,字志三,龙川人。早孤,父故贫,泰善贾,有余财辄以偿宿债。

程振,字际飞,仁里人,国学生。少服贾,克修内行。

程守汤,字聘三,市南人。家贫,外贸得所赢,辄以周乡之贫乏者。

程廷周,字肇昌,黄茂坦人。服贾致养。

周元士,市西人,例授登侍郎。家初贫,服贾稍居积。①

上述在清乾隆、嘉庆以前出现的经商案例,无论是从商人数量还是资本规模上看,都不具备独立结成商帮的客观条件。其旅外商人既没有集中于某一特定行业经营,也不在某一特定的区域或城市,多为零散式和自发式的经商行为。与徽州核心区的歙县盐商、休宁典商相比,绩溪商人在徽州的商业社会中不过是浮光掠影,沧海一粟,正如胡适所言:"在经商一行中,我们绩溪人是比较落后的。绩溪人多半做本地生意,很少离乡远去大城市。他们先由杂货零售商做起,然后渐渐由近及远。"②但值得注意的是,正是这一批绩溪的先驱商人,率先打破了绩溪"罔事商贾"的传统观念,他们所作出的具有开拓意义的成功尝试,为后世商人群体的形成创造了原始财富和丰富经验的积累。

---

① 以上均见(嘉庆)《绩溪县志》卷一〇《人物志》。
② 胡适口述,唐德刚整理翻译:《胡适口述自传》,第3页。

二、绩溪商业起步的条件与机缘

绩溪经商风气的初现和商人数量陆续增加的现象大致出现在嘉庆、道光以后,这并不是一个偶然的时间节点,其背后隐藏着绩溪区域社会内部的必然因果逻辑。与此同时,这一时期整个中国剧烈的时局变化也是催生商业发展的外部条件。因此,笔者认为绩溪商业风气开启的因素,主要存在以下两方面。

第一,人口与生态压力在清前中期持续增大,并出现普遍化的趋势,或在嘉庆时期达到土地承载力的极限。徽州地区人多田少的土地和人口压力一直存在,特别是进入清代以来,相对稳定的社会环境使得绩溪社会从家庭生育率到宗族人口增长率都维持在较高的水平。县志载,顺治十二年(1655),绩溪入册共人丁数为11100丁,到乾隆十八年(1753),入册人丁数达到了171146丁,至嘉庆九年(1804),续增人丁22015丁,共实在人丁数为193161丁。① 除去康熙五十二年(1713)"滋生人丁,永不加赋"的赋役制度改革影响,从1753年到1804年的51年中,绩溪人口增加了12.8%,年均人口增长率为0.25%,而这个数字还不包含棚民、逃户等隐户数量,绩溪实际的人口数量还要高于此数。

从绩溪各大宗族的人口繁衍情况来看,其人口增殖速率是相当高的,绩溪周氏宗族的周伯成曾言,"余以下子若孙,又森森立矣……一人析而为一支,一支衍而为数百人";② 仁里程氏的程上颖,"五世同居共爨。曾、元繁衍,百有余口,雍睦一堂";③ 县城章宇平之妻曹氏,"子六人,孙七人,曾孙十五人,元孙四人,五世一堂,男妇七十余口";④ 坦川汪氏的王凤起,"亲见七代,五世同堂"。⑤ 曾为避太平天国之乱而逃难至绩溪宅坦的汪士铎,也注意到

---

① (嘉庆)《绩溪县志》卷三《食货志·户口》。
② (清)周启海等:《周氏重修族谱》卷首《旧序·伯成公序》,1912年。
③ (嘉庆)《绩溪县志》卷一二《杂志·仙释》。
④ (嘉庆)《绩溪县志》卷一二《杂志·仙释》。
⑤ (嘉庆)《绩溪县志》卷一二《杂志·仙释》。

了人口繁衍过快的问题,"绩溪不佳之处,婚妇女长于男,婚太早,求子孙多……不佳者子女至多,犹恐不生,以丁多为土产",①"山中人与徽宁同俗,喜丁旺,谓为开族,故年十五六皆授室"。② 早婚风俗在绩溪的普遍存在进一步刺激了人口增长速度。在汪士铎看来,人口激增同时也加剧着社会生活的贫困程度和不稳定性,"田产聚之则富,分之则贫,一祖二十孙,遂大户而为中人,再传即为贫篓"。③ 农业社会能够维持的前提是有足够数量的田土提供农业生产,黄宗智认为,人口压力会导致边际报酬随着进一步劳动密集化而递减,从而产生不同的经济发展方式。④绩溪在"地不能增,而人加众至二三十倍"⑤的情况下,无法通过土地获取生存资料的农民开始脱离故土,向外寻求谋生的机会,因此便开启了懋迁之风。

生态的压力在很大程度上也来自人口激增。清代在全国范围内都存在过度开发的情况,"人多之害,山顶已殖黍稷,江中已有洲田,苗洞已开深菁,犹不足养,天地之力穷矣。种殖之法既精,糠秕亦所吝惜,蔬果尽以助食,草木几无孑遗,瀚不足养,人事之权殚矣"。⑥ 而在绩溪,对自然资源的开发已近山穷水尽的地步,如在八都胡氏聚居的上庄,"吾族僻处山陬,田畴狭小,惟服农力穑,仍可自立。道咸间,子姓既繁,近村一二十里无不辟垦,种黍植茶,殆鲜旷土"。⑦ 更严重的是,清前中期绩溪棚民各类营山活动造成的生态破坏,大幅加剧了人地矛盾,并将生态和人口压力推至极限。"郡地势高峻,骤雨则苦潦,旬日不雨又苦旱。自皖民开种苞芦以来,沙土倾泻,溪堨填塞,河流绝水利之源,为害甚大"。⑧ 这种"为害甚大"的局面,一方面表现为徽州的

---

① 汪士铎著,邓之诚辑录:《汪悔翁乙丙日记》卷一。
② 汪士铎著,邓之诚辑录:《汪悔翁乙丙日记》卷一。
③ 汪士铎著,邓之诚辑录:《汪悔翁乙丙日记》卷一。
④ 黄宗智:《长江三角洲的小农家庭与乡村发展》,北京:法律出版社,2014年,第10页。
⑤ 汪士铎著,邓之诚辑录:《汪悔翁乙丙日记》卷三。
⑥ 汪士铎著,邓之诚辑录:《汪悔翁乙丙日记》卷三。
⑦ (清)胡祥木等修:《上川明经胡氏宗谱》下卷之下《拾遗》。
⑧ (道光)《徽州府志》卷四之二《营建志·水利》。

农业生产环境遭受恶化,本地自产的粮食数量大幅下降,"每一大雨,沙泥即随雨陡泻,溪涧渠堨渐次淤塞,农民蓄泄灌溉之法无所复施,以至致年歉收"。①另一方面,河道淤塞降低了通航能力,徽州与外界正常的水运贸易受阻,使得以粮食为主的物资价格上涨,进而危及徽州民众的日常生活。除米价外,本地的一些日需品,如柴薪等也因棚户的过度垦殖而变得物稀价昂,"郡惟柴薪仅足敷用,自棚民开山不但不植不留,而且根株尽掘,甚至草莱屡被烧锄,萌芽绝望,以致柴薪价值较之数年前顿增几倍",②绩溪柴薪的价格甚至可比桂枝,"目前贸薪如桂,犹其余患也"。③

在生态与人口高压之下,为继日常生活都出现困难,出于经济原因而被迫外出经商务工的现象便陆续出现。胡近仁(字样木)在为六都坦川洪氏纂谱时写道:"吾乡在满清道咸以前,生殖至繁,人浮于地,虽尽地之力,常不足以资其生,而在无产阶级为尤甚。故居民往往衣食于奔走,不辞跋涉,挟其一技一能,以经营于四方。"④客观生存环境的压力迫使懋迁现象出现,这成为经商风气产生的必要条件,并使之逐渐形成了商业社会。

第二,五口通商的开启为绩溪商人发展壮大创造了良好契机。作为《南京条约》的补充条款之一,1843年7月22日,《中英五口通商章程》在香港公布,广州、厦门、福州、宁波、上海五处被开放为自由贸易的通商口岸。绩溪商人,特别是茶商,适时地把握住了这一利好时机,迅速开拓了在上海、苏州等地的商业经营。

上海是徽商茶业贸易的重要转运港口,从徽州运往北京销售的"京庄"茶,是由水路运至上海,再由上海通过轮船海运发往北京的。在上海本地经营的茶商中,也有绩溪茶商的踪影,如上庄胡氏一族开设的茶庄,胡适父亲胡传在其自传中写道:"余世家以贩茶为业,先曾祖考开万和字号茶铺于江苏城

---

① (道光)《徽州府志》卷四之二《营建志·水利》。
② (道光)《徽州府志》卷四之二《营建志·水利》。
③ (嘉庆)《绩溪县志》卷三《食货志·土田》。
④ 胡祥木:《坦川洪氏宗谱》卷二《列传·清国学生兴训洪公家传》,1927年。

内,身自经理,借以资生。"① 上海开埠以后,绩溪商人数量增长和经营范围迅速扩大,并由内销茶经营向"洋庄"外销茶转型。在五口通商前,广州是中国茶叶对外贸易的唯一口岸,也是徽州茶商最主要的经商据点。② 随着上海开埠,广州的外贸垄断地位被打破,形成了福州、广州和上海三足鼎立的新的外贸出口格局。根据《中国近代手工业史资料》的统计(表 2-1),在 1851 年以后,上海出口茶叶的数量已经超过广州,成为我国茶叶外销的第一大口岸。绩溪八都一带作为主要的产茶区,其地茶商在五口通商后迅速投入上海的外销茶叶经营中,如胡景棠,"是时初启关为五口互市,公(胡锡印)生父景棠公尝居茶贸迁各国"。③ 胡景棠原先是一个在苏州地区的坐贾茶商,上海开埠后其便转变成为一名"洋庄"外销茶经营者。道光咸丰年间,与胡景棠同族的上庄胡氏一族商人,同样主要集中在上海经商,"道咸间……列肆上海者又有万字招十三肆,皆兆孔公派也,鼎字招九肆,皆志俊公派也,而余派(元美公派)亦称是"。④ 在下庄的庙子山王氏一族也多有旅沪茶商,如王邦锭,"讳观灶,字佐廷,安佩次子,生而瘦弱,及冠从友人至上海习茶业";王维运,"维熠弟,父早卒,随母长成,十五六从人赴上海学习茶商";王维达,"中年去维字,讳远,字云卿,邦锡长子……年十二随人至上海程裕和茶号为学徒,勤恳愿实,得当人事者欢心";王维兴,"字汉章,维达弟,幼从维达至上海学茶业"。⑤ 上海汪裕泰茶庄的创始人汪立政也是绩溪八都人,他12岁时赴上海学生意,"客上海族人店中,服劳尽职,美筹策咸洞中机宜"。⑥ 在咸丰元年(1851)于上海旧城老北门外开设了汪氏第一家茶叶

---

① 胡传:《钝夫年谱》,见《胡适文集》(1),第 444 页。
② 根据梁嘉彬所著《广东十三行考》载:"茶叶一项,向于福建武夷及江南徽州等处采办,由江西入粤"。《徽商研究》一书也指出:"徽州茶商外销茶叶均集中在广州。" 在五口通商的初始时期,广州仍是"洋庄"茶的贸易中心。
③ (清)胡祥木等修:《上川明经胡氏宗谱》上卷之上《列传·荫林胡公传》。
④ (清)胡祥木等修:《上川明经胡氏宗谱》下卷之下《拾遗》。
⑤ (民国)王集成修:《绩溪庙子山王氏谱》卷二〇《世传六·商人传》。
⑥ (民国)汪立中修:《余川越国汪氏族谱》卷三《传状上·汪惕予先生年谱》。

店,取名为"汪裕泰茶庄",其后"所业隆隆日上,闻誉交驰,前后三十年,相继与上海、苏州、奉贤等九处创列九肆"。① 另外,规模较大的"洋庄"茶号还有瑞川人程有相创办的"程裕新茶庄"。

表2-1　上海、广东两地出口茶叶数量比较(1844—1860年)

年代	广州	上海
	数量(磅)	数量(磅)
1844	69,327,500	1,149,000
1845	76,393,000	3,801,000
1846	71,556,000	12,460,000
1847	64,192,500	12,494,000
1848	60,243,000	15,711,000
1849	34,797,600	18,303,000
1850	40,100,000	22,363,000
1851	42,204,000	36,722,500
1852	35,617,250	57,675,000
1853	29,700,000	69,431,000
1854	48,200,000	50,344,000
1855	16,700,000	80,221,000
1856	30,404,400	59,300,000
1857	19,638,300	40,914,000
1858	24,393,800	51,317,000
1859	25,184,800	39,136,000
1860	27,924,300	53,463,000

资料来源:彭泽益编:《中国近代手工业史资料(1840—1949)》第一卷,第490页,中国科学院经济研究所:《中国近代经济史参考资料丛刊》第四种,北京:生活·读书·新知三联书店,1957年。

上海"土庄"茶栈的出现也为绩溪茶商提供了生产和经营空间。在开埠

---

① (民国)汪立中修:《余川越国汪氏族谱》卷三《传状上·汪惕予先生年谱》。

初年,茶号经营以"门庄"①为主,兼营"洋庄",并未在沪设茶厂。由于外销茶在形状、色泽等各方面与内销茶不同,茶商为迎合洋人的喜好,需要对茶叶进行改制,而茶厂一般位于内地,与茶商之间沟通不能及时通畅,会出现货不对样的情况。因此在咸丰初年,上海的徽州茶商开始采购毛茶,在沪改制,成立了所谓的"土庄"茶栈,专门负责为"洋庄"茶栈改制茶叶。当时上海的"土庄"茶栈有三四十家,②如"汪裕泰茶庄"的主要生产业务便是采购毛茶并在上海的茶厂内制茶:

> 每年四、五、六月份向产地收购粗制毛茶运沪,加工精制,最高采购量每月毛茶六十万斤,精制茶叶二十万斤,大计年一月至四月购进毛茶十五万二千五百七十六斤半(一月份八万五千五百二十八斤半,二月份一千二百七十六斤,三月份二万五千六百二十三斤半,四月份四万零一百四十九斤半)。购货主要客户有各产地茶行之申庄茶叶捐客及本埠同业(如同泰祥茶行、穆裕新茶号、振兴茶叶公司等),及外埠茶行,如杭州泰昌茶行、福茂茶行、瑞和茶行、温州德发洽记茶行、协信茶行,祁门聚和昌茶号,屯溪振裕公司等。③

随着绩溪茶商成功打入上海市场并立稳根基,上海与绩溪两地之间的商业和人员往来便迅速频繁起来,大量的绩溪人在少年时就来到上海当学徒,以至于使茶业后来发展成为绩溪最大也最具地域特色的新兴代表行业,从业人数几乎占绩溪人口的一半。④

绩溪本地人口和生态矛盾产生的推力,是其地商人悬迁的必然条件;而五口通商后所出现的利好经商时机和环境,则为绩溪商人提供了良好的外部

---

① 又称店庄,以茶叶零售为主。
② 彭泽益编:《中国近代手工业史资料(1840—1949)》第一卷,载《中国近代经济史参考资料丛刊》第四种,北京:生活·读书·新知三联书店,1957年,第488页。
③ 胡应来:《汪裕泰茶号调查报告》,上海档案馆馆藏档案。
④ (民国)《绩溪县志》对此有过描述:"我邑人士经营此业者以岭北卢水乡、龙井乡、万萝乡,岭南大鄣乡、复兴乡、灯塔乡、和平乡为最多,每年赖以谋生者,几达全县人口之半,有关系全县国民经济之枯荣。"(台北市绩溪同乡会编:《绩溪县志》,第717页。)

机遇。以上海为中心的长三角地区所拥有的各种优质社会资源,成为吸引绩溪人迁出故地的无形引力。在这种一一引推的作用下,绩溪社会开启了经商之风气。

第三节　太平天国运动与地方商业的复兴

爆发于咸丰元年(1851)的太平天国运动在较短时间内席卷了中国东南诸省的大部分区域,兵锋所至之处无不哀鸿遍地、社会凋敝。作为有清一代最为浩大的农民战争,太平天国运动在徽州带来了极为深重的灾难,咸丰十年(1860)二月,太平军攻陷绩溪,使得向来以安乐自居的徽州边邑遭受了有史以来最严重的兵燹。据《太平军兵争期内皖省府州县经过兵事年月表》统计,在徽州六邑中,绩溪、祁门、黟县各被太平军攻占八次,休宁、婺源各五次,歙县二次。[①] 徽州城池数度易手,攻守双方在当地纵兵大掠,时人嗟叹:"贼势乘虚来,据城仅六日。如鹊得深巢,如蚁赴荒垤。携掠尽家有,不复遗余粒……乱后返家园,蹂躏不堪述。"[②]

对于地方上的社会各阶层而言,无论是选择积极对抗还是消极避世,战乱对于徽州本土富商家族所造成的财产和人员损失都是极为巨大的。其主要原因在于,徽商群体向有蓄资归乡的风气,特别是明清以来徽商在盐、典、茶、木四大行业经商成功取得了巨额的资产积累,而其中就有很大一部分回流到了故里,这使得徽州成为有名的"金银地"。更为重要的是,徽州历代未尝兵燹,一向被视为避世乐土,而太平天国运动的爆发使得传统徽商经营地区,诸如南京、扬州、杭州等地的徽商纷纷携资归里,"当粤贼东下,徽人贾于四方者,尽挈其资以归"。让他们始料未及的是这次徽州竟然成为太平军和官军的交战地,其上百年所积蓄下的资产多数被劫掠一空,或被付之一炬。

---

① 武同举等编:《安徽通志稿》第 54 册《安徽通志馆大事记稿》,民国间铅印本,复旦大学古籍部藏,第 44 页。
② 胡在渭:《徽难哀音》,载《近代史资料》,1963 年第 1 期,第 145～156 页。

强大的外力冲击迅速导致其地方社会的剧烈变革：一方面兵乱带来的破坏导致绩溪人口骤降，十室九空，传统社会宗族组织的基础受到动摇；另一方面，战争的破坏也迫使原本安土重迁的地方民众外出谋生，客观上刺激了地方商业的发展和区域社会的变迁。

一、战争缝隙中的商业空间

战争消耗了大量的财产和人口，打乱了地方上原有的社会秩序，并且导致物资短缺、商路不畅和物价高昂的局面出现。咸丰十一年（1861），绩溪当地"米升贵至钱百六十文，盐贵至每两八十文。银贵而钱贱，每洋银一元重七钱三分者，可兑钱一千六百八十文"。① 在战乱中，以农业生产获得收入的途径难以得到保障，而凭借货殖之术至少能够获得一定数量的经济来源，以维持日常生计。更重要的是，贸易活动的延续为战后商业的恢复和发展保存了经济基础。因此尽管条件不利，绩溪亦有不少商人逆流而上，逐利于险。

八都上庄胡氏一族在道光年间已经往来于绩溪和上海两地进行茶业贸易，并在宝山高桥镇、大东门内外、川沙街设有多家商号。太平军的入侵不仅摧毁了其族多数的茶号商铺，"自十年四月苏州陷后，七月贼窜至上海，焚城外，而大东门之茂春号复毁焉……十二月贼窜至川沙、宝山，二处之业均失"。② 更为严重的是阻隔了徽、沪两地的商贸路线，使运输成本大大提升。"此二年来，上海至家路梗塞，家中所购茶百数十篓，被贼掠去，其资本及屡次避乱迁徙之费，共计约二千八百金"。③ 在此种局势下，虽然各方面条件都不利于茶贸的进行，但茶号的经营者之一——胡铁花坚持认为不能舍弃上海的茶贸和商号，其还就此与族人发生了激烈的争辩：

> 夜以语钝夫。对曰：先曾祖所遗之业，先祖殁后十余年，其资本亏耗已尽。吾父童年出任事，空无所有，而遗债不下千金。族人所

---

① 胡传：《钝夫年谱》，见《胡适文集》（1），第449页。
② 胡传：《钝夫年谱》，见《胡适文集》（1），第452页。
③ 胡传：《钝夫年谱》，见《胡适文集》（1），第452页。

共知也。十余年间,竭力经营,外偿积欠,内给一家衣食婚娶之费,复扩而充之,添设茂春、嘉茂店业四处。今虽不幸丧于寇难,而叔祖现所带归者犹是吾父辛苦之力所余也。且上海在贼围中,叔祖心知危而先归。吾父犹留守,不忍弃,将作后图。为公耶?为私耶?叔祖忍弃再侄等不顾而分出之,亦忍弃川沙、上海之业耶?理斋叔祖曰:子毋言此。以后上海虽存,吾不图矣。对曰,叔祖此言果信否?现人尚存,业尚在,而已作绝望。何其忍哉?理斋叔祖不能答,忿而詈。①

在维持上海茶号经营的同时,胡氏族人还联合外族,集资设铺于屯溪,开源增收,"先伯父与嘉言族兄曹余堂、曹肇明表叔各出银五十两,合本于屯溪赁房设铺,贩卖杂货。嘉兄等三人及玮弟坐贾,而钝夫任采运"。② 由于浙江境内的水道被太平军截断,胡铁花等人只能选择把商品货物经由江西九江转运至上海,其采办的杂货也多来自江西,并通过婺源运至徽州。"五月,乡人结伴将由江西绕至九江,趁轮船赴上海,过屯溪";"七月钝夫请珍兄居守,而由婺源过德兴、乐平至饶州购杂货"。③ 徽州通往江西的水道河狭滩多,逆流不通大船,再加上胡铁花等人对临时变更的路线并不熟悉,航运途中的事故风险率很高,甚至还有生命危险,"二十日至鹅掌滩,所坐舟独触石沉没。钝夫急跳出船舱,入水没顶,幸落水时足先下,势猛,足踏河底,用力耸上身,复浮出水面,已近岸,手攀岸旁小树枝,得登陆未死。而舟所载货皆没水"。④

在兵荒马乱的岁月中行商不仅需要过人的胆识,更需要灵活的头脑和手段。以最少量的资金来实现商品的周转和多种形式的经营,则是商业经营得以维持的不二法门。之前在屯溪合开的商铺被太平军摧毁后,胡铁花旋即开始了山茶的贩售,"四月旌城尚有驻贼,钝夫与兄计,屯溪合开铺已丧于贼,资

---

① 胡传:《钝夫年谱》,见《胡适文集》(1),第453页。
② 胡传:《钝夫年谱》,见《胡适文集》(1),第454页。
③ 胡传:《钝夫年谱》,见《胡适文集》(1),第454页。
④ 胡传:《钝夫年谱》,见《胡适文集》(1),第454页。

将罄,先伯父与玮弟先后赴上海,均苦路隔绝,不能寄资归。难未已,不可坐待毙。山茶出,贩以赴屯溪,小权子母,或多延残喘数月耳。兄坐收,钝夫出售,颇获利"。① 胡氏在商业经营上的果敢和变通,使之谋得了一定数量的经济收入,为其族在兵乱中得以存续提供了物质保障,《钝夫年谱》中对其经营周转之细节有详细的记载:

> 然只有银二十元,资本少,食口众,得赢余购米以归,复贩;米又罄,不能不先其所急。迨三往返,仅余十元矣。复与嘉兄商之。嘉兄出五十元,令再往贩,许获利均分。歙东竦川一带素信先伯父先考为人,钝夫因贷其茶,得三千余斤,许先给价十之二,余俟卖出乃偿,而六十元已罄。计运往屯溪,脚价无所出。嘉兄问计将如何,曰,但雇挑夫,自有措置。时村有购油盐等货于家零卖者,有需食米者,皆购于屯溪。乃遍告以将雇挑者三十人往屯溪,回可代带米及杂货,皆愿以银代购。遂借给挑工,至屯,以茶为质,先于粮货铺贷米及杂货,令挑者先归。时徽郡军饷乏,新立法重征茶税,以百二十斤为一引,每引收银一两二钱。以钝夫所贩茶未请引,拘于茶厘局,议罚。再三与委员抗辩,乃勒令补十引,交银二十两,始释放。茶售出,核计获息,除去原价运价引厘,只余十一元有奇。②

胡铁花在贩茶过程中采用集资、贷茶、押质、巧用村民日常开销以周转运费等多种灵活变通的商业手段,最终实现了以十元的初始成本完成三千斤茶的贩售,虽然所获纯利润的绝对数额不大,但其投资收益率却高达110%,其后来又重复进行了几次类似的茶叶贩售,并都有盈利。诸如胡铁花一般的绩溪徽商,在战乱中坚持以商牟利的方式,正是其地方上经商风气形成并发展所产生的社会效应。这样的案例在同时期的绩溪并非特例,如胡仰春开设景

---

① 胡传:《钝夫年谱》,见《胡适文集》(1),第454页。
② 胡传:《钝夫年谱》,见《胡适文集》(1),第459页。

隆号于三溪,张宗廉开设得记布庄于南通。①

洪杨兵燹的劫难固然十分沉重,但相对于休宁、歙县等富邑来说,绩溪可供摧毁的经济财产比较有限,而且仍有不少像胡铁花一样的商人在动乱年代中依然维持着商业的运作。换而言之,战争对绩溪地方社会的影响,并不主要体现在资本的灭失上,由战争引发的社会人口结构、宗族意识和文化观念上的转变,是地方商业社会出现变化的推动力量。

二、战后商业的快速复兴

战争过后,整个徽州府人口数量下降的幅度极为严重,从太平军进攻徽州至"兵乱"平后,全郡人口数量减少了百分之八十,据黄崇惺《凤山笔记》的描述:

> 庚申之乱,徽人之见贼遇害者才十之二三耳,而辛酉五月贼退之后,以疾疫亡十之六七。盖去其家已十阅月,草间露处,虽大雨雪无所蔽,魂魄惊怖,无所得食,日夜奔走而不得息。当是时,家室流亡之苦,与夫屋庐残毁之痛,犹未暇计及也。比贼退各还其家,惊悸之魄既定,顾视家中百物乃无一存,而日食之计一无所出;或骨肉见掠于贼,渺然不得其音问,愁苦之气,郁于其中,而兵燹之情,动于其外,于是恤然而病矣。②

咸丰十年(1860)至同治三年(1864),绩溪县内直接死于战争的人口多达十分之二,其后爆发的瘟疫,再使人口锐减十分之六。据主要姓氏宗谱记载,同治四年(1865)较道光末年人口仅存十分之二,全县人口已不足四万。③ 以八都上庄为例,据胡铁花的回忆:"大乱之后,族中丁口十死其八。同治乙丑(1865)冬至,查计孑遗,仅存一千二百余人,又皆疮痍未复,室如悬磬。"④当

---

① 邵之惠:《绩溪徽商》,2002年,第7页。
② 黄崇惺:《凤山笔记》,载《近代史资料》,1963年第1期,第128～144页。
③ 绩溪县地方志编委员会编:《绩溪县志》,1998年,第128页。
④ 胡传:《钝夫年谱》,见《胡适文集》(1),第485页。

代《绩溪县志》统计,在同治四年(1865)绩溪县人口密度已降至每平方千米约三十九人。兵燹及其后接踵而至的灾疫使得绩溪人口骤降至兵燹前的十分之二,这一现象的出现却在客观上缓和了原本紧张的人地关系。在避乱绩溪之前,有中国"马尔萨斯"之称的汪士铎就认为,"家之不幸有三,而成败兴衰不与焉,曰族大,曰丁多,曰生女",①而到绩溪之后他所亲历的情形也正好印证了其此前的判断。"绩溪不佳之处,婚妇女长于男,婚太早,求子孙多……不佳者子女至多,犹恐不生,以丁多为土产……喜丁多"②"徽六邑绩溪最苦,地狭人多也,祁门次之,推原其故,他邑人皆经商在外,故生子少,妇人独居故也。又或携眷迁徙,故人不多而富,绩溪民愚,拘牢旧俗,牢不可破,迁于他所者百之一,而经商者亦绝少,即为商亦负贩小经纪,年必家居半截,生育日繁(嫁娶亦太早),故人多于他邑,而愚于他邑,贫于他邑"。③

汪氏人口理论的中心思想在于通过晚婚晚育、堕胎绝育、增加赋税、法律威慑、提倡单身等诸种手段来实现控制或减少人口的目的,④而洪杨兵燹带来的人口损失恰好在客观上起到了人口调节的效果,也在一定程度上推进了地方社会的重构。一方面,人口密度的下降极大地改变了原先垦殖开荒、广种杂粮的农业生产模式,"种杂粮者更少,而荒田尚多。委货于地涸塞利源,是在地方谋自治者有以图之"。⑤这种模式既有利于生态环境的恢复,也缓解了紧张的生育压力,减少了溺婴(女婴)等社会现象的发生。"中兴以后,元气未复,婚约聘金有增无减,民间乃稍稍重女,冀得多金,故溺女之风绝无仅有"。⑥另一方面,人口的减少则使得资产相对集中,"田产聚之则富,分之则

---

① 汪士铎著,邓之诚辑录:《汪梅翁乙丙日记》卷二。
② 汪士铎著,邓之诚辑录:《汪梅翁乙丙日记》卷一。
③ 汪士铎著,邓之诚辑录:《汪梅翁乙丙日记》卷二。
④ 《汪梅翁乙丙日记》载:"严禁男子二十五岁内,女子二十岁内娶嫁""广施不生育之药……生一子后服之""家有三女者倍其赋,生三子者倍其赋""严禁男子二十五岁以内,女子二十岁以内嫁娶及男子有子而续娶,女子有子而再嫁者,犯皆斩立决""广建女尼寺,立童贞女院"。
⑤ (清)刘汝骥:《陶甓公牍》卷一二《法制科·绩溪民情之习惯·饮食附说》。
⑥ (清)刘汝骥:《陶甓公牍》卷一二《法制科·绩溪民情之习惯·溺女之有无》。

穷",这种以非常方式实现的资本聚积客观上会使个别资本总额增大,竞争实力增强,进而促进了绩溪商人群体的扩张。从实际效果来看,嘉庆时期还是"惟守农业,罔事商贾"的绩溪,到了晚清时期已经是"农约三十,商约三十,士约一十"①的职业结构,商人所占的比重有了明显提升。

兵燹过后,绩溪满目疮痍,物资急缺,薪桂米珠,这种百废待兴的时局,为商业的恢复开创了极大的发展空间。在战后较短的时期内,绩溪县内各村镇掀起了一阵开店设肆的浪潮,其中坦头村洪氏家族的经商动作尤为迅速,以规模较大的是"怡生"店铺为例,《洪氏族谱》中有传记载:

> 如我洪太翁会昌公者,殆其人乎。翁讳宾,谱名隆遇,乳名训勤,字会昌,姓洪氏,清翰林院待诏衔。居六都坦川,祖嘉纪,别有传父与发母唐氏,生四子,翁其仲也⋯⋯稍长遭红羊之乱,未克竟学,尝被寇掠,寇令担物疾驰,而挟矛督其后。翁方患疲疟,继以饥疲,行次版书,将度溪桥,惫甚,踣于水,寇至刺以矛,见翁弗动,意其已毙,乃舍之去⋯⋯翁年仅十八岁耳,知其事者,佥以大难不死,必有后福,为翁庆顾。是时外罹兵燹,内婴家难,伶仃孤苦,琐尾流难,集蓼茹茶⋯⋯一家之中自季父夫妇外,惟翁孑然仅存于时。大兵之后,薪桂米珠。翁盖藏胥空,点金乏术,食悉所需,恒赖他人,轹釜兴嗟,顾影自吊,徘徊歧路,荏苒数年。于是因激生奋,弥自策勒,卒与姊聟汪君等合设乡肆,操其奇赢,旋更离遨,独树一帜,牌号怡生,无奇不居,有亿则中。拓殖既久,佣保僮竖之食,指牛豚驴,赢之蹄蹴,各以百十计,所业骎日盛,闻于一乡焉。既而高掌远跖,广设商肆,遍及旌城、三溪、泾城、芜湖、扬州各埠,商业之盛,一时无比。内则求田问舍,计前后构居室十余所,置膏腴数顷,贻谋之裕冠于族党⋯⋯公以清道光癸卯年八月十六日子时生,以民国十年八月二十八日亥时殁,享年七十有九。生三子一女,长子浚瑞,名恩赐,字荣章,

---

① (清)刘汝骥:《陶甓公牍》卷一二《法制科·绩溪民情之习惯·职业趋势之重点》。

清附贡生,旋改业商。次子浚珏,名恩纶,字国珍,为予姑父,均已善商战有声。①

兵燹平息后,洪宾并没有直接在村内开设乡肆,而是与其弟洪采芹一起来到了浙江浦江县,"尝挟策一游浙之浦江,既而幡然曰:'吾何以蝇头之利易吾雁行之亲乎?'遂治装归里,旋与兄设肆村内"。② 浙江是传统时代徽商活动较为活跃的区域,浦江县便是其中之一,洪氏兄弟来浦江经营也是出于谋利的考虑。《洪氏族谱》中认为其回归坦头是因为不忍舍弃"雁行之亲",但对于商人而言,逐利才是最主要的驱动力。洪氏兄弟可能后来意识到当时桑梓地的商业空间更为广阔,在兵燹后,地方上各类生活物资急缺,这无疑是一个极好的商机。洪宾遂与弟采芹、姐夫汪君在坦头村内共同投资开设了战后的第一家店号,因乡间有"和气生财,拗气蚀本"之谚,故店号取名"怡生"。"怡生"号起先是一家"无奇不居"的百货杂铺,"自米盐布帛,以及日用杂物应有尽有"。③ 这主要是针对当时村内日用百货匮乏的局面,在经营分工上,洪采芹负责行商,洪宾则为坐贾,"公行商而兄居贾"。在取得初步成功之后,洪宾与弟彩琴又增设了"怡兴"店号,并且通过入股、收购等方式扩展经营行业的范围,比如在其姐夫汪君去世后,接管其在广陵的药肆,"姊家在广陵有药肆,自姊婿殁后,肆毁于火,公兄弟竭力扶植,俾恢旧业"。④ 洪氏兄弟后来所营之店包括糕饼坊、豆腐坊、蜡烛坊、肉柜、中药柜和酒柜等行业。⑤

除洪宾及其"怡生"店铺以外,洪氏家族还有洪辅成所开的"怡茂"号,"(公)更学制框之技,先世故设村肆,牌号怡茂,贸易盛于一时,后乃中落。至是,公以罗框需要至微,不若货殖之利溥,权衡时势,知非幡然变计,不可因粟。处士公复操先业,拮据得银饼五枚为基金,即家设小肆,号怡茂和记,自

---

① (清)胡祥木:《坦川洪氏宗谱》卷二《列传·洪会昌太翁家传》。
② (清)胡祥木:《坦川洪氏宗谱》卷二《列传·清太学生采芹太翁家传》。
③ (清)胡祥木:《坦川洪氏宗谱》卷二《列传·清太学生采芹太翁家传》。
④ (清)胡祥木:《坦川洪氏宗谱》卷二《列传·清太学生采芹太翁家传》。
⑤ 《坦头村志》,2002年,第107页。

运自售,暇则仍制罗框,事畎畝"。① 在兵燹中,"怡茂"店铺也被毁于战火,"会太平军盘踞吾乡,蹂躏数载,焚杀抢掠,所过荡然"。战乱结束后,洪辅成便着手复兴旧业,并将商业开拓到坦头以外的区域,遂成为六都一带遐迩闻名的富商。"劫后公拾烬余,理故业,操奇计,赢亿则屡中,而又行之以信义,率之以勤俭,辅之以厚道,守之以恒心,此铢积寸累,近悦远来,名誉渐隆隆日起,逮公晚年贸迁之盛,遂为一方冠冕,言营商者,莫不推公为善于居积"。② 同村洪良浈在战后也开始经营商业,"及红羊(洪杨)戡定,乃营商业,善居积,有所蓄"。③

从经商所取得的收益上看,绩溪商人在洪杨兵燹之后所开拓的商业局面产生了较前代更为丰厚的商业利益。在战后各族重建宗祠、重修族谱的活动中,旅外商人的捐资成为最主要的资金来源,而捐赠的资金数额也从侧面反映出其族商人经营获利的程度。八都上庄胡氏一族于同治四年(1865)开始重造宗祠,其中最为关键的便是经费来源,在阖族商议之后,由胡铁花拟定了初步的章程:

> 是年冬至,阖族议重造宗祠,以予及临川及仲莹族叔士学族兄同司其事,而难于筹费。钝夫告于众曰,大乱之后,族中丁口十只存二,而兴大工,必筹以简而易行久而能继之法,乃克有济也。众问法当如何,曰,多其取之之方,而少其取之之数,则人易为力而乐从。易为力则可久,可久则功无不成矣。众皆曰善,属钝夫拟定章程。曰丁口捐,每丁每年出钱二百文,每口每年出钱一百文。曰工捐,丁之壮年年十五以上六十以下,每年各工作二日,不自来工作者每工出钱一百四十文。曰铺户捐,丁之有资本为商贾者,量其盈余之多寡,每年出钱自一千文至数十千文不等。④

---

① (清)胡祥木:《坦川洪氏宗谱》卷二《列传·清国学生兴训洪公家传》。
② (清)胡祥木:《坦川洪氏宗谱》卷二《列传·清国学生兴训洪公家传》。
③ (清)胡祥木:《坦川洪氏宗谱》卷二《列传·良浈公传》。
④ 胡传:《钝夫年谱》,见《胡适文集》(1),第465~466页。

章程中规定商人所需承担"铺户捐"的额度并不是固定的,而是要"量其盈余之多寡",浮动的范围从一千文至数十千文不等。即便如此,商贾者所出的铺户捐(最少每年一千文)要远高于一般丁口捐(每年一百文)和工捐(每年合计二百八十文)。从后来实施过程中筹集到的经费数量来看,"铺户捐"基本也达到了章程中所要求的额度:

> (1866年)八月赴上海省先考,遂与利中族伯,据德族太叔祖,承教族叔,企亭族叔劝族人之在申者各书每年捐助造祠经费之数,而承教叔与利中伯尤实力任事,并倡收辛捐。辛捐者,令力食于上海之族人每年捐一月辛工之资也。十月,得洋银五百块。十一月回里,而宗祠工程经费裕矣。①

前文述及,胡氏一族于道咸年间在上海川沙、宝山等地设有多个茶铺,后来由于太平天国运动及上海小刀会起义影响而大多被毁。由上述引文内容可得知,在1866年之前,胡氏族人在上海的茶铺便已恢复了正常经营,如咸丰十一年(1861)春,胡铁花父亲奎熙公"复于上海城外王家咀赁房开茂春号"。② 从所募得的"铺户捐"金额(洋银五百块)可推测,上海茶铺所获利润应该为数不少,其商业经营活动处于一个较为良好的状态。

以另一个角度来看,宗祠建造的效率速度和规模程度也是观测战后社会经济恢复的一个窗口。对于这样一个耗资巨大的工程,资金到位的及时与否往往决定了工期的长短。胡氏宗祠自同治四年(1865)正式动工到光绪二年(1876)完工,"历时凡十一年,共费制钱一千三百三十万(约合银元一万三千三百元)"。③ 在修筑过程中,胡铁花还曾修改章程条款,大幅增加各户所承担的金额,"一丁口捐,本年加十倍,每丁各出钱二千文。每口各出钱一千文。一工捐,每壮丁各捐十工。一铺户捐,本年照历年所捐多寡数目,各加五

---

① 胡传:《钝夫年谱》,见《胡适文集》(1),第466页。
② 上庄村志编委会编:《上庄村志》,2009年,第97页。
③ 胡适口述,唐德刚整理翻译:《胡适口述自传》,2005年,第13页。

倍"。① 对此，一些较有经济实力的商人也纷纷慷慨解囊。如在三溪经营胡景隆商号的胡锡印，"虽以商往来旌绩间，而恒以尊祖敬宗为念，族中重建寝祠，襄董工役，不辞艰苦，又倡建其顺堂支祠，且捐金数百"。② 还有休宁的胡氏族人，"钝夫亦就郡录科，趁便赴休宁劝族人之寓寄者加五倍以助急工，并收钱归以济渡支也"。③

洪杨之乱后，绩溪地方上族谱无存、宗族被灾的现象比比皆是，通过重建宗祠、重构族谱的形式恢复宗族记忆成为当时各族迫切需求。但是精神层面上的诉求并不足以支撑这一耗时耗费的工程，真正能够推动这一想法的实施，最终还是要落实到现实的物质经济层面。由上庄胡氏一族重建宗祠的过程可以看出，仅依靠村内族人的出工出力是远远不够的，旅外商人所提供的强大资金来源是最有力的经济保障。除上庄胡氏一族以外，六都坦川洪氏、县城后巷张氏、余川汪氏、旺川曹氏、涧州许氏、盘川王氏等各族先后重纂族谱。换言之，这种修谱筑祠现象在洪杨兵燹后的集中出现，也是绩溪地方商业社会恢复和兴盛的一种反映。

通过以上论述，我们看到绩溪徽商初步形成的原因和过程。明中后期，绩溪县人口数量较前代有了明显的增长，各姓宗族在经历了一个相对安定的繁衍发展期后，形成了一定的族群规模和物质经济基础；自入清代以来，绩溪县的人口持续膨胀，而外来棚户的涌入及其对水土资源的不当利用，给当地的生态环境造成了非常严重的破坏。日渐庞大的定居人口和长期高压的农业生产环境使得绩溪县内的土地承载力逼近极限，无论是县城还是农村，社会生活空间的持续压缩迫使土著居民开始向外流动迁徙。在这中间，一部分人为改变贫困的生活现状而选择服贾，他们也成为绩溪最早出现的商人，这种源于客观生产生活因素的直接刺激是绩溪懋迁风气产生的必要条件。

---

① 胡传：《钝夫年谱》，见《胡适文集》(1)，第 478 页。
② (清)胡祥木等修：《上川明经胡氏宗谱》上卷之上《列传·荫林胡公传》。
③ 胡传：《钝夫年谱》，见《胡适文集》(1)，第 478 页。

除绩溪本身的推动因素以外,外界时局的变化、经商风气的流传、徽商内部势力之间的起伏变化等,也是促进绩溪经商风气形成的重要影响因素。清初以来,绩溪商人与封建权贵的粘附关系更为紧密,通过官商结合的方式大肆攫取垄断利益,充实了经济实力。道光年后,纲盐改票的实施使以歙县、休宁商人为主的传统盐商迅速衰落,徽商群体之间的势力关系发生微妙的转变,此时的绩溪已不再是"惟守农业,罔事商贾"的局面。另外,五口通商的开启,为正在茁壮成长中的绩溪商人提供了一个极好的发展契机,并且将传统的商业集中区从浙西逐渐调整为以上海为中心的长江中下游区域。

本章第三节论述了太平天国运动对绩溪地方社会的影响以及战乱结束后商业的发展状况。一些学者,如叶显恩、周晓光、王廷元等认为洪杨兵燹对徽州本土造成的破坏是徽商在近代衰落的重要因素。[①] 但是对于绩溪而言,虽然也遭受了极大的破坏,但其商业社会的发展进程并不因为战争发生而中止。一些绩溪本地的商人仍在战争的缝隙中寻找商业的利润空间。同时,战争也以外力作用的形式迫使生产者与生产资料分离,为后续商业经济的发展提供了大量的自由劳动力。从战后地方社会的变化来看,洪杨兵燹造成的人口下降在客观上缓解了原先激烈的人地矛盾,而战后地方上出现的物资紧缺的局面也提供了极大的商机,以提供日用杂货为主的乡村店肆旋即在各村纷纷设立,极大地提升了社会经济的复苏速度。与此同时,绩溪旅外商业较战前更为繁盛,以血缘、乡缘和地缘关系为纽带的绩溪商人群体在晚清民国时期成为近代徽商中极为重要的一股势力。

---

① 叶显恩:《试论徽州商人资本的形成与发展》,载《中国史研究》,1980 年第 3 期,第 104~118 页;叶显恩:《徽商的衰落及其历史作用》,载《江淮论坛》,1982 年第 3 期,第 57~63 页;《徽商利润的封建化与资本主义萌芽》,载《中山大学学报》,1983 年第 1 期,第 49~56 页;王廷元、张海鹏主编:《徽商研究》,2005 年,第 609~622 页。

第三章 绩溪商人经营的主要行业
——以徽馆业和茶业为中心

徽州商人的经营行业虽然非常广泛,但是最具社会影响力的则为盐、典、茶、木四大行业。根据徽州各县历史条件和客观环境的不同,徽商在行业上存在明显的区域特色和社会分工,绩溪作为商业社会起步较晚的县邑,其所经营的行业同歙县、休宁、婺源等县主营的盐、典、木业有着显著差异。在道光之后以盐业为代表的传统徽商趋向衰落之际,绩溪商人却逆流勇进,不仅延续了茶业、墨业等传统徽商行业的经营,还在徽馆业、丝茧业、国药业等地方新兴产业的发展上成就斐然。据不完全统计,清康熙年间迄至民国时期,绩溪人在全国范围内所设立的庄、行、馆、店超过1800家。

第一节 绩溪商人经营行业概述

一、墨商与墨业

在徽州本地出产的商品中,当数徽墨最负盛名,清代赵吉士曾如此形容徽墨的地位："徽处万山中,绝无农桑利,舛茗之外唯墨。"①徽墨主要产于歙县、休宁、婺源和绩溪四县,乾隆《歙县志》载,"墨虽独工于歙,而点烟于婺源,捣制于绩溪人之手,歙唯监造精研而已"。②此言形象地概括了徽州内部制墨的区域分工,同时也点明了绩溪墨业的重要地位。提到绩溪墨商和墨业,则必然绕不过胡天注家族及其"胡开文"墨庄。

胡天注最早通过承租屯溪"彩章墨店"开始独立经营墨业。乾隆三十年(1765),胡天注借助经营"彩章墨店"积累的资本和技术,重购了"汪启茂墨店",并正式打出了"胡开文"的招牌。③

胡天注长子胡余德对制墨工艺的改良使得"胡开文墨店"得到了极大的发展。道光八年(1828),绩溪大儒胡培翚创办东山书院时,胡余德一举捐银一千余两,可见当时胡开文财力之雄厚。民国时期《上川明经胡氏宗谱》对胡开文墨业的记载为:"迨道咸年间,端斋公起,遂以'开文'墨业名天下。"④"端斋"是胡余德的字,族谱将"胡开文墨店"的发迹归功于他,这也说明了从胡余德开始,"胡开文"真正成为胡氏的独立家族产业。

晚清民国时期,在胡天注立下的"分家不分店""分店不起桌""起桌要更名"原则指导下,"胡开文墨店"虽经历了几度分产,但始终维持着良好的发展态势,在规模和分布上有所扩大。以芜湖的"胡开文沅记"墨店为例,芜湖市工商业联合会在1959—1961年对其进行了深入的调查,并撰写《芜湖胡开文墨店调查》一文。该文详细记录了"胡开文沅记"墨店的创办始末,并着重记述了从同治年间设店以来至民国时期,"胡开文沅记"墨品产销和墨店经营方式的转变。文中指出,一方面科举制的废除使得高级墨的市场需求下降;另一方面,由于民国时期新式学校的大量建立,普通墨的需求量日渐扩大,高级墨与普通墨的生产比例,由原来的 8∶2 转变为 3∶7。在销售方式上,由过去

---

① (清)赵吉士 著,朱太忙、周梦蝶 点校:《寄园寄所寄》卷下《泛叶记》,上海:大远图书供应社,1935年。
② (民国)《歙县志》卷三《食货志·贡品》。
③ 林欢:《徽墨胡开文研究(1765—1965年)》,2016年,第21页。
④ (清)胡祥木等修:《上川明经胡氏宗谱》下卷之下《拾遗》。

的现款交易转变为赊销和三节结账,以适应普通墨批发销售的方式。①

作为徽州墨业经济的翘楚,"胡开文墨店"自清乾隆年间创设以来,直至新中国成立以后能够经久不衰,主要归功于这一家族产业内部先进合理的经营管理制度。从"分家不分业""起桌要更名"这些行业规则中,可以看出胡天注等人对产业家族传承与产业治理结构的前瞻性思考。在近代资本主义市场经济的冲击下,传统墨业的发展也出现了一些新的变化,芜湖"胡开文沅记"墨店的发展变迁过程是一个典型的案例,为我们研究近代徽州墨业经济从传统经营向现代企业模式转型提供了一个较好的视角。

二、典商和典当业

典当业是徽商经营的传统行业,绩溪商人在典当业上的影响力虽不像歙县、休宁典商那么深远,但也有一些。传统时期以提供抵押和贷款为主要功能的典当行业,是维持农业生产、教育科举、工商业经营等各行业事业正常运作所必不可少的金融机构。在农村社会中,典当行对调节农业金融、保障农业生产、维护社会稳定有着积极意义。同时,典当行还是绩溪地方士绅阶层资助科举考试,以实现振兴地方教育的中介机构。道光年间,绩溪县内官员、乡绅和商人设计制定了一系列资助地方教育的制度和条规,将地方上的捐银作为本金交给本地典当行,所得的利息用作资助乡试盘费,"公议城典六家运本较多,每典各领银三百两,乡典择其殷实者计四十八家,每典各领银八十两。所领本银俱系足曹平,银色十足,毫无克扣。每月七厘行息,日后交付息银亦须足平足色,不得短少"。② 陈瑞通过对《绩溪捐助宾兴盘费规条》的研究,探讨了典商和典当行在围绕科举这一主题所进行的制度设计中所起到的积极作用。③

---

① 芜湖市工商联:《文史资料选辑》第七卷《芜湖胡开文墨店调查》(1962年),2011年,第119页。
② (清)胡培翚:《绩溪捐助宾兴盘费规条》。
③ 陈瑞:《制度设计与多维互动:清道光年间徽州振兴科考的一次尝试——以〈绩溪捐助宾兴盘费规条〉为中心的考察》,载《安徽史学》,2005年第5期,第88~98页。

同时，典当业也是绩溪旅外商业中一支不可忽视的力量。民国《绩溪县志》记载，"本邑大坑口、大仁里两村，为经营典当业之大本营，颇负盛名。胡程两姓远在胡宗宪平倭寇以后，即在浙之金华及江苏南通附近名三十里铺，经营当铺，全盛时期，在浙江两省如皋、寿昌等县设有当铺二十余家之多"。① 据十一都仁里典商后人程卓山回忆，程氏一族在南通的商业最早由下祠聚星堂二世程本法开辟，"本法因与里人争放水田，发生纠纷，即外出到江苏通州……与人合伙做棉花生意，后来又与人搭股开茶叶店，从此资本越积越厚，又于通北、竹行镇、白蒲三处各开了一家当铺"。② 胡适在总结绩溪旅外商业格局时也将程氏的典当业归为其中一派，"然通州自是仁里程家所创，他乡无之"。③

三、蚕桑丝茧业

蚕桑养殖是我国传统农业社会的一项重要生产内容，以家庭为单位的手工丝织业也是封建小农经济的主要成分之一。绩溪县是皖南地区较早兴起蚕桑丝织产业的县份，自唐宋以来，蚕桑丝织业一直是该县传统农业经济的主要来源，特别是明代中期以后，国内生丝出口量大幅提升，来自海外的需求极大地刺激了国内生丝生产。到了清代中期，生丝在出口商品中已经拥有与茶叶相同的地位，"西人所购，以丝茶为大宗"。④ 市场的需求使蚕桑丝茧业逐渐由商业经济向市场经济转型，从而形成了以蚕桑养殖、蚕茧购销、缫丝加工以及成品出口的完整产业体系。近代绩溪商人利用产地优势积极参与这一产业中，清代晚期著名的"红顶商人"胡光墉便是其中之一。

在丝茧业经济兴盛的同时，国际市场对生丝的要求也日益严格，传统的手工缫丝已无法适应国际市场的需求，清末民初时期，我国生丝出口受产品

---

① 台北市绩溪同乡会编：《绩溪县志》，1963 年，第 715 页。
② 程卓山：《仁里徽商在通州》，见《千年仁里》，2009 年，第 209 页。
③ 胡适：《胡适家书》，2013 年，第 235 页。
④ （清）王韬：《瀛壖杂志》卷一。

质量影响而呈现逐年下降之势。针对这一困境,政府和地方上都着手开展围绕蚕丝生产的改良运动,各主要蚕丝产区纷纷建立起地方同业组织,构建产业集群,维护自身合法权益,以期实现良性发展。随着江浙皖丝茧总公所的成立,①绩溪的丝茧业也被纳入这一区域产业集群。

在地方上,从茧行到茧业公所,再到官办和民营丝厂,绩溪丝茧业既是清末民国时期江南地区丝茧业产业集群形成和发展的附属产物,同时又受到各种经济和政策因素的综合影响。对地方而言,规模较小、地处偏远的丝厂、茧行渴望零阻碍地融入更宽广的区域经济圈内,以求得自身的更好发展,"组织公所通上下之情,少隔阂之弊"。② 但在现实中,各区域之间的贸易往来,往往因地方保护主义而受到盘剥。绩溪丝茧要运销至沪,需要承担地方茧捐、过境税、运费及耗损等巨额的费用支出。仅过境税一项,"入浙后尚须重纳过境税及附加税十元八角",而"浙茧运苏与苏茧运浙只须呈验捐照,各纳过境税一元",③很明显地体现出地方政府对于本地商品的税率倾斜。因此,区域之间的行业公所虽体现了合作意识,但只局限于小范围的利益维护,正如魏文享总结的:"已存的丝茧业会馆或公所虽然在一定程度上实现了地域的联合,但互相之间是孤立的,内部则带有相当的垄断性,在一定程度上是市场分割涣散的根由所在。"④

此外,国际时局也是影响丝茧业经济的重要因素之一。如在民国初期,第一次世界大战的爆发使西方资本主义国家暂时放松了对中国的经济侵略,这为我国民族资本主义经济发展创造了有利的外部条件,丝茧业在这一时期的发展极为迅速,上海、苏州等地的丝厂和茧行如雨后春笋一般涌现。而随

---

① 徐鼎新较早对江浙皖丝厂茧业总公所的产生、性质和早期的经济活动作了较为详细的研究。(徐鼎新:《试论清末民初的上海(江浙皖)丝厂茧业总公所》,载《中国经济史研究》,1986年第2期,第61~75页。)
② 《上海缫丝工业同业公会档案》,上海档案馆藏,S37-1-9。
③ 《上海缫丝工业同业公会档案》,上海档案馆藏,S37-1-255-44。
④ 魏文享:《行业意识、组织网络与社会资本——江浙皖丝茧总公所的兴起与运作(1910—1930)》,《近代史学刊》,2004年第2期,第171~183页。

着抗日战争的爆发,特别是淞沪会战后上海被日军占领,江南地区的交通运输中断,丝茧业原料供应受阻,我国丝茧业经济一落千丈。在地方上,胡炼九等人创办的缫丝厂也因日军侵略而纷纷破产。

四、副食百货业

副食百货业是维持地方社会生活不可或缺的行业,同时也由于开设经营所需资本较少而成为绩溪地方上兴起较早、发展较快的行业之一。以绩溪六都宅坦的洪氏一族为例,该族族人早在乾隆年间便已在浙江衢州、开化一带经营百杂货业,《坦川洪氏宗谱》对始迁开化北乡马金街的洪希钟、洪希鉴二人有如下记载:

> 希钟字均轶,仅以谱名传希;希鉴字开一,为坦川里洪派人,父执中,讳志汤,生子二,其伯与仲即两公也。两公生当满清全盛之际,海宇又安,天下无事,自知难以表见,而隐于艺术,且借以游食于远近,后辗转至开化北乡之马金街,旅居既久,见其地俗厚名淳,爰有终焉之志,乃受廛置产,挈眷同往栖止焉。当两公之始出也,仅恃其薄艺,无多资斧,愿能克勤克俭,辨色即起,漏夜始息工作,倍于常人,而自给菲薄,节衣缩食,刻苦逾恒,以是渐有储蓄,乃各娶妻生子,且问舍求田,为燕翼贻谋计焉。①

咸同兵燹平息后,该族中从事百货经营的商人数量出现了明显增加,如洪宾,"卒与姊聱汪君等合设乡肆,操其奇赢,旋更离逖,独树一帜,牌号怡生,无奇不居,有亿则中,拓殖既久,佣保僮竖之食,指牛豚驴,赢之蹄蹶,各以百十计,所业骎日盛,闻于一乡焉。既而高掌远跖,广设商肆,遍及旌城、三溪、泾城、芜湖、扬州各埠,商业之盛,一时无比"。② 洪良滨,"及红羊(洪杨)戢定,乃营商业,善居积,有所蓄。光绪十四年,繁邑重建文庙,公捐资佐助,得

---

① (清)胡祥木:《坦川洪氏宗谱》卷二《列传·马金街迁祖希钟公希鉴公兄弟合传》。
② (清)胡祥木:《坦川洪氏宗谱》卷二《列传·洪会昌太翁家传》。

入繁籍"。① 洪辅成,"劫后公拾烬余,理故业,操奇计,赢亿则屡中,而又行之以信义,率之以勤俭,辅之以厚道,守之以恒心,此铢积寸累,近悦远来,名誉渐隆隆日起,逮公晚年贸迁之盛,遂为一方冠冕,言营商者,莫不推公为善于居积"。②

虽然百货行业的单体规模较小,但在近代绩溪徽商中以操持此业遂成巨贾的亦不乏其人。在洪氏族人中,洪荣章继承其父洪宾的"怡生"店铺后,率同弟辈洪振登、洪国珍、洪润章、洪振云等人在旌德、泾县、芜湖、宁国、扬州、上海等地广设店铺,在经营百货的基础上兼营丝茧业、国药业和典当业。洪荣章一生开办、入股的店铺多达十八家,并于民国成立后,历任泾县、旌德两县商会会董、旌德及三溪镇商会会长等职务,在绩溪和旌德一带具有很高的声誉,族谱对其评价为:"今翁长子荣章,照萤誉于庠宫,继驰名于商界,性故机警,才尤敏,赡处烦理剧,若独照而数计其明远,果决有非侪辈所能及者,佐翁理商务,阃以外多所裁决,奏凯商场,无攻不克。"③从事副食百货经营的绩溪商人数量相当庞大,是仅次于徽馆业的一支徽商队伍,据1998年版《绩溪县志》的统计,从清乾隆年间至新中国成立的这段时间内,绩溪商人开设的副食百货店铺至少有277家。④

第二节　绩溪徽馆业的发展及其分布变迁

"无徽不成镇"是明清以来民间对江南地区徽商群体势力的形象概括,以盐、典、茶、木四大行业经营为主的传统徽商,其活动范围遍及长江三角洲。以经营徽州特色菜品的徽州面馆、酒菜馆(统称徽馆)也随着徽商势力的扩张而渗透到上述地区。其依托庞大的血缘、地缘和业缘组织迅速发展壮大,并

---

① (清)胡祥木:《坦川洪氏宗谱》卷二《列传·良渶公传》。
② (清)胡祥木:《坦川洪氏宗谱》卷二《列传·清国学生兴训洪公家传》。
③ (清)胡祥木:《坦川洪氏宗谱》卷二《列传·洪会昌太翁家传》。
④ 绩溪县地方志编委员会编:《绩溪县志》,1998年,第442～443页。

将这一产业逐渐成为绩溪的新兴行业,并形成垄断,因此便有了"无绩不成街"之说。晚清民国时期,绩溪人中从事徽馆业的比例相当之高,民国《绩溪县志》记载,"我邑人士经营此业者以岭北卢水乡、龙井乡、万萝乡、岭南大鄣乡、复兴乡、灯塔乡、和平乡为最多,每年赖以谋生者,几达全县人口之半,有关系全县国民经济之枯荣"。① 其中又以在上海的徽馆从业者最为聚集,本节拟以上海徽馆业为研究重点,结合晚清民国时期的档案和调查资料,对近代绩溪旅外徽馆业的兴衰历程、分布变迁及经营特点作相关论述。

一、早期徽馆的出现和产业的形成

徽馆的出现最早可以上溯至清康乾时期。根据王振忠考证,在乾隆年间,扬州的徽馆业已经十分兴盛,并从一开始就与两淮盐商在扬州的活动密切相关,当时以"大连""合鲭面""徽包"等为特色的徽州饮食在扬州颇为流行。② 但是扬州徽馆的经营者并不是绩溪人,而是歙县人。《扬州画舫录》卷十一《虹桥录下》有载:"乾隆初年,徽人于和下街卖松毛包子,名'徽包店'。因仿岩镇街没骨鱼面,名其店曰'合鲭',盖以鲭鱼为面也。仿之者有槐叶楼火腿面,合鲭复改为坡儿上之玉坡,遂以面胜。"③ 文中仿歙县岩镇街没骨鱼面而开设合鲭面店主人,正是歙县人徐履安。康乾时期,歙县盐商如日中天,徐履安的族叔徐赞侯就是著名的大盐商,而此时的绩溪仍未有成规模的旅外商人出现。民国《绩溪县志》提到:"烹调业也是吾绩新兴事业之一。此业创始于何时不可考,其始仅创始于徽州府、屯溪、金华、兰溪、宣城等县市;继则扩展及于武汉三镇、芜湖、南京、苏州、上海、杭州等大都市,则是随近百年来海禁大开,工商业的发展而日臻发达。"④ 县志的记载是以籍贯为区分,其中未提及扬州这个徽馆发展史上极为重要的城市,这恰恰说明在乾隆初年扬州

---

① 台北市绩溪同乡会编:《绩溪县志》,1963年,第717页。
② 王振忠:《清代、民国时期江浙一带的徽馆研究——以扬州、杭州和上海为例》,见《明清以来江南社会与文化论集》,上海社会科学院出版社,2004年,第128页。
③ (清)李斗著:《扬州画舫录》卷一《虹桥录下》,北京:中华书局,2008年。
④ 台北市绩溪同乡会编:《绩溪县志》,1963年,第715页。

的徽馆业中,应该没有绩溪籍商人的参与。

在清道光年间之后,随着两淮盐商势力式微,扬州一地的歙人所开之徽馆也遭受重创。与此同时,绩溪商业社会的发展已初具规模,经商之风气也在社会中流传开来。其邑人开始在徽州府徽城镇、屯溪一带经营面馆,以贩售面食和小吃为主。这些店铺一般铺面很小,又被形象地称为"干巴面店"。① 由此可见其规模之小的程度,虽然本利轻微,但经营灵活,容易立足。在这一时期,徽馆业仍是依附性的徽商产业,并随徽商的流动而不断迁徙。从早期徽馆的分布来看,在江南一带的徽馆数量尤为众多,"无市无镇不有徽馆之存在",②杭州较早成为绩溪徽馆形成产业聚集的地区。

由于早期的徽面馆规模较小,而流转迁移频繁,存续时间不长,鲜有相关的文字记录。在杭州具有一定规模且拥有招牌字号的徽馆,根据现有的史料记载,最早的一家是设于咸丰初年的"长和馆":

> 在西历一千八百五十余年时期,约前清咸丰初年,有程君树鹤首先在杭州创设一绩溪面馆,馆名长和馆。程君是安徽绩溪县十一都仁里人,当时在浙江办盐务,颇阔绰,因为考究饮食,所以创设这个面馆。该馆开了三年余收歇。③

开设较大型的徽面馆需要一定经济实力的支撑,一般"干巴面店"的经营者难以提供足够的资金,而对于像程树鹤这样相对富庶的盐商来说,这个数量级的投资并非难事。从其开设面馆的初衷来看,"长和馆"在一定层面上只是为满足程树鹤对徽州风味面食的偏好,但恰恰是这一徽州人所特有的嗜面习俗,成为徽面馆业发展壮大的重要促进因素。

徽面馆起初针对的消费群体主要是徽州人群体。徽州人不但视面食为佳肴,而且在节庆喜日请客去面馆吃面也是一种款待客人的重要礼数。清末

---

① "干巴"指因脱水收缩而变得小而干硬。
② 毕卓君:《本埠徽馆之概况》,载《申报》19435号,1927年4月21日。
③ 邵石友、程本海:《绩溪面馆业的历史》,载《微音月刊》,1924年,第17~18期。

婺源人詹鸣铎在所著的章回体小说《我之小史》中，对于在杭州徽面馆中吃面的场景有过细致的刻画：

> 来杭至今，悬盼已久，今得此信，飞跑出来一看，方知果然，报道七月二十四我善儿降生。这个喜信，接着之后，父亲连忙请行客吃大兴馆。我一生无得意之事，至此乃觉差强人意。当下到大兴馆，约计二席，随意小酌。屯溪钱庄某客，点红烧羊肉一肴……①
>
> 显昭系我的岳丈，时司理同福兴内账，我曾往他玩过。他有日请我与二弟吃大兴馆，叫两肴，颇为夏令秒品。②

徽面馆所售面食价格低廉，较符合徽人克勤克俭的饮食风气，"家居务为俭约，大富之家，日食不过一肴，贫者盂饭盘蔬而已，城市日鬻仅数猪，乡村尤俭"。③ 同治年间，杭州徽面馆所贩售的面食一般分为荤素两种，价格约十文到二十几文：

> 徽州馆店所卖之面粗而且硬，其各种各价均与苏州馆同，唯面两样耳。再有名为小碗面一种，每碗十八文，上加肉片、蛋皮、虾仁等物，碗大味鲜，量浅者可以抵得一顿饭矣。亦有素面店，小碗每十文，上加素丝点心，净素小菜，面汤亦各二文。④

徽面馆价廉物美的面食受到了当地人的青睐，"徽馆一般价格低廉，吃一碗火鸡面（火腿与鸡片）只要六文钱，四五个人吃甩水锅面，连每人喝二两白玫瑰不出两角钱。红烧甩水过桥面，只要二十文钱，清汤虾仁面三十文

---

① 詹鸣铎著；王振忠，朱红整理校注：《我之小史：新发现的徽商小说》，合肥：安徽教育出版社，2008年，第153页。
② 詹鸣铎著；王振忠，朱红整理校注：《我之小史：新发现的徽商小说》，2008年，第144页。
③ 许承尧：《歙事闲谭》卷一八《歙风俗礼教考》，合肥：黄山书社，2014年，第606页。
④ （清）范祖述：《杭俗遗风·饮食类·徽州馆》。

钱"。① 但即便如此，下面馆吃面在徽州人眼中仍被视为颇为奢侈的行为，《我之小史》中的主人公在杭州生活时，也不舍得自费下面馆：

> 父亲每月给我另(零)用钱二百文，剃头、洗衣以外，无多浪费，不过吃吃豆腐浆、糖大饼，及每次二十文之火炙糕、寸金糖。若面馆吃面，只领过子青一次的情，自己却不曾去过。②

徽馆业作为劳动密集型的服务类行业，相比于盐、典、茶、木这类传统商业，其资金规模虽远不及后者，但需要数量庞大的店伙堂倌来维持运作，"无论馆之大小，至少亦须十八九人，多则三十四十人不等"。③ 一般中等以上规模的徽馆，"第其内部组织，则无不同：（一）内账房一人，（二）外账房一人兼管堂簿，（三）小炒司务一人或二人，（四）副刀一人或二人，（五）下面一人，（六）蒸笼一人，（七）二炉一人或至三人，（八）烧饭一人，（九）面司务一人，（十）出行一人，（十一）堂倌二人或至十余人，（十二）下手三五人或十余人，（十三）经理一人，（十四）协理一人"。④ 嘉道以后，从徽州本土前来杭州务工经商的徽州中下层民众数量在不断增加，其中有不少的伙计学徒在徽馆业中谋生，这正为徽馆形成产业聚集提供了充足的劳动力保障。《沪谚外编》中的《天竹枝》描绘了杭州徽馆伙头的真实生活："我在杭州做伙头，一日三餐锅焦饭，一夜三个面齑头。手像乌鸡爪，脚比炭柴头，口是灶肚，鼻是烟囱，眼睛咕噜圈，面是铁火钳，头发两边披，耳朵南瓜皮……"⑤ 绩溪当地也流行《徽馆学生意》的民谣："前世不修，生在徽州。十三四岁，往外一丢。吃碗面饭，好不简单。一双破鞋，踢踢踏踏。一块围裙，像块纥褙。"

作为江南地区距离绩溪本土最近的一个繁华都市，杭州与绩溪之间的水

---

① 吴振寰：《旧上海商业中的帮口》，见《上海地方史资料》（三），上海社会科学院出版社，1984年。
② 詹鸣铎著；王振忠，朱红整理校注：《我之小史：新发现的徽商小说》，2008年，第103页。
③ 毕卓君：《本埠徽馆之概况》，载《申报》19435号，1927年4月21日。
④ 毕卓君：《本埠徽馆之概况》，载《申报》19435号，1927年4月21日。
⑤ 胡祖德著，陈正书、方尔同标点：《沪谚外编》，上海古籍出版社，1989年，第41页。

路交通极为便捷。绩溪民间素有"一脚到杭州"的说法,这为徽馆业的人员流动和调整提供了交通区位上的优势。① 而清中期以后,大量徽州商民在杭州的麇聚既为徽馆的产生形式了巨大的消费市场,又提供了充足的劳动力资源,因此,绩溪徽馆业作为新兴的服务业便已成雏形。

二、晚清民国时期绩溪徽馆的分布变迁及其经营特点

徽馆业在清咸丰年间之后逐渐发展成为有一定垄断地位的新兴产业,"菜馆面店,多为绩溪人开设,即沪杭各地所称徽馆是也",②并加快了向外延伸扩展的步伐。咸同年间,绩溪徽馆业率先进入江南地区杭州、嘉兴、湖州、苏州、南京、上海等大型城市;在清末扩展至长江中游地区的武汉三镇;民国以后,继续沿长江向上游拓展,开始进入湖南、四川、贵州、云南诸省。据当代《绩溪县志》统计,仅咸丰年间至新中国成立初的近百年中就有徽馆350余家,从业者近8000人,③"无绩不成街"便成为其行业在鼎盛时期状况的最好注脚。徽馆在全国空间范围内的分布变化,不但与近代区域与城市的发展变迁密切相关,而且绩溪籍徽馆商人的活动轨迹对此产业的分布调整有着深刻的影响作用。

(一)徽馆业的迁徙路线和主要分布区域

绩溪徽馆业向外扩展迁移的路线主要分为四条,以绩溪为中心,呈现为南北两个方向。北线分为三路,第一路经宁国、宣城、郎溪、广德至浙江北部和江苏南部太湖流域的孝丰、安吉、溧阳、苏州一带;第二路在过宁国境后继续沿青弋江北上到芜湖,再至长江下游地区的镇江、南京、上海等城市;第三路以芜湖为节点,溯长江而上至中游的武汉三镇,继而进入四川、云南、贵州的长江上游地区。南线则顺新安江入浙江抵达淳安、金华、杭州、嘉兴各市

---

① 徽馆业的季节性较强,淡季和旺季所需要的店伙人数不一,除主要职业以外,一般工种会在每年的端午、中秋和春节前进行人员增减,谓之"定人事"。
② 吴相湘、刘绍唐主编:《中国经济志》(下册),《民国史料丛书》第1辑第9种,台北:传记文学社,1971年,第517页。
③ 绩溪县地方志编委员会编:《绩溪县志》,1998年,第439页。

镇。徽馆业的外迁不仅使得大量徽馆在各大城市形成产业集聚，还在迁移的沿线诸市镇出现了数量不少的徽馆面店。若以时间为线索对徽馆的空间分布迁移加以整理，则能够清晰地观察到徽馆在晚清民国时期形成的四大分布区域及发展脉络。

1. 浙北苏南的太湖流域区

浙北的孝丰、安吉、长兴、织里等地既与徽州本土路程距离较近，又是通往苏州、常州等城市的必经之地。明清时期，已有相当数量的徽商在上述诸地进行商业贸易。借助距离接近的区位优势，绩溪人开始外出到湖州府经营面馆。如磡头村许鸿翔，去浙江泗安经营数载，稍有积，便开设"聚隆"砻磨坊；①十五都石门口村张灶炳，十三岁去浙江南浔织里镇学"吃面饭"，先后摆油条摊、馄饨摊，开小面店，在获得一定资本积累后转营面粉加工；十五都张梅林，从磨坊学徒、半作到自开小面店，在织里度过一生；家朋乡梓舍圩村许汉洲三十岁到湖州东乡旧馆镇，先摆油条摊，后设小面店，再开"裕兴"面店；②绩溪十四都人汪国清在递铺镇上的"义和馆"担任主厨，"馆店有两层楼房、四间敞开式铺面，十几只餐桌。白天做乡庄生意，夜市做本街生意，营业甚至繁忙"；③湖州南浔镇上的聚丰园由绩溪大坑口人（姓名不详）所开，十一都仁里人在浙北一带设有"长和馆"。

浙北一带的绩溪徽馆面店的经营者主要来自绩溪岭南地区，以东乡十四、十五都一带的村民为主。据绩溪人许观明回忆："以十五都为例，1937年以前，在浙北湖州、孝丰、安吉、长兴、泗安、吴兴、德清、南浔、织里、梅溪、晓墅、报福坦、旧馆、递铺、施家桥等数十个城镇经营面业者，大小有七十多家、近三百从业人员。有的集镇几乎垄断了饮食市场，如织里镇，商业繁荣，六家磨坊、面店全是绩溪十五都人。在旧馆镇，水街两边大小店号四十多家，其中

---

① 涧州人士：《磡头志》（中卷），2002年，第111页。
② 许观明：《绩溪人在浙北的面馆业》，载《绩溪徽商》，2002年，第63页。
③ 邵之惠：载《绩溪徽商》，2002年，第102页。

三家面店也是十五都人。"①胡适对于十五都人经营面馆业的垄断现象有相同的认识,"如面馆业虽起于各村,而后来成为十五都一带的专业"。②

从上述文字和口述资料可见,浙北地区的徽馆以小型的面馆为主,虽然规模不大,但数量不少,在当地面食业中形成了一定的垄断地位。值得一提的是,这种垄断现象不仅体现在面食的餐饮服务上,还渗入了面粉的生产加工环节,形成了从面粉加工、生产到面食烹饪、销售一整条产业链,与当地社会的日常生活有了高度的结合,也是对"无绩不成街"说法作了进一步的注解。

苏州是苏南地区最为繁华的商业中心,也是徽馆汇集的大型都市。咸丰初年,程树鹤"又到苏州创设一面馆,叫做'万通馆',此为徽馆在苏州之始祖。该馆开设苏州阊门外,颇负盛名于一时。开了十年之久而收歇"。③徽菜名厨路文彬的父亲早年曾在苏州阊门外的一家徽面馆学过生意,而路文彬本人也在此店做过几年学徒,④从时间上看,路文彬父子可能正是于此家"万通馆"谋业。民国时期的调查资料显示,绩溪人在苏州开设的面馆有十三家,从业人数有四百余人,占旅苏商人总数的80%以上:

> 现今一述苏州概况:吾绩旅苏同乡(约)五六百人,以面馆业局多数,(约)四百余人(左右)。发起人中有程秉之、洪丹藻、胡莘园、邵子曜、程佑之、汪涵卿诸君,对于此业皆能苦心经营,积极改良以图发达。最近苏城内外共有十三家,规模大而营业最佳者以城内"老丹凤""万源馆"两家,其次如"添和""万福""添新""六宜"等馆。这几家资本皆不下七八千金。此外各家(大约)三四千或一二千金不等。考苏地非过往码头,最重牌面,倘烹调不佳必失败,所以要求

---

① 许观明:《绩溪人在浙北的面馆业》,载《绩溪徽商》,2002年,第62页。
② 胡适:《胡适家书》,2013年,第235页。
③ 邵石友、程本海:《绩溪面馆业的历史》,37页。
④ 邵之惠:载《绩溪徽商》,2002年,第87页。

发达要推锅上的人,如锅灶上得了人,可望发达并可维持永久了。①

上文提到的"万源馆"属于苏州城内规模较大、开设较早的徽面馆,路文彬在"万源馆"中学艺数载。直到同治十一年(1872),路文彬离开"万源馆",与友人合资开办了一家名为"聚和楼"的面馆。他在后来回忆这家面馆时说:"那时我是壮着胆子开办面馆店的,当然也想赚点钱,但不是我唯一目的。我主要是想通过对这爿面馆的经营,摸索点做生意的门道,为今后闯条路子。"②同年,"添和馆"在苏州闾门内泰伯庙桥头由绩溪伏岭下村邵培余与人合伙开设。③ 同治十二年(1873),路文彬又增设了"月中桂"徽面馆,在其前往上海之前一直在此馆中主事,"光绪十年有绩溪四都人程湘舟君发起在四马路荟芳里开设'聚乐园',资本钱九百千文……十八年该馆由苏州'月来桂'请来路文彬为经理"。④

2. 新安江-钱塘江流域地区

新安江-钱塘江流域区内的徽馆分布格局是源于绩溪徽商的由新安江入浙贸迁所形成的。作为距离徽州本土最近的地区,同时也是传统徽商分布较为密集的区域,在新安江沿线徽馆业出现的时间相对较早。绩溪徽馆在屯溪、淳安、兰溪、衢州、杭州、嘉兴等市镇都有一定数量的分布,上文所述的杭州也成为徽馆业最先形成产业聚集的大型城市。

屯溪作为新安江上游的第一个大型港口,也是徽州本土最繁华的商业市镇之一。在咸丰初年,其镇上便已有大型的徽馆出现,如"紫云馆","这座有三层楼房的徽馆耸立在当时最热闹的西镇街头,临屯溪大街,依率水。菜馆既承办酒席,也经营面点小吃;既迎接达官贵人,又招待一般消费者,生意十分兴隆"。⑤ 据当代人的统计,在抗战前的民国时期,屯溪镇上有招牌店号的徽

---

① 邵石友、程本海:《绩溪面馆业的历史》,1924年,43页。
② 路远:《祖父言行录》,转引自邵之惠、洪璟、张脉贤著,《徽菜》,2005年,第189页。
③ 《绩溪文史资料》(第二辑),1988年,1924年,第28页。
④ 邵石友、程本海:《绩溪面馆业的历史》,1924年,38页。
⑤ 邵之惠、洪璟、张脉贤著:《徽菜》,2005年,第156~157页。

馆便已有 20 多家。抗战开始后,在上海、南京诸地的大量徽馆被战火摧毁,馆店伙计纷纷逃回故土避乱,一时间屯溪镇上徽馆数量呈现爆发式的增长,从原来的 20 多家猛增至 50 余家,①该地徽馆业的繁盛情况成为史上之最。

表 3-1 民国时期屯溪徽馆统计

地址	店名
正街	公和园、太白园、玉春楼、福新楼、聚贤楼、复兴楼、大新馆
河街	万利馆、得利馆、胡佩记
横街	海阳楼、佛照楼、拱月楼

资料来源:邵之惠、洪璟、张脉贤著,《徽菜》,2005 年,第 157 页。

杭嘉一带是新安江—钱塘江流域徽馆分布最为集中的地区。自咸丰初年程树鹤开设"长和馆"以来,直到民国时期,徽馆业在杭州餐饮市场中仍占有相当重要的席位。王振忠从《新安惟善集六安材会征信录》中整理出光绪三十一年(1905)至民国三年(1914)间杭州城内的 39 家徽馆:"长源瑞记、天兴馆、大兴馆、义源楼、怡丰园、泰兴馆、合记馆、源兴馆、浙盛馆、三源馆、同兴馆、四丰园、上源馆、三和馆、公和馆、义和馆、金和馆、涌丰楼、万云楼、醉仙楼、庆元馆、长源馆、三三馆、日和馆、泰和馆、千源馆、益源馆、大丰馆、聚兴馆、裕升馆、振源馆、六聚馆、源和馆、永兴馆、春和馆、庆和馆、天庆园、留下庆春楼、天元馆。"②上述徽馆因接受六安材会的寿材捐助而被记录在案,应该还有更多的徽馆或是流动的面食摊未被收录。由此推测,杭州城内实际徽馆的数量则要远高于此。另外,王振忠在文中指出:"其中'惟善集六安材会'捐资最多的面馆业……上述多年举行'面业祀孤',显然说明面业(即徽馆业)在'惟善集六安材会'中占有重要乃至主要的地位。"③绩溪面馆业捐资数量最多反映了其业在杭州经营的良好状态。从绝对数量来看,面馆业的从业人数

---

① 邵之惠、洪璟、张脉贤著:《徽菜》,2005 年,第 157 页。
② 王振忠:《清代、民国时期江浙一带的徽馆研究——以扬州、杭州和上海为例》,见《明清以来江南社会与文化论集》,第 139 页。
③ 王振忠:《清代、民国时期江浙一带的徽馆研究——以扬州、杭州和上海为例》,见《明清以来江南社会与文化论集》,第 140 页。

也要高于其他,如肉业、茶业、油业、南北杂货业等,由此可见杭州徽馆业的繁荣程度。在嘉兴,绩溪县北乡许文瑜在民国时开设"乐园""大中华"和"大中国"三家徽菜馆,民国十六年(1927)出版的《徽侨月刊》中还提到了一家开设于清末的"徽州天丰园菜馆":

> 本园创设已二十余载,不惜工本,聘请上等厨司专办京苏大菜,各式大面,随意小吃,另拆碗菜,价廉物美,清洁适口,早荷各界赞许。至于作为清雅,侍应之周到,犹其余事,毋庸赘述。如蒙惠顾,请驾硖石茅桥堍中□巷便是。①

3. 长江下游地区

上海是清末民国时期徽馆业的汇聚之地,上海徽馆业的兴衰变迁可以说是近代整个徽馆业发展的一个缩影。下文将以旅沪徽馆业的变迁为例,对徽馆和一个城市之间的互动关系作更细致深入的探讨。据民国调查资料的统计,上海徽馆数量在光绪二十三年(1897)不足 20 家,民国成立前约为 30 家,在民国五年(1916)有 60 余家,在民国十年(1921)为 100 余家,②至抗战前夕已有 500 余家。"徽菜馆在上海的菜馆业里占着大部分的势力,全沪有五百余家。就是历史方面讲,也算最长久"。③

南京徽馆业的出现要晚于上海、苏州、杭州等城市。南京徽馆的经营者大多由上海迁移至此。民国七年(1918),绩溪伏岭镇祝三村的高子光、高子瀛兄弟在南京开设了第一家徽菜馆——"远光饭店"。高子光早年曾在上海同乡人高福正所开的"吉庆楼"作店伙,其与兄弟高子瀛来到南京先后与人合股开设了"远光饭店""大罗天菜社""大罗天菜馆""五芳斋菜馆""五味斋菜馆""西号老正兴""东西号振兴菜馆""全兴康酒家""梅园点心店"等 9 家徽菜

---

① 《徽侨月刊》第三期,转引自王振忠:《清代、民国时期江浙一带的徽馆研究——以扬州、杭州和上海为例》。见《明清以来江南社会与文化论集》,第 137 页。
② 毕卓君:《本埠徽馆之概况》,载《申报》,1927 年 4 月 21 日。
③ 冰舟:《徽馆在上海》,载《上海生活》,1938 年第 6 期。

馆。此外,绩溪观前山村的胡元堂、水村的许文瑜、县城的高衡山等皆在上海经营徽馆取得成功后,先后来南京开设了"别有天菜馆""大东酒家""万全酒家""万利酒楼"等。据不完全统计,在民国十年(1921),绩溪人在南京开设的徽馆有50余家,笔者将有记录的徽馆汇于表3-2:

表3-2 民国时期南京徽馆数量统计

股东	籍贯	店名	店址
高子光	伏岭镇祝三村	运光饭店	不详
		大罗天菜社	新街口明瓦廊口
		大罗天菜馆	新市口
高子瀛	伏岭镇祝三村	五芳斋菜馆	夫子庙
		五味斋菜馆	夫子庙贡院街
		西号老正兴	国府路
		东西号振兴菜馆	中山东路
		全兴康酒家	中山东路
		梅园点心店	国府路
高汪定	伏岭镇祝三村	上海饭店	不详
胡元堂	观前山村	别有天菜馆	新街口
高衡山	绩溪县城	大东酒家	国府路
邵天民	伏岭镇	新苏饭店	国府路
胡大刚	霞水村	卧尝饭店	太平路
许文瑜	水村	万全酒家	新街口
		万利酒楼	国府路
许慈寿	水村	桃园酒家	夫子庙
胡德根	胡家村	长安酒家	夫子庙
汪星之	岱下	胜利大酒店	不详

资料来源:邵之惠、洪璟、张脉贤著,《徽菜》,2005年,第161页;绩溪县地方志编纂委员会编:《绩溪县志》,1998年,第440页。

另外,芜湖在光绪十六年(1890)至新中国成立初这段时间内,开设有"同庆楼""万利菜馆""大庆菜馆"和"胜利徽馆"4家规模较大的徽馆。①

4. 长江中上游地区

武汉的徽馆业最早由上海迁移至此,"(光绪)二十六年(1900)由张仲芳、章社和与八都人胡三毛等由申往汉口首创徽馆,命名"杏花天",资本定一千五百元,开设汉口关帝庙"。② 民国以来,绩溪籍汪国田、章金标、胡设寿、周介新、吴子修、胡月清、邵盛申、章在寿、汪启仲等人先后在武汉开设了69家徽馆,其中汉口有54家,武昌15家。兹将可考的徽馆列于表3-3：

表3-3　清末民国时期武汉徽馆一览表

股东	店名	店址
张仲芳	杏花天	关帝庙
胡岳俊	醉月楼	前花楼口
张祥华、章正权	华义园菜馆	华景街
张祥华	华兴园	中山大道
	华旗园	
	兴华园	
	华盛园	华景街
	醉白大酒楼	花楼街
	华庆楼	民权路
	民乐园	民生路
	汉华楼	老大智门
	庆云楼	新安街
胡桂森	同庆楼	汉口斗级营
	胡庆园	不详
	胡庆和园菜馆	中山路

---

① 绩溪县地方志编委员会编：《绩溪县志》，1998年，第440页。
② 邵石友、程本海：《绩溪面馆业的历史》，第40页。

续表

股东	店名	店址
胡桂森	胡庆和酒楼	汉口夹街
	同庆楼	鼓楼
	襟江楼	怡园
	望江楼	黄石港
章本桃	大中华酒菜馆	武昌彭刘杨路
程福海、邵盛木	新兴大酒楼	汉口友益街
程福海	大江酒楼	汉正街利济街口
	胜阳大酒楼	民生路
	顺宏福菜馆	民生路
邵之琪、胡礼耕	大上海酒楼	黄陂街苗家码头
邵之琪、邵华泽	新上海酒楼	黄陂街民生路口
邵之琪	四季美菜馆	汉正街
汪国田、章金标、胡设寿、周介新、吴子修、胡月清、邵盛申等人	中兴楼、大中楼、复兴楼、大和楼、大中国、新月楼、新安楼、新大上海等	汉口
章在寿、汪启仲、许灶顺、章熙灶、汪国龙	大汉楼、华东楼、汉斌楼、大兴楼、大富贵、大鸿运等	武昌

资料来源：邵之惠、洪璟、张脉贤著，《徽菜》，2005年，第163~165页。

抗战开始后，上海、南京、苏州、武汉等地人口大量向内陆迁移，徽馆业也随之而进入长江上游的重庆、四川、云南、贵州诸省，据不完全统计，绩溪人从民国二十八年(1939)至新中国成立时，在西南地区共开设过52家徽馆。[①]

---

① 邵之惠、洪璟、张脉贤著：《徽菜》，合肥：安徽人民出版社，合肥：安徽人民出版社，2005年，第167页。

(二)绩溪徽馆业的分布特征及影响因素

晚清民国时期绩溪徽馆在全国的分布变化表现出明显的附着性、交通和市场区位导向性,随着时间的推移和徽馆业自身的发展,各种区位因素对该行业的影响程度也在发生改变。

早期绩溪徽馆业的附着性非常明显,主要体现为在行业上的附着和对特定人群的附着两个方面。一方面,徽馆业自身的行业独立意识出现较晚,徽馆最早由面食摊位发展而来,主要为满足旅外徽州人"嗜面"的饮食习惯需求。从咸丰初年程树鹤在杭州设立"长和馆"的初衷来看,不过是因"考究饮食"而起,也是其主营盐业的附加产业。此外,同治年间"有胡某在上海先开一馆,叫作'集贤楼'。胡君是绩溪八都人,之家境富裕,为考究饮食而开的"。正因如此,早期徽馆业与徽商大宗行业的命运是紧密相连的,如乾隆年间,扬州的歙县盐商如日中天,歙县徽馆与徽州风味饮食在扬州也风靡一时,但随着道光之后盐商的衰落,徽馆业也淡出了扬州的视线。与此同时,绩溪商人群体逐渐庞大,徽馆业开始随其县外迁的商人扩散到徽州本土以外的区域。另一方面,从徽馆空间分布来看,早期绩溪徽馆的分布区域基本上集中于徽州本土、浙江中西部的新安江流域和浙北苏南的太湖流域地区,而这些区域不仅是传统徽商的汇集地,更是绩溪商人最早外迁经商的主要地区,因而徽馆较早地出现在这些地区。受乡缘和血缘关系的影响,来自同一地区的商人和务工群体在经商地往往彼此协作,联合经营。在徽州人从事的行业中,经常出现从业群体来自同一县,甚至同一乡的现象。这在徽馆业中表现尤为突出,一旦有人在外设立徽馆,便会介绍同乡同族人去做学徒、伙计,因此在湖州、孝丰、淳安等市镇,绩溪徽馆和从业人员的数量呈不断增长之势。对徽商行业和地域人群的依附,造就了早期徽馆的分布与绩溪商人活动范围基本重合的空间格局。随着时间的推移,徽馆业的自我独立意识渐强,并在各大城市形成产业聚集,以往的附着性特征在慢慢消失,遂成为绩溪新兴产业的代表。

徽馆由南而北、自东向西的分布变迁现象反映了交通区位因素的导向作用。地处万山环绕的绩溪,水路运输成为在传统时代与外界交流沟通的重要途径,至民国初年,其大宗商货仍是由临溪镇码头发出。"今往来临溪渔间之船只,凡百数十里,每年运费可数十万余,出口货物以米为大宗,因绩北旌德、宁国皆产米,米贩以临溪为销场也,进口商货皆由船运临溪"。① 早期徽馆业随徽商其他行业的流动而迁移,大多分散于通往杭州、嘉兴、湖州地区河流沿线的江南各市镇中,特别是在一些码头或重要港口。而由于航运条件的限制,绩溪向北前往长江流域的交通极为不便,"商贾之往来,货物之出入,或经宁国宣城以通芜湖,或经旌德太平以达大通,莫不山岭重叠,无殊蜀道"。② 在皖南各县内运输基本依赖人力或畜力,"以土车畜驮肩挑为主要,用土车者,计有和县、当涂、芜湖、宣城、郎溪、宁国、绩溪、南陵、泾县、旌德等十县;有畜驮者,计有和县、当涂、芜湖、宣城、宁国、绩溪、南陵、泾县、旌德、歙县十县等,肩挑则各县均有"。③ 因此,绩溪徽馆业在南部新安江流域的分布要早于北部长江流域。

随着公路和铁路这两种现代化交通方式的出现,特别是芜屯公路的开通,使绩溪商人的向北抵达长江沿岸的时程大大缩短,"自芜屯公路通车以来,北趋宣芜,南之徽杭,均极称便矣"。④ 民国以来,北上进入芜湖、武汉两地的绩溪商人数量增多,徽馆分布数量也随之剧增。交通方式的变革同样也使徽馆的分布区域产生变化,公路的建成促使商业中心由河道沿岸迁向公路沿线,一些原先商贸繁盛的码头城镇逐渐萧条,于是再次向外迁移,由原先的徽州本土、浙西北和苏南一带扩大到上海、南京等长江下游地区城市,继而再向长江中游地区扩张。

市场区位是贯穿徽馆发展的主要影响因素,徽馆业作为一个独立的新兴行业发展壮大后,对消费市场的追求使其突破了交通格局的桎梏。在公路、铁

---

① 胡在渭编:《绩溪乡土地理》第 3 章第 5 节《临渔间之航路》。
② 《安徽省芜屯公路沿线经济概况》,载《安徽省政府政务月刊》,1935 年,第 55 页。
③ 《京粤线安徽段经济调查总报告书》,见《民国铁路沿线经济调查报告汇编》第 9 册,北京:国家图书馆出版社,第 362 页。
④ 《安徽省芜屯公路沿线经济概况》,载《安徽省政府政务月刊》,1935 年,第 55 页。

路等新式交通方式出现后,市场成为引领徽馆发展的最主要区位因素。市场区位的影响,主要体现在徽馆的分布密度、营业类型和迁移方向这三个方面。

首先,徽馆空间分布的密度大小与城市规模大小呈正相关。作为市场导向型的服务型行业,消费市场规模是决定行业规模的首要因素。因此,徽馆无论是早期在扬州、杭州、苏州等明清传统商业都会的出现,还是中后期在上海、武汉等近代新兴城市的兴盛,都源于城市人口数量和经济发展水平的提升。此外,徽馆的数量也与城市发展程度保持一致,以上海为例,从开埠到抗战爆发前的不足百年时间里,城市人口数量从54万猛攀至385万,[1]徽馆数量也从几家增至500余家。

其次,市场规模和消费群体类型的不同导致徽馆经营类别有差异。《徽菜》一书将徽馆的经营沿革归为面馆时期和酒菜馆时期,[2]实际上,面馆和酒菜馆两种类别的出现,主要是由市场消费层次差异衍生的。早期浙北苏南一带码头市镇的徽面馆,其消费人群主要是过往经商的徽州商民。这些面店所贩售的徽式汤面,烹饪和食用的过程都较为快捷,是一种以饱腹为主要需求的"快餐"饮食。而在杭州、上海等都会出现的大型徽菜馆,除了满足基本的食用需求以外,还兼有社交、集会等功用。民国时期,胡适宴请客人常选徽菜馆,各种旅沪徽商同乡、同业组织的活动集会场所也往往在"大富贵""海华楼""大中华"等上海几家大型徽馆。因此,在消费群体结构较为单一的小市镇,徽馆的类型基本上是小规模的面摊、面馆;在上海、南京、武汉这样的大城市,人群构成极为复杂,从底层消费到高档餐饮都有一定市场,徽馆的类型也从小面馆到大型酒菜馆兼有。

再次,市场格局的变动对徽馆业的流动迁移产生极大影响。从整个近代徽馆业的发展历程来看,上海开埠后,江南一带大部分的徽馆和从业人员向上海集中迁移。咸丰初年,程树鹤在上海集资设立的第一家徽馆——"松鹤

---

[1] 邹依仁:《旧上海人口变迁的研究》,上海人民出版社,1983年,第3、第90页。
[2] 邵之惠、洪璟、张脉贤:《徽菜》,合肥:安徽人民出版社,2005年,第123页。

楼",店伙计是由杭州调来,"初开办时,由杭州聘请司夫十七人到申"。① 到光绪初年,上海餐饮消费市场初具规模,各地徽馆经营者也逐渐将目光投向上海,其中便有徽菜名厨路文彬。"文彬在苏州已闻知上海的码头更大,饮食市场更活跃,欲邀苏州的同乡好友闯荡上海。恰在光绪十年,绩溪四都人程湘舟于四马路开设了聚乐园菜馆,该馆因经营原因,支撑乏力,便请来苏州月中桂的老板路文彬到这家当时上海滩规模最大的徽菜馆主事"。② 利润和市场的吸引还使得其他行业的从业者改投徽馆业,如绩溪商人章祥华,原先在浙江淳安航头一家杂货铺做学徒,后于光绪二十六年(1900)前往上海改习徽馆业。在民国初期,武汉、芜湖、南京等地的饮食市场兴盛起来,徽馆业也由上海向上述城市发散。抗战开始后,长江中下游地区上海、南京、武汉等城市遭战火破坏,人口流失,市场萧条,这些地区徽馆业继续或向西部内陆扩展,进入广西、贵州、重庆、湖南等省;或迁回徽州本土,如屯溪的徽馆数量在抗战时期达到历史峰值。③

(三)徽馆业组织和经营特点

徽馆业作为徽商在近代开创的一个新兴产业,与盐业、典业、茶业、墨业、木业等传统行业既存在显著的区别,也有一定的联系。从该行业组织结构、资金的分配和运作,以及行业规章的制定和执行上,可以窥见徽馆业组织和经营上的一些特点。以笔者所见的一份光绪二十七年(1901)《上海天福源面酒馆信义合同》为例来揭示徽馆业的组织结构和经营特点:

> 立合同议据人洪泰松、胡观岭、方芥章、胡寿和、庞伟庭、邵家烈、胡社有、汪元立、汪四闪、胡铭恩、洪开泰、瑞生和、胡节甫、胡竹轩、胡庆堂、胡荣富、胡灶友、胡千荣、汪炳兴等,窃思大厦非一材可就,华庭须集木以成,借众志方建陶朱之业,如图管鲍之谋,今吾同人亦既合志同方,何难营道共术。爰集贰拾陆股,每股计英洋壹佰

---

① 邵石友、程本海:《绩溪面馆业的历史》,载《微音》杂志第十七、第十八合期,1924年。
② 邵之惠:载《绩溪徽商》,2002年,第88页。
③ 邵之惠、洪璟、张脉贤著:《徽菜》,2005年,第200页。

元整，各按本股交出，共计资本计英洋贰仟陆百元整，即与上海城大东门外吊桥东堍，开张天福园徽面酒馆。惟望自开张之后，定见嘉宾满座，肆筵盈庭，川流不息，车马遥临。捆载者照顾均分，毋得徇情舞弊。执事者必须用心经理，一秉至公。即或漏网绳头，射亏鹅眼，亦须按股承当，不得支吾推诿，此系各相允洽，到后有凭，立此合同公拾玖纸，各执一纸为据，永远大发承照。

一议嗣后如有股东不合者，若要将股脱出，先须问明合股各友，如合股各友不受者方准外人。

一议官利每月盘账时提出，如果店内办货，仍由店内调用，到年再有余利，照股均分。

一议店中执事以及用人进出一切等情议，举胡庆堂兄执管议专责成，务须实事求是，一秉至公，是所厚望焉，嗣后，倘或该执事人别有高就，不愿任此者，亦应向各股东言明，啇酌重再议举。

一议本店股东众多，不得向店内宕借银洋，各友俸金亦不得任意透支。

一议用人进出，均归执事人调用，各股东不得借股擅自进店，亦不得硬性荐人，倘遇相托，先须问明执事者允用，方准定实。

一议如有股东在店为伙者，务宜性情和气，失慎、失勤，倘或任意违误店事，不尊店规，亦应随时停歇，不得借股故意留难。

一议该闻陶朱有建业之富，管鲍有分金之赠，吾业始创事繁责重，惟望分金之时，提出花红一股，赠给在店经理人均分，以作补劳嘉奖。

一议提出堂彩，全股内议半股，归洪开泰兄协理店事，以作慰劳之资，仍有半股归在店五人帮里均分。

光绪贰拾柒年十一月二十五日
立合同议据人
洪泰松（三股）、胡观岭（贰股）、方芥章（贰股）、胡寿和

（贰股）、庞伟庭（贰股）、邵家烈（壹股半）、胡社有（壹股半）、汪元立（壹股）、汪四闪（壹股）、胡铭恩（壹股）、洪开泰（壹股）、瑞生和（壹股）、胡节甫（壹股）、胡竹轩（壹股）、胡庆（壹股）堂、胡荣富（壹股）、胡灶友（壹股）、胡干荣（壹股）、汪炳兴（壹股）

中见：曹隽秀、路文彬、章社和

代笔：曹子风①

浓厚的地缘色彩不仅是徽商传统行业的经营特色，还是徽馆业内部组织结构的最大特征。徽馆的从业人员有着"一家亲"或"一家宾"的现象，即"徽馆里面除却厨房间的庖丁以外，其余账房间，跑堂，打杂伙计等，无一个是徽州人"。②而且这些人大部分来自同乡，甚至是同村同族。根据民国时期程本海、邵逸群的调查统计，在列出的65家上海徽馆中，绝大多数来自绩溪十三都和十四都。上文引用的合同中有一项条款规定："一议用人进出，均归执事人调用，各股东不得借股擅自进店，亦不得硬性荐人，倘遇相托，先须问明执事者允用，方准定实。"拟定限制股东擅自用人、荐人的条规，其实反映了徽馆业中通过同乡、同族引荐而进入徽馆为伙的现象普遍存在，条规并不是反对引进同乡、同族人，而是避免因不加筛选地盲目进人而对经营不利。这种与传统徽商行业相类似的用人制度，加强了绩溪徽馆业的垄断程度，"虽号称徽馆，实际上都是绩溪人所开设的"。③

徽馆业是依靠地缘关系建立起来的行业，还要通过控制店内股份流动和伙计学徒的人身关系来维持其行业的垄断地位。徽馆经营者在发起招股时，一般在同乡或当地同行友人中进行，俗称"拼股"或"邀股子"，很少有行业或乡族以外的人参与。④而且，徽馆经营中也在严格控制持股者的身份，"上海

---

① 邵之惠、洪璟、张脉贤：《徽菜》，合肥：安徽人民出版社，2005年，第147~148页。
② 《徽菜在没落途中》，载《申报》第24756号，1947年1月16日。
③ 程本海、邵逸群：《绩溪面馆业的历史（续）》，载《徽音》，1925年，第19期。
④ 王振忠：《新安江》，南京：江苏教育出版社，2010年，第92页。

天福源面酒馆"的章程中约定:"嗣后如有股东不合者,若要将股脱出,先须问明合股各友,如合股各友不受者方准外人。"即便合伙人要撤资,其名下股份一般也由其他股份吸收,以避免资金外流的情况出现。在其他几家徽馆的合同中也有相类似的规定,如在《徽州华兴园菜馆合同议据》规定:"各股东如有愿将此业出顶者,须先询店中或在股诸公,如在股诸公及店中均不肯受,始出顶外人,仍须经得经理磋商,以资统一。"[①]《上海鸿运酒楼股票简章》第十项关于股权约定:"本股票为股东执为信守,如欲将本股权出让者,须经本店认可,盖章过户及经理人签字,方能生效。"[②]

徽馆业中对伙计学徒的人身控制是建立在学徒制和传统宗法家族制度的基础上的。学徒制的存在一方面为徽馆源源不断地提供了廉价劳动力,扩大了从业人数和徽馆规模,维持着徽馆的正常运作;另一方面通过森严的等级控制长时间地留住年轻员工,刚进店的伙计需从学徒打杂做起,"凭其智慧经验,逐渐提升为二刀、二炉,以至于大司务的职务。柜台上的学徒,必须经过三年以上的实习经验,始可正式担任写堂簿的工作"。[③] 对徽馆经营者来说,招募同乡、同族的学徒有利于通过传统宗法家族制度来对员工实施严厉的行为管控。徽馆中的学徒一般由父母或熟人介绍,在十二三岁时便来到店里,对他们而言,老板、经理不仅是职场里的上司,还是宗族中的长辈。在传统宗法制度的影响下,这些学徒在外的言谈举止关乎其父母和家族的声誉,一旦被吃了"茴香豆腐干"(被辞退),就意味着丢了家族的颜面,是一件影响恶劣的事。客观上看,作为宗族制度的一项重要内容,通过学徒身份学做生意的宗族教育是徽商习业的主要途径,在徽馆中也是如此。由此看来,在徽馆业中存在的强烈的地缘色彩既有现实利益的考虑,又有传统社会文化因素的影响。

从徽馆运作的资本结构来看,虽然大多数徽馆的总投资规模不大,但很

[①] 邵之惠、洪璟、张脉贤:《徽菜》,合肥:安徽人民出版社,2005年,第151页。
[②] 邵之惠、洪璟、张脉贤:《徽菜》,合肥:安徽人民出版社,2005年,第153页。
[③] 台北市绩溪同乡会编:《绩溪县志》,1963年,第717页。

少有独资开设的情况,"馆颇少个人单独投资,几乎完全为合股办法,徽馆之不克拔萃,毋乃亦以此乎,查徽馆之在本埠者,除有悠久历史几家外,其资本额均不十分浑厚"。① 因此,徽馆内部的资本结构往往较为复杂,一家徽馆有十几个股东的情况并不少见。从各股东出资的数量来看,个人投注的资金额度一般不大,上述的"上海天福源面酒馆"便有 19 位合伙人,每股为英洋 100 元,出资最高的股东也只持 3 股,计 300 元。其他如"上海鼎新楼","郎士元、章丽堂、汪余彰、冯太森诸君九人,每人股本一百元";② 汉口的"同庆园","资本六百五十元,每股廿五元";③ "华阳楼","胡桂森、郎士元、朱有林发起集资一千五百元,每股五十元,开设华阳楼"。④ 这种现象的出现与徽馆经营者的家庭出身有很人关联,清末民国时期,大多数徽馆的股东并非商贾世家出身,而是由一般学徒成长而来,比如路文彬、张仲芳、胡桂森、胡元堂、邵仁卿等在徽馆业卓有成就的人士,几乎都是贫穷农家出身。他们白手起家创设徽馆时,往往在资金问题上捉襟见肘,因而采取合股的集资手段,如路文彬首次开设的"聚和楼","下本不多,规模也不大";胡桂森则用尽自己十余年的工薪所蓄,外加邵老板的资助才开设了属于自己的"同庆楼菜馆"。⑤

由于徽馆业的资金准入门槛相对较低,投资者和经营者拥有多家馆店股份的情况也比较常见。在积累一定的资金后,徽馆股东扩充经营规模的速度相当快,如胡桂森于光绪二十九年(1903)开设第一家徽馆"同庆楼";宣统二年(1910),其名下第二家徽馆"胡庆园"成立;仅过了两年,胡桂森名下再添一家"胡庆和菜馆";在民国四年(1915),他又投资设立两家徽馆,十数年时间里,胡桂森一人就投资了 5 家徽馆。张仲芳在其职业生涯中"有三十五家之

---

① 毕卓君:《本埠徽馆之概况》,载《申报》19435 号,1927 年 4 月 21 日。
② 邵石友、程本海:《绩溪面馆业的历史》,载《微音》杂志第十七、第十八合期,1924 年,第 39 页。
③ 邵石友、程本海:《绩溪面馆业的历史》,载《微音》杂志第十七、第十八合期,1924 年,第 40 页。
④ 邵石友、程本海:《绩溪面馆业的历史》,载《微音》杂志第十七、第十八合期,1924 年,第 40 页。
⑤ 邵之惠、洪璟、张脉贤:《徽菜》,合肥:安徽人民出版社,2005 年,第 198 页。

股本"①,另一位徽菜名厨路文彬开设或投资的徽馆数量超过80家。②

通过血缘、乡缘和业缘关系组织起来的绩溪徽馆业社会网络,在民国时期已经成为绩溪旅外商业群体的主要组成部分,并且在徽宁商帮中占据重要席位。徽馆业的经营者在设馆营业取得初步成功之后,便开始积极资助旅沪同乡组织建设。光绪十四年(1888),路文彬等人在徽宁思恭堂的重修扩建中捐资捐物,"池上亦峙一鼎,其势巍然,按鼎与狮皆绩邑馆业所助也"。③《徽宁思恭堂征信录》中对绩溪徽馆业的捐助明细有记载:

> 光绪十八年至三十一年夏月,收绩邑路文彬、章社和经劝馆业同人乐助施馆费英洋一百八十一元,龙洋一千三十五角,收绩邑路文彬、郎士元、章社和经劝馆业同人敬助石狮英洋八百八十四元,龙洋一千六百五角。
>
> 光绪三十一年至三十四年夏季止捐助物件条目中,有绩邑面馆同业路文彬、郎士元经劝敬助万年宝鼎壹座,石座全副,铜风钟六只,计重一万二千斤。
>
> 光绪三十一年至三十四年夏月,收绩邑面馆业英洋五十元正。
>
> 绩邑面馆同业劝捐孩棺贰佰角。④

在《徽宁思恭堂征信录》第三十刻中,绩溪长生愿的捐助者绝大部分来自徽馆业,共有醉白园、聚乐园、鼎丰园、九华园、畅乐园、大兴园、同乐园、聚和园、醉乐园、大酺楼、聚元楼、五凤楼、大吉楼、得明楼、同庆园和大兴园(公计)等共25家。而在民国七年(1918),除了保持原有的"绩邑长生愿外",《徽宁思恭堂征信录》将绩溪徽馆业单独列出"绩邑馆业长生愿",共收到捐助大洋217元,小洋3角,铜钱40文。由此可见,绩溪徽馆业已经成为邑人旅沪商业的主干行业。从长生愿捐金总额上看,以民国五年(1916)为例,绩溪共出资

---

① 邵石友、程本海:《绩溪面馆业的历史》,载《微音》杂志第十七、第十八合期,1924年,第38页。
② 邵之惠、洪璟、张脉贤著:《徽菜》,合肥:安徽人民出版社,2005年,第192页、第198页。
③ 《徽宁会馆图记》,载《上海徽宁会馆特刊》,1932年。
④ 《徽宁思恭堂征信录》第三十刻,第67~79页。

大洋327元3角,仅次于休宁县的662元8角和婺源县的634元5角,以徽馆业为龙头的绩溪商帮摆脱了以往在徽州商帮中"处六邑之末"的尴尬处境,并支撑起了近代徽商的经营局面。①

三、近代旅沪徽馆业的变迁

(一)早期旅沪徽馆的发展及分布

上海的徽面馆出现于19世纪中前期,"在上海为开辟为通商口岸之前,便有徽馆之设立,此盖由于徽馆之传播最早",②但因规模不大,存续时间不长,鲜有相关的文字记录。最早有店牌字号的徽面馆,开设于19世纪50年代。根据1924年邵石友和程本海所编的调查资料显示,该馆出资人为上文中的所提及的绩溪人程树鹤,"同年程君又集资到上海首先创设一馆,叫做'松鹤楼',资本钱五百千文,设在十六铺盐码头。初开办时,由杭州聘请司夫十七人到申,每人赏给黑羔马褂一件,毯子一条,定雇几艘大民船,抵申时,声势炫赫,靠乃东势力,颇横霸一时,该馆订出一条很奇怪的店规:店伙与外人争斗,打胜于人由店中赏肉四两,被人打败则辞退生意,以致惹起一般人的不平,但以店东有权势,亦无可如何,(约)二年余收歇"。③

初来乍到的徽馆,不仅需要数额不小的资金投入,还要面对纷乱复杂的社会环境与行业竞争。店家之所以要大摆排场,壮大声势,营造氛围,其实是因为对陌生行业环境的未知和担忧,愈是这样耀武扬威,愈是体现出内心的不自信和不安。制定鼓励与外人争斗的店规,看似野蛮横霸,其实一方面是在警惕设馆初始遭受同行的恶性欺压和好事者的骚扰,另一方面则是摆出誓与外帮菜等餐饮业同行竞争的强硬姿态,以求得在都市丛林中的生存之道。由此可想,徽馆打入上海餐饮市场的过程是十分艰难的,而且由于市场波动

---

① 《徽宁思恭堂征信录》,载王日根、薛鹏志编:《中国会馆志资料集成》第一辑(9),厦门大学出版社,2013年,第486~495页。
② 毕卓君:《本埠徽馆之概况》,载《申报》19435号,1927年4月21日。
③ 邵石友、程本海:《绩溪面馆业的历史》,载《微音》杂志第十七、第十八合期,1924年,第37页。

性大,其抗风险打击的能力较低(或因走水而遭焚毁,或因社会动荡、股东撤资而歇业),因而在维持经营方面所受阻力甚多。

但随着早期徽馆进入市场并初步立足之后,随后入沪的徽馆和徽馆业从业人员数量则开始迅速增长,并逐渐形成规模。至民国成立以前,在沪设立的有一定规模的徽馆数量已近30家,兹将其店名、店址、开设时间、店本和出资人列于表3-4:

表3-4　1864—1909年旅沪徽馆统计

开设时间	出资人	店名	店址	店本
1864年	胡君(名不详)	集贤楼	陆家石桥下	不详
		杏花天	小东门	不详
	许老海、胡连和兄弟三人	大酺楼	洪昇码头如意街口	九百千文
1866年	凌老仲	其萃楼	法租界吉祥街	不详
1869年	李架山	醉白园	小东门外	不详
1873年	邵运家	海华楼	浙江北路	不详
1877年	柯金虎	升阳楼	棋盘街	不详
1881年	邵运家	丹凤楼	老西门	不详
1884年	程湘舟	聚乐园	四马路荟芳里口	九百千文
1892年	朱有林	醉乐园	小东门	不详
		聚宝园	四马路	不详
	章名正	醉月楼	北泥城	不详
	章丽堂、汪余彰、冯太森等	鼎新楼	盆汤弄	九百九十元
1894年	薛永伯	聚宾楼	四马路	不详
1896年	程颂南	海月楼	十六铺大码头	三千元
	许启梅、程敬安	宴乐园	抛球场	二千五百元
1897年	路文彬、郎士元、程怀邦、朱有林	聚和园	四马路	三千元
	邵修三	聚贤楼	法大马路	不详

续表

开设时间	出资人	店名	店址	店本
1898年	洪开泰	大兴园	三茅阁桥	不详
	柯金虎	春阳楼	棋盘街	不详
1900年	张仲芳、章渭栋	聚乐园	英租界新闸酱园弄	二千元
	章莘夫、汪元立、唐廷闵	醉乐园	小南门外豆市街	一千五百元
1901年	张仲芳、路文彬、章社和	天乐园	棋盘街	一千七百元
	柯伯青、张仲芳、程裕良、邵芝望	鼎丰园	盆汤弄	一千五百元
	章老承、柯伯青	湘源楼（后改名为聚元楼）	四马路胡家宅	不详
1904年	路文彬、汪柏荣、郎士元、章社和等	长乐园	法租界大自鸣钟对面	一千五百元
1909年	汪定祥、金君（名不详）	醉芳园	南京路浙江路口	一千元

表3-4统计数据来源于邵石友、程本海：《绩溪面馆业的历史》，载《微音》，1924年，第17～18期，37～39页。

从时间上看，旅沪徽馆业第一个快速发展阶段出现在19世纪60年代以后，恰逢上海近代第一次人口大量增长的时期。1862年太平军进军上海，周边地区大量难民涌入上海，这导致出现了短时期的人口陡增。据邹依仁统计，上海公共租界人口从1855年的20243人增长到1876年的97335人，净增7万余人。上海法租界也增长了4万余人。① 随着上海小刀会起义被镇压和太平天国运动的平息，社会秩序趋向稳定，这在客观上为商业的发展提供了相对安定的环境。从19世纪中后期到20世纪初这段时间内，有记载的徽馆开设数量增至28家，除去被焚毁或歇业的门店外，根据《上海指南》记载统

---

① 邹依仁：《旧上海人口变迁的研究》，1983年，第3、第90页。

计,上海当年营业的且有一定规模的徽馆有 17 个。① 而此时的外帮菜馆,宁波馆 9 个,广东馆 9 个,扬州馆 3 个、天津馆 2 个、无锡馆 2 个、南京馆 1 个,②徽馆的数量占菜馆总数的三分之一以上,已经在市场中占据了绝对优势。民国学者曹聚仁也对此表示认同:"本来独霸上海吃食业的,既不是北方馆子,也不是苏锡馆子,更不是四川馆子,而是徽州馆子。"③

从这一时段徽馆的分布上来看,新开设的徽馆主要集中在四片区域,即小东门至十六铺码头一带;法租界大马路(今金陵东路)一带;四马路(今福州路)南京路一带;苏州河沿岸商区。这些区域虽然都是人口和商业相对集中的地段,但其形成的时间存在先后顺序。最早一批开设的徽馆主要分布在小东门至十六铺码头一带,是旅沪徽州人活动较为频繁的区域。早期徽馆业作为依附于徽州人旅外经商而新兴的行业,自然是围绕着徽州人聚集的区域分布,因此而较早集中出现在此。随着租界区域人口的增加,徽馆开始向法租界大马路和英租界四马路迁移扩散,其中又以四马路一带分布最为密集。四马路在当时已经是上海最为繁华的商业和娱乐消费场所,"上海极繁华之区,以四马路为最。其中茶榭烟寮书楼戏馆林立如云……其他如酒食之馆服用之物无不充牣于中……一夕所费不知几千百万。真一中国绝大游戏之场也"。④ 棋盘街、荟芳里和胡家宅一片区域是徽馆分布最为密集的地段,共有7 个之多,占当时徽馆总数量的四分之一以上,并且其经营状况相对较好,开设的时间也较长。此间徽馆也尝试向更远地区延伸,如法租界西部和苏州河以北,但从经营结果上看,多半因市面未兴、生意不旺等而闭门歇业。

徽馆分布的空间变化,也是上海华界与租界之间人口和商业流动趋势的

---

① 1909 年版《上海指南》原文统计为 18 家,分别为:杏花楼、新申楼、聚宾园、聚和园、聚元楼、九华楼、来元馆、春申楼、善和馆、同乐园、德元楼、同庆园、其萃楼、长乐园、九华楼、醉白园、大醑楼、醉乐园,其中开设英租界四马路 509 号的杏花楼,实际上是一家广东馆,1912 年版的《上海指南》对此作了修正,将其列入广东馆。
② 商务印书馆:《上海指南》卷八《游览食宿》,上海:商务印书馆,1909 年。
③ 曹聚仁:《上海春秋》,北京:生活·读书·新知三联书店,2007 年,第 307 页。
④ 《本馆迁居四马路说》,载《游戏报》,1897 年 10 月 2 日。

一种反映。从 1843 年到 1910 年，华界的人口年均增长率仅为 0.3%，而法租界和公共租界的人口年均增长率则分别为 360% 和 1500%，①反差巨大。华界由于社会动荡，居住和商业环境的提升空间受限，长期处于人口外迁的状态。随着租界内工厂、银行的设立，国内的封建地主、官僚和买办将目光聚焦于此，人口和资本的汇集极大地促进了商业的繁荣，也创造出了相当大的消费市场，由此促使包括徽馆在内的各式商业类型向租界靠拢。

旅沪徽馆早期的发展，与这一时期徽商的经营活动是密切相关的。"五口通商"之后，以茶商为中坚力量的徽州商帮在上海、汉口等地的经营活动日趋频繁，大量的徽州人汇聚到上海从事茶业加工及出口业务，特别是绩溪和歙县两邑的商人，民国初年，仅绩溪一县在上海开设的茶号就有 33 家。当时徽商认为"徽人之商战武器仅有三事，茶商、当铺、菜馆而已"，②同治光绪年间上海所开设的徽馆，虽然规模不大，但其相对较低的准入门槛和高额的商业回报吸引了不少投资者的目光。徽馆一般以每股几十元至几百元招股，在经营得当的情况下，每年分红利所得就有数百元。"聚元楼，由张千懋君经理，苦心经营，生意甚佳，有两年每股一百元分红至三百元之多""生意甚佳，年终结账每股派红利三百元之多"。③ 清光绪十一年（1885），以绩溪上庄的胡善增为首集资每股收银 100 元，胡适的父亲胡铁花也参与经营，并一举取得成功，很快便增开"东大铺楼"和"南大铺楼"两家分店。④除徽州本土人士以外，外籍商人也开始投资徽馆业，如嘉兴人薛永伯在光绪二十年（1894）开设了"聚宾楼"。这正说明了徽馆业作为一种商业投资选择，其在上海的资本市场逐步获得认同。

---

① 邹依仁：《旧上海人口变迁的研究》，上海人民出版社，1980 年，第 8 页。
② 大雄：《裕且新》，上海程欲新茶号：《茶叶分类品目·序言》，上海：立利图书公司排印，1929 年，原本为上庄胡从先生收藏。
③ 邵石友、程本海：《绩溪面馆业的历史》，38 页。
④ 石秉根：《徽菜馆始祖》，见《徽商史话》，合肥：黄山书社，1992 年，第 166 页。

(二)民国时期徽馆的分布变化和改良调整

1. 民国时期徽馆的分布及变化趋势

在民国成立之初的十余年,上海局势相对较为安定。随着人口规模的扩大,城市空间得到快速扩展,功能区的划分也进一步明确。在此期间,徽馆业在上海的发展到达了顶峰。1922年前后,上海的徽菜馆数量一度增长到百家,从业人数也逾2000人。[①] 相比较前期徽馆的发展,这一时期徽馆在数量上大为增加,其分布也呈现出新的变化。笔者对比整理了几份有关徽馆的调查资料,将其大致信息兹列于表3-5:

表3-5 20世纪20年代上海各区徽馆数量统计

地区	数量	徽馆
闸北	8	大庆楼、复兴园、宾华楼、永乐天、新宾园、同义园、大吉楼、凤凰楼
南市	21	丹凤楼、第一春南号、最乐园、沪南春、大醉楼、新民园、太和春、新中华、畅乐园、第一楼、福庆园、大庆园、江南春、三星楼、大华楼、七星楼、吉庆楼、荣华楼、太白园、醉白楼、正和馆
公共租界	34	三阳楼、申江春、凤记、共和春、聚丰园、申江楼、鼎新楼、聚华楼、新华园、间春园、宴宾楼、沪江春、同乐春、惠和园、善和春、民和园、民乐园、重华楼、兆丰园、海国春、民华楼、万家春、四而楼、聚元楼、亦乐园、同华春、同庆楼、天乐园、四海楼、虬江春、海华楼、杏花楼、大中楼、正兴馆
法租界	11	中华楼、八仙楼、胜乐春、南阳春、富贵春、鸿华楼、一家春、华庆园、西华春、新中华、重华楼

资料来源:程本海、邵亦群,《绩溪面馆业的历史》,载《微音》第19期,第31~35页;毕卓君:《本埠徽馆之概况》,载《申报》19435号,1927年4月21日。

除去19世纪开设的几家老字号徽菜馆外,新增徽菜馆的数量为54家,从其分布的状况来看,呈现出由中心地带向外围辐射的趋势。其大致可以分为南北两个方向,一为华界的南市区域,另一为苏州河以北的公共租界和闸北地区。早期旅沪徽馆业分布于华界的地点主要集中于徽州人活动频繁的

---

① 邵石友、程本海:《绩溪面馆业的历史》,载《微音》杂志第十七、第十八合期,1924年,第39~40页。

小东门至十六铺码头一带。民国时期,在南市方面新增的徽菜馆开始向更靠近中心区域的老上海县城内延伸分布,主要包含老西门、城隍庙和小北门三个地段,数量由原先的6家增至20家,占当时徽菜馆总数的28%。

英租界和闸北成为这一时期新增徽菜馆的另一个集中区域,这主要得益于城市的区域开发。在20世纪前曾有经营者尝试在苏州河以北开馆营业,但由于人流量少,市面冷清而闭门歇业。中华民国成立不久,第一次世界大战爆发,中国民族资本主义迎来短暂的发展契机,集中于公共租界东区和北区的上海轻工业发展迅速,工厂的建立吸引了大量工人及其家属的迁入,人口随之猛增。据统计,1925年东、北二区人口总数为432291人,较1890年的46408人净增385883人,①35年间的增幅达89.26%。人口的迁入带动了餐饮等服务业的兴盛,闸北和公共租界区徽馆数量的增幅与人口增长率呈现出正相关的联系。

相比于前期徽菜馆向英、法租界中心商业区靠拢的趋势,民国以后开设的徽菜馆则更倾向于选择华界地区。徽馆最初是以售面食起家,主要消费群体是来自中下层市民,"徽帮筵席,则以中下社会为多"。②尽管后来徽菜馆也在调整,开始向高端筵席餐饮发展,但无论是徽面馆还是徽菜馆,廉价的火鸡面、划水面、虾仁面等面食仍是最大的经营特色。相对高档餐饮,面食类的绝对利润要低得多,难以承受租界中心区域高昂的土地租金。从晚清开埠到民国成立这段时期内,数量增长相对较少的区域便是法租界,最初只有"新中华""中华楼""南阳春"等少数几家资金雄厚的老字号徽菜馆立足于这些地段,而在社会中下层阶级较为集中的闸北和南市,则成为后期徽菜馆分布较多的地区。"徽馆在上海菜业中有深长的历史和很厚的实力。并且普通全沪,南市闸北更多徽馆的踪迹";③"旧上海的酒楼中,恐怕要数徽菜馆数量最多了。尤其是南市、闸北,到处可见徽菜馆的踪影,几乎每条街上都可找到一

---

① 邹依仁:《旧上海人口变迁的研究》,第93页。
② 杨德惠、董文中编:《上海之工商业》,重庆:中外出版社,1941年,第110页.
③ 王定九编:《上海门径》,上海:中央书店,1937年。

两家。"①

2."馄饨鸭潮"——徽馆业的短暂中兴

虽然徽菜馆的数量在不断增加,规模也有所扩大,但是到了20世纪20年代以后,徽菜馆在上海的口碑逐渐变差。这很大程度上是因为其菜品、口味单一,从时人笔下的片语间,便可有所体会,"你走上去,不看菜头,只向堂倌问有什么好吃的,他必定回答你红烧甩水、炒虾仁、炒四件、虾子蹄筋、粉蒸肉、血汤、细汤这几类"。② 徽馆的经营者也逐渐意识到这一点,遂开始改良和创新菜品,其中最具代表性的便是馄饨鸭。

馄饨鸭由大中楼创始,最初只在宴席上使用,每只大砂锅放一只全鸭,配以馄饨40个。后来为满足顾客需求,视食客多寡,分中砂锅(鸭半只或小鸭一只,馄饨24~36个)和小砂锅(鸭半只,馄饨12个)。③ 自大中楼之后,上海徽纷纷效仿,并各取雅名,如"暖水馄饨""凤凰馄饨鸭""和合馄饨鸭""大同馄饨鸭""一品馄饨鸭"等,④上海徽馆中便由此引发了一场"馄饨鸭潮",不少酒馆甚至刊登广告,宴请媒体名流以扩大宣传:

> 四马路锦里口老民乐园菜馆……以重金聘调名厨数位,精烹佳肴,无论全席小吃,味都适口,又特制佳,神仙馄饨鸡、和合馄饨鸭及民乐菜,风味之佳,较之他家,有过之无不及……来宾甚为热闹,泰半宁绍名流。前晚邵君约请沪上新闻记者,前往尝试,由吴企业君署名代邀,是夕到者共有四十余人之多,跻跻跄跄。⑤

---

① 吴承联:《旧上海茶馆酒楼》,上海:华东师范大学出版社,1989年。
② 开末而:《对于吃徽馆的意见》,载《大常识是指南针》,1928年第1期。
③ 邵之惠、洪璟、张脉贤:《徽菜》,合肥:安徽人民出版社,2005年,第66页。
④ 徽馆的馄鸭饨与苏州馆的鸭馄饨则不属同一道菜,据李慈铭《越缦堂日记》记载,鸭馄饨就是苏州人所称的喜蛋,是一种孵育没有成熟的鸭蛋,馄饨是混沌的谐声。并不像徽州馆所制的,把馄饨和鸭同煮在一器的意思(烟桥:《徽州馆与广东馆》,载《时事汇报》,1934年,第14页)。
⑤ 《老民乐园开幕宴客》,载《申报》第19932号,1928年9月11日。

> 新闸路梅白格路口宴宾楼京徽菜馆……复别出心裁,发明神仙馄饨鸡、品馄饨鸭,味极可口。①
>
> 四马路浙江路口老聚元楼菜馆……营业甚为发达,而以新发明一品馄饨鸭,最受各界人士热烈欢迎,每至华灯初上、来宾纷至沓来,座无余地。②
>
> 云南路大里界北首申江春徽菜馆,自发明凤凰馄饨以来,每晚必满座,后至者多抱有向隅之憾。③
>
> 北四川路崇明路口同春园徽菜馆……更添一种徽州点心,厥名为大同馄饨鸭、长春馄饨鸡,味之佳美,得未曾有,加以定价十分公道,故日来该园门庭如市云。④

虽然几乎每家徽菜馆都有馄饨鸭售卖,名目花哨繁多,实则大同小异。"其实所卖的馄饨鸭,不过名目各异,仍是一样的东西。换句话说,也不过是水饺变相。所不同的,多些鸭肉和汤,若问到底那一家最好,也是半斤八两,难分高下"。⑤大量的徽馆对这一新品进行效仿和过度开发,有的还借此机会开发了所谓的"神仙鸡",即馄饨鸡。"其他徽菜馆也挖空心思,发明'神仙鸡',名称虽然好听,但由于纯粹为了牟利,薄薄几片鸡,售价却不便宜。顾客初见名目逗人,尝试一下,连呼上当不迭。牌子做塌,嗣后问津者寥寥。不仅如此,连'馄饨鸭'也牵连遭殃"。⑥这阵由馄饨鸭引发的风潮确实为徽馆挽回了些许人气,一度使得徽馆的热度又升了上去。然而这一"中兴"的状态未能维持长久,很快平息了下去,"虽有一二家创馄饨鸭等号召,吸引食客后,不久又失败了"。⑦抗战开始之后,随着上海沦陷,大批徽馆倒闭,这道菜便从

---

① 《宴宾楼扩充营业》,载《申报》第19933号,1928年9月12日。
② 《老聚元楼徽菜之改革》,载《申报》第19936号,1928年9月15日。
③ 《申江春顾客拥挤》,载《申报》第19514号,1928年10月3日。
④ 《同春园菜馆举行纪念后之盛况》,载《申报》第19968号,1928年10月18日。
⑤ 《上海问答》,载《上海常识》,1928年11月2日。
⑥ 吴承联:《旧上海茶馆酒楼》,上海:华东师范大学出版社,1989年,第103页。
⑦ 王定九编著:《上海顾问》,上海:中央书店,1934年,第223页。

大众视野中消失了。事实上,市民对于馄饨鸭的热衷程度并没有像表面宣传的那么夸张,即使是曾受邀品鉴这道菜的媒体记者,对此也是颇有微词。1928年新眉在《红玫瑰画报》上发表一篇《大嚼徽菜记》,文中这样写道:

> 近来徽馆之势力,渐渐扩张,而利用宣传之事,亦颇了解,每逢新开,必宴报界,余先后得尝徽味,次数至多……凤凰馄饨鸭,为一大砂锅,在席者食且饱矣……平心而论,徽馆之菜,吾人不配胃口,询之苕狂,当表同情,馄饨鸭则尚有一吞之价值,然多食生厌,久食且无味矣。第一春即革除此馄饨,但啖者以不得馄饨,亦有呼负负者。①

上文中的"苕狂",原名赵泽霖,字雨苍,号苕狂,浙江吴兴人。他曾出任大东书局的第一任总编,由他主编的《红玫瑰》杂志是当时上海极具影响力的通俗文学刊物。站在徽菜馆的角度,宴请苕狂这样的媒体名流,本是希望通过其所办刊物进行宣传"抬举",以扩大知名度。然而在品尝该馆新式徽菜——馄饨鸭的过程中,作者新眉与苕狂却不约而同地透露出对这道菜,甚至于对当时徽菜馆的负面情绪。由此而见,徽菜馆尽管在菜品上主动作了调整和改良,但徽菜馆和徽菜被接受程度的下降不是单靠一道馄饨鸭就能够扭转的。"久食且无味矣"的评价,字面上是针对这道菜,而实际上是对其载体——徽菜馆整体印象的反馈,也预示其终将衰落的命运。

(三)时代终结:城市文化空间变迁下徽馆的衰落

1. 衰落的过程及表现

徽馆的衰落肇始于20世纪20年代,1927年毕卓君在所撰写的《本埠徽馆之概况》中指出,"今日驾徽馆而上之闽帮、粤帮、京帮等,尔时不足以抗衡之,至若今日如火如荼之西菜社,尤非当时之敌手"。其衰落的主要表现为所占市场份额的减少和整体地位的下滑,而不能仅从徽馆的数量和从业人数上来判断。20世纪以前,尽管上海徽馆的数量不到20家,却占据了上海大部

---

① 新眉:《大嚼徽菜记》,载《红玫瑰画报》,1928年第10期。

分的市场份额,民国时期,徽馆数量虽一直在增长,一度超过 100 家,但在上海餐饮市场的地位却大不如前了。胡祥翰在 1930 年所著的《上海小志》中如是形容:"(徽馆)因牢守旧习,不知发展,今日几不能列于酒肆之林。"① 外帮菜,尤其是粤菜对其冲击最大。1926 年至 1928 年国民革命军的北伐,使得广东人在上海的数量大增,与此同时不少的粤菜馆开设了。"喜新厌旧,也是人之常情,吃惯了徽州馆的菜,偶然换换广东的菜,在口味上也举得新鲜些"。② 但在数量上,当时粤菜馆还不足以与徽馆抗衡,"内地除了本地风光的菜馆以外,还是徽州馆居多数,广州馆并不多,说不定将来也要转变呢。像首都广州馆已有了地位,不过还没有上海的盛况而已"。③ 谁料想到竟然一语成谶,徽馆在上海的市场份额从此逐渐被粤菜馆等外帮菜馆所挤占了。20 世纪 30 年代以后,徽馆衰落的迹象更为明显,"到了抗战前几年,大家已经忘记这一类菜馆了。川菜时行,徽菜衰歇,这也是一种风尚"④。1937 年淞沪会战开始后,日军对上海进行了轮番轰炸,特别是虹口和闸北一带,大量的徽馆建筑被炸毁或焚毁,这致使大批徽馆经营者和员工逃往他处,能够在上海继续维持营业的徽馆已成孤岛,为数寥寥。

在动荡的时局之下,一部分徽菜馆选择与外帮菜馆合并,以外帮菜馆的名义继续营业,其中较多的是加入了上海本帮菜馆。比如,四马路上的"四时新"和二马路山东路上的"正兴馆"。虽然菜馆已改头换面,但其所列的菜品,如炒圈子、清炒鳝背、炒划水、三丝汤⑤等,明显带有浓郁的徽菜风味特色。"老正兴变成本帮菜的代名词了……拆穿来说,还是徽馆底子,加几味扬州、

---

① 胡祥翰著;吴健熙标点:《上海小志》,上海古籍出版社,1989 年,第 39 页。
② 烟桥:《徽州馆与广东馆》,载《时事汇报》,1934 年,第 14 页。
③ 烟桥:《徽州馆与广东馆》,载《时事汇报》,1934 年,第 14 页。
④ 曹聚仁:《上海春秋》,北京:生活·读书·新知三联书店,2007 年,第 307 页。
⑤ 当徽馆全盛时代,沪人宴客,不用全翅,而以三丝三鲜为主菜。三丝刀锋齐整,汤汁浓鲜,略加鱼翅者称为翅丝,价较昂贵,配置则特别精致(《徽菜在没落途中》,载《申报》第 24756 号,1947 年 1 月 16 日)。

无锡菜",①在徽厨进入本帮菜馆之后,徽菜"重油、重色"的烹饪特点也融入了本帮菜之中。有学者研究指出,上海菜"浓油赤酱"的特色,主要是从徽菜承袭过来。② 还有一些徽馆融入了宁波菜馆,如有家名为"天香楼"的菜馆,"牛庄路的天香楼,原来是徽馆底子,后来添上宁绍菜……天香楼既然是徽馆底子,所以他家的鸭馄饨,仍旧用锡暖锅上菜"。③ 另外还有并入闽菜馆或者时下较为流行的川菜馆。④ 在抗战胜利之后,恢复经营的徽馆数量还不及战前的五分之一,⑤而到 1947 年,《大上海指南》中所载的徽馆已经只剩 8 家。⑥ 同年《申报》上一篇名为《徽菜在没落途中》的文章如是评论,"一般经营徽馆的,大都不思改造,因此营业日趋衰落,其势力已不如从前之盛了。现存徽馆,较著名的有'大富贵','老大中华'及'鼎新楼'三家",⑦其衰落的程度可见一斑。

2. 内外交因:徽馆衰落的原因解析

纵观整个旅沪徽馆的发展历程,其衰落是内因和外因共同作用的结果。所谓内因,即徽馆自身的弊端和局限,主要有以下几个方面。

首先是市场定位的错乱和模糊。徽馆是以贩售面食起家的,其早期的从业人数、资金比较少规模比较小,且多分散于一些市镇之中,而在进入上海市场之后,随着旅沪徽商的聚集和资金投入,增加徽馆逐渐发展成为能够烹调京苏大菜的酒菜馆。按理来说,经营模式的改良和档次的提升本是有助于占

---

① 曹聚仁:《上海春秋》,北京:生活·读书·新知三联书店,2007 年,第 308 页。
② 江礼旸:《"浓油赤酱"从何而来——徽菜是上海本帮菜的源头》,载《食品与生活》,2008 年第 6 期,第 24~25 页。
③ 唐鲁孙:《中国吃》,桂林:广西师范大学出版社,2013 年,第 112 页。
④ 《申报》在 1929 年刊登一则广告:"三马路大新楼之开设,系在去年由沪上名公巨子集资所创立,为海上著名徽菜馆,嗣以无意经营,出盘于和记,改为川闽菜馆。"(载《申报》第 20244 号,1929 年 8 月 1 日。)
⑤ 据 1946 年《上海市统计总报告(三十五年度)》的统计,上海市的市中区、沪西区、马当区、沪北区、虹口区、南市区、浦东区的徽馆一共只有 16 家。
⑥ 这 8 家为:大中国、大有利、大富贵、大新楼、中南楼、海华楼、富贵楼和鼎新楼。(王昌年:《大上海指南》,东南文化服务社,1946 年,第 125~126 页。)
⑦ 《徽菜在没落途中》,载《申报》第 24756 号,1947 年 1 月 16 日。

据更多的市场份额的,然而在"升级"后对于低、中、高不同消费市场的混淆杂糅,直接导致了口碑的下降和客源的流失。

对于中高端餐饮市场而言,菜品档次、用餐环境和服务质量最为关键,然而徽馆在这几个方面做得都不尽如人意,特别是用餐环境,最遭人诟病。一般上海的酒楼,分楼上楼下两层,楼下称"外堂",楼上称"内堂",提供雅座和包厢,价格也自然略贵。然而徽馆不加以区分,"惟有徽馆,只卖楼上,吃到楼上的人,也明知价钱比楼下贵,无非落一个惬意而已,岂知吃徽馆楼上,却万万没有惬意的余地,因为正席和菜小酌都是挤在一个坐场里吃的,这并不成问题,最使得吃正席和菜小酌难堪的,是那些吃三鲜面、火鸡面、爆鱼面的人们,试思这三种面的吃客,会是上流社会的么,要惬意而结果与一班短打赤脚人济济一堂"。① 而且与其他酒馆相比,徽菜馆的座位狭小,卫生状况差,尽管徽菜馆拿手的清炒鳝背、炒划水、炒虾腰、炒鸡片、醋溜黄鱼、煨海参、走油拆炖、红烧鸡、三丝汤等菜肴皆属精品,却始终难登大雅之堂。以徽州本土人士胡适为例,胡适非常嗜吃徽州菜,特别是那道"一品锅",早年他请朋友吃饭一般都会选择徽馆。而据胡适同乡老友石原皋回忆,后来他家请客总是到忠信堂和庆林春,这两家则分别是福建馆和四川馆。最耐人寻味的是胡适在操办自己四十寿宴时,他没选择去饭馆,而是请饭菜馆厨师来家中做的,且做的也不是徽州锅。② 可见胡适对徽菜馆的地位、档次有着客观的判断,尽管平日喜爱,但在一些重要的场合、节点上,徽菜馆并不是首选对象。

而对于低端市场,徽馆的应对也不尽如人意。徽面馆是依靠价廉味美打入上海市场的,味美是其次的,最关键的是价格优势。然而一些徽馆在价格上作文章,一方面是定价凌乱,"徽馆老早就卖大洋,若是真的大洋,倒也罢了,无奈又是以七分为一钱的,于是有时叫三钱二,有时叫两角二分四,点菜的价钱,还有整数,面与过桥的价钱,简直没有一样有整数,都是几角几分一

---

① 开末而:《对于吃徽馆的意见》,载《大常识是指南针》,1928年第1期。
② 石原皋:《闲话胡适》,北京:人民大学出版社,2011年,第178页。

大连串的"。① 掌柜在结账时,对于几分的零头算进不算出,这使得吃客生厌。另一方面是缺斤短两,徽馆的热炒一般有三种规格,过桥、小盆和大盆,而对于大、小盆分量的标准则完全掌握在店家手里,难免有小盆充当大盆卖的嫌疑。"倘然吃客向别人问了价钱来吃,问的恰是小盆价钱,堂倌见他皮子胖胖叫,落得叫一盆大盆的,多赚他些,等到付起账来,恰巧他是算定了钱来吃的,临时付不出,这怎么,他说这家徽馆卖野人头,徽馆说是大盆,各执一词"。② 这些经营细节上的瑕疵正如磨刀之石,年长日久便会慢慢磨蚀徽馆在上海饮食界中的形象和口碑。

其次是徽馆资本的短缺。根据程本海、邵亦群的调查统计(见表3-6),民国时期仍维持经营的徽馆,除几家老店已积有富厚的资金外,其余新开的徽馆资金都不是十分充裕。在所选取的49个样本中,店本在6000元以下的占总数的一半以上,最小的大庆园仅有850元的店本,与20世纪以前徽馆的资金规模相差无几。在酒馆行业中,存在一种名为"放盘"的经营习俗,即在新店开张时,店家通过打折的形式来促销经营,吸引人气。此种模式本身并不存在大的问题,但是需要有充足的资金来支撑这样的"烧钱"行为。而对于原本资金就不甚充裕的徽馆来说,代价是相当高昂的。"徽馆惯例开张期内,必须放盘,所以糜费极巨,甚有因此而耗去资本之半数者"。③ 徽馆的资金问题,不仅体现为绝对资本数量的有限,还有资金结构的不合理。在徽馆业中,存有大量的一店多董和一董多店的杂乱局面。徽馆在设立之初,店本一般不大,在千元左右,而且多为几人合伙出资,"徽馆颇少个人单独投资,几乎完全为合股办法"。④ 在经营一段时间之后,则会视情况增资来扩大规模,一般是以招股的形式,每股从几十元至几百元不等,店伙和经理均可入股。笔者所见几份徽馆立约合同中,股东人数一般少则十余人,多则二三十人,如一份立

---

① 开末而:《对于吃徽馆的意见》(续),载《大常识是指南针》,1928年第2期。
② 开末而:《对于吃徽馆的意见》(续),载《大常识是指南针》,1928年第2期。
③ 邵石友、程本海:《绩溪面馆业的历史》,载《微音》,1924年第17—18期,37页。
④ 毕卓君:《本埠徽馆之概况》,载《申报》19435号,1927年4月21日。

于民国六年(1917)的《同新楼立合约议据》所列出的股东多达31人,①徽馆的经营者往往拥有不止一家菜馆的股份,如名厨张仲芳,其一人便有35家的股本,②而路文彬拥有的股份则更多,"至民国十五年(1926),他在经营徽馆的54年中,先后参股上海小东门大酺楼、五马路的聚宝园、法大马路的老中华楼、福州福的民乐园、曹家渡的大鸿运酒楼、苏州的万源馆等达80家",③投资者和股东选择这样做本是为了分摊和规避风险,不至于多头套牢。然而频繁的资金流动却不利于长期经营,特别是资金不足的小店,一旦股东撤股抽资,很可能就闭关歇业了。资料显示,新开徽馆有相当一部分在三年内倒闭,④而其中大多是在经营亏损后资金无法得到补充而造成的。

表3-6 1924年上海徽馆店本统计

店本数额	馆名	数量
3000元以下	万春楼、一家春、同春园、杏花楼、聚丰园、三星楼、东大酺楼、大庆园、大华园、万家春、宴宾楼、大统园、复兴园、同义园、虹江春	15
3000~6000元	南阳春、聚宝园、中华楼、海华园、民乐园、第一春、宝华楼、永乐天、申江春、同乐春、第一楼、江南春、新民园、大白楼、聚华楼、大和楼、新宾楼、惠和楼、鸿运楼、民和楼、海国香	21
6000~10000元	新中华、八仙楼、重华楼、丹凤楼、胜乐春、大和春、沪江春、善和春、西华春、四而楼	10
10000元以上	第一春、民华楼、吉庆楼	3

资料来源:程本海、邵亦群,《绩溪面馆业的历史》,载《微音》第19期,第31~35页。

再次是陈旧的组织制度和狭隘的乡族观念成为徽馆经营的双刃剑。徽馆内部的组织结构一般比较固定,长期以来没有太大的变化,从规模上看,大

---

① 邵之惠、洪璟、张脉贤:《徽菜》,第150页。
② 邵石友、程本海:《绩溪面馆业的历史》,载《微音》,1924年第17~18期,38页。
③ 邵之惠、洪璟、张脉贤:《徽菜》,第190页。
④ 邵石友、程本海:《绩溪面馆业的历史》,载《微音》,1924年第17~18期,38页。

部分的店的员工在 20 人左右。虽然店员不多,但是等级秩序是非常森严的,刚进店的伙计需从学徒打杂做起,学徒制虽然为徽馆地提供了大量廉价劳动力,维持着徽馆的正常运作,但它作为一种非良性的人才补充渠道,变相地降低了徽馆的服务质量和档次,最终成为徽馆行业自身的掘墓人。一般从徽州来沪做学徒的年纪较小,且受教育程度低,从绩溪当地流行着的歌谣《徽馆学生意》中便可以体会一二,"前世不修,生在徽州。十三四岁,往外一丢。吃碗面饭,好不简单。一双破鞋,踢踢踏踏。一块围裙,像块纥褙"。① 由于学徒涉世较浅,年龄尚小,其自我约束能力较弱,"盖为堂倌者,多属血气未定之少年,对于积蓄一道,从未梦及,故每有早上拿钱,日中用尽者,馆业中俗语云:'五日工钱,一次输塌,信客一到,就要急煞。'"②在生活中,他们不仅要遭受掌柜和业主的经济剥削,还要忍受言语行为上的侮辱,种种负面情绪渗入平日工作中则会转化为消极懈怠的服务态度,就连基本的清洁工作都敷衍怠慢,"太不重清洁,吃客既至,再行抹桌,即此一端可以知其概矣",③也难怪徽馆在上海的口碑逐年下降。

表 3-7　上海徽馆经营者的籍贯分布

籍贯	馆名	经理
绩溪十三都（43）	天乐园	张仲芳
	聚元楼	邵华海
	南阳春	胡顺光
	新中华	程如麟
	八仙楼	张灶安
	聚宝园	高德厚
	中华楼	程如麟
	重华楼	邵增明

---

① 王振忠:《新安江》,南京:江苏教育出版社,2010 年,第 92 页。
② 邵石友、程本海:《绩溪面馆业的历史》,载《微音》,1924 年第 17～18 期,第 40 页。
③ 毕卓君:《本埠徽馆之概况》,载《申报》19435 号,1927 年 4 月 21 日。

续表

籍贯	馆名	经理
绩溪十三都（43）	海华楼	邵增明
	民乐园	邵在雄
	第一春	张仲芳
	聚和楼	邵华瑞
	丹凤楼	邵锦卿
	第一春	胡顺光
	七星楼	张灶安
	胜乐春	冯永富
	民华楼	邵在雄
	亦乐园	张华顺
	大庆园	程灶福
	新华楼	章德福
	申江春	高福海
	胡江春	章炳荣
	一家春	周启榜
	同乐春	邵华瑞
	同春园	邵华瑞
	杏花春	邵凤岐
	第一楼	胡顺光
	三星楼	邵锦卿
	东大酺	黄云宝
	畅乐园	张仲芳
	新民园	邵之云
	醉白园	章子萱
	万家春	邵华瑞
	大和楼	胡德柱

续表

籍贯	馆名	经理
绩溪十三都（43）	同义园	邵长寿
	惠和楼	汪河清
	华庆园	章德福
	鸿运楼	邵运赏
	民和楼	邵叔伟
	吉庆楼	高德厚
	海国香	邵之云
	虬江春	邵开富
	四而楼	章本科
绩溪十四都（11）	鼎新楼	洪丹藻
	老聚乐园	路文彬
	江南春	程华安
	最乐园	胡渭成
	善和春	张震通
绩溪十四都（11）	华兴园	章观根
	宴宾楼	章观根
	大统园	章观根
	西华春	张震通
	聚宾楼	章观根
	复兴园	凌星三
绩溪一都（2）	宝华楼	汪灶春
	永乐天	汪灶春
绩溪八都（2）	同庆园	程兴铭
	大和春	程兴铭
江苏无锡（2）	大白楼	徐福生
	新宾园	徐福生

资料来源：程本海、邵亦群，《绩溪面馆业的历史》，载《微音月刊》第19期，第31～35页。

然而，此种商业格局在后来却形成了狭隘的乡族观念，由助力转为阻力，逐渐固封了行业的发展。徽馆组织内部最大的特点，就是里面除了厨房的庖丁以外，其余账房、跑堂、打杂伙计等，无一不是徽州人。① 这种极具地方乡族色彩和保守主义的格局形式，使整个徽馆行业囿于有限的交际网络之中，多数通过"近亲繁殖"的方式来扩大其行业规模，缺乏外来"基因"的注入和改良，因循守旧，暮气沉沉。"徽馆之厨司，只知牢守徽菜之范围，不知撷人所长，借为参试之资，尤不肯虚心研究，以致了无进境，老于就唊徽馆者，莫不具此感""又以徽馆当局，类皆拘守陈规旧矩，未克尽量改进如装饰、布置、设施等项，较诸他帮馆业，自有愧色而于菜肴种种方面，亦未克随机应变，徽馆之营业，安得不为呆滞"。② 在行业内部，由狭隘的乡族观念诱发分化出的绩溪、歙县两帮，盲目地扩张各自势力，形成彼此对立对抗的局面，更是严重阻碍了其行业的良性发展。时人也注意到这一现象并提出了中肯的建议，"徽馆绩歙两帮，隔阂甚深，徽馆不在乎馆数之增加，而在扶助既已成立而垂于倒闭者，更应集合群力，而成一大规模之徽馆，小规模之徽馆愈多，则财政与人事愈为纷散，而其结果必为他帮馆业所排挤"。③

就外因而言，徽馆的衰落表面上是被外帮菜馆和西菜所排挤和淘汰的过程及结果，而本质上是城市文化空间的多元化趋势与徽馆自身发展滞后的矛盾冲突，具体来看，体现在饮食习惯上的差异和消费观念上的脱节。

饮食习惯是自然和人文因素在其各自地理区域上的表现，徽菜"重油、重盐、重火功"的特点，是对其本土的地理环境和社会文化的一种映射。徽州多山，特别是绩溪，有"宣歙之脊"之称，民间"七山一水一分田，一分道路和庄园"是对这一地形的形象概括。山间的劳作要比江南平原地区的劳作耗费更多的体力，需要补充大量盐分，因此重盐。徽菜中的重油，指的是重猪油，在

---

① 《徽菜在没落途中》，载《申报》第 24756 号，1947 年 1 月 16 日。
② 毕卓君：《本埠徽馆之概况》，载《申报》19435 号，1927 年 4 月 21 日。
③ 毕卓君：《本埠徽馆之概况》，载《申报》19435 号，1927 年 4 月 21 日。

绩溪流传着"多吃一斤油,少吃一斗米"的说法,一方面猪油可以使菜肴增香提鲜,另一方面当地水土中矿物质含量高,可以起到分解油脂的作用。在徽州本地,猪油作为高消耗的生活必需品是较为短缺的,以至于往徽州销售猪油成为专门一种生意,在当时一首《收猪油》竹枝词作如是描述:"两只竹节收猪油,每日派人肉铺兜,猪肉收来作何用?装入桶内销徽州……"①徽人嗜油,因此猪油放得多便成为待客的标准之一。梁实秋回忆他与胡适一起吃徽菜的经历,便印证这一点,"我们落座之后,胡先生问我们是否听懂了方才那一声吼的意义。我们当然不懂,胡先生说,他是在喊,'绩溪老馆,多加油啊',原来绩溪是个穷地方,难得吃油大,多加油是特别优待老乡之意。果然,那一餐的油不在少"。②

但是这种"重油"和"重盐"的烹饪特色,与上海本地的饮食习惯格格不入,特别是"重油",上海本地人一般难以接受。上海既不存在像徽州这样特殊的地理环境因素,也没有嗜油的传统风俗。"上海人不像徽州人那样欢喜吃油,每个菜面上,临时端上桌还浇上一批油水,浮在上面,叫人先要倒胃。然而菜馆并不是不曾出过风头,因为那时候馆子少,不像现在的多,吃客一比较,便认徽馆的菜不值得一吃,所以近年来一家少一家"。③早期的徽馆在上海饮食市场几乎处于垄断的地位,消费人群也多为徽州人,徽菜"重油"的特点保留得较为明显。而民国时期,上海的城市规模迅速扩大,外来人口大量涌入,在城市文化空间得到开拓的同时,粤菜、川菜、江浙菜、京菜及西餐的相继进入市场,对徽菜的地位形成了极大的挑战和威胁,原来徽馆的食客们在档次更高、品种更丰富、口味更多样的外帮菜前,自然更愿意去尝试新的味觉体验。

---

① 王振忠:《新安江》,南京:江苏教育出版社,2010年,第91页。
② 梁实秋:《梁实秋怀人丛录》,北京:中国广播电视出版社,1991年,第191~192页。
③ 吴健熙、田一平编:《上海生活:1937－1941》,上海社会科学院出版社,2006年,第264页。

近代以来，上海作为中国最繁华的城市之一，汇集了从流亡难民到富商名流等社会各阶层人士，对于不同层次的消费水平，酒菜馆业也逐渐分化出各种档次的种类形式，"饮食之事，若不求之于家而求之于市，则上者为酒楼，可宴客，俗称为酒馆是也。次之为饭店，为酒店，为粥店，为点心店，皆有庖，可热食。欲适口欲果腹者，入其肆，辄醉饱以出矣"。① 饮食习惯作为一种重要的社会身份认同形式，随着经济发展和社会进步，饮食消费观念也在不断更新和提升，特别是作为上流社会的社交方式之一，高档的就餐环境和餐饮消费已成为在上海商业社会中彰显财富和身份的主要途径。以粤菜馆为例，在 20 世纪 30 年代以后，几乎成为高端餐饮的代名词，从其酒店装潢到菜色品种，都极为奢华，"在旧上海的酒楼中，粤菜馆的陈设布置最称富丽堂皇，连一些完全欧化的西菜馆业自叹不如。一些著名的粤菜馆中，一桌一椅，都于我国富丽的古式中参以玲珑的西式，一箸一匙，也都精致不群，四周装潢考究，置身其中，不啻皇宫……抗战前夕一色海味，从二、三元起至四、五十元，当时十余元已足可置办一桌酒席，而粤菜馆名贵的'中山筵席'，竟达千元一席"。② 相比之下，徽馆仍然停留在中低端的饮食市场，"三十年代，徽菜馆和菜自半元起至四、五元止。半元钱的和菜，也有两炒一汤，两人就食，已足可果腹"。③ 低端的市场定位流失了相当一部分消费客源，致使本已薄利的价格难有上涨的利润空间。"上海生活程度，日高一日，物价逐涨，不待智者言之，徽馆菜价未能提升几何，即其所提升者，亦不敷补逐涨之物价"。④ 同时这也意味着退出了对于高端饮食市场的争夺，以至于后来竟逐渐淡出了人们的视野。

徽馆业在上海的衰落，是多元城市文化空间变迁下，城市对于行业、商帮和文化一种优胜劣汰的选择，无论是徽馆自身的因素还是外界的影响，都不

---

① （清）徐珂：《清稗类钞》第 13 册，北京：中华书局，1984 年。
② 吴承联：《旧上海茶馆酒楼》，上海：华东师范大学出版社，1989 年，第 81～82 页。
③ 吴承联：《旧上海茶馆酒楼》，上海：华东师范大学出版社，1989 年，第 102 页。
④ 毕卓君：《本埠徽馆之概况》，载《申报》19435 号，1927 年 4 月 21 日。

存在绝对的是非对错。更直接地讲,一个地区性行业能否存续和发展,取决于在时代的浪潮之中,它是否能融入千帆竞渡、万舸争流的城市和市场大环境。从这一角度出发,上海徽馆业"黄金时代"的终结,也正是上海多元市场经济和文化格局初步形成的标识。

从上海开埠到新中国成立的百余年间,旅沪徽馆业的发展历程几乎贯穿了整个上海的近代历史,既是近代上海城市多种空间开拓过程中的一条线索,又是旅沪徽商盛衰变迁的一个缩影。在上海租界和华界的地理空间拓展中,城市社区的划分逐渐明晰,先后形成了洋人生活社区和华人生活社区。华界与租界之间人口和商业的流动,成为早期徽馆业分布变迁的主要影响因素。伴随着上海城市地理空间的变化,其包括大众消费空间和公共休闲娱乐空间在内的城市文化空间也在不断多元化,这种多元化在餐饮业和饮食文化上体现得尤为明显,"沪上酒肆,初仅苏馆、宁馆、徽馆三种,继则京馆、粤馆、南京馆、扬州馆、西餐馆纷起焉"。[①] 在民国后期,上海已经初步形成了多元的庞大餐饮市场,将现代与传统、高雅与低俗、中国与西方多种不同的文化形态融于一地,最终形成了多元性的城市文化格局。徽馆最初以经营面食的徽面馆进入上海,徽菜也一度独霸了上海的餐饮市场,但后来随着京菜、闽菜、鲁菜、粤菜、川菜、苏锡菜、宁波菜等外帮菜的进入,挤占了徽馆的市场份额,其一家独大的格局被打破,徽馆逐渐退出了在租界中心商业区的市场争夺,转而向中下社会阶层聚集的华人生活社区延伸分布。另外,西餐的引入提升了食品卫生标准和食品结构的合理性,[②]进一步拉开了其与徽馆在饮食观念和消费档次上的差距。徽馆狭小、嘈杂的就餐环境和徽菜中"重盐、重油"不健康且不因地适宜的烹饪方式正逐渐被市场淘汰。一些徽馆,通过转型或融入外帮菜馆的方式维持营业,使徽州饮食中部分徽式风味得以保存和流传,不至于完全消失

[①] 胡祥翰著;吴健熙标点:《上海小志》,上海古籍出版社,1989年,第39页。
[②] 邹振环:《西餐引入与近代上海城市文化空间的开拓》,载《史林》,2007年第4期,第137~149页。

于上海饮食业中。

通过徽馆业的盛衰变迁,我们也能够窥见近代以来徽商群体及其所经营行业的变化趋势。上海作为一个典型的移民城市,从四方涌入的外来者携带着各自的乡土饮食习惯和文化汇聚于一地,各籍人群通过品尝家乡风味这种最直接的方式寄寓思乡之情,而后来随着各帮菜馆的陆续开设,地方菜馆成为不同区域人群获得身份认同的主要场所,"各帮菜馆,凡在热闹市区,随处可见。其店号招牌上均有帮派注明"。① 作家沈寂是宁波人,他曾说道:"我家是浙江宁波人,吃惯浙帮菜。请客上馆子只去雨江状元楼。吃咸菜黄鱼汤、海瓜子、三鲜、炒虾仁等。"② 各帮酒菜馆为其所对应的区域人群提供了请客吃饭、聚会闲聊、商讨会议等活动的公共生活空间,因此在某种意义上,各帮菜馆的数量、规模,也是其对应商帮势力的间接反映。"旧上海的酒楼中,势力最大的要数粤菜馆。在旧上海经商的,以宁波人和广东人居多。自上海开埠以来,买办多为广东人"。③ 广东商帮的势力与粤菜馆的数量、规模呈现出正相关的联系,徽馆的衰落也正是徽商衰落的直接体现。

第三节 绩溪茶商和茶业经济

茶业是徽州商人所经营的四大主业之一,也是明清徽商研究的一个重要切入点。王振忠、重田德、江怡桐、张朝胜、唐力行、吴仁安、周晓光、邹怡、李琳琦等学者利用地方志、民间文书、族谱以及档案等史料对徽州

---

① 萧剑青:《上海向导》,上海经纬书局,1937年,第82页。
② 沈寂编、戴敦邦绘:《老上海小百姓》,上海辞书出版社,2005年,第87页。
③ 吴承联:《旧上海茶馆酒楼》,上海:华东师范大学出版社,1989年,第80页。

茶政、茶商贸易和运销路线、茶叶生产加工作了长时段的梳理和研究。①虽然目前关于徽州茶商研究的成果已经有很多,但是这些成果主要集中于歙县、祁门、婺源、休宁等县的茶业经济,而对绩溪这个边邑关于茶叶的研究还是相对缺乏。在关注一个区域社会发展变迁时,任何一个细节都有可能影响整个区域的历史进程,而绩溪茶业经济正是有着这样一种社会影响力。

相对于婺源、歙县、祁门等传统产茶大县,绩溪茶业经济的兴起和发展较晚,且在区域分布上也有着显著的差异。比如,在明清时期中国唯一的茶叶出口贸易城市——广州,来自婺源、歙县、祁门等地的徽州茶商早已开展了与徽州本土之间的茶业贸易,唯独不见绩溪茶商的活动踪迹。这是因为绩溪茶商早期主要在杭州、苏南一带活动,"五口通商"以后,上海在茶叶出口贸易上的经济地位逐渐超过广州,绩溪茶商也在这段时期里迅速壮大了其行业实力,在汉口、上海等口岸城市建立起了以洋庄茶为主的经营格局。在民国时

---

① 王振忠利用日记、抄本等未刊的文书材料,对清代广州和汉口的徽州茶商的贸易路线和社会生活作了细致的描绘和研究(王振忠:《清代徽州与广东的商路及商业——歙县茶商抄本〈万里云程〉研究》,载《历史地理》第17辑,2001年第1期,第297~315页;王振忠《徽商日记所见汉口茶商的社会生活——徽州文书抄本〈日知其所无〉笺证》,载《文化遗产研究集刊》,2001年第2辑);日本学者重田德通过对民国《婺源县志》中有关茶商资料的梳理分析,揭示了近代徽州婺源茶商从木业到茶业的行业转变现象,归纳了"乡族结合是徽州商人形成历史范畴的核心契机",并以此来探求中国区域社会的变化(重田德著,刘淼译:《清代徽州商人之一面》,载《徽州社会经济史研究译文集》,合肥:黄山书社,1987年,第417~456页);歙县芳坑江氏茶商后人江怡桐利用大量江祥泰茶号的账簿以及江有科父子的信函,详尽地介绍了茶号经营活动的环节、茶业运销广东的行商路线和各种茶业的制造技术(江怡桐:《歙县芳坑江氏茶商考略》,载《徽商研究》,2005年,第585~608页);唐力行、吴仁安、周晓光、张朝胜等人围绕徽州茶商的"衰落"问题展开了系列讨论(吴仁安、唐力行:《明清徽州茶商述论》,载《安徽史学》,1985年第3期,第35~43页;张燕华、周晓光:《论道光中叶以后上海在徽茶贸易中的地位》,载《历史档案》,1997年第1期,第95~101页;周晓光:《近代外国资本主义势力的入侵与徽州茶商的兴衰》,载《江海学刊》,1998年第6期,第336~345页;周晓光:《论五口通商后徽州茶商贸易重心转移》,载《安徽史学》,1998年第3期,第44~49页;张朝胜:《民国时期的旅沪徽州茶商:兼谈徽商衰落问题》,载《安徽史学》,1996年第2期,第74~77页);邹怡的《明清以来的徽州茶业与地方社会》对徽州本地茶叶品种的栽培生产、销售及其带来的社会影响进行了详细的研究论述(邹怡:《明清以来的徽州茶业与地方社会》,上海:复旦大学出版社,2012年)。

期,茶业更是成为继徽馆业之后绩溪旅外商业的主要经济支柱,"徽人之商战武器仅有三事,茶商、当铺、菜馆而已。近年典业、酒肆,他处人士亦渐分占其利,以统计论,已难居第一位。唯茶业犹能保持故有地位"。① 有鉴于此,本节将对清末民国时期绩溪茶业的生产和运销展开详细的论述。

一、绩溪的茶树栽培、茶叶和加工产区分布

(一)茶树栽培

绩溪县虽然不太适宜种植麦稻等粮食作物,但其偏酸性的土壤环境和陡峭的地势却成为栽培茶树的天然优势。清代绩溪知县高孝本在《绩溪杂感》中写道:"人言山最瘠,土不盈一掬。种植非所宜,遂令茂草鞠……天地利自然,雨露所长育。阳坡宜栽茶,阴崖宜种竹。"② 茶树的生长对土质有较为特殊的要求,土质疏松、微偏酸性的红壤和黄壤最适合种植茶树。而在绩溪,红壤的分布最为广泛,其次为黄壤,根据当代《绩溪县志》统计,县内红壤面积82.2万余亩,占全县土地面积的56.7%,黄壤面积24.9万余亩,占全县土地面积的17.2%。③ 红壤和黄壤主要分布于垂直高程差较大的山坡、山麓和丘陵地带,加上其土壤质地疏松,土壤的排水性较好,极有利于茶树的生长。此外,湿度和降水也是影响茶叶品质的重要因素,在300～600米范围的海拔区间内,空气湿度和降水量随海拔上升而增大,符合这一条件的绩溪县岭北上金山一带正是其高山云雾茶"金山时雨"的主要产区。

绩溪产茶的历史久远,可溯于唐。④ 宋嘉祐年间徽州开征茶租,"茶租者起于嘉祐中"。⑤ 从熙宁十年(1077)的徽州茶课税额可以看出当时茶产量规模,"州旧买茶以熙宁十年为额,岁买六万一千二百六十四斤。其茶片有华

---

① 上海程欲新茶号:《茶叶分类品目·序言》,上海:立利图书公司排印,1929年10月,第2页。
② (嘉庆)《绩溪县志》卷一一《艺文志·诗》。
③ 绩溪县地方志编委员会编:《绩溪县志》,1998年,第96～98页。
④ 仅据当代《绩溪县志》记载,无其他文字史料可考。
⑤ (宋)罗愿:《新安志》卷二《贡赋·茶课》。

英、先春、来泉,而散茶有茗茶,并以折税国家"。① 宣和年间,制茶工艺改进后,茶叶贸易大盛,"逮宣和改茶法,招诱商贩而不复科,买人以为便,岁额二百万有奇"。② 元朝时绩溪县内设税务三处,"岁课中统钞一百八十二锭六两九钱六分"。③ 明洪武二十四年(1391)绩溪的茶叶课税为"钱钞二十九贯三百三十五文。又,茶引易钞钱二百六十六贯七百六十文"。④ 明宣德元年(1426),点数茶株,茶农瞒报,全县6073株,叶茶、芽茶2项,征142斤8两折色。⑤

民国时期傅宏镇对徽州六邑的茶树栽培过程和技术作了一次现代化的全面调查,其中对于绩溪县茶园每亩栽培支出费用和收入余利也作了较为详细的记录,如表3-8表所示。

表3-8 绩溪县茶园每亩栽培费用收支表

	类别	金额(元)	明细
收入	生叶价值	21.0元	约产一百四十斤,每斤一角五分
	间作价值	4.5元	
收入合计		25.5元	
支出	整地工资	1.5元	每工五角,约需三工
	苗种价值	0.8元	
	中耕工资	2.0元	每工五角,约需四工
	除草工资	1.5元	每工五角,约需三工
	肥料价值	3.5元	草木灰,人粪尿
	采摘工资	11.2元	每亩一百四十斤,每斤八分
	杂费	0.5元	
支出合计		21.0元	
收入总计		4.5元	

资料来源:傅宏镇,《皖浙新安江流域之茶业》,1934年,第11~16页。

---

① (宋)罗愿:《新安志》卷二《贡赋·茶课》。
② (宋)罗愿:《新安志》卷二《贡赋·茶课》。
③ (嘉庆)《绩溪县志》卷三《食货志·赋役》。
④ (嘉庆)《绩溪县志》卷三《食货志·赋役》。
⑤ 绩溪县地方志编委员会编:《绩溪县志》,1998年,第226页。

(二)茶叶产量及产区分布

茶叶是绩溪县传统大宗输出商品之一,根据民国时期的调查统计,"清洪杨之役以前,茶之出产总额每岁三千石"。① 太平天国运动对绩溪的茶叶产量造成极大的破坏,以至于到民国初年还未恢复到之前的水平。"乱平以后,元气未复,地广人稀,茶业遂一蹶而不复振,以目前统计,每岁不过千石"。② 民国二十二年(1933),安徽省立茶业改良场对徽州各分县的茶产量作了一次全面的调查,当年绩溪茶园面积为15174亩,精茶出产量为5500担。虽然纵向来看这个数量要高过历史时期,但与徽州其他各县相比仍是产量最低的县份,③"(绩茶)在华北占有相当地位,惜产量不多,仅销国内"。④

宋元时期绩溪县内茶叶产地和集散地主要分布在东部、东北和西部三处,元代时在上述地区分别设有县城务、大谷务和坑口务三处税务,"县城务在县东隅,一百十二锭六两九钱六分;大谷务在五都冯村,三十一锭一十两四钱八分;坑口务在十二都坑口,四十一锭一两一钱二分"。⑤ 到清代中期,茶产地扩大到七都青罗山、八都黄柏山和西部濠寨、长安、岩下一带,但产量最高的是岭北的八都和岭南的十三都(表3-9),特别是在八都上庄村,"近村一二十里无不辟垦,种黍植茶,殆鲜旷土"。⑥ 这两片茶产地不但产量高,而且所出茶之品质也皆为上乘,著名的鄣山茶和金山时雨茶便出自此处。"产茶之处甚多,最佳者登源之鄣茶、岭北上金山之云雾茶"。⑦ 民国时期《皖浙新安江流域之茶业》的调查显示,20世纪30年代中期绩溪县产茶村落有东南乡的石门、逍遥、大鄣山、霞水、梅硐、临溪、高塘、楼基、庄宅、蓬川、宋家、

---

① 胡步洲编:《绩溪乡土地理》第4章第3节《商业·茶》。
② 胡步洲编:《绩溪乡土地理》第4章第3节《商业·茶》。
③ 1933年徽州茶产量最高为婺源(34000担),其余各县依次为休宁(29300担)、祁门(22205担)、歙县(18000担)、黟县(6800担)、绩溪(5500担)(傅宏镇:《皖浙新安江流域之茶业》,1934年,第8页)。
④ 傅宏镇:《皖浙新安江流域之茶业》,1934年,第3页。
⑤ (嘉庆)《绩溪县志》卷三《食货志·赋役》。
⑥ (清)胡祥木等修:《上川明经胡氏宗谱》下卷之下《拾遗》。
⑦ (嘉庆)《绩溪县志》卷三《食货志·货物之属》。

祝川、湘村、上庄、仁里、上金山,西北乡的岩下、长安、濠寨、旺川、岭霞、旧家湾、泉水塘、尚田、蒙坑、余村、纹川、宅坦、扬溪、茶坞、黄柏山、青萝山等 32 个村落。① 从区域分布上看,大多数的茶产地位于新安江流域区内,其所出茶叶分别通过登水、扬之水和芦水运往临溪镇集中,再由临溪运销屯溪。而岭北长江流域所出产的茶叶主要由天津和山东茶商采办,先由陆路运至扬溪镇,再"用竹篓装载,运于歙县琳村熏窨珠兰香花,再由杭州运至华北诸省"。②

表 3-9　民国初年绩溪县各乡茶产量统计

产地	产数	价额
十三都大鄣山	三百石	九千元
八都上金山	一百石	三千元
黄药山	二百石	六千元
余村	一百石	二千四百元
瑞川	八十石	一千六百元
一都王家村	七十石	一千六百八十元
王家园	三十石	六百六十元
六都高山	三十石	七百二十元
新岭脚	四十石	八百元

资料来源:胡步洲编:《绩溪乡土地理》第 4 章第 3 节《商业·茶》

(三)茶叶加工

绩溪出产的茶叶品种主要为绿茶,按销售对象的不同可分为外销的洋庄茶和内销的本庄茶两种,按制作工序的不同又分为毛茶和精茶。在绩溪县内,主要以采摘加工本庄毛茶大方和烘青为主,"(绩溪)各地大多均制烘青,以供内销……销售(华北诸省)几占全县产茶总额四分之三"。③ 其余四分之一的洋庄毛茶或由茶行收购,在屯溪等地进一步制成精茶,再运销市场。"惟

---

① 傅宏镇:《皖浙新安江流域之茶业》,1934 年,第 8 页。
② 傅宏镇:《皖浙新安江流域之茶业》,1934 年,第 31 页。
③ 傅宏镇:《皖浙新安江流域之茶业》,1934 年,第 31 页。

登水、庐水南北两岸各地,制洋庄者,约千余担,均集于扬溪、临溪两地,循扬之水向歙县屯溪销售"。①

茶叶的采摘是最初始的步骤,时间一般分为谷雨至清明之间的春茶采摘期和夏至前后的夏茶采摘期。茶叶的采摘需要在较短时间内完成,是一项纯手工的劳动,茶农家庭往往全员参与劳作,绩溪当地传唱着一首童谣:"妹乖乖宝,姆去摘茶草。妹乖乖宝,姆去赚茶银。摘茶草来赚茶银,供大供细顾成人。"②这首童谣生动描绘了采茶时节乡村劳动生活的场景。一些缺乏劳力的茶农则会雇佣短工来进行作业,"歙、绩两县,摘工多淳安、遂安及本省旌德、太平县人……每工摘茶,自十五斤至二十斤左右,日作干茶三斤,可为一工之标准,伙食由雇主供给之"。③ 刚从茶树上采摘下的叶子叫"茶青",需要"散置在清洁的地上或竹筐中,约经一昼后(不可令其发酵)"。④

采摘完成后便进入茶叶的烘制阶段,其过程分为杀青、初揉、解块、初干、再揉、解块和覆火上箱七个步骤。"(将茶青)移置于竹制的茶床上,用手揉软,然后放入茶锅中烘炒(这二套手续,须具技巧,否则,茶叶揉碎或揉烂,则损坏其原质;烘炒时火力不可太猛,猛则叶焦,焦则味苦),最后将炒过的叶子放在特制的器具上烘干"。⑤ 大方和烘青两个品种的茶叶在烘制阶段已经区分开来。

　　大方茶生叶之初制
　　采来之生叶,(约)十两左右,用平锅炒之,其灶附以烟突,俟锅生热时,以香油将锅内揩遍,盖防茶叶之摩擦,火候要高,以手搅拌之,使叶渐呈萎软,现出皱纹时,则以双手在锅壁搓揉之,以揉出水分为适度,揉毕又以手解开团块,乃取出之,稍迟复投入锅内干燥

---

① 傅宏镇:《皖浙新安江流域之茶业》,1934 年,第 31 页。
② 胡武林:《徽州茶经》,北京:当代中国出版社,2003 年,第 149 页。
③ 傅宏镇:《皖浙新安江流域之茶业》,1934 年,第 11 页。
④ 台北市绩溪同乡会编:《绩溪县志》,1963 年,第 704 页。
⑤ 台北市绩溪同乡会编:《绩溪县志》,1963 年,第 704 页。

之,其时火候即须减低,速将茶叶于锅壁擦之,做成扁平状即成。

烘青茶生叶之初制

山户产来生叶,入锅炒之约五分钟,取出置于揉茶上,以两手缓缓揉之,不可过用大力,略收缩其形状,揉好摊于竹笾上,待其冷却,置焙笼焙干之。①

茶叶的炒制对专业技能有较高的要求,在这个环节也需要大量的技术劳力,"如自家人工不够,临时则雇短工,或炒或揉或焙,各按所长,分别任之,大约每工六角,亦有论季者,每季工资九元,为期两周。但亦视需供情形,及生活程度而异"。② 本庄毛茶的制作技术在民国时期已经相当成熟,并且在制作技术中使用机器,在各个过程中对时间和温度亦有精确的控制(表3-10)。

表3-10 本庄毛茶的机械化制作过程

过程	使用机械	时间	温度(℃)
杀青	釜炒机或滚筒杀青机	10~20分	180
初揉	望月氏揉捻机或和荣氏揉捻机	10~15分	100
解块	解块机		
初干	干燥机或自动干燥机	20~30分	100
再揉	同初揉		
再解块	同解块		
覆火上箱	滚筒再干机	1~1.5小时	80

资料来源:台北市绩溪同乡会编,《绩溪县志》,1963年,第705页。

绩溪的本庄茶主要在华北地区销售,由于北方茶客多喜花茶,来自天津和山东的茶帮在绩溪完成毛茶收购之后,还要将毛茶运往歙县琳村一带进行花茶精制加工。"琳村的本庄茶号将收来的毛茶重新烘焙,使其十分干燥,然后将毛茶与从花农处收来的珠兰或茉莉等装入茶篓内,用力压实,上加封盖,

---

① 傅宏镇:《皖浙新安江流域之茶业》,1934年,第17~18页。
② 傅宏镇:《皖浙新安江流域之茶业》,1934年,第11页。

从此花之香味,渐渐侵入茶内"。①

二、绩溪茶业经济的空间格局

绩溪虽以出产优质绿茶著称,但因其地处边隅,产茶量不高,在徽州这个产茶大府中仍处于被支配的地位。② 清代前期的茶贩多为受雇于屯溪镇上茶庄的伙计或"水客",③直到康熙年间才由上庄胡氏族人在川沙县创办胡万盛茶铺。④ 相对于明清时期歙县"惟茶北达燕京,南极广粤"这样庞大的茶业网络,早期绩溪茶业经济的格局较为受限,基本上集中于徽州本土、浙江和江苏一带。

然而,晚清以来整个时局的变化对徽州茶业经济产生了巨大的影响,徽州六县的茶业经济格局也在发生变化。道光二十二年(1842),中英《南京条约》的签订使上海首次被开放为通商口岸,第二次鸦片战争结束后,长江沿线汉口、九江、南京、镇江也陆续开放对外贸易。随着长江中下游地区和华北地区各口岸城市的开放,广州作为传统时期茶叶出口唯一口岸的垄断地位被打破。咸同年间,太平天国运动使得徽茶入粤的道路受阻,徽州茶商纷纷涌入上海开展贸易,上海遂取代广州成为中国第一大茶叶出口口岸。以往以内销本庄茶为主的绩溪茶商,及时作出调整,开始在上海、汉口等口岸城市发展洋庄茶贸易,并取得了较大的成功,同时也在逐渐扭转绩溪在徽州茶业经济中的被支配地位。

民国以来,上海成为中国最繁荣的商业中心,以汪裕泰、程裕新等为代表的绩溪茶庄,在近代上海和海外茶业贸易中占有相当重要的地位,"上海店庄营业大半属于徽州绩溪帮。五年以前,全市共有不过百七十余家,现已增至

---

① 吴相湘、刘绍唐主编:《中国经济志·安徽省歙县》(下册),1971年,第469页。
② 傅宏镇:《皖浙新安江流域之茶业》,1934年,第3页。
③ 水客亦称"水脚",是当时茶号采购、推销茶叶、进行市场调查和收集茶叶行情的专业人员,因其交通工具多以乘船为主,故称作"水客"。水客对茶叶的鉴别、市场行情的估计要有相当的能力,在茶号的地位较高,薪水一般和司账先生相等。
④ 上庄村志编委会编:《上庄村志》,2009年,第97页。

两百以上"，①并构建起以上海为中心的茶业经济空间格局，同时也进一步拓展了绩溪茶业的商业网络和社会影响。

(一)绩溪茶商贸易的主要地区

从清中期到新中国成立前这段时间内，绩溪商人主要在上海、杭州、芜湖、武汉、溧阳、淳安、泰兴等地开展茶业及其相关贸易，笔者从几份文史资料中搜集了绩溪籍茶商信息，汇于表3-11。

表3-11 绩溪茶商和茶庄的空间分布及其相关信息

经商地区	茶号	人物	简述
泰兴	裕泰和	胡沇源	与同乡洪、王二人合股开设，后改为独资经营
	胡源泰	胡沇源、胡树铭	
	胡源泰	胡树铭	位于十字街口，为胡源泰分号
	胡震泰	胡炳华、胡炳衡	民国六年(1917)开设于东大街
泰县	胡裕泰	胡增麟、胡增鑫	民国二十二年(1933)开设
泰州	胡源泰	胡增钰	民国三十六年(1947)开设
杭州	福茂茶庄	章特英	民国二十年(1931)开设于新宫桥边
	福茂茶叶店		设于同春坊
	汪德和	汪德和	设于南星桥
	汪裕泰	汪惕予	设于汪庄竹斋街
	采芝斋茶食店	汪大元	设于延安路
	华园茶食店	章熙源	设于平海路路口
	章谓记茶食店		设于东街路
	五味和茶食店	汪德浦	设于庆春街
	和永		

---

① 上海商业储蓄银行调查部：《上海茶及茶业》，1931年，第50页。

续表

经商地区	茶号	人物	简述
杭州	福隆		
	福顺		
	毓香斋		
	玉林斋		
	汪敬和		
	大陆		
	汪敬和		
	洪余		
淳安	同和泰		
芜湖	义泰	周卓人	
	正泰	高味波	
	统太	吴兴周	
溧阳	姚复大	姚南生	
	升成	汪子香	
	胡庆泰		
	胡庆豫		
上海	胡万盛		始创者为八都上庄人,茶号设于川沙
	万和	胡宗海	嘉庆年间设于川沙
	茂春	胡奎熙	道光二十三年(1843),设于川沙
	茂春西号		咸丰六年(1856),设于大东门内鱼行桥头,后迁王家咀角
	嘉茂		咸丰八年(1858),设于川沙北街
	瑞兴泰	胡奎熙、胡绍之	设于上海南市
	瑞生和	胡月楼、胡节甫、胡竹轩	光绪十八年(1892)开设于上海抛球场,1918年改名瑞生和裕记

续表

经商地区	茶号	人物	简述
上海	程裕和	程有相	乾隆二十年(1763)开设南市外于咸瓜街
	程裕新茶号第一发行所	程汝均	道光十八年(1838)开设于大东门外
	程裕新茶号第二发行所	程光祖	民国九年(1920)开设于中华路沙场街
	程裕新茶号第三发行所	程雨生	设于浙江路路口、六马路路口
	裕兴隆茶栈		民国十二年(1923)始设于南市大东门,后迁北市
	程裕新茶号第四发行所	程芷生	设于静安寺路731号大华电影院对面
	万茂泰记茶号	曹泰生	向本埠毛茶行购进,有时直接向杭州采办
上海	乾源泰茶号	胡步洲	向浙江个业茶区采办,间亦向本埠各毛茶行购进
	汪裕泰茶号	汪立政	咸丰六年(1856)始创于沪南老北门
	汪裕泰北号	汪立政	咸丰年间设于广东路福建路口
	汪裕泰三号	汪惕予	光绪十年(1884)设于福州路山东路口
	汪裕泰四号	汪惕予	民国八年(1919)设于静安寺新世界楼下
	汪裕泰五号	汪振时	民国十六年(1927)设于金陵西路,内设总站
	汪裕泰六号	汪振寰	设于浙江路偷鸡桥堍
	汪裕泰七号	汪振寰	设于建国路,规模最大
	正祥源	汪振寰	设于人民路
	诚源恒	胡元泰	设于南汇周浦镇
	天都茶叶店	胡锦祥	设于民国十九年(1930)
	余振泰	胡勤辉	民国二十九年(1940)设于老西门
	茂生和	汪五庭	民国初设于法租界八仙桥
	曹震裕		

续表

经商地区	茶号	人物	简述
上海	曹震泰	曹天顺	道光年间设于南汇
	乾元泰	胡观培	光绪年间设于长治路
	胡源泰申记	胡增麟、胡增鑫、胡增钰	
	吉祥泰	汪开朗	设于北京中路成都路路口
	汪宝泰	汪细妙	福兴路 272 号
	大中华	汪生宝	设于长阳路
	大中国		设于长阳路大连路路口
	大顺		设于通北路
	源昌新		
	恒丰		
	乾隆泰		
	万金昌		
	新上海		
	同裕昌		
	大上海		
	新新		
	福华		
	程正大		
	裕新隆		
	大隆		
	华北		
	胡同裕		
	曹永茂		
	永兴祥		

续表

经商地区	茶号	人物	简述
上海	天都		
	本山		
	黄山		
	黄山大华		
	曹大祥		
	合昌		
	三英		
	复成		
	北丰		
	正在祥		
	永记		
	华东		
	同德昌		
	新生		
	怡记		
	源昌新		
	天天		
	新康		
武汉	瑞馨泰	曹继发	设于武昌狮山
	瑞馨泰老号		设于汉口后花楼关帝庙
	瑞馨泰西号		设于汉口前花楼龙家巷巷口
	瑞馨泰北号		设于汉口胜利街
	谦顺和		设于武昌长街
	胡元泰	胡桂森	
	胡茂生		
	四达瑞		

小计	三泰地区	6家		杭州	17家
	溧阳	4家		淳安	1家
	芜湖	3家		上海	70家
	武汉	8家			
合计	109				

资料来源:绩溪县地方志编纂委员会编,《绩溪县志》,1998年,第438~439页;台北市绩溪同乡会编,《绩溪县志》,第706页;《上海商业储蓄银行之茶叶调查报告》(1934－1940),上海市档案馆藏,Q275－1－1996;1946年上海联合征信所,《汪裕泰概况调查》,上海市档案馆藏,Q78－2－1452;《上海之茶叶》,载《社会月刊》,1930年第1期,第25~35页;汪本荃编,《人文余川》,2009年,第212~213页;邵之惠编,《绩溪徽商》,2002年,第15~16页;邵之惠编,《绩溪徽商(续二)》,2008年,第25页;旺川老年人协会,《旺川古今》绩溪徽学丛书(六),1999年,第116~117页。

上述表格列出的109家茶号是见于文字史料记载的,而实际上绩溪商人所开设的茶叶店铺数量要高于此,仅在1948年,绩溪人在上海新开设的茶叶店便达41家。[①] 邵之惠认为,自清道光至新中国成立初绩溪人经营的茶庄至少有126片。[②] 而在外埠经商,资本较少的茶贩数量则更难以估计,诸如"道光中,自吴贸茶返"[③]的胡景棠,"少挟父奔走姑苏……积十年,运茶北上"[④]的章志乾,"作贾在吴中,设市周庄镇,居然端木风,春季市茶叶,冬季海货通"[⑤]的王泰邦等人,虽不能称得上有深远的时代影响,却也丰富了整个茶业经济网络的"神经末梢"。

从地区分布上看,上海毫无疑问是绩溪茶商经商贸易的最主要地区,绩溪茶商共在上海设立茶号70家,占总数的64.2%。从清康熙年间上庄胡氏在上海开设胡万盛茶号至新中国成立之后汪裕泰、程裕新等大型茶庄的持续

---

① 绩溪县地方志编委员会编:《绩溪县志》,1998年,第439页。
② 邵之惠编:《绩溪徽商》,2002年,第16页。
③ (清)胡祥木等:《上川明经胡氏宗谱》下卷之下《拾遗》。
④ (清)章维烈等:《西关章氏族谱》卷二四《家传》。
⑤ (民国)王德藩:《盘川王氏家谱》卷四《文苑·颂泰邦公》,1921年。

经营,绩溪茶商在上海一地的茶业贸易贯穿了整个近代历史。"1840 年本市茶叶业集中在四大家手里,所说四大家即汪、吴、程、曹四姓。汪姓设南裕泰,即汪裕泰的前身;程姓设程裕和即程裕新的前身;吴姓是吴肇泰;曹姓是曹永茂。汪裕泰和曹永茂到新中国成立后 1953 年批发商改造时才歇业,程裕新、吴肇泰直到现在公私合营后,仍保留着牌号"。① 在长时段的经商过程中,绩溪茶商势力在上海茶业市场占据了举足轻重的地位,"上海出口茶业几为徽州婺源帮所独占,而店庄营业则大半在徽州绩溪帮之手"。②

杭州是传统徽茶贸易重要的中转枢纽,同时也是茶叶的主要产区之一,徽州茶商在该地开展茶叶贸易的历史较长,势力颇大。"历年来百分之九十以上茶叶行业均系徽州人开设,在杭州茶叶业经营几乎为徽州人所垄断。有少数茶叶店虽不是徽州人开设,但在商店里从事工作的代理人或职工基本上都有徽州人"。③ 由于绩溪本地茶叶产量较为有限,在上海的绩溪茶商常常去往浙西、杭州一带收购毛茶,如绩溪曹泰生的万茂泰记茶号"有时直接向杭州采办",④瑞生和茶腿店"茶叶由该庄派人赴如皋、兰溪及屯溪、杭州收购",⑤汪裕泰也于民国十六年(1927)在杭州汪庄设汪裕泰茶栈及门市部,进行茶叶销售。值得一提的是,绩溪人在杭州还设有另一种茶叶门市贸易形式——茶食铺(亦称徽茶馆)。茶食铺介于茶店和茶楼之间,在提供茶饮服务的同时也兼售茶叶。绩溪人利用其在餐饮行业的竞争优势,将徽式面点与茶饮巧妙融合,颇受大众欢迎。《申报》上有一篇散记描述了当时这类徽茶馆的内部场景,"馆为空金族人所设,专制吾徽家乡地道食品,其徽州裹一种已为食家赞美,兹不再述,是日两乌(鹌鹑)各啖一枚,予且携两枚归贻内子锄

---

① 上海市茶叶同业公会:《茶叶史料》,上海市档案馆藏,S357-3-1。
② 《上海之茶叶》,载《社会月刊》,1930 年第 1 期,第 25~35 页。
③ 歙县文史资料委员会:《歙县文史资料》第 5 辑,1997 年,第 50~54 页。
④ 《上海商业储蓄银行之茶叶调查报告》(1934-1040),上海档案馆馆藏档案,Q275-1-1996。
⑤ 《瑞生和茶腿店 1947 年 7 月 11 日调查》,上海档案馆馆藏档案,Q78-2-15367。

云"。①

　　武汉的茶叶贸易是在同治年间开始兴盛的,②与上海、广州两地销往英美等国的洋庄茶不同的是,武汉的洋庄茶以出口俄罗斯为主。③ 绩溪所生产的洋庄茶,有相当一部分是通过汉口出口的,"吾绩所产的茶叶,大多运销于汉口、上海各大都市",④绩溪岭北一带茶商较早在汉口开展茶叶贸易。⑤ 民国时期,胡桂森、沈瑞堂、曹继发在武汉先后开设了 8 爿茶号,其中曹继发一人独拥 5 家茶号,资本雄厚。瑞馨泰茶号老板、绩溪七都旺川人曹继发也曾任汉口徽州徽馆董事和绩溪同乡公会会长等职。

　　除上述三地之外,芜湖、溧阳和泰兴等地距离绩溪较近,同时也是传统时期商品经济发展程度较高的地区,绩溪商人在这些地区都占有一定的市场地位,因此这些地区也成为茶业运销的理想场所。

(二)绩溪茶叶运输及路线、方式的变迁

　　茶叶的运输在茶叶贸易中是极为重要的环节,传统时期徽州茶业经济出现的繁盛局面,在很大程度上得益于境内发达的河流航运。"徽茶运输,多恃各该地境内之天然河道,以为运输之利器"。⑥ 相对于歙县、休宁县等徽州核心地带的县份,绩溪县的航运条件较为不利,这也成为绩溪茶业经济长期处于被支配地位的原因之一。民国以来,随着公路、铁路等新兴交通方式的出现,茶叶运输的格局呈现出多样化的趋势,围绕运费和时间两方面的对比考虑,绩溪茶商在茶叶运输路线和方式上不断调整,从而对其县茶业经济的变

---

① 舍予:《大新五福宴》,载《申报》第 20031 号,1928 年 12 月 20 日。
② 陈慈玉《近代中国茶叶的发展与世界市场》一书指出,19 世纪 60-70 年代,英国和俄国在汉口竞买茶叶,这种竞争使得汉口形成了一个活跃的茶叶港。
③ 据海关统计,1875 年以前,汉口共签发护运茶叶的外运出口税单共 193 张,总值为 799235 海关两,其中俄商占 179 张,护运茶叶及砖茶的价值为 727592 海关两,占总值的 91%。(《贸易报告》,1877 年,第 40 页。)
④ 台北市绩溪同乡会编:《绩溪县志》,1963 年,第 706 页。
⑤ 胡适曾回忆说,"汉口虽由吾族开辟,后而来亦不限于北乡"(胡适:《胡适家书》,北京:金城出版社,2013 年,第 235 页。)
⑥ 傅宏镇:《皖浙新安江流域之茶业》,1934 年,第 31 页。

迁产生了一定影响。

晚清到民国时期，绩溪所产的茶叶大多数集中于扬溪和临溪两地，再通过扬之水运往深渡、渔梁和屯溪一带。其中到歙县的运费为每担茶二角，到屯溪为五角。① 从歙县富堨到临溪河段能够通行三十担左右的篷船，临溪以上多以竹筏运输，②丰水期时可通至虹溪、扬溪以下。③ 在一些不通航运的茶叶出产地，如岭北上金山、瑞川、余村等地，所产茶叶往往需要由人力或畜力运至屯溪。咸同兵燹时期，绩溪上庄的胡铁花曾雇佣三十名挑夫，将所贷来的三千余斤茶叶挑往屯溪贩售。④

歙县深渡和渔梁是茶叶的中转港口，汇聚于此的茶叶均由水道运往杭州。"由歙深渡下船经淳安县、严州府、桐庐县、富阳县等处至杭州江干，凡六百二十五里"。⑤ 据《钝夫年谱》记载，胡氏家族运销上海的茶叶便要经此路线，"八月，随先父运茶至歙之竦口，登筏至郡城南之渔梁，换小船，泛练江，出浦口，入新安江，上大船，顺流而东，过严州，至杭州登岸，运茶过坝，步入城，出武林门，过黑桥。换船过关，过石门、嘉兴而出黄浦。九月，至上海"。⑥ 民国时期的调查显示，屯溪至杭州"运费视水之大小及货物价值而定，普通由屯溪至杭州，每千斤（约）四五元，上水约加五成"，⑦歙县渔梁至杭州各种规格茶叶运费见于表3-12。

---

① 傅宏镇：《皖浙新安江流域之茶业》，1934年，第33页。
② 《京粤线安徽段经济调查总报告书》调查显示：绩溪县内通行小船及竹筏二种，小船通行于扬子水)扬之河临溪镇以南二十里，吃水二尺，载重二十担。竹筏于春秋季通行于登水，共约六十排，吃水四寸，每筏载重约八百斤。（安徽省政府建设厅：《京粤线安徽段经济调查总报告书》，载张研，孙燕京主编：《民国史料丛刊》第364册，郑州：大象出版社，2009年，第311页。）
③ 吴相湘、刘绍唐主编：《中国经济志·安徽省歙县》（下册），1971年，第430页。
④ 胡传：《钝夫年谱》，见《胡适文集》(1)，第459页。
⑤ 胡步洲编：《绩溪乡土地理》第3章第4节《绩溪与邻省之交通》。
⑥ 胡传：《钝夫年谱》，见《胡适文集》(1)，第445页。
⑦ 吴相湘、刘绍唐主编：《中国经济志·安徽省休宁县》（下册），1971年，第471页。

表 3-12　渔梁至杭州运费表

规格	船力（元）	过力（元）	驳力（元）	合计
大篓茶(100斤)	1	0.028	0.08	1.036
棕中篓茶(70斤)	0.75	0.02	0.06	0.83
小篓茶(50斤)	0.55	0.016	0.05	0.616
箱茶(40斤)	0.5	0.016	0.05	0.566
松板(1方)	0.85（大水）—1.2（小水）	0.15	0.1	1.1—1.45

资料来源：吴相湘、刘绍唐主编，《中国经济志·安徽省歙县》（下册），台北：传记文学出版社，1971年，第450页。

在战争时，徽杭间水路受阻，绩溪所产茶叶可同婺源茶一起取道江西，由九江进入长江，再运抵上海或汉口，此线称之为"西线"。太平天国期间，胡铁花曾借此道往来徽州与上海两地，"乡人结伴将由江西绕至九江，趁轮船赴上海，过屯溪……六月玮弟在屯溪遇故人高智卿运绿茶赴九江，附之亦赴上海"，[①]"由上海趁(乘?)洋人大轮船至江西之九江登岸，换舟至湖口，绕彭泽、浮梁入婺源，至休之上溪口……遇先伯父由江西归。亦至溪口"。[②] 根据《钝夫年谱》的记载，另外还存在两条由浙入沪的东线，其一为"由徽出昌化，于潜、余杭绕湖、嘉可达上海"；[③]其二为"过富阳……由绍兴至宁波，趁轮船抵上海……居二十八日，禀辞先考，仍由宁、绍取道而归"。[④] 东西二线相对于新安江一线路程较曲折，但在江西和浙江境内依赖水路航运也能够完成绩溪茶叶的运输。

水运虽然是传统时期大宗货物长途运输的不二选择，但是受到水文、气候等外部条件的影响很大，表 3-12 显示的船力一项也视径流不同而收费各异。新安江上游地区多险滩湍流，只能通行一种狭长的木舟，"船身及舱板均

---

① 胡传：《钝夫年谱》，见《胡适文集》(1)，第454页。
② 胡传：《钝夫年谱》，见《胡适文集》(1)，第452页。
③ 胡传：《钝夫年谱》，见《胡适文集》(1)，第450页。
④ 胡传：《钝夫年谱》，见《胡适文集》(1)，第461页。

属松木,两端尖锐,船身狭而长,盖徽河多滩,制其宜也"。① 在过险滩时需要纤夫"打滩"协助,"有米滩最为高峻,船至此,加添数十人牵缆而过,谓之打滩,两岸有专以打滩为常业之人……故操舟之术至精,为徽河交通之要物,不然使他处之舟子行此艰险之长途,不半路必碎舟而沉矣"。②

图 3-1 新安江上的货运帆船

图片来源:《图画时报》,1934 年,摄影:黄墩之后。

民国以后,随着徽杭、芜屯、屯淳等诸条公路的建成通车,徽杭之间以水运为主的茶叶运输方式在逐渐发生改变,"今徽杭路由歙县直达杭州,屯溪路不久亦可通行,而货物运输亦将由水运改而陆运矣……今渔梁多由陆路由汽车运输"。③ 与水运相比,公路运输不但单位距离耗时要少得多,而且总里程数也明显缩短,徽杭公路从歙县到杭州的里程为 214.73 千米,比新安江的水运里程缩短了 100 多千米,因此运输总耗时大大减少,最快的歙杭公共直达

---

① 《徽州杂述(一)》,载《申报》第 16907 号,1920 年 3 月 18 日。
② 《徽州杂述(一)》,载《申报》第 16907 号,1920 年 3 月 18 日。
③ 吴相湘、刘绍唐主编:《中国经济志·安徽省歙县》(下册),1971 年,第 431、475 页。

车单程仅需 6 小时。① 但汽车运输的弊端在于单位运价相对高昂,笔者根据民国时期歙县鸿飞运货汽车公司的报价,②整理出当时从徽州到杭州各路段的运费,兹列于表 3-13。

表 3-13 屯溪、歙县至杭州各段茶叶运费

方向	路段	运费(元/百千克)
下行	歙县——五里牌	0.42
	歙县——北岸	0.84
	歙县——齐武	1.67
	歙县——三阳坑	2.09
	歙县——昱岭关	2.73
	屯溪——歙县	1.3
	屯溪——昱岭关	2.85
	岩寺——昱岭关	2.23
	五里牌——昱岭关	1.63
	北岸——昱岭关	1.32
	齐武——昱岭关	0.75
	三阳坑——昱岭关	0.39
	昱岭关——杭州	4.71
	屯溪——杭州	7.56
	歙县——杭州	6.58

---

① 吴相湘、刘绍唐主编:《中国经济志·安徽省歙县》(下册),1971 年,第 424 页。

② 鸿飞运货汽车公司为歙县商人曹九如等所组织,创建于民国二十三年(1934)三月,为股份有限公司,资本为十六万元,除缴纳皖浙两省保证金外,购置大卡车二十一辆,专在杭徽公路包营货运。现经理为曹九如,副经理为胡辅丞。因各货装卸多在杭州,故总公司移设在杭州城站,副经理胡辅丞亦常驻杭州办理货运事宜。公司职工,除杭州总公司外,其余各地分站均有营业人员。吴相湘、刘绍唐主编:《中国经济志·安徽省歙县》(下册),1971 年,第 431 页。

续表

方向	路段	运费(元/百公斤)
上行	昱岭关——三阳坑	0.88
	昱岭关——齐武	1.47
	昱岭关——北岸	2.66
	昱岭关——五里牌	2.85
	昱岭关——歙县	3.26
	昱岭关——岩寺	3.26
	歙县——屯溪	1.83
	杭州——昱岭关	6.73

资料来源:吴相湘、刘绍唐主编,《中国经济志·安徽省歙县》(下册),1971年,第438~446页。

根据表3-12、3-13的统计,每百斤茶叶从歙县运至杭州的陆运费用为3.29元,水运费用为1.036元,表面上看两者价格差还是比较明显,但站在茶商的立场上,选择公路运输,除了比水运更有安全保障外,更重要的是缩短了整个茶叶贸易的周期,从而为茶商争取到更多的额外收益。在民国时期徽州和浙江两地茶商的茶叶贸易竞争中,运茶效率成为决胜的关键。"近年洋商,抢新提价,徽茶以交通不便迅捷外运,常为浙江之遂、淳各县茶捷足先登,抢夺标盘,其影响徽茶之市值颇钜,即运费方面,较他处亦觉高昂,故屯市箱茶每担转运费用须三元五角之谱,今幸徽杭、屯淳诸汽车路通车以后,徽茶可由汽车载运"。[①]

与公路运输相比,铁路运输的运力和效率更为出色。民国时期,商办江南铁路建成通车,并与芜屯、徽杭等公路合作运营的联运模式,使绩溪茶业经济的空间格局更为丰富,尤其开拓了茶叶北运的路线。原先运往芜湖的茶叶须由土车、畜驮或肩挑的方式先运至水道码头,再通过水阳江或青弋江运抵芜湖,"自绩城至芜湖水陆程途三百五十里,计分两线,两线路程相若。(甲)水阳江流域之路。由此路者出北门,过扬溪丛山关,经宁国县、宁国府等处,

---

① 傅宏镇:《皖浙新安江流域之茶业》,1934年,第32页。

宁国府以下可乘小轮船。(乙)青弋江流域之路线。由此路者出西门,过徽岭镇头分界山,经旌德县、泾县、南陵县等处,旌德以下可乘船,南陵以下可乘小轮船"。① 人畜力的运输方式不但速度慢、运力低,而且运费颇高,②从而极大地削减了绩溪茶叶的市场竞争力。

1934年10月,芜屯公路开通,"芜屯两站,每日对开客车各二班,货车则络绎不绝,营业极盛"。③ 1935年5月,江南铁路全线贯通后,旋即与芜屯公路开办联运,沿线各地的物资由原先主要的水运而改为铁路和公路运输,"屯埠及徽宁一带土产,近多经由芜屯路运至宣城,再由火车装运至芜"。④ 从实际运营效益来看,公路、铁路的联运模式呈现出供不应求的局面,从1937年铁道部核准的一份《江南铁路与芜屯公路办理旅客联运合同》中可以看出,各方对此运输模式需求的扩大。

> 江南铁路与安徽省芜屯公路前订办理旅客联运办法,系在二十五年六月十五日开始实行,同年十二月十四日满期,现经该路商会、该公路局继续办理,同时并以该路附属营业之宣广段与该路在宣城垂直相交,形成纵横,与互助原则,最称适宜,拟将该段公路,加入办理联运,以谋运输上之联络,经将此次合同略加改订,并办理事细则票价表、公里里程表等等,定自本年一月十六日起实行。⑤

虽然公路和铁路运输的快捷优势在长途运输中效果较为显著,但是在徽州内部,运费低廉的水运仍是短途茶叶运输的主要方式。屯溪作为徽茶集散的第一个站点,在公路运输兴起后依然是徽州最繁华的商业中心,"屯溪船舶

---

① 胡步洲编:《绩溪乡土地理》第3章第2节《绩溪与本省之交通》。
② (一)土车分大小二种,大者仅通行于和县,可载六百斤,小者载重三百至四百斤,每日可行自六十至七十里,载费每天每担约一元。畜驮载重约二百五十斤,每日可行六十至七十里,载费为一元。肩挑载重约一百斤,速度六十至八十里,挑费自一元半至二元。(安徽省政府建设厅:《京粤线安徽段经济调查总报告书》,见《民国史料丛刊》第364册,第298页。)
③ 《安徽省芜屯公路沿线经济概况》,载《安徽省政府政务月刊》,1935年,第39页。
④ 《京芜路芜宣段货运渐有起色》,载《申报》第22193号,1935年2月7日。
⑤ 《铁道部施政成绩》,载《铁路杂志》第二卷,1936年2月,第12期。

密集,常年数量(约)在二千只左右,船夫人数,(约)二万五千以上,船籍以义乌人最多,占百分之五十,永康人次之,占百分之三十,本地人最少,仅百分之二十"。[1] 有学者认为,在公路开通之后,徽州区域内的水路运输状况基本没有改变。[2] 因此,绩溪茶叶的外运最终形成了水运、公路和铁路相结合的联运格局。据民国时期在沪茂生和茶号做学徒的汪聚泰老人回忆:"徽州到上海主要经过这样几条路。一条是公路,即徽杭路,然后再从杭州到上海。另外是水路,水路有两条:第一条是沿新安江到深渡,再乘船到杭州,后乘火车经沪杭铁路到上海;第二条,走小路到余杭,坐船到杭州,再乘火车到上海;还有一条就是步行到芜湖乘火车或者船到上海。一般花费是三块到四块。走路到余杭这条路是最省钱的,路上就吃家里做的徽饼,总共花费两三块钱。"[3]

综上所述,绩溪茶业经济的空间格局在清末民国时期的变迁主要取决于运和销两个方面。茶叶的运输方式,由民国以前传统水运为主的单一模式,在公路、铁路等新式交通方式出现后,发展成为水运、公路和铁路有序结合的多元格局;茶叶运输路线由原先东南方向新安江一线的束状形态,逐渐演变成为以南北线为主、东西线为辅的"主纵副横"放射状格局。与此同时,茶叶的经营类型完成了从内销本庄茶为主到外销洋庄茶为主的转型;原处于江浙一带的茶商,自民国以来纷纷涌入上海、汉口两大茶叶出口口岸,并形成了从生产到外销一体式的茶叶运销网络。

三、顺应时代的转型——以上海"汪裕泰""程裕新"茶号为例

五口通商的开启使中国茶叶出口贸易格局发生了巨大变化,从晚清到民国,伴随着国内外时局的变化,上海在茶叶出口贸易上的地位逐渐超越广州,

---

[1] 吴相湘、刘绍唐主编:《中国经济志·安徽省休宁县》(下册),1971年,第471页。
[2] 梁诸英:《民国时期徽州交通网络的多元格局及评价》,载《安徽史学》,2014年第3期,第122~127页。
[3] 汪聚泰,刘芳正:《从旅沪学徒到黄埔学员》,载《史林》,2013年第1期,第32~37页。

成为中国最大的茶埠。与此同时,中国国内茶叶市场也与国际茶叶市场实现了同步对接。对徽州茶商而言,贸易市场格局变化带来的既是机遇,又是挑战,除了要面临国内茶商之间的贸易竞争外,还要受到国际茶叶市场的影响。在市场发生变化的同时,徽州茶商内部各派别也展开角逐,原先在茶叶经济上长期处于被支配地位的绩溪茶商,在这一轮的上海茶叶市场竞争中,一跃成为近代徽州茶商的核心势力。以汪裕泰、程裕新两个上海茶业巨擘为例,对其商号内部生产和管理经营模式转型的分析解剖,可以窥见这一时代背景下徽州茶商与地方社会互动和变迁的关系。

(一)绩溪旅沪茶商与上海市场环境

早期在上海经营茶叶贸易的绩溪茶商均来自八都一带的上庄、瑞川、余川诸村,上庄胡氏是首批进入上海的茶商,"溯吾乡初至上海营茶业者,为胡万盛号,是店创自前清康熙间,其主人即今日新文学家胡适之博士之亲属,历二百余年,至光绪间而辟歇",①胡铁花在《钝夫年谱》中也回顾了其家族万和、茂春、茂春西号和嘉茂四家茶号的经营历史。② 清乾隆嘉庆年间,瑞川村人程有相在上海开设了程裕和茶号,即程裕新的前身,"程氏初至沪者,为有相公,其时约当清乾嘉间,首创茶号于外咸瓜街,传其孙汝均公,复于道光十八年增设茶店于大东门外大街之里咸瓜街口。是为程裕新牌号创立之始。迨公晚年共有三店,而公生三子,乃各授一店,裕新店归次子光祖公,今雨生、苕生昆季,即光祖公之曾孙,于汝均公为五世,若上溯有相公之创老店,则已七世业茶矣"。③ 清道光二十二年(1842),十四岁的余川村人汪立政赴上海学做茶业生意,后任出纳,"客上海族人店中,服劳尽职,每瞰策,咸洞中机宜。居停主人奇其才"。④ 咸丰元年(1851),二十四岁的汪立政"略积资金,并变

---

① 胡近仁:《程裕新茶号之过去将来》,载《茶叶分类品目》,1929年,第21页。
② 胡传:《钝夫年谱》,见《胡适文集》(1),第444~452页。
③ 胡近仁:《程裕新茶号之过去将来》,载《茶叶分类品目》,1929年,第21页。
④ 汪立中等:《余川越国汪氏族谱》卷三《传状上》。

卖田产",在上海老北门创设了汪裕泰茶庄。①

上海开埠以前的茶叶市场以本庄茶为主。清中叶海运开通后,上海成为"京庄"徽茶北运的主要转运枢纽,徽州茶商通过水运将本地所产茶叶运至上海,再由海轮运至天津、北京等地。② 而当时在上海经营本庄茶贸易的茶商,资本规模较小,以门市零售为主。胡适回忆其祖上的茶铺如是描述:"我家在一百五十年前,原来是一家小茶商……据家中记录,这小店的本钱原来只有银洋一百元(约合制钱十万文)。这样的本钱实在是太小了。"③汪裕泰茶号始创之初"在汪立政时候规模不是很大"。④

上海在开埠初期,虽然开放了茶叶的对外贸易,但是当时实际的茶叶出口数量非常有限,据《中国近代手工业史资料(1840—1949)》的数据统计,开埠第二年(1844)上海茶叶出口量为 1,149,000 磅,同年广州的数量为 69,327,500 磅,前者仅为后者的 1/60。在 1852 年以前,上海出口的茶叶数量虽逐年增长,但增幅不大,广州仍是洋庄茶贸易的最大口岸。

1851 年太平天国运动的爆发使徽茶运往广州的传统路线受阻,原先在广州从事洋庄茶贸易的徽州茶商开始将目光投向上海,因而迅速提升了上海出口茶叶贸易的地位。1852 年,上海茶叶出口量(57,675,000 磅)首度赶超广州(35,617,250 磅)。在太平天国持续期间,上海茶叶出口量不减反增,甚至一度达到 80,221,000 磅(1855 年)。⑤ 因此我们看到,在上海外销茶市场行情一片大好的情况下,即便存在太平天国运动、小刀会起义等消极社会因

---

① 一说汪裕泰茶庄设立于"民国纪元前七十四年"(1837)(胡应来:《汪裕泰茶号调查报告》,上海档案馆馆藏档案档案,Q78—2—14521),由于 1837 年汪立政年仅十一岁,不可能独立经营茶号,故此说法有待商榷。

② 清乾隆至道光时期,有部分绩溪商人参与"京庄"茶贸易,如西关章志乾"字象成……命仲弟撑持家政,季弟同事京师,积十余年,运茶北上,始大构'彝德堂'新居"(章维烈等:《西关章氏族谱》卷二十四《家传》)。三都人"陈观察者,名庭学,绩之三都人,其父贸易来京,开义盛茶叶铺"。(程苹卿编:《京都绩溪馆录》卷四《绩溪会馆碑记》,1831 年。)

③ 胡适口述,唐德刚整理翻译:《胡适口述自传》,桂林:广西师范大学出版社,第 4~5 页。

④ 汪聚泰、刘芳正:《从旅沪学徒到黄埔学员》,载《史林》,2013 年第 1 期,第 32~37 页。

⑤ 彭泽益编:《中国近代手工业史资料(1840—1949)》第一卷,第 490 页。

素的干扰,绩溪茶商从事茶叶贸易的决心依然坚定,这从上海胡氏一族茶铺屡毁屡设的过程便可看出,"先是道光二十三年先考分川沙业于上海,曰茂春字号,红头起,毁于兵燹……盖先考自咸丰三年在上海经红头贼之乱,避于宝山之高桥镇,就其地设业,亦曰茂春号。六年上海红头贼平复,于大东门外重开茂春字号。七年又于大东门内鱼行桥头添设一业曰茂春西号。八年又于川沙北街添设嘉茂号"。①

同治三年(1864),太平天国运动失败之后,整个徽州茶业经济出现了"中兴"局面,"同治年间,洋庄茶盛行时,经营洋庄的徽州茶商资本额较大者,有忆同昌等48家。在外地经营大茶号的徽商为数也不少,汉口、芜湖有,九江、上海也有。如九江即有仁德永等六家,上海有洪永源等七八家,营业一时还颇发达。有数家资本额还曾达四五万两,其余亦在数千两"。②绩溪茶商和茶业相关从业者大量涌入上海,程裕新、汪裕泰等茶号也趁势开设分号,扩大经营规模。与此同时,上海作为中国茶叶外贸第一大口岸的地位正式确立。到光绪时,已经是"徽茶内销不及十分之一二,外销者常及十分之八九"③的市场格局。

在上海外贸茶业经济繁荣的同时,也存在着更为激烈的商业竞争和难以预估的国内外市场环境,如果只是看到茶叶贸易表面的巨额利润,而不熟谙行业经营之道,一旦盲目入市,则极有可能倾家荡产。绩溪墨商胡源阶经营茶叶的失败便是一则反面教材,据《芜湖胡开文墨店调查》记载:

> 安徽是产茶之区,安徽做"洋庄"茶叶的有些人发了大财。胡源阶也不肯错过这种发财的机会,从1889年起,就集中了四五万元资本做起茶叶"洋庄"生意。开始两年,就赚了1万元左右,到第三年(1891年),由于印度茶叶的竞争,就出了"风险"。当时华茶在国际市场的交易比重由98%突然降至11.9%。这笔倒霉生意,使胡源

---

① 胡传:《钝夫年谱》,见《胡适文集》(1),第444～452页。
② 许正:《安徽茶叶史略》,载《安徽史学》,1960年第3期,第16页。
③ (清)刘锦藻:《清朝续文献通考》卷二四,杭州:浙江古籍出版社,2000年。

阶一下就亏蚀了4万元左右,于是被迫将汉口分店——贞记胡开文出盘给他的侄子胡祥善经营。胡源阶的流动资金几乎亏蚀殆尽。①

胡源阶的亏损原因在于对国际茶叶市场的判断失准。在19世纪末期的国际茶叶市场中,印度茶和锡兰茶成为中国茶的主要竞争对手,与中国茶相比,印度茶、锡兰茶虽在品质上并不占优,但其采用大规模种植生产方式,且税收成本低廉,因此茶叶售价要比中国茶低得多。到了20世纪初,印度茶和锡兰茶在国际市场上的份额已经超越中国茶。②

除了来自国际市场的竞争压力外,国内茶税的加征和洋行洋商利用政策优势的不公平竞争,也极大地压榨了国内洋庄茶的利润空间。根据《徽商研究》的测算统计,"从咸丰三年到同治二年的10年中,徽州茶税由原来的每引9钱3分,大幅度提高到2两4钱8分,增长率为166.7%……此外,外销茶还应完纳出口海关正税银每百斤2两5钱"。③到光绪年间,徽茶在宁波出口的税银增至每百斤5两2钱4分3厘。④ 对于洋商来说,在东印度公司把控中国茶市后,洋庄茶价便有"洋人批定",且"洋人来皖运茶,落地做茶,冀免捐厘,遂改引捐厘之名为洋庄落地税"。⑤ 洋商中更有甚者,恶意扰乱正常的茶叶交易秩序,"沪城内外近来设有丝茶专栈,所以招徕远客,使有如归之乐。货物到栈,即有通事,往觅售主,货售归银,不烦客虑。然有时栈主无钱,即借

---

① 芜湖市工商联:《文史资料选辑》第七卷《芜湖胡开文墨店调查》(1962年),2011年第23~25辑,第120页。

② 1901年,锡兰茶输出量占世界总销量25.63%,已经与中国茶出口量相差无几。此后,这一拉锯战相持3年多,锡兰茶出口量稳中有升,占世界茶市的比重基本稳定在24%左右,而中国茶销量持续下跌,1921年仅占世界茶市比重的8.79%,输出量及比重分别比1901年下降超过16%和20%,已经失去世界一流茶业大国的地位。1900年,印度茶叶输出量首次超过中国,1917年锡兰、1918年荷兰、印度茶叶外销量也分别超过中国,中国的世界茶叶出口量,仅比日本稍多一些。(陶德臣:《英属锡兰茶业经济的崛起及其对中国茶产业的影响与打击》,载《中国社会经济研究》,2008年第4期,第74~88页。)

③ 张海鹏、王廷元主编:《徽商研究》,合肥:安徽人民出版社,2005年,第655页。

④ 《光绪十四年正月十九日,浙海关税务司康发达申呈总税务司》,见《中国近代手工业史资料(1840—1949)》第二卷,第309页.

⑤ 许正:《安徽茶叶史略》,载《安徽史学》,1960年第3期,第16页。

客资以供其挥霍,通事于中亦有首尾。迨客回时,遂至所亏无算。西商之精明强干者,亦复狡计百出,往往有货已出口,而银尚未付,向彼取银,则以货低减价为辞。商于沪者,不可不察"。①

(二)困境下的应对策略

清末民国时期,包括芳坑江氏在内的部分徽州茶商在市场激荡下逐渐败落下去,而面对同样的市场竞争环境,以汪裕泰、程裕新为首的绩溪茶业群体却迎难而上,几乎占据了半个上海茶叶市场的份额。在此消彼长的力量转化过程中,绩溪商人对资本利用、经营策略和管理模式等方面作出灵活调整,成为制胜的关键。

1.利用各种融资渠道充实资本,扩大经营规模,以对抗市场竞争,规避风险

在民国时期风云莫测的市场环境中,茶业经营的风险系数极高,从毛茶采购到成品销售的过程中,茶商需要同时承担来自商品损耗、价格预期、利息成本、汇率风险等多方面的市场风险因素。对于一些资本较少的茶号和茶栈而言,在庞大的国际市场中处于随波逐流的状态,抗风险打击能力很弱,一旦市场出现剧烈震荡,很可能因资金链断裂而造成亏损、破产。"二十二年(1933),沪上茶栈受茶号之打击,亏蚀累累,栈方放款,遂力持审慎,资薄之号,拖欠栈款,无力清偿,又不能立集巨款,重整旗鼓,只得停业"。②

汪裕泰和程裕新茶号充分意识到扩充资本是对抗市场风险的主要措施,因此,他们通过各种可能的手段,如吸收同乡存款、银行和钱庄贷款等融资方式来充实资本。民国时期,汪裕泰茶号与上海汇丰、大通、上海、交通、中国、中国国货等银行及承裕钱庄等多家银行、钱庄存在长期的存贷关系,如1928年汪裕泰茶号曾上海银行申请提高透支(贷款)额度,"查东行透支户汪裕泰茶号原定额一万元,顷该东汪振寰君来商,近茶叶销路甚畅,需款周转,要求将该户透支额改为三万元。敝以汪君所称尚属实情,且该户亦颇殷实,业已

---

① (清)王韬:《瀛壖杂志》卷一。
② 傅宏镇:《皖浙新安江流域之茶业》,1934年,第4页。

准予照办"。① 除银行贷款外，来自亲戚或同乡的存款也是融资的途径之一。民国三十一年（1942）三月二十六的《商情报告》刊登了一则汪裕泰茶号改变存款收付办法的告示："汪裕泰茶号近因本市币制时有变动，故特于昨日起通知各亲友存户，自即日起随带存折亲来福熙路一九七号该店总办事处商定存款收付办法云。"② 程裕新茶号的融资方式也较类似，"该茶栈与程裕新茶叶店二家流动资金多时约须四五十万，除自由资本外，另收受存款，并向行庄透支"。③

在融入足量的资金之后，汪裕泰和程裕新茶号开始扩充规模，设立多个茶栈（茶厂）、门店、分号，完善了从毛茶收购、制作加工、出口、批发和零售的各个门类。汪裕泰茶号在汪振寰经理的全盛时期，共有八个茶庄、两处茶厂、四个分店以及二百多名员工，每年营业额在一百万元至三百万元之间。程裕新茶号甚至还设有自己的茶行，在经营茶叶购销的同时，提供向茶号放款、代客买卖业务，并从中赚取利息和差价。"爰于民国九年将中华路沙场街旧式栈屋拆卸，建造三层楼房，添设分号，借资推广……越三载，更设裕兴隆茶行于店内，由是供求采运愈增便利"。④

充足的资金不但能够扩大茶叶购销规模，而且在合理运作的前提下，资本本身也能为茶号提供颇丰的经济收益。民国时期，上海商业储蓄银行对当时上海几大茶庄作了一次详细的调查，其中一份《汪裕泰茶号损益计算书》详实地记录了 1946 年 1 月至 4 月间汪裕泰茶号的资金流向和存贷关系（表 3-14）。从这份数据当中可以发现当时茶号的主要收益结构较从前发生了明显的变化：除茶叶销售外，由资金存贷周转所取得的收益量呈现出增长趋势。该茶号第一季度茶叶销货的毛利为 37,85,941,804 元，扣除费用支出

---

① 《上海商业储蓄银行之茶叶调查报告》（1934—1940），上海档案馆馆藏档案，Q275-1-1996。
② 中国征信所编：《商情报告》，第 1137 号，1942 年 3 月 26 日。
③ 《上海商业储蓄银行之茶叶调查报告》（1934—1940），上海档案馆馆藏档案，Q275-1-1996。
④ 胡近仁：《程裕新茶号之过去将来》，见《茶叶分类品目》，1929 年，第 22 页。

2,784,910,680元,茶叶制销一块的纯利为1,001,031,124元,销售净利率仅为8.7%,而当季由资本利息所取得的收入高达287,044,310元,占到了茶号总收入的22.9%。

表3-14 1946年1至4月汪裕泰茶号资金流动统计

收支类目	明细	数额(元)
销货	总额	11,508,821,380
	销货折让	5,357,976
	上届存货	21,215,963,000
	进货	9,978,006,000
	制造费用	3,028,995,600
	减存货	26,905,443,000
合计毛利		3,785,941,804
费用支出	营业费用	1,783,447,270
	储运费用	187,158,600
	利息支出	804,550,473
	其他支出	9,734,337
合计费用		2,784,910,680
收入	利息收入	287,044,310
	其他收入	20,699,476
		347,743,786
		2,537,166,894
合计纯益		1,248,774,910
预付款项	杭州义记茶行	380,000,000
	聚和昌茶行	725,100,000
	大顺运输公司	2,350,000
	祝何喜	50,000,000
	屯溪振裕公司	114,061,500
合计总额		1,504,161,500

续表

收支类目	明细	数额(元)
暂收款项	华茶公司	61,086,475
	大德昌茶叶公司	52,034,900
	久兴茶叶公司	70,138,054
合计		183,259,439
各户存款	扬子公司	2,000,000,000
	香港仁丰公司	60,544,800
	普大号	3,700,000
合计存款		2,064,244,800
存款额	上海商业储蓄银行	34,683,431
	国华银行	84,986,807
	中央信托局	4,174,982
	中国农民银行	2,050,262
	杭州农工银行	4,271,200
	工矿银行	23,656,000
合计存款		153,822,682
透额	中国实业银行	53,822,682

资料来源：《上海商业储蓄银行之茶叶调查报告》，《汪裕泰茶号损益计算书（1946 年）》，上海市档案馆藏，Q275－1－1996。

良好的资本运作使汪裕泰茶号在洋庄茶贸易的低迷时期仍然创造出可观的业绩和利润，1935 年的两次调查显示，"该号总分店门市生意，因近年来市面不景气，较诸往年稍形逊色，全年合计约有八十九万元。惟（唯）因经营稳健，仍年能获利，至于总号出口部分，廿三年因销售红茶居多，故营业殊佳，亦能获利云"，①"出口营业以国外市场不动，销路约及去年同时之七十五……据同业意见，该号今年过去营业额约仅四十万元，但根基稳定，有多年历

---

① 《第六九一九号，廿四年一月七日汪裕泰茶号第二次调查》，《上海商业储蓄银行之茶叶调查报告》（1934—1940），上海档案馆馆藏档案，Q275－1－1996。

史,往来仍可无虞"。① 在度过了相对困难的市场低迷期后,汪裕泰茶号迎来了资本扩充的高速时期,"二十六年增资成法币五万元,三十二年现金增资成中储券一千万元,胜利后(三十四年十二月),依上当此一折成法币,并以资产及存货升值,增资成法币五千万元"。②

2. 建立经理人任用长效机制,保持经营策略的一贯性和有效性

在徽商所经营的行业中,职业经理人的选拔和任用带有强烈的宗族色彩,并且与传统学徒制度紧密相连,地缘和血缘关系往往成为选择的重要标准。在同一商号中,从学徒、伙计到司账、经理,各层次店员基本上是族人乡党,如程裕新茶号为上庄八都瑞川程氏所开,民国时期茶号的经理人王维达、司账王维钟则来自七都,"维达中年去维字,讳远,字云卿……容貌魁伟,身长五尺有奇,年十二随人至上海程裕和茶号为学徒,勤恳愿实,得当人事者欢心","维钟字润之,号谦三……年十三从姊婿胡祥铭,至上海入程裕隆学茶业,旋改入程欲新茶号,为司账数年"。③ 汪裕泰茶号的情况也类似,早期的一家分号北裕泰,经理人为瑞川程云卿,位于四马路望平路口的第三分号则由瑞川人程永泰负责经营。

不少职业经理人从学徒开始便受到茶号长期的人身和观念控制,使"忠信""无私"等传统的宗族观念深入人心,并且通过待遇条件上的同步激励,被牢牢控制在茶号之中。因此,这些职业经理人的聘期往往长达十数年至数十年,甚至有时成为"终身制",从而形成了一种长效机制。程裕新茶号中的历代经理人,"迨同治以后,则胡守身氏、程尚言氏、叶象贤氏等递为经理,在职数年至十数年,或二十余年不等……叶氏逝后,乃由程君右泉,胡君明卿同任经理职务,时在民国成立前一年,迄今盖十九载矣",④民国时期的王维钟"自

---

① 《第九三七八号,廿四年十月十日汪裕泰茶号第三次调查》,《上海商业储蓄银行之茶叶调查报告》(1934—1940),上海档案馆馆藏档案,Q275－1－1996。
② 胡应来:《汪裕泰茶号调查报告》,上海档案馆馆藏档案,Q78－2－14521。
③ (民国)王集成:《绩溪庙子山王氏宗谱》卷二〇《世传六·商人传》。
④ 胡近仁:《程裕新茶号之过去将来》,见《茶叶分类品目》,1929年,第22页。

司账以至经理,凡六十年未脱离裕和一日"。①

这些从学徒提升成经理的人,一般不但在店号中拥有很高的威望,而且对茶业经营有相当丰富的从业经验,对市场变化拥有敏锐嗅觉。因此,在经理人的指挥下,整个茶号上下的执行力非常出色,"盖裕新不仅经理得人,即各店同仁多至四五十人,亦皆群策群力,各效其用,如身之使臂,臂之使指,而居停方面亦能完全倚畀,无少牵掣,劳资合作,莫不以发扬国产研精货品为主旨"。② 此外,对于汪裕泰、程裕新这样的家族企业,在掌舵人新老交替时,职业经理人的从旁协助对新任掌舵人尽快接管企业起到了关键作用。汪裕泰第三代接班人汪振寰从日本留学回国在接管茶号初期,便是在冯德奎、汪鹏飞、胡次香等老辈经理人的协助下逐步执掌全局的。由此而见,在职业经理人制度实施过程中建立起的长效机制,是汪裕泰、程裕新茶号经久不衰的重要保障。

3. 注重茶叶品质,丰富经营品种,明码合理标价,积极扩大宣传

中国茶在世界市场一向以品质著称,从采购到包装,绩溪茶商对茶叶加工的每个环节都十分重视。汪裕泰茶号主人汪振寰"每值收茶季节,常随茶号有经验的前辈,亲自偕往杭州等地采购,不耻下问,虚心学习……至各地所产之茶,即常用显微镜进行细心观察,互相对比,评定特点"。③ 在生产制作上,汪裕泰茶号不惜花费巨资从日本购进新式制茶设备,重金聘请日本专家来华指导制茶新技术,提高制茶的机械化程度和生产效率。据民国调查显示,汪裕泰在福熙路怡乐里同安里的茶厂内,有"有滚茶机二十架、筛茶机一架、扇茶机二驾、轧茶机(连马达)四驾、双轧刀机一架、炒茶机(连马达)二座、另有十六匹马达一座,总计价值 463735001 元"。④

研发新品种,扩充经营品种,并合理标明售价,这些是茶号改善经营状况

---

① 王集成:《绩溪庙子山王氏宗谱》卷二〇《世传六·商人传》。
② 胡近仁:《程裕新茶号之过去将来》,见《茶叶分类品目》,1929年,第22页。
③ 胡乐丰:《上海汪裕泰茶号创业史略》,载《绩溪文史资料》,1988年第2辑,第25页。
④ 胡应来:《汪裕泰茶号调查报告》,上海档案馆馆藏档案,Q78-2-14521。

的主要方式。民国时期,程裕新茶号在原来经营传统红茶、绿茶和花茶三大品种的基础上,还创新研制了"新制芝兰真蔷薇茶""新制芝兰甘露茶""秘制保肺咳嗽茶""新制狮球牌龙井茶""芬芳博士茶"等新式茶种,极大地丰富了茶号的经营种类。民国十八年(1929),程裕新茶号所售卖的茶叶种类多达163种,并且每一类下各等级品种茶叶都有明晰合理的定价(表3-15)。

表3-15　程裕新茶号售卖茶叶品种及定价

分类	产地（品种）	名称	品级	售价（洋元/每斤）
绿茶	龙井山	狮子峰龙井	中字	12
			华字	9
			民字	8
			国字	6
		白云峰龙井	中字	6.4
			华字	4.8
		翁家山明前枪旗		4
		梅家坞龙字枪旗		3.2
		五云山明前枪旗		2.4
		提选龙井		2
		湖山龙井		1.6
		西湖龙井		1.2
		福字龙井		1
		莲芯龙井		0.9
		禄字龙井		0.8
		雨前龙井		0.7
		寿字龙井		0.6
		喜字龙井		0.5

续表

分类	产地（品种）	名称	品级	售价（洋元/每斤）
绿茶	黄山	天都云雾天生茶		6.4
		天都云海茶		4.8
		天都猿摘茶		4
		云海毛尖茶		3.2
		提选暮云茶		2
		云海雨露茶		1.6
		黄山松萝茶		1
		金山茶		0.9
		时雨茶		0.8
		金山贡尖茶		0.7
	洞庭山	洞庭碧螺春	中字	8
			华字	6.4
			民字	4.8
			国字	3.2
			异字	2.4
			品字	2
			佳字	1.6
	普洱山	普洱毛峰茶		4
		方普洱	福字	3.2
			禄字	2.4
			喜字	2
			大圆	1.6
			中圆	1.2
			小圆	1

续表

分类	产地(品种)	名称	品级	售价(洋元/每斤)
红茶	武彝(夷)山	武(夷)山小种茶	中字	33
			华字	24
			民字	16
			国字	12
		铁观音	中字	16
			华字	12
			民字	8
			国字	6
			异字	4
			品字	3.2
		水仙乌龙茶	中字	8
			华字	6.4
			民字	4.8
			国字	3.2
			异字	2.4
			品字	1.6
		铁罗汉茶	中字	6.4
			华字	4.8
			民字	3.2
		九曲红梅茶	中字	8
			华字	6.4
			民字	4.8
			国字	3.2
			异字	2.4
			品字	1.6
			佳字	1.2
			茗字	1

续表

分类	产地（品种）	名称	品级	售价（洋元/每斤）
红茶	祁门	祁门岩毫红茶	中字	3.2
			华字	2.4
			民字	2
			国字	1.6
			异字	1.2
		龙井枪旗红茶	中字	6.4
			华字	4.8
			民字	4
			国字	3.2
			异字	2.4
			品字	2
			佳字	1.6
			茗字	1.2
				1
	广丰县	广丰毛峰红茶	中字	1.2
			华字	1
			民字	0.8
			国字	0.6
			异字	0.5
花茶	玫瑰花窨品	精窨玫瑰红茶	上寿眉	1
			寿眉	0.9
			上君眉	0.8
			君眉	0.7
			上武彝	0.6
			武彝	0.5

续表

分类	产地（品种）	名称	品级	售价（洋元/每斤）
花茶	玫瑰花窨品	精窨玫瑰上红梅茶		0.45
		精窨玫瑰红梅茶		0.4
		精窨玫瑰红旗茶		0.35
		精窨玫瑰红袍茶		0.3
	茉莉花窨品	双窨茉莉大方茶	中字	3.2
			华字	2.4
			民字	2
			国字	1.6
		双窨茉莉大方毛峰	中字	3.2
			华字	2.4
			民字	2
			国字	1.6
			异字	1.2
			品字	1
		茉莉双熏茶	中字	0.8
			华字	0.7
			民字	0.6
			国字	0.5
		双窨茉莉香片茶	中字	1.6
			华字	1.2
			民字	1
			国字	0.8
			异字	0.7
			品字	0.6
			佳字	0.5

续表

分类	产地（品种）	名称	品级	售价（洋元/每斤）
花茶	代代花窨品	双窨代代龙井枪旗		2
		双窨代代枪旗		1.6
		双窨代代明前龙井		1.2
		双窨代代莲芯龙井		1
		双窨代代上雨前		0.9
		双窨代代雨前		0.8
		双窨代代银针		0.7
		双窨代代顶谷茶		0.5
		双窨代代云雾茶		0.4
		双窨代代雀舌茶		0.35
		双窨代代朱雀茶		0.3
	珠兰花窨品	精窨珠兰花大方	中字	3.2
			华字	2.4
			民字	2
			国字	1.6
		新制精窨露兰香茶		1
		双窨珠兰毛尖茶	中字	8
			华字	6.4
			民字	4.8
			国字	4
			异字	3.2
			品字	2.4
			佳字	2
			茗字	1.6

续表

分类	产地（品种）	名称	品级	售价（洋元/每斤）
花茶	珠兰花窨品	新制芝兰玉露茶		1.6
		双窨珠兰清香雪茶		1.2
		双窨珠兰寿眉茶		1
		双窨珠兰金山茶		0.9
		双窨莲芯茶		0.9
		珠兰时雨茶		0.8
		珠兰贡尖茶		0.7
		珠兰银针茶		0.6
		珠兰顶谷茶		0.5
		珠兰嫩芽茶		0.45
		珠兰云雾茶		0.4
		珠兰雀舌茶		0.35
		珠兰珠雀茶		0.3
	桂花窨品	精窨桂花白旗茶	中字	0.5
			华字	0.4
			民字	0.3
新制小装	新制品	芝兰甘露茶		0.5/5(瓶/打)
		芬芳博士茶		0.5/5(瓶/打)
		芝兰真蔷薇茶		0.5/5(瓶/打)
		保肺咳嗽茶		0.5/5(瓶/打)
	小庄品	狮球牌龙井	中字	2.2(瓶)
			华字	0.9(瓶)
			民字	0.75(瓶)
			国字	0.6(瓶)
			异字	0.45(瓶)
			品字	0.3(瓶)

续表

分类	产地（品种）	名称	品级	售价（洋元/每斤）
新制小装	小庄品	福禄牌双窨花茶	中字	1.2(瓶)
			华字	0.9(瓶)
			民字	0.75(瓶)
			国字	0.6(瓶)
			异字	0.45(瓶)
			品字	0.3(瓶)
		松鹤牌红茶	中字	1.2(瓶)
			华字	0.9(瓶)
			民字	0.75(瓶)
			国字	0.6(瓶)
			异字	0.45(瓶)
			品字	0.3(瓶)
	黄白菊花	宁产白菊花	中字	1
			华字	0.8
			民字	0.6
			国字	0.5
		徽产贡白菊花	中字	2.4
			华字	2
			民字	1.6
			国字	1.2
		黄菊花	中字	1
			华字	0.8
			民字	0.6
			国字	0.3

续表

分类	产地(品种)	名称	品级	售价(洋元/每斤)
新制小装	代代花	大枝雪白代代花		5
		代代花朵		4.5
	玫瑰花	玫瑰花朵	特等	2.4
			头等	2
	茉莉花	茉莉花干	特等	0.5
			头等	0.3
杂项		祁门香嫩红茶子	中字	1.2
			华字	0.8
			民字	0.5
			国字	0.4
		黄山云雾绿茶子	中字	1.2
			华字	0.8
			民字	0.5
		莲峰桑蕊	中字	2
			华字	1.6
		莲峰桑尖	中字	1.2
			华字	1
		莲峰桑芽	中字	0.8
			华字	0.6
			民字	0.4
			国字	0.3

资料来源：上海程裕新编，《茶叶分类品目》，载《茶叶分类品目说明书》，1929年，第1～35页。

在产品的推广宣传和包装方面，程裕新和汪裕泰两大茶号也颇下功夫。其中"芬芳博士茶"还有一段与胡适相关的故事。民国十八年（1929）年，胡适已在学界和政界颇有名气，胡适同乡人程雨生在上海英租界六马路浙江路路口开设了程裕新茶号第三分号,极具商业头脑的程雨生欲借用胡适"博士"头衔,推出一款"芬芳博士茶",并且拟了仿单寄予胡适。胡适看过后,认为广告中的宣传过于虚假和高调,便当即书信联络了胡近仁,婉拒以自己名声推广"芬芳博士茶"的要求,并对这则广告词作了批驳意见,书信内容如下。

> 近仁叔:
>
> 　　特刊和手示都收到了。"博士茶"一事,殊欠斟酌。你知道我是最不爱出风头的。此种举动,不知者必说我与闻其事,借此替自己登广告,此一不可也。仿单中说胡某人昔年服此茶,"沉疴遂得痊愈",这更是欺骗人的话,此又一不可也。
>
> 　　"博士茶"非不可称,但请勿用我的名字作广告或仿单。无论如何,这张仿单必不可用。其中措词甚是俗、小气,将来此纸必为人诟病,而我亦蒙其累。等到那时我出来否认,更于"裕新"不利了。"博士"何尝是"人类最上流之名称"? 不见"茶博士、酒博士"吗? 至于说"凡崇拜胡博士欲树帜于文学界者,当自先饮博士茶为始",此是最陋俗的话,千万不可发出去。历来嘲笑不通的人,往往说"何不喝一斗墨水"? 此与喝博士茶有何区别?
>
> 　　广告之学,近来大有进步,当细心研究大公司、大书店之广告,自知近世商业中不可借此等俗气方法取利。如"茶博士"之广告只可说文人学者多嗜饮茶,可助方思,已够了。
>
> 　　老实陈词,千万勿罪。
>
> 　　适之　　　　　　　　　　　　　　十八,十,二十七①

有学者认为,程裕新茶号在收到胡适的批驳意见后,放弃了"芬芳博士茶"的上市,②而事实上程裕新茶号在修改了仿单上的广告宣传语后,依然在

---

① 胡适:《胡适家书》,北京:金城出版社,2013年,第231页。
② 彭景涛、萧功秦、刘芳正:《承继与变革:民国时期上海徽州茶商近代转型的历史考察》,载《江西财经大学学报》,2012年第4期,第87~93页。

第三分号开幕时隆重推出了这款"芬芳博士茶"。笔者在1929年刊印的《茶叶分类品目说明书》中找到了修改后的"芬芳博士茶"介绍，兹列于下。

> 发明新制芬芳博士茶：
>
> 出产区域：此茶产自浙江西湖之南高峰，其地山脉萦纡，波光澄映，为东南山水结晶之处，故所产茶叶得天独厚，翠色清香，极为名贵。
>
> 采制方法：采摘时间较他茶为早，故叶质极嫩，所含茶素亦较多，且经本号技师精密督制，特出心裁，将色泽香气充分保留，更窨入代代芬芳之品，茶味因此而益为醇美。
>
> 点饮方法：将茶叶二钱五分或三钱盛置有盖瓷碗内，泡以沸水，密盖一两分钟，然后缓缓饮之，或用小紫砂壶泡饮亦佳。
>
> 功效一斑：能和中平肝、祛烦解渴、化痰消滞、除热安神，并能利胸膈各气、清肠胃诸毒，至于助文思佐清谈，散愁闷添逸兴，尤属余事。
>
> 装潢价格：贮茶用马口铁制成小圆瓶，外用彩色印花，招牌装潢美丽，用作礼品极为相宜，值每瓶大洋五角，每打洋五元，多更照此类推。
>
> 兹因北市增设第三分号，开幕伊始，特精制此芬芳博士茶，瓶内一律加置内仿贴，俾扬国产，而资鉴别，如无仿帖，即系假冒，惠顾者务请认明为荷。
>
> 上海程裕新茶号主人谨启①

由此可见，程裕新茶号对产品细节和广告宣传极为重视，在激烈的市场竞争中，并不想错过任何一个提升产品知名度的机会。同样，汪裕泰茶号也是如此，"自该号总经理东渡考察归来，颇能利用广告宣传及注意出品装潢，

---

① 程裕新茶号编：《茶叶分类品目》，载《插图·各种仿单揭要》，1929年。

小厅红茶装饰精美,寄售于三大公司及各伙食五金店,颇能吸引西人顾客"。①

综上所述,绩溪茶业经济的变迁既是综合各种社会因素而成的客观产物,又是时代背景下绩溪商人群体顺势而作的主观努力的结果。经济格局的变迁在一定程度上引起了社会的变迁,对"小绩溪"和"大绩溪"而言,主要体现在以下两个方面。

一方面,茶业经济的发展带动了"小绩溪"和"大绩溪"之间的人群流动。每逢采茶时节,徽州周边地区大量的劳动力向茶叶产地聚拢,开始采摘。远在杭州、上海等地的茶号,也派人前来产地收购毛茶,如汪裕泰茶号"每年四、五、六月份向产地收购粗制毛茶运沪,加工精制,最高采购量每月毛茶六十万斤,精制茶叶二十万斤"。② 随着公路、铁路等现代化交通方式的投入使用,原本动辄十天半月的行程缩短到几日之内,大大降低了商人出行和茶叶运输的时间成本,区域之间的联系变得更为高效和紧密,绩溪商人在上海、杭州、汉口、芜湖等运路沿线城市中的分布变得愈加广泛,诸如绩溪八都上庄胡氏族人,"列肆上海者,又有万字招牌十三肆,皆兆孔派也。鼎字招九肆,皆志俊公派,而余派(元美公)亦称是。同光之际,则上海有贞海公之鼎茂,玉庭公之万生端,贞春公之松茂……又吾族旅食以上海一带位最多,率常数百人,闻始商上海者兆孔公,然则今沪地族侨,宜祀公为哥伦布矣",③已然成为一个侨寓上海的商人群体,他们在与当地社会融合的过程中经历的兴盛和衰败,都离不开茶业经济的影响。

另一方面,清末民国时期绩溪茶商群体参与组建的地缘和业缘组织,既扩大了绩溪籍商人群体在"大绩溪"的社会影响,又为当地的社会经济发展提供了客观上的助力。就上海而言,从徽宁会馆到上海茶叶商业同业公会,是

---

① 《第五九七四号,廿三年九月十六日,汪裕泰茶号第一次调查》,上海市档案馆馆藏档案,Q275-1-1996。
② 胡应来:《汪裕泰茶号调查报告》,上海档案馆馆藏档案,Q78-2-14521。
③ (清)胡祥木等修:《上川明经胡氏宗谱》下卷之下《拾遗》。

绩溪茶商在上海市场经济中势力变化的一个动态过程。"上海店庄营业大半属于徽州绩溪帮。五年以前,全市共有不过百七十余家,现已增至两百以上",①而在此过程中,当地社会对该同业公会的物质需求也在不断提升。1947年,为重建商业职业学校,上海市商会发起募集资金,上海茶叶输出业同业公会出资十亿元,其中便包括绩溪茶商汪振寰所捐助的六万元,②虽然此次汪裕泰所捐数额不多,但是也可以看出同业组织与地方社会在经济上千丝万缕的联系。

第四节　近代以来绩溪商人经营领域的拓展

随着时代的变迁,明清时期以盐业和典当业著称的传统徽商在近代以来都出现了明显的衰退之势,传统徽墨业在科举制废除之后也失去了相当一部分的市场,茶业虽然在晚清民国时期有阶段性的复苏,但是无法在当时诸多商帮中形成绝对的垄断优势。总而言之,徽商在传统行业上的整体经营状况不如从前。与此同时,在一些新兴行业领域,如民族工业和教育出版业,徽商均有不同程度的涉猎,作为徽州商帮中的后起之秀,有相当数量的绩溪商人积极开拓上述新兴行业市场,从而也促使县内产业经济格局发生调整。

一、民族工业——以芜湖明远电灯公司为例

近代徽州的工业起步较晚,且工业化进程缓慢。宣统年间,屯溪举办了一次"物产会",会上所出展的是当时徽州六县出产的各类天然和加工制成品。从"物产会"获奖产品名目来看,虽然已有一些初级工业产品,但是仍以农矿产品和手工工艺品为主体。产品主要来自歙县、休宁、屯溪这些核心地区,绩溪这个偏远县份出产的工业产品则更为稀少。"工业于吾乡,殆不足

---

① 上海商业储蓄银行调查部:《上海茶及茶业》,1931年,第50页。
② 茶输出业同业公会:《各文化事业单位向本会劝募的来往文书》,上海市档案馆藏,S198-1-92。

述,大率为农之副业……其他工人常制器出售,惟无新工业,本乡客工近日渐多,大率为江西人、开化人、安庆人、歙南人。吾国工业之不振,人所共知,而吾乡尤甚……苟集无业子弟,兴工艺厂,以从事于家具、饮食、化学、织染等新工业,亦振兴之一法也"。①

绩溪乡绅朱瑞麟对本县工业与社会经济之间的关系有着自己的理解,他认为绩溪商业不振,农业不兴的根源在于"无工"。

> 徽人以商名天下,盖徽人性耐艰苦又好劳动,绩为徽州府属,趋重之点可知也,就百分比例之,除无职业者若干人,农约三十,商约三十,士约一十,工则百分中不过数人焉,从前业工艺者最多,今则他邑之缝工、木工、竹工、砖工及种种工匠,转谋衣食于绩,商无工则运动皆生货,农无工则植物无熟货,绩人未明其理,故所趋在商而店铺时闻倒闭,所重在农而田亩半即荒芜,是其弊不在无商无农而在无工。②

在绩溪,抑或徽州本土,发展近代工业有着天然的缺陷,其中最主要的制约因素是交通不便。工业的发展需要强大的运力来保证原料和产品运输的通畅,虽然绩溪本地蕴藏大量天然的工矿原料,但是在公路、铁路等新式运输方式出现之前,与外界沟通仍然主要依靠人畜力和水运,运力十分有限。在全球工业化浪潮的推动之下,商人率先察觉现代工业所能够创造的巨大商业价值,在绩溪以外选择具有良好有区位条件的城市来发展新型工业,便成为绩溪旅外工业的发端,其中最具代表性的就是芜湖明远电灯公司。

光绪三十二年(1906)十一月二十八日,在《申报》上刊登了一则《芜湖明远电灯有限公司招股广告》,内容如下:

> 本公司自张宗吉(性存)于去年创办,本年四月复由程宝珍(次濂)吴正尘(兴周)相继合办,具禀商部在案,先共集认股银三万两,

---

① 程宗潮:《绩溪十一都(仁里)民生状况调查报告》,见《千年仁里》,2009年,第237页。
② 《陶甓公牍》卷一二《法制科·绩溪民情之习惯·职业趋势之重点》,第613页。

于八月二十拨款买成新马路口厂地十九亩余,现已鸠工填筑建置,克日购(入)竖杆,附股诸君幸勿自误。兹将重订招股章程撮要,录供台电。

一、股本,拟集漕平银十万两作一万股,每股银十两,约英洋十四元七角。

二、机器,先购二部,点六千盏灯,每灯每月收鹰洋一元四角。

三、酬红股,于股本之外设一分,除创办人得五厘外,凡代招一百股者,即酬红股五股,代招若畸零,可与人凑领,一体给息分红。

四、优先股额,设三千股,计股银三万两,以登报一个月为限,满额即止,官息与寻常股同,红利则加二成分派十年,例如应派一百两,加二成则百廿两。

五、股银,登报日开收,来年二月底截止,道远恐汇缴不及,先函挂号。

六、股本,官息每月一分,交银次日起核,红股官息亦每月一分,开灯起核。

七、余利,作十四成分派,以一成公积,以一成酬董事查账人等之劳,以二成分给办事人等花红,余十成按股均派。

八、官息余利,开灯后每年正月凭折支取。

九、办事人员,由总经理量材选任,但入五百股者亦准保荐一人听选。

十、附股者开明姓氏、籍贯、居址,连股银交本公司经收股银处,先掣收条,候换票折。

十一、如欲阅重订招股章程者,请至本公司接待所及各经理处面取,外埠函索即寄。

十二、接待所现设芜湖新马路口经收股银处。

本埠接待所恒泰庄、同茂庄、宝兴号;外埠五马路东棋盘街庐阳公;通州城内仁泰衣庄;三十里镇鼎泰典;竹行镇德泰典;如皋郭家园善泰典;庐州府丁启盛号;宁国府谦泰砦坊;正阳森美庄;绩溪恒丰典。

　　　　芜湖明远电灯有限公司创办人程宝珍、张宗吉、吴正尘谨告。①

　　上文中所提到的程宝珍、张宗吉、吴正尘三人,皆来自绩溪。其中程宝珍是仁里程氏聚星堂下浩友派后裔,与富商程序东为同宗同派,他的家产虽抵不过程序东、程松堂等人,但也较富裕。在程宝珍投资明远电灯公司的资本中,也包含了程序东、程松堂、汪荃卿、汪楷卿等亲戚族人的股份。光绪三十二年(1906),程宝珍等发起人决定向全社会发起招股,这也是此则招股广告的由来。从广告内容来看,此次募股的总额为白银10万两,加上之前程宝珍、张宗吉、吴正尘三人集资的3万两,公司的初始资本在13万两左右。光绪三十三年(1907)明远电灯有限公司建成投产时,全厂共募得资本16.8万两,拥有职工80余人,德国进口的125千瓦发电机两组,200匹马力蒸汽引擎两座,年发电量2160瓦,该厂是当时安徽省内第一家电力工厂。②

　　公司在运营的初期遇到了许多困难,当时芜湖电灯普及程度一般,程宝珍在公司内部的组织管理方面亦缺乏经验,以至于年年亏损,拖欠当时芜湖大清银行的贷款数额也十分巨大,资金周转不灵,借贷无门,难以为继,程宝珍便将手中的股份转让给当时公司里的另一股东吴兴周,即上文中的吴正尘。

　　吴兴周,字正尘,绩溪西乡高迁人,早年在庐州府(今合肥)与友人合力经营一家商店。光绪二十八年(1902)前后,吴兴周把资金转移到芜湖,在下长街创立了"宝兴"京广洋货号。在接手了程宝珍的股份后,吴兴周便将"宝兴"脱手转让,出任明远电灯有限公司的总经理,专心专职经营。辛亥革命以后,清朝覆灭,大清银行随之倒闭,往日明远电灯公司所欠之债务亦一笔勾销,这为公司的发展提供了额外的助力,也成为吴兴周财富的重要来源。此后他先

---

① 《芜湖明远电灯有限公司招股广告》,载《申报》第12074号,1906年11月28日。
② 程维民:《程次濂创建芜湖明远电灯公司》,见《千年仁里》,2009年,第210页。

后吸收了一些小股东的散股,据吴氏族人吴迪民回忆,到抗日战争开始前夕,吴兴周手中的明远电灯公司股份价值达 16 万元之巨。①

在第一次世界大战期间,西方资本主义国家的互相牵制使中国民族资本主义经济的发展迎来了"短暂的春天",在这一时期,吴兴周以明远电灯公司为基础,迅速拓展了其他工商行业的经营业务。民国初年,吴兴周于芜明东门外大砻坊创办日新面粉公司;1918 年,吴兴周同歙县吴亮功等人合资创办大昌火柴公司,设于芜湖金马门外,由吴亮功任经理,厂内工人职员数百人,绩溪籍员工颇多;1918—1919 年,吴兴周与吴梦非、程民儒、吴惟贵等人联合创办了芜湖电话局;1920 年,吴兴周在绩人陈陶庵、章积和的劝说下,在芜湖大马路(今中山路)藕香居一带创办用生电镀公司,由陈陶庵任经理,章积和任副经理。② 在此阶段,明远电灯公司的经营状况也如日中天,1925 年,公司召开股东大会,决定添股 50 万元,增购 800 千伏安的西门子汽轮发电机一台、英国产拔伯葛锅炉一台,以应对社会的用电需求。③

20 世纪 20 年代末期,西方资本主义世界爆发经济危机,国内的民族资本主义经济也大受影响,吴兴周之前兴办的工业企业相继倒闭,明远电灯公司也只能勉强维持经营。抗日战争开始后,日军占领芜湖,吴兴周被迫弃厂回故里,匆匆结束了在民族工业上的经营生涯。

二、图书出版业——以亚东图书馆为中心

(一)安徽人的"洋书店"——芜湖科学图书社

清末废除科举设立新式学校后,以出版教科图书为主的出版社纷纷成立,如商务印书馆、文明书局、中华书局等,而这些出版社均集中在上海,仪器

---

① 汪菊农:《回忆芜湖明远电灯公司经理吴兴周》,见《绩溪文史资料》(第二辑),1988 年,第 146 页。
② 汪菊农:《回忆芜湖明远电灯公司经理吴兴周》,见《绩溪文史资料》(第二辑),1988 年,第 147 页。
③ 邵之惠:《芜湖"明远电灯股份有限公司"》,见《徽州文化研究》,合肥:黄山书社,2004 年,第 135 页。

等教育用品也在上海制造,当时内地各新式学校对图书和教育用品需求量颇大,但在物资转运方面较为不便。受当时国内维新运动的影响,有相当数量的维新人士渴望通过新书、新报来接受新思想,其中也包括汪孟邹,而这也成为他从事新书业的初衷之一。据他晚年回忆:"那时甲午战争刚过去,中国战败了,大家都认为非改革内政,国家就要亡了。康有为、梁启超几位先生发起了维新运动,各地方志士都赞助他们,我的业师同邑胡子承先生就是最热心的一个,他教我们八股外,还教我们历史和地理,而且劝我们节衣缩食,购阅当时出版的新书和新报。这就是我接受新思想的原因,也是我对于新书业发生兴趣的原因。"①

在市场环境和个人思想等各方面因素的共同作用之下,绩溪人胡子承、汪孟邹、周栋丞等人筹集了1200元的资金,在芜湖开设了一家以运销各种教育书籍、用品为主的商店,这便是芜湖科学图书社的最初由来。汪孟邹等人之所以选址芜湖,主要是借长江水运之便,先向上海采购书籍用品,再转供自芜湖至屯溪一路各学校。当时皖南铁路、公路均未开辟,主要的运输方式由该社专雇挑夫两名,轮流循旱路肩挑出发,经宣城、宁国或南陵、泾县两路而至绩溪,再往歙县直至屯溪,沿途分送到校,全程六七日,每人每月一次。②科学图书社店址在芜湖长街徽州码头的文危楼,据汪原放回忆,当时店铺情形如下:

> (科学图书社)很干净,到了夜里,很亮,因为有电灯。
>
> 科学图书社的门面不阔,只有一开间,阔不会有两丈,而长倒有十倍左右。
>
> 门口一排是六扇大玻璃窗,当中两扇常开。夜里上店门,上在

---

① 汪孟邹:《我与新书业——答萧聪先生》,载《大公报·出版界》,1947年8月24日,第46期。

② 据民国《绩溪县志》记载,当时科学图书社的专职挑夫为孙、马二人,"在该社任此职务一二十年,班期准确,送货亦鲜错误,所至各校之师生无不知有老孙老马其人而计期盼到。该社之营业信用以及该二人之服务精神,均极为教育界所称道"。(台北市绩溪同乡会编:《绩溪县志》,1963年,第718页。)

玻璃窗门外面。因为有玻璃窗门挡住,所以店门只能朝外开。俗话说:"店门朝里开,元宝滚滚来。"科学图书社不管,实事求是,只能朝外开便朝外开了,这也是破除迷信之一。

  第一进是店堂,进门反手有不大的陈列柜,上面有书橱,陈列新书。差不多在店堂的中央,是直柜台,约有三丈多长。柜内有大书橱,放着手头要卖的书。顺手,柜外,上面是玻璃书橱,下面是玻璃陈列柜,陈列仪器用具。

  进到第二进,柜外有两扇短门,一般顾客到门为止了;只有批发的可以进入内堂。正对大门,反手靠墙,是管内账的坐的位置,还有管事的办事台等等。

  第三进最长。当中反手有天井,天井对面像个小客厅,墙上挂有小中堂,两边是对子。后来挂过陈仲翁写的大字的对子,句云:"推到一时豪杰,扩拓万古心胸"。①

从上述内容来看,当时科学图书社的规模虽不大,但从店铺装饰风格、物品到经营习惯等诸方面细节已可以感受到科学图书社"洋书店"的气息,如配备了电灯,大量采用玻璃装饰,摒弃了传统商家供奉神灵、讲究风水的传统,但其新式"洋书店"的特征主要体现在所经营和所出版的报刊图书上。

在创办之初,店里除售卖教科书外,其余较多的便是新书报,如《黄帝魂》《革命军》《苏报》《复报》等,而其中在当地社会中最具影响的便是由科学图书社自行出版的《安徽俗话报》。该报最早是由陈独秀在1904年创办的,他在第一期中谈到创办该报的原因:

  我开办这个报有两个主义,索性老老实实地说出来好叫大家放心:第一是要把各处的事体说给我们安徽人听听,免得大家蒙在鼓里,外边事体一件都不知道。况且现在东三省的事一天紧似一天,若有什么好歹的消息,就可以等在这报纸上告诉大家,大家也好有

---

① 汪原放:《回忆亚东图书馆》,1983年,第9~10页。

个防备。我们做报的人就算是大家打听信息的人,这话不好吗?

第二是要把各项浅近的学问,用通行的俗话讲演出来,好叫我们安徽人,无钱多读书的,看了这俗话报,可以长点见识。①

陈独秀将拟办《安徽俗话报》的想法告诉科学图书社的经营者胡子承,胡子承在表示支持的同时,对该报的出版方式和前景提出了一些现实的忧虑,胡子承曾写信给汪孟邹,欲与店内同志谋划共同出版一事,是信内容如下:

> 陈君重甫拟办《安徽俗话报》,其仁爱其群,至为可敬可仰,然内地风气至为阻塞,加以专制官吏,专与学堂、报馆为仇,若无保护而行此于内地,恐后祸未可预测耳。盖办报有二种:如南北官报之官样文章,实无益于群治,反是而欲输入东西政治文明之思想于吾群,则必受官吏之凌辱,不卜可知。
>
> 此事应如何应付,本社诸同志与栋老会面时当可妥商也。②

最终在科学图书社胡子承、汪孟邹、周栋臣等人群策群力下,光绪三十年(1904),《安徽俗话报》的第一期由科学图书社正式出版发行。该报为十八开本,每本二十页左右,每月初和月中各发一期,每期印四千本,售价五十文,由上海大陆印刷局承印,代派处共有五十八处,除安徽各地外,在上海、北京、保定、南京、镇江、沂州、长沙、沙市、南昌、新民屯等地亦设有。内容分论说、要紧的新闻、本身的新闻、历史、地理、教育、实业、小说、诗词、闲谈、行情、要件、来文,共十三门。③ 陈独秀曾用"三爱"的笔名在该报上发表《地理略》《论戏曲》《亡国篇》《瓜分中国》《黑天鹅》《枪法问答》等多篇论说和小说,多为倡导改良教育、抨击封建伦理道德、呼吁民族救亡运动等等。但由于陈独秀的维新思想过于尖锐,当时《安徽俗话报》受到了外界较多的批评质疑,胡子承在

---

① 三爱:《开办安徽俗话报的缘故》,载《安徽俗话报》,1904 年第 1 期,第 2 页。
② 汪原放:《回忆亚东图书馆》,上海:学林出版社,1983 年,第 13 页。
③ 三爱:《开办安徽俗话报的缘故》,载《安徽俗话报》,1904 年第 1 期,第 4~5 页。

写给科学图书社的一封信中讲到如下内容：

> 至《俗话报》出版以来，同人皆颇欢迎，而局外则多訾议。如"自由结婚"等语，尤贻人口。其实此时中国人程度至"自由结婚"尚不知须经几个阶级，若人误于一偏，不将"桑濮成婚"概目为文明种子乎？
>
> 鄙人甚敬此报，甚爱此报，而又不敢随声附和此报，意欲更图改良，立定宗旨，可乎？请与重翁等商之。①

光绪三十一年（1905），在出版发行了二十三期后，《安徽俗话报》便停刊了。但客观地说，芜湖科学图书社和《安徽俗话报》作为绩溪商人开辟的全新经营领域，在近代文化界和商界皆产生了不可忽视的影响，也为后来上海亚东图书馆的建立积累了一定的社会资源和经营管理经验。

（二）上海亚东图书馆的创办与经营

辛亥革命后，汪孟邹等人便计划将书店发展到上海经营。1913年，在陈独秀的鼓励支持下，②汪孟邹、胡子承、汪原放等人共同出资，在上海四马路惠福里设立了亚东图书馆。当时除亚东图书馆的招牌外，还挂有科学图书社的招牌，因为两者股东为同一批人，亚东图书馆还替科学图书社办理图书、杂志出版等业务。后来，亚东图书馆先后搬迁至棋盘街平和里和四马路江西路口福华里。

亚东图书馆成立不久，便在报纸上刊登了《上海亚东图书馆宣言》，说明了创办的宗旨在于引进西方新学，启迪民智，以挽救危亡国运，因此亚东图书馆最早出版的是一批地理新图和地理教科书，欲运用现代化的学科体系来普及一般国人的地理认知。以第一批出版的"中华民国四大交通图"为例，该套交通图分为《全国铁道图》《全国邮政图》《全国航线图》和《全国电线图》，由

---

① 汪原放：《回忆亚东图书馆》，上海：学林出版社，1983年，第16~17页。
② 当时陈独秀对汪孟邹说："我来和烈武（柏文蔚，时任安徽都督）说，要他帮一点忙，你还是到上海再开一个书店的好。"（汪原放：《回忆亚东图书馆》，上海：学林出版社，1983年，第18页。）

胡子承和程铁华合编,采用欧美的制图之法,四大交通机关各自为图,胪列现状,详明特别强调了民族意识在地理概念上的体现。"于交通上,为外人所攘夺之权利,特加详载,使国民知所警觉"。① 不久后,"中华民国自然地理图"(分为《全国地文图》《全国地势图》《全国山脉图》和《全国水道图》)和胡子承独撰的《新编中华民国地理讲义》相继出版,受到了梁启超、马君武、黄炎培、章士钊等人士的高度评价。

在亚东图书馆初创的几年内,经营状况并不是特别理想,而汪孟邹同时要兼顾科学图书社的生意,加上章士钊所创的《甲寅》杂志转由亚东图书馆出版后,资金压力便更为紧张。为缓解经营压力,亚东图书馆一方面缩减店面,另一方面缩减员工,减少额外开支,汪孟邹还一度兼做杂粮生意以补贴亚东图书馆的经营运作。在1915—1916年,汪孟邹等经营者还酝酿通过群益书社、亚东图书馆、通俗图书局三家合办的方式成立一个"大书店",未果。便又打算将亚东图书馆、群益书社合并,于是,1916年11月,汪孟邹、陈独秀去往北京为该事宜集资招股。出人意料的是,在北京期间,当时北京大学校长蔡元培来访陈独秀,欲请他做北京大学文科学长,1917年陈独秀给胡适信中如是说:

> 弟与孟邹兄为书局招股事,于去年十一月底来北京勾留月余,约可得十余万元,南方约可得数万元,有现金二十万元,合之亚东、群益旧有财产约三十万元,亦可暂时勉强成立,大扩充尚须忍待二三年也。书局成立后,编译之事尚待足下为柱石,月费至少可有百元。蔡子民先生已接北京总长之任,力约弟为文科学长,弟荐足下以代,此时无人,弟暂充乏。②

虽然亚东图书馆、群益书社合并事宜并未实现,但是陈、汪二人北上之行确实为亚东图书馆谋得了实际的利益。在陈独秀任北京大学文科学长后,向

---

① 汪原放:《回忆亚东图书馆》,上海:学林出版社,1983年,第24页。
② 《胡适往来书信选》(上册),北京:中华书局,1979年,第6页。

学校推荐亚东图书馆作为北京大学出版部的代理出版机构,出版了《中国史讲义》《史记探源》《清史要略》等书(表3-16)。1919年初,亚东图书馆在报纸上刊登了一则《购北京大学出版部书籍者鉴》的广告:"北京大学出版社新书甚夥,全国风行,其价值无待辞费;只以南方各省销售数甚多,直接北京,颇感不便,故特委托本馆为上海总经理处。"①此事件遂成为亚东图书馆经营历史上的一个重要转折点。

表3-16　亚东图书馆出版北大书籍书目一览

书名	作者、编者	售价
中国史讲义(上世史)	杨敏曾	四角
中国史讲义(中世史)	杨敏曾	四角
史记探源	崔适	六角
春秋复始	崔适	六角
清史要略	陈怀	三角
诗学	黄节	一角二分
文字学形义篇	朱宗莱	二角
文字学音篇	钱玄同	二角
论语足徵记	崔适	一角
程选模范文	程演生	四角
重印词源	张炎	一角二分
南曲谱		一元
重印北词广正谱	徐于室	六角
本国人文地理	钱正椿	五角
代数学讲义一、二篇	石鸿翥	六角
西洋伦理学	杨昌济	二角五分
伦理学之根本问题	杨昌济	五角
哲学概论	陈大齐	四角

---

① 汪原放:《回忆亚东图书馆》,上海:学林出版社,1983年,第38页。

续表

书名	作者、编者	售价
新编印度哲学概论	梁漱溟	七角
德意志之战时经济	嘉赛尔	二角七分
财政学参考(预算篇)	王祖建	一角四分
现行律例关于民事有效部分		一角
欧洲战时之经济财政	堀江归	铜元十四枚
强制执行法草案	左德明	铜元二十四枚
破产法草案	林行规	铜元十三枚
票据法草案	周家彦	铜元九枚
德意志刑法草案	王荫泰	铜元四十四枚
战时战事国际法	张家森	铜元七十八枚
合计数量	28	

资料来源:汪原放:《回忆亚东图书馆》,上海:学林出版社,1983年,第39~40页。

除经理北京大学的书籍出版外,亚东图书馆在1919年以后还出版发行《新青年》《国民》《新潮》《北京大学月刊》《建设》《少年中国》等杂志。据1963年亚东图书馆职员汪原放的大致统计,从1914年至1952年,亚东图书馆出版的各种杂志和书籍种类达268种,[①]其所设的代售处覆盖全国21个省179个市县,并在国外东京、堤岸、曼谷、吉隆坡、新加坡、马尼拉、仰光、纽约等地都设有代销售点。从经营状况来看,1919年以后亚东图书馆在多数年份都获得了较为丰厚的商业利润,其中在1920年、1922年的年收益率甚高达424%和417.6%(表3-17)。汪孟邹在回顾自己从业生涯时曾说:"一般营业当然是资本愈多愈好,规模愈大愈好;可是我们亚东图书馆这样小规模也有好处。那些大出版家不免畏首畏尾,我们胆子就比较大些。记得民国八年(1919)秋天,中山先生要办《建设杂志》,同那些大出版家商量代为印刷和发行,每家都拒绝了,最后,朱执信先生来同我们商量,我们答应了下来。《建设

---

① 汪原放:《回忆亚东图书馆》,上海:学林出版社,1983年,第216~228页。

杂志》出至二卷六期,另外还有小册子,如《孙文学说》,也是我们印的,销路都很好,海内外都很风行。"①正是由于经营者灵活的营销策略和谨慎的工作态度,亚东图书馆从而成为近代上海出版业中规模不大却享有盛名的出版公司。

表3-17　1919—1935年亚东图书馆经营状况一览表

(单位:厘)

年度	收入		支出	收益率
	批发	零售		
1919	7,525,858	5,417,143	4,425,689	192.5%
1920	26,602,152	9,467,559	6,883,267	424%
1921	28,740,303	12,161,713	10,423,342	292.4%
1922	48,497,908	19,026,532	13,044,784	417.6%
1923	50,045,176	18,000,766	18,163,045	274.6%
1924	47,785,986	17,225,056	22,166,887	193.2%
1925	64,596,632		27,239,620	137.1%
1926	70,676,920		25,686,917	175.1%
1927	59,876,996	16,402,938	28,770,628	165.1%
1928	51,704,525	27,985,492	33,546,792	137.5%
1929	70,388,245		34,920,040	101.6%
1930	70,837,071		29,631,494	139.1%
1931	67,233,598		29,898,988	124.9%
1932	39,330,390		29,056,444	35.4%
1933	22,159,952	22,785,136	31,513,484	42.6%
1934	15,542,091	3,266,602	23,155,527	−18.8%
1935	6,060,844	4,581,274	13,240,674	−19.2%

资料来源:汪原放:《回忆亚东图书馆》,上海:学林出版社,1983年,第230~231页。

---

① 汪孟邹:《我与新书业——答萧聪先生》,载《大公报·出版界》,1947年8月24日,第46期。

(三)徽州本地的新书业

徽州本地是科学图书社书籍和教育用品的主要销售地之一,虽然该社定期有人负责配送,但是供货速度还是跟不上市场需求,有鉴于此,原科学图书社职员、邑人周植夫于民国初年在屯溪设立了科学图书馆,专门从事本地的图书销售。

屯溪科学图书馆虽然与科学图书社之间没有隶属关系,但是在业务上存在较为密切的往来,该馆销售的大部分书籍和文具都是经由芜湖科学图书社转运。1931年徽杭公路开通后,各级学校教科书和文具直接采购于上海、杭州的各大书局,因此该馆的业务更加繁忙。抗日战争期间,皖南地区成为敌后方的军政重地,各文化机构和各级学校构纷纷进入泾县、旌德、南陵、休宁、绩溪、歙县、黟县、祁门等地,一时间书店林立,屯溪科学图书馆在第二代经理周道谋手中经营更为得法,成为供应皖南各县各级学校教科书和文具用品的主要经销商,对于徽州本地文化事业之发展贡献卓著。①

除屯溪科学图书馆外,绩溪商人在徽州本地所设的书店还有皖南书社,由程敷信于1938年开设,地址在屯溪老街同德仁药号对面。程敷信自任书社经理,股东有姚文采、陈虎臣、周德之等人。该书店每逢节假日便对青年、妇女、儿童、教师等人群给予九折优惠,生意兴隆,时人称之为"屯溪书店巨擘,东南文具总汇"。②

毫无疑问,绩溪商人的商业经营是徽州商业版图的重要构成部分,既有传统行业,如茶业,也有出版业、民族工业等新兴行业。这种多元化的商业经营在客观上促进了整个徽商群体的发展和壮大,正如唐力行所言:"同为徽商,各邑主干商业却不相同。它在客观上有利于徽商集团互不干扰的发展势力,建立垄断。同时,各血缘网络又相互交叉,这表现为各邑在主干行业外,

---

① 台北市绩溪同乡会编:《绩溪县志》,1963年,第720页。
② 绩溪县地方志编委员会编:《绩溪县志》,2011年,第453页。

百业俱存,无货不居。"①

　　以绩溪旅沪徽馆业为例,从上海开埠到新中国成立的百余年间,旅沪徽馆业的发展历程几乎贯穿了整个上海的近代历史,既是近代上海城市空间开拓过程中的一条线索,又是旅沪徽商盛衰变迁的一个缩影。晚清时期,徽商势力在上海的汇聚是早期徽馆业产生并快速崛起的首要因素,民国初期,随着上海地理空间的进一步拓展,包括大众消费空间和公共休闲娱乐空间在内的城市文化空间也逐渐变得多元化,在京菜、闽菜、鲁菜、粤菜、川菜、苏锡菜、宁波菜等各帮菜的冲击下,徽馆一家独大的格局被打破,它所占有的饮食市场份额开始逐渐减少。到1928年前后,徽馆的衰落之势已渐趋明显,至抗日战争开始前夕,上海徽馆在中高端餐饮市场的竞争力持续减弱,在行业规模和知名度上已无法与粤菜、川菜、宁波菜等外帮菜馆相抗衡。通过徽馆业的盛衰变迁,能够窥见近代以来徽商群体及其所经营行业的变化趋势。

　　作为传统行业的茶业,近代以来,在产品种类、制作工艺、经营方式和商业势力等方面出现了若干新变化,绩溪茶商的活动范围,从早期的杭州、苏南一带,在五口通商后迅速发展到上海、汉口等口岸城市,商业实力也较前期显著增加。在民国时期,茶业更是成为继徽馆业之后绩溪旅外商业的主要经济支柱。

---

①　唐力行:《从杭州的徽商看商人组织向血缘化的回归——以抗战前夕杭州汪王庙为例论国家、民间社团、商人的互动与社会变迁》,载《学术月刊》,2004年第5期,第58~67页。

第四章　绩商社会网络的构建与变迁

徽商之所以在明清时期能够产生举世瞩目的影响,在很大程度上要归功于建立在地缘和业缘关系上的庞大商业网络。网络的实质是实现人际关系的协调,而徽商通过通融资金、雇佣关系和族谱编纂等方面强固并扩大了这层地域关系。① 作为商业网络中的主要组织机构,商人会馆是近代区域商帮和地方经济研究关注的重要对象。1922 年日本学者和田清最早提出中国商人会馆与工商行会问题的讨论,②继和田清之后,加藤繁、根岸佶等人先后对中国近代业缘性的商人会馆开展了相关研究。③ 1966 年,何炳棣着眼于明清时期的会馆制度,从地缘性的角度出发,论述了中国社会在"近代化"过程中地缘和业缘组织之间的接触与互动关系。④ 随着社会史思潮的兴起,学界开始将会馆制度史与地方社会史研究结合,邱澎生在其《商人团体与社会变迁:清代苏州的会馆公所与商会》一文中围绕明清时期苏州不同商人团体与地方社会、政府之间的关系演变,对近代中国社会变迁

---

① 臼井佐知子、何小刚:《徽商及其网络》,载《安徽史学》,1991 年第 4 期,第 18~24 页。
② 和田清:《关于支那的金银钱》,《东洋学报》,1922 年 12 月。
③ 加藤繁:《清代的北京商人会馆》,载《中国经济史考证》(第三卷),北京:商务印书馆,1973 年,第 101~122 页。
④ 何炳棣:《中国会馆史论》,台北:台湾学生书局,1966 年。

的动态过程作了细致的综合说明。① 王日根在其著《乡土之链：明清会馆与社会变迁》的研究基础上进一步扩充资料，撰写完成了《中国会馆史》一书，并于2013年编纂了《中国会馆志资料集成》，成为目前国内会馆相关问题研究最为系统的史料汇编。②

绩溪商人群体的兴起和商业网络的构建，与该县商人会馆的建立和运作息息相关。从明万历京都绩溪会馆到民国时期各种业缘、地缘组织的建立，体现的是商人网络在内部属性、组织结构和社会功能上的动态变化过程，也反映出绩溪商业网络与地方社会变迁的相互关系。本章拟结合方志、谱牒、文书等相关文献，对明清以来绩溪商人地缘业缘组织的空间分布、规模、类型和功能作概括分析和论述。

第一节　绩溪会馆的空间分布与组织类型

一、绩溪会馆的空间分布

绩溪籍人士最早组建的同乡会馆是京都绩溪会馆，始建于明万历四十七年（1619），这也是清代以前唯一的绩溪同乡组织。清乾隆以后，随着绩溪旅外商业规模的扩展，绩溪商人参与和组建的商人会馆逐渐增多，分布和规模也有所扩大。据不完全统计，清至民国期间绩溪旅外同乡、同业组织可考的兹列于表4-1。

---

① 邱澎生：《商人团体与社会变迁：清代苏州的会馆公所与商会》，台湾大学博士学位论文，1995年。
② 王日根：《乡土之链：明清会馆与社会变迁》，天津人民出版社，1996年；王日根：《中国会馆史》，上海：东方出版中心，2007年；王日根、薛志鹏主编：《中国会馆志资料集成》，厦门大学出版社，2013年。

表 4-1 绩溪同乡、同业组织分布统计

省份	县市	会馆、公所名称	创设时间
北京	北京	京都绩溪会馆	明万历四十七年(1619)
		梁安会馆	清朝初年
上海	上海	徽宁会馆(思恭堂)	清乾隆十九年(1754)
		徽州旅沪同乡会	民国十四年(1925)
		绩溪旅沪同乡会	民国十九年(1930)
		安徽旅沪劳工会	民国十年(1921)
		上海茶叶商业同业公会	民国三十五年(1946)
		上海茶输出同业公会	民国三十四年(1945)
		中国茶叶协会	民国三十五年(1946)
		上海书业同业公会	清宣统三年(1911)
		上海酒菜馆业同业公会	民国三十一年(1942)
		华阳旅沪馆业公所	民国十一年(1922)
浙江	杭州	杭州绩溪同乡会	民国二十四年(1935)
		新安惟善堂	光绪三十一年(1905)
		杭州面点商业同业公会	
	平湖	平湖徽商会馆	
	淳安	淳安绩溪同乡会	清光绪年间
	寿昌	寿昌绩溪同乡	民国十二年(1923)
	兰溪	兰溪新安同乡会	清乾隆二十一年(1756)
	孝丰	绩溪同乡会	
江苏	溧阳	新安六邑旅溧同乡会	清光绪年间
	吴江盛泽镇	盛泽徽宁会馆(积功堂)	嘉庆十四年(1809)
	南京	绩溪旅宁同乡会	民国二十三年(1934)
	泰县姜堰	泰县新安会馆	民国初年
	苏州	积功堂	清乾隆五年(1740)

续表

省份	县市	会馆、公所名称	创设时间
		诚善局	清乾隆八年(1743)
		积德堂	清道光八年(1828)
		徽郡会馆	清乾隆三十五年(1770)
	南通	通州义冢	
湖北	汉口	徽州旅汉同乡会	
安徽	郎溪	徽州会馆	清光绪三十一年(1905)
	广德	广德徽州同乡会	民国二十八年(1939)
	休宁	休宁绩溪同乡会	民国初年
	宁国	宁国绩溪同乡会	
	宣城	宣城绩溪同乡会	
	泾县	泾县绩溪同乡会	
	安庆	安庆绩溪同乡会	
	芜湖	芜湖绩溪同乡会	
总计数量	38		

资料来源:绩溪县地方志编纂委员会编:《绩溪县志》,1998年,第455~456页;苏州历史博物馆:《明清苏州工商业碑刻集》,南京:江苏人民出版社,1981年,第355~357页;彭泽益主编:《中国工商行会史料集》(下),北京:中华书局,1995年,第869~872页;《1947年徽宁会馆全体董事名册》,上海市档案馆藏,Q6-9-110;《徽宁思恭堂征信录》,载王日根,薛鹏志编:《中国会馆志资料集成》第一辑(9),厦门大学出版社,2013年,第486~495页;《新安惟善堂征信全录》,光绪七年(1881)刻本

上表中所列会馆、公所等同业、同乡组织仅为笔者搜索目前所见文献摘录而来,实际数量应该要远高于这个数字。但从这些可考会馆的空间分布和创设时间来看,能够大致反映出晚清以来乡缘、业缘组织时空演变的基本趋势。

从统计数据体现的空间分布上看,绩溪商人会馆、公所高度集中于江南地区的江、浙、皖、沪四省,上述地区的绩溪会馆数量共占到总数的89.7%,仅上海一地就有绩溪商人参与的11个同业、同乡组织,占将近三分之一的份

额。这种分布特征与晚清民国以来绩溪商人的空间、行业分布呈现出高度的一致性。而从会馆的始建时间来看，在表4-1统计的会馆、公所中，建于道光以前的仅有8个，占总数的20%，而清晚期以来，或者准确说是太平天国运动后的建馆数量则占总数的80%，特别是在民国年间，建立的会馆达17个，占了近44%。一般而言，商人会馆的数量和分布密度与城市商业经济规模呈正比，但各城市自身的发展建设也存在时间上的差异，因此会馆的出现时间和分布也呈现出地域性的差序格局。对比上海和苏州两大江南经济都会，可以明显感受到城市发展与会馆兴衰变化的内在关联。

上海作为中国近代时期较晚发展起来国际商业都会，在清以前并不是没有会馆存在，最早出现的会馆是建于清顺治年间的关山东公所，"国初顺治年间，合关东、山东两帮集资于上海县城西置田五十余亩，以为葬埋公地"。① 至清同治年间，上海仅有16家同乡性质的会馆、公所。而苏州最早在明万历年间便已经出现由广东和福建商人组建的岭南会馆和三山会馆；天启五年（1625），东莞商人已成立东莞会馆；清康乾年间，苏州城内共有商人会馆29所；至同治年间，苏州已有同乡官僚、商人组建的会馆35所，是同一时期上海会馆数量的一倍以上。② 从绩溪商人在上海、苏州两地参与组建的同乡会馆来看，清同治之前在苏州的会馆有积功堂（1740年建）、诚善局（1743年建）、积德堂（1828年建）、徽郡会馆（1770年建）4所，而上海仅有建于清乾隆十九年（1754）的徽宁思恭堂，这一情况与两地会馆的整体比较基本保持一致。同治以后至民国时期，沪上各帮商人成立的会馆、公所出现了爆发式的增长，据民国时期的《上海指南》统计，上海商人会馆、公所在1910年为26所，1916年为44所，到1922年增至53所。③ 这个统计数字尚不包括同业性的商人会馆，实际存的会馆数量还忘在此之上。绩溪商人参与的徽州旅沪同乡会、绩溪旅沪同乡会、安徽旅沪劳工会、华阳旅沪馆业公所

---

① 上海博物馆历史资料室编：《上海碑刻资料选辑》，1980年，第194页。
② 郭绪印：《老上海的同乡团体》，上海：文汇出版社，2003年，第15～16页。
③ 《上海指南》，上海：上海商务印书馆，1910年、1916年、1922年。

也都成立于民国时期。而反观这一时期苏州会馆数量,仅存 12 所,较之前不增反降。苏、沪两地在晚清民国时期的会馆发展情况与前一阶段出现了极为明显的数量反转。

除了上海、苏州、杭州这类都会城市以外,江南地区一些商业贸易繁荣的市、县、镇同样也汇聚了相当数量的绩溪商人,在浙江孝丰、平湖、兰溪、寿昌、淳安,江苏溧阳、吴江、南通、泰县等地都有绩溪商人会馆的分布。

溧阳是绩溪商人在江苏省内的主要汇集城市之一,据当代《绩溪县志》统计,绩溪商人在溧阳开设的店号有 47 家,涉及副食杂货、典业、茶业、木业、国药、徽馆等多个行业,①其中如汪德隆、黄义兴、义隆润、福茂、德泰昌、万年春等商号在溧阳当地颇具知名度。光绪年间,绩溪人许春源召集旅溧的徽州同乡成立"特标会"筹措资金,重建溧阳徽州会馆。该会馆位于城西曹家巷,办事处在码头街碑林巷新安别墅。民国十一年(1922),溧阳徽州会馆名下有田产 300 余亩,房屋 80 余幢,年收租谷 2 万多斤,房租 4800 元,并在码头街龚坊场设新安公寓。②

明清时期的吴江盛泽镇是江南的一个商业重镇,"凡江、浙两省之以蚕织为业者,俱萃于是。商贾辐辏,虽弹丸地,而繁华过他郡。皖省徽州、宁国二郡之人,服贾于外者,所在多有,而盛镇尤汇集之处也"。③嘉庆十四年(1809),徽州六县商人在盛泽镇西场圩璇葭浜置地创建积公堂义冢和会馆,道光十二年(1832),积公堂与旌德会馆商议将两地会馆合为徽宁会馆,"旌邑原议捐资二千四百,后增健馆傍屋、殡舍、驳岸、公置田产,又加捐二千有奇,共捐四千五百余金……议定徽郡六邑出十之七,旌邑出十之三,公同酌办"。④在该年徽宁会馆合并的捐输,绩溪县共有程世来、程冠五、程廷江、汪

---

① 其中土杂百货 24 家,粮油酱酒 9 家,茶叶、木竹各 4 家,国药 3 家,钱典 2 家,徽馆 1 家。(绩溪县地方志编委会编:《绩溪县志》,1998 年,第 451 页。)
② 绩溪县地方志编委会编:《绩溪县志》,1998 年,第 456 页。
③ 苏州历史博物馆:《明清苏州工商业碑刻集》,南京:江苏人民出版社,1981 年,第 356~357 页。
④ 苏州历史博物馆:《明清苏州工商业碑刻集》,1981 年,第 355 页。

元星、陈嘉添、汪绍渭六人参与。根据《徽宁会馆捐银总数并公产粮税碑》的统计，从嘉庆十三年(1808)至道光十年(1830)，绩溪商人共捐足钱七百十二千一百四十四文，这个捐输额在徽州六邑商人中仅次于歙县（五千三百二十八千一百三十七文）和休宁（五千八百五十三千六百三十文），①由此可见道光年间绩溪商人在徽宁会馆中，至少在经济方面已经拥有相当不俗的地位和话语权。

浙西新安江上游流域地区的严、衢、婺三府作为距离绩溪本土较近的传统徽人经商场所，绩溪商人在淳安县、遂安县、寿昌县、兰溪县等地都有较多数量的分布，并成为当地组建和运营徽商会馆的主干人群之一。如遂安，民国十年(1921)"始遵部颁商会法组织县商会，假新安会馆为会址"，绩溪人章渭鎏出任第二届商会会长（第一任会长是杭州人陈夔）；②淳安绩溪会馆始建于光绪三十四年(1908)，由胡拕吉集合商界人士募集资金数千元，在淳安县城下直街胡咸春药堂旁建造前堂后厅房屋一幢，创建淳商会，胡拕吉被推选为商会总理，其后子孙三代均继任会长一职，并承担了大部分的会馆经费支出；③兰溪新安会馆建于乾隆二十一年(1756)，会馆人员中绩溪人居多，由绩溪商人章文高等36家商号轮流司年支付经费，主要承担收容病患、施棺助葬和赡养孤鳏的义务。④

二、会馆的组织类型

表4-1所列会馆、公所的组织类型大致可以归为四类：第一类是完全由绩溪人建立并参与的县级同乡组织，如京都绩溪会馆、杭州绩溪同乡会、淳安绩溪同乡会等；第二类是有绩溪商人参与的府一级同乡组织，如上海徽宁同乡会馆、新安六邑溧阳同乡会等；第三类是绩溪商人在经商地组建或参与的

---

① 苏州历史博物馆：《明清苏州工商业碑刻集》，1981年，第358页。
② （民国）罗柏麓修，姚桓等：《遂安县志》卷五《文治志·实业·农商会》，1930年。
③ 绩溪县地方志编委员会编：《绩溪县志》，1998年，第456页。
④ 绩溪县地方志编委员会编：《绩溪县志》，1998年，第455页。

同业组织,如上海茶叶商业同业公会、上海酒菜馆业同业公会等;第四类是同乡兼同业的公所,典型的有华阳旅沪馆业公所。

与区域性同乡会馆相比,单一行业性组织的同业公所出现相对较晚,且主要分布于晚清民国时期的一些商业都会城市。表 4-1 所列的绩溪会馆、公所中,有 8 所属于同业组织,其中 7 所位于上海,在绩溪旅沪商人会馆中占据一半以上的比例。从这部分同业组织的行业构成来看,主要集中在茶业和酒菜行业两个领域,这也是在绩溪旅沪商人中从业人数最多、经营规模最大、影响最广的两大行业。如茶业,"民国初年,仅绩溪一县在上海经营茶业的就有 33 家",①上海店庄零售茶叶市场几乎为绩溪帮所垄断。而绩溪徽馆业则更是成为上海餐饮市场中的早期霸主,"本来独霸上海吃食业的,既不是北方馆子,也不是苏锡馆子,更不是四川馆子,而是徽州馆子"。② 华阳旅沪馆业公所由旅沪徽馆业商人路文彬率先发起,并于 1922 年 10 月 15 日的《申报》上刊登启事,召集旅沪馆业同仁。

> 本埠菜馆林立,向无公所,昨晚经该业发起人路文彬等,联络各帮菜馆经理假座宝善街大庆园开筹备会,讨论组织公所方法,到者以徽馆经理为最多,路文彬主席说明发起原因,略谓吾业迩来日臻发达,惜无同行规则,在营业上只图竞争,不顾存本,卒至外强中干,前途颇为危险,补救之计其惟组织公所,划一规例借资遵守。讨论结果,先征求会员,次筹特别捐,当场认捐者,颇为踊跃,一有整数,尚须购地建筑云。③

1922 年 10 月 18 日,申报上再次刊登关于成立旅沪绩溪馆业公所的声明。

> 启者,吾华阳旅沪馆业,自昔称盛,近益发达,惟无群力团体,恐

---

① 何警吾 编:《徽州地区简志》,黄山书社,1989 年,第 138 页。
② 曹聚仁:《上海春秋》,2007 年,第 307 页。
③ 《菜馆业谋组公所》,载《申报》第 17833 号,1922 年 10 月 15 日。

不足以持久远。今由路文彬等发起,创立公所,建设医院,以维馆业同人幸福为宗旨,并无股东、伙友阶级之分别,深恐人众或有不知其中详细者,发生误会,特此登报声明,凡吾同人,如有意见发表,尽可致函讨论或面商建议,经众认为理由充足,无不容纳。至于本所职员尚未选定,须征同业多数人赞成,方为合格条例一层,我谊东伙蝉联,如不逾越范围,尽可修改,同人不敏,敬希卓裁。华阳旅沪馆业公所筹备处启,筹备处暂设聚乐园。①

以路文彬为代表的绩溪徽馆业从业者之所以渴望成立这一公所,主要是因为当时徽馆在发展中所遇到的时代困境。徽馆业作为近代绩溪的新兴行业,进入上海的时间相对较早,民国以前在上海餐饮市场中占据着绝对的霸主地位,至民国十年(1921)前后,县内已经有将近千人在上海从事徽馆经营。而随着上海经济的持续发展,各商帮势力逐渐涌入,商业竞争日臻激烈,绩溪徽馆业在餐饮行业中所占之比重呈现出了下行的趋势。民国以来,尽管徽菜馆的数量在增加,然而整个上海餐饮市场都在扩大,京帮菜、粤菜、宁波菜、川菜、苏锡菜,还有西餐相继进入并发展壮大,1909年版《上海指南》统计的徽菜馆数量为17家,外帮菜馆数量为26家;1912年版《上海指南》列出的徽菜馆为19家,而外帮菜馆则增至43家。② 行业经营者逐渐意识到松散式的经营在同业竞争上无法取得优势,有必要成立一个公会组织来管理数量庞大的徽馆,规范行业经营,维护同行权益。

上海茶叶商业同业公会的建立背景与华阳旅沪馆业公所有所不同,茶业经济多于徽馆行业,其也大于规模也大于徽馆行业,在生产、批发、零售和出口这四个主要门类中,"上海店庄营业大半属于徽州绩溪帮。五年以前,全市共有不过百七十余家,现已增至两百以上"。③ 旅沪的绩溪茶商以经营茶叶零售为主,上海茶叶商业同业公会便是一个主要由茶

---

① 《旅沪绩溪馆业公鉴》,载《申报》第17836号,1922年10月18日。
② 商务印书馆辑:《上海指南》卷五《食宿游览》,上海:商务印书馆,1912年。
③ 上海商业储蓄银行调查部:《上海茶及茶业》,1930年,第50页。

叶零售商人组成的同业组织。民国三十五年（1946），婺源茶商郑鉴源，绩溪茶商、汪裕泰五号经理方少波，程裕新四号经理程义开三人向上海社会局提交了关于组建上海茶叶商业同业公会的申请，该同业会总共吸收了当时上海102家茶叶零售店号。①

除了茶叶零售以外，绩溪著名的"汪裕泰茶号"在洋庄茶出口贸易中同样有着相当不俗的地位和实力。1937年，由国民政府实业部联系安徽、江西、浙江、福建、湖北、湖南各产茶省茶商和官员，发起筹建中国茶叶股份有限公司。这是一个由政府宏观统制，地方商人出资运作，兼具同业组织和实业公司性质的官商利益共同体。该组织旨在"集中力量，以谋直接对外贸易之推进"，总办事处设在上海。1937年5月1日，中国茶叶股份有限公司在南京正式宣布成立，由中央实业部常务次长周贻春任董事长，各省府官股代表任副董事长，商股代表任常务监察。在各省茶商代表中，"汪裕泰茶号"董事长汪振寰以上海茶庄业同业公会主席身份出任了常务董事。② 1946年，上海的洋庄茶商组建了上海茶输出业同业公会，汪振寰作为发起人之一，也出资5000万参与到该同业协会的日常运作中。③

从同乡会馆、公所的政区范围来看，表4-1统计的绩溪商人所参与的县、府、府际三级同乡组织，县级同乡组织有13所，府一级有16所，府际一级有3所，由此可见县、府两级地域范围的商人会馆是构成绩溪旅外同乡组织的主体。近代以来所建立的县级绩溪会馆、府级徽州会馆（新安会馆）和府际徽宁会馆之间并非是完全割裂的关系，而是存在一定的相互转化的情况。第一种转化类型是由县一级的绩溪会馆（公所）扩展成为府一级的徽州会馆（公所）。如泰县新安会馆，最初在民国初年由绩溪茶商胡炳华等人发起筹建，既是绩溪商人在泰县的同乡组织，又是旅

---

① 《茶叶商业同业公会成立》，上海档案馆馆藏档案，Q6-34-345。
② 寿景伟：《〈中国茶叶公司〉创立缘起》，贸易委员会档案：309（2）-1112，转引自郑会欣：《从官商合办到国家垄断：中国茶叶公司的成立及经营活动》，《历史研究》，2007年06期。
③ 《上海市社会局茶输出同业公会成立案卷》，上海市档案馆藏，Q6-34-346。

泰茶庄的同业公会。随着徽州旅泰同乡商人数量的增加,这一原来属于绩溪县一级的同乡组织便扩展成为府一级的新安会馆,并在当地置有房屋12间,田地18亩,公墓1处。① 而新安六邑旅溧同乡会亦是由绩溪许春源等商人在太平天国后重建,并扩充为徽州同乡组织的例子之一。第二种转化类型是由府际的徽宁会馆分割为府一级的徽州同乡会馆,再细化为县一级的绩溪同乡会,最典型的是汉口绩溪同乡会的产生。汉口徽商最早的同乡组织是由徽州、宁国两府商人组建的徽宁会馆,后来徽、宁两帮商人出现分裂,太平县和旌德县商人各自成立会馆,徽州商人便也组建了徽州会馆(后改称新安六邑同乡会)。在徽州会馆中,又以休宁、歙县、绩溪三县的商人数量为最多。民国以来,随着传统徽商经营茶业、墨业和典当等行业的衰落,这一部分的商人势力便逐渐淡出了汉口市场,而主营徽馆业的绩溪商人遂成为这一时期汉口徽商的主体,绩溪人胡桂森曾被选任为徽州同乡会会长。并从民国七年(1918)起连续担任数届武汉总商会会长,绩溪旅汉徽商势力在这一时期达到了巅峰,民国十二年(1923),章祥华等人将徽州同乡会改组成为绩溪同乡会。②

无论是同乡组织地域范围的扩增还是缩减,背后所隐含的俱是近代以来地域商帮内部的势力起伏变化,也同时反映了商人社会团体从传统乡缘组织向新型业缘组织转型的时代趋势。绩溪商人作为徽商中后期势力的代表,在晚清民国时期传统商业向现代化工商业转型的过程中,夹杂着的内在地缘观念和外在行业意识,便是这一多种组织类型的同乡、同业组织交织存在、演变的主要因素之一。

---

① 绩溪县地方志编委员会编:《绩溪县志》,1998年,第456页。
② 绩溪县地方志编委员会编:《绩溪县志》,1998年,第456页。

第二节　早期地缘组织的类型、运作和功能

一、京都绩溪会馆的建立和发展

(一)明万历年间会馆的创建

明中后期,徽商旅京的数量较前代有明显增加,尤以歙县商人为多,许承尧言其家族,"吾祖于正统时已出居庸关运茶行贾"。① 嘉靖四十年(1560),歙人杨忠、许标、刘嵩、张孔容等人主持建立了北京歙县会馆,该会馆主要由商人出资维护,为同乡士商提供公共服务,这也是徽商在北京最早组建的县级同乡组织。② 万历四十七年(1619),绩溪人葛应秋、曹华宇以及当时在京的同乡开始筹建京都绩溪会馆,葛应秋还为之作记一篇。

> 凡人入他国,见同国之人而喜矣;入他乡,见同乡之人而喜矣。以素昧平生,不习姓名,一旦询邑里,辄欢如骨肉,相遇则握手,相过则低回。《诗》云,"唯桑与梓,必恭敬止",盖其情哉!千里之畿,唯民止焉,四方之宦游来此乘便,处涣动隔数里而遥,桑梓之情,莫克相致,各郡邑会馆之设所从来矣。而吾绩鸣珂帝都,计偕公车每不乏其人,以暨监胄卿造掾史,岁时鳞集麇至,乃会馆实缺焉。未遑用是,过存苦于博访,庆贺燕会亦复无所,且也甫得税驾而舍馆未定,至有解装道旁、昏靡投者,往往而是,甚未便也。不佞应秋有慨于中久矣!适余任卿过予,坐谈中予偶及此,任卿曰"善"。即邀曹华宇作册,辄以闻在京同志诸公与家季父,无不欣然乐就,以为盛举。或隶京秩,或来入觐,或试南宫,或领三辅,或候铨选,盖斌斌骈辏一时之盛矣!以观阙成何难焉?遂立册征会,其相与成之。若夫创建规约,

---

① 许承尧:《歙事闲谈》卷一《歙人出贾时期》,2014 年,第 14 页。
② 邹怡:《善欲何为:明清时期北京歙县会馆研究(1560—1834)》,载《史林》,2015 年第 5 期,第 54~65 页。

则唯先达诸公详列之书。时在万历己未二月春也。①

早期绩溪县内的出贾风气尚未形成，在京的绩人群体不像歙县商人那般形成麇聚之势，因此，在出资筹建绩溪会馆的"同志诸公"之中或许存在个别商人的参与，但总体还是官宦势力为主。从上引文中看，该会馆的主要社会功能是接济来京同乡和服务科举。

(二)清乾隆年间会馆的重建

明代京都绩溪会馆原址在"琉璃厂中间桥东"，②明清鼎革之际，在京的多处会馆都毁于战火，绩溪会馆也未能幸免。由于相关史料缺乏，对明代该会馆的具体运作状况不得而知。入清后不久，绩溪会馆进行了重建，重建后的绩溪会馆位于宣武门外椿树胡同官街，会馆由右馆、西院、大房、书房、马棚车房、院后东西小房共约五十间大小房屋组成，其中主体建筑的右馆正房共分三间三层，进后层三间供奉先祖和神灵，中层三间为大厅，大厅之前搭有戏台一座，大院内共设有房二十三间，院后的东西小房作为出赁使用。整个会馆的规模"南界至椿树头条胡同，北界至椿树小胡同"。③

乾隆二十四年(1759)，当时任内阁中书舍人的胡涵题为重建后的绩溪会馆题写了《绩溪会馆碑记》，从该碑记的内容中可以看出，绩溪会馆在组织结构和性质上较之前发生了一些变化。

> 四方士宦商贾，担簦游艺于京师，云集雾合所在，设有同乡会馆，岁时贺召辐辏偕来，置酒高会，欢若闾门。《诗》云，"邦畿千里，唯民所止"，又曰，"唯桑与梓，必恭敬止"，使四方之各自善其桑梓之谊于邦畿之地，诚盛举也。徽之绩溪当有明时冠，盖甲一郡，若予宗与汪氏、程氏数族，其最著者也。
>
> 国朝以来，休、歙二邑科甲浸盛，先后都门各设会馆，而绩溪未

---

① (嘉庆)《绩溪县志》卷一一《艺文志》。
② (清)程苹卿 编：《京都绩溪馆录》卷四《会馆修建缘起》。
③ (清)程苹卿 编：《京都绩溪馆录》卷四《会馆建修缘起》。

闻倡之者，询之父老，言昔时有所谓梁安会馆，今其基址已泯没不可考。盖虽一馆之兴废而亦关一乡盛衰焉。岁在甲戌，绩人叶、王、胡、汪四姓等谋复同乡会馆，众人皆喜，共捐资二千余金，于宣武门外椿树头条胡同置屋数十间，工作既备，堂宇焕然，己卯夏请予为记，以勒之碑。予唯一事之创兴不难于有力，而难于有志。夫以名都巨邑不乏廉绅士夫为倡于乡，而往往愿赡难之，一二有志者起，毅然率众人先，众人翕然从之，而其事遂不崇朝而竣，后之人或过其门，或登其堂，转得抚一楹一石，而想见其乡先大夫、学士之型，夫孰知经营创始出自一二有志者之为利溥哉。今者绩之父兄子弟服牛辂马，执艺天府者若而人，绩之乡读书登进络绎而来者正未有艾，自有此馆而仕族联翩，闬闳日廓，浸浸乎与休、歙二馆并峙京华矣。是馆之成，予宗人舜游曾经纪其事，具述其略于予，而因乐为之记。时乾隆二十四年岁次己卯仲冬谷旦，内阁中书舍人胡涵记。①

作者在开头便提到"四方士宦商贾"，而对比前文"四方之宦游"的说法，后者将"士宦"与"商贾"并列，无意中反映了清中叶商人社会地位的提升。乾隆年间，绩溪商人便在北京频繁地从事商业活动，"乾隆初年，吾邑人在京承办工程者甚多，又有在扬州承办烟盒，贡者每岁来京一次（秋来春去）"。② 而在此次重建的过程中，商人及其资本开始作为一股单独力量参与会馆建设和运作，在会馆捐输者中"有陈观察使者，名庭学，绩之三都人，其父贸易来京，在京开义盛茶叶铺"。③

此外，清代绩溪会馆在组织结构上呈现出宗族化的发展趋势。胡涵在所撰《碑记》中反复提到了宗族姓氏与绩溪会馆的关系，"若予宗与汪氏、程氏数族，其最著者也""绩人叶、王、胡、汪四姓等谋复同乡会馆"。由叶、王、胡、汪四个大姓望族组成旅京的绩溪群体，在重建绩溪会馆的过程中积极捐输银两

---

① （清）程苹卿 编：《京都绩溪馆录》卷四《绩溪会馆碑记》。
② （清）程苹卿 编：《京都绩溪馆录》卷四《绩溪会馆碑记》。
③ （清）程苹卿 编：《京都绩溪馆录》卷四《绩溪会馆碑记》。

（表4-2），以借助资本的力量来扩大宗族势力的影响。

表4-2 乾隆时期绩溪会馆、义园捐输者名氏统计

姓氏	名字	金额	名字	金额
叶氏	叶子明	银667两	叶添裕	银1两
	叶公禄	银103两	叶添祥	银1两
	叶子通	银22两	叶公旺	银1两
	叶公玉	银14两5钱	叶启文	银5钱
	叶德亮	银5两	叶凤舞	银5钱
	叶尔茂	银3两	叶永春	银1两
	叶德胜	银1两5钱		
小计	人数	13	金额	银821两5钱
王氏	王正殿	银182两	王正汉	银180两
	王大美	银105两	王正登	银79两8钱
	王万春	银72两1钱	王正科	银12两8钱
	王正献	银9两	王大裕	银7两3钱
	王正邦	银7两	王大龙	银6两
	王正跃	银4两	王元庚	银3两8钱
	王正廷	银3两9钱	王元状	银3两7钱
	王元杰	银3两3钱	王正可	银3两
	王大宸	银3两	王国应	银2两3钱
	王大忠	银1两5钱	王正宪	银1两5钱
	王辅成	银1两	王正爱	银1两
	王正家	银1两	王元晨	银1两
	王正定	银1两	王正暹	银1两
	王正路	银1两	王正源	银8钱
	王殿臣	银5钱	王大永	银5钱
	王正惟	银5钱	王正益	银5钱
	王尔德	银5钱	王正巨	银5钱

续表

姓氏	名字	金额	名字	金额
	王正齿	银 5 钱	王明玉	银 5 钱
	王大好	银 5 钱	王元生	银 5 钱
	王大宝	银 5 钱	王正贺	银 5 钱
	王大来	银 5 钱	王大炳	银 5 钱
	王正鼎	银 1 两		
小计	人数	43	金额	银 706 两 8 钱
胡氏	胡克让	银 108 两 8 钱	胡师中	银 50 两 5 钱
	胡舜游	银 42 两	胡永祥	银 10 两
	胡德公	银 2 两 6 钱	胡著六	银 1 两 5 钱
	胡德先	银 1 两 1 钱	胡秋长	银 5 钱
	胡二陵	银 5 钱	胡德兴	银 5 钱
	胡襄	银 5 钱		
小计	人数	11	金额	218 两 5 钱
汪氏	汪旭初	银 213 两	汪明远	银 25 两
	汪友三	银 14 两 8 钱	汪惟馨	银 14 两 5 钱
	汪近五	银 5 两 6 钱	汪全五	银 3 两
	汪有年	银 2 两	汪友柏	银 1 两 1 钱
	汪上升	银 1 两	汪殿益	银 8 钱
	汪远达	银 5 钱	汪绩安	银 5 钱
	汪怀明	银 5 钱	汪履丹	银 5 钱
	汪绍爵	银 5 钱	汪洪美	银 5 钱
	汪添扬	银 5 钱	王洪亮	银 5 钱
	汪扬豹	银 5 钱	汪施学	银 2 两
	汪杨衷	银 2 两	汪正芳	银 2 两
	汪德政	银 2 两	汪季伯	银 2 两

续表

姓氏	名字	金额	名字	金额
	汪芃英	银1两		
小计	人数	25	金额	银296两3钱
其他姓氏	余惟忠	银43两	程嘉栓	银20两
	章凤智	银10两	曹友柏	银4两3钱
	曹徽突	银5两	毕圣先	银1两3钱
	冯芳清	银1两	曹维翰	银1两
	程尔玉	银1两	陈元琪	银5钱
	曹凤亭	银5钱	程作孚	银5钱
	张美成	银5钱	吴廷余	银5钱
	冯正泰	银5钱	冯如先	银5钱
	葛骖	银30两	程再衡	银10两
	周廷采	银10两	葛天叙	银10两
	陈文魁	银2两	程景豪	银2两
	章敬绪	银2两	章友伦	银2两
	周志南	银1两5钱	洪玉树	银1两
	周廷儒	银1两	程邦根	银5钱
	程正大	银5钱		
小计	人数	29	金额	银162两6钱
总计	人数	121	金额	银2202两7钱

资料来源：(清)程苹卿 编，《京都绩溪馆录》卷二《捐输名氏》

从表4-2统计的数量来看，叶、王、胡、汪四大族姓在捐输人数中的比例高达76%，捐输金额则占了总数的92.6%，仅王氏一族便有43人参与捐输，出资金额达到了银706两8钱。这种宗族化倾向的出现实际上也反映了在经商风气形成后传统宗族与地方商业社会的某种内在关联。更明确地说，是绩溪商人以血缘为基础构建社会和商业网络的直观体现。

(三)嘉庆年后会馆的历次修缮

绩溪会馆自乾隆初年重建至嘉庆年间已逾六十年,房屋建筑的破败迹象开始显现,"其时大门一层渐形溃坏"。同时由于疏于管理,会馆在运作上出现了财政危机,"先是有汪某者,久管会馆,假馆事借钱肥己,于是馆中负欠甚多"。[①] 会馆"遂为执艺者饮食醉饱之场,绅士足迹罕至。诸先达宦京时俱不肯经理,会馆以此馆事因之日败坏矣"。[②] 嘉庆十六年(1811),胡炳、汪宬出任会馆经理会,资金运作逐渐回归正轨,归还了先前亏欠资金,并开始修缮和添置建筑,"正房东西二间重加装饰……馆后东所小房内添盖厢房一间,修理义园、南屋及厨室四件,并补筑义园周围溃墙"。[③] 嘉庆十九年(1814),胡炳借重题新堂匾额之名,重新议立规约十数条,规范会馆运营秩序,"馆事大有起色,众心亦俱帖服"。从道光十七年(1837)至光绪七年(1881),绩溪会馆前后经历了大小14次修缮和扩建(表4-3),最终形成了光绪时期《京都绩溪馆录》所记载的格局规模。

表4-3 1837年—1881年绩溪会馆添造房屋统计

时间	会馆领事	添改部分	耗费金额
从道光十七年(1837)	胡心原	添造栅栏、东西厢房各一间	京钱330余串
道光二十七年(1847)	曹敬夫、邵清齐	拆正房三间,盖正房之西灰棚二间,改造瓦房二间,西厢房灰棚二间改造瓦房二间,厢房之南盖灰棚,夹道东厢房灰棚一间改造瓦房二间	京钱804串

---

① (清)程苹卿 编:《京都绩溪馆录》卷四《会馆建修缘起》。
② (清)程苹卿 编:《京都绩溪馆录》卷四《会馆建修缘起》。
③ (清)程苹卿 编:《京都绩溪馆录》卷四《会馆建修缘起》。

续表

时间	会馆领事	添改部分	耗费金额
道光二十九年(1849)	胡季临	拆馆西房中进三间,临街三间,前院西厢房二间,盖东厢房二间;拆南头小灰棚,改造院墙,小院内头盖灰棚	京钱290串
道光二十九年(1849)	胡季临	添造厅房五间,东西厢房各一间,隔断屏一槽	京钱1430余串
咸丰元年(1851)	胡季临	馆西空院添造正房三间,东西平台各一间,	京钱903串
咸丰元年(1851)	胡季临	添盖朝东房四小间半	京钱553串
咸丰八年(1858)	胡馥庭	在木馆义园西南买空地一业	京钱160吊
同治二年(1863)	胡荄甫	更置丈二粉额两方	京钱150串
同治四年(1865)	程汝谟	办桌椅板凳六十六件,	京钱376吊
同治七年(1868)	胡荄甫	租馆东空地一片	每年地租京钱4吊
同治十一年(1872)	胡馥庭	添置匾额一方,楹联一副	
光绪二年(1876)	胡馥庭	馆东空地圈砌围墙,造大门一间	京平银一百五十两
光绪七年(1881)	程苹卿	改造南瓦房五间,东西厢瓦房各两间	京钱6191串900文

资料来源:(清)程苹卿 编,《京都绩溪馆录》卷三《契据》,卷六《辛卯后历年添造房屋各账》。

二、会馆的资金运作和人事管理制度

(一)资金的来源、分配与收益

作为传统时代的同乡组织,绩溪会馆和义园的建设资金主要来自邑人的捐助,从乾隆二年(1737)到光绪七年(1881)的这段时间,在京绩溪邑人捐建会馆和义园的次数共有 10 次,捐资金额总计银 3069 两 9 钱,京钱 2100 串(见表 4-4)。

表 4-4　历年绩溪会馆和义园捐输统计(1737—1881)

会馆捐输		
时间	人数/次	金额
乾隆十九年(1754)	121	银 2202 两 7 钱
乾隆六十年(1795)	14	银 57 两,京钱 3 串
嘉庆十二年(1807)	15	银 32 两 2 钱,钱 150 串
道光十七年(1837)	16	银 390 两,京钱 50 串
义园捐输		
乾隆二年(1737)	61	银 86 两 6 钱 5 分
嘉庆元年(1796)	32	银 136 两 9 钱
道光十一年(1831)	11	京钱 83 串
同治四年(1865)	3	京钱 114 串
光绪二年(1876)—光绪七年(1881)	12	银 166 两,京钱 1700 串
合计	285	银 3069 两 9 钱,京钱 2100 串

资料来源:(清)程苹卿 编,《京都绩溪馆录》卷二《捐输名氏》

会馆通过捐输筹集的资金主要是用来置地、筑建和整修房屋,通过馆志收录的契据可以看出,从乾隆三年(1738)至道光八年(1828),绩溪会馆分七次添置地产,义园也先后购地三块,两项共计支出银 1030 两,京钱 160 吊,另还需支付每年京钱四吊的租金。除购置房产地产的费用,建造和修缮房屋的支出金额也是一笔不小的数目,根据表 4-2 的统计,从道光十七年(1837)至光绪七年(1881),这一项的费用总计京钱 10007 吊 900 文,银 150 两。

表 4-5 绩溪会馆和义园置(租)地情况

会馆置(租)地		
时间	地产概况	金额
乾隆十九年(1754)	瓦房一所,门面房七间,二层房七间,厢房四间,三层房三间,共计大小房二十二间,坐落北城灵中坊四铺	银 600 两
乾隆二十二年(1757)	空地一块,东至西二丈,南至北十七丈,五尺,坐落北城椿树头条胡同灵中坊四铺	银 10 两
乾隆二十二年(1757)	房身地基一块,东至西四丈五尺,南至北十七丈五尺,坐落北城灵中坊四铺	银 20 两
乾隆二十二年(1757)	空地一块,东至官街,西至买主(会馆),南至北山墙池头为界,坐落北城灵中坊四铺	银 10 两
乾隆二十五年(1760)	瓦房三间办,厢房四间,坐落北城灵中坊四铺	银 150 两
同治八年(1869)	空地一片,南至官街北,北至糖坊,计长九丈,东至官街,西至绩溪会馆墙基,计宽四丈五尺,坐落北城灵中坊椿树头条胡同东口路北。	银 60 两
同治七年(1868)	空地一片,北至糖坊,东南至官街,西至会馆墙基	租金每年京钱 4 吊
义园置地		
乾隆三年(1738)	空地一块,东至西老街墙根,长十二丈六尺,西边北至南墙根,五丈六尺,东边北至南墙根,五丈六尺,南边东至西墙根,十二丈六尺;瓦房三间。坐落土名东城崇南坊	银 45 两
乾隆十六年(1751)	空坟地一块,自东至西长十七丈,自南至北宽十丈零五尺;李天禄地一段,东至西长六丈八尺,南至北宽一丈四尺,坐落东城崇,地方土名南霍家桥	银 135 两
咸丰八年(1858)	空地一块,东至纪姓坟地小道,西至官道,南至果姓房根,北至孙姓地,坐落霍家桥南边路东地方	京钱一百六十吊
合计金额	银 1030 两,京钱一百六十吊,租金每年京钱 4 吊	

资料来源:(清)程苹卿 编,《京都绩溪馆录》卷三《契据》。

根据表 4-4 的统计情况,绩溪同乡对会馆的捐输在乾隆年间已经基本完成,后续虽也有资金补充,但数量十分有限,主要资金还是来自乾隆十九年(1754)那笔 2202 两的捐输。而同时期的歙县、休宁会馆,它们的经费来源渠道和数量都要远多于绩溪会馆。以歙县会馆为例,嘉庆十五年(1810),由两淮盐商出面向盐务部门提出拨款申请,并得到"准于辛工项下岁支三千金助歙馆经费如扬例"①的批复,这一笔被称为"邗项"的捐输,每年能够为歙县会馆提供3000两的经费,虽然在道光年间开支紧缩后被削减每年为2400两,但依然是一笔数额庞大的捐助。相比之下,绩溪县并不具有像歙县盐商那样经济实力的富商巨贾,绩溪会馆的经费补充除捐输以外,主要依靠投资、出租房产和存典生息两种途径来实现。

在会馆重建初期,捐输得来的资金通过购地—置房—出租的形式来获得收益。乾隆二十四年(1759)会馆落成后,大小房屋六十余间的建筑规模远远高出当时实际需求量,因此会馆决定将除主体建筑以外的其余房屋均对外出租。"其馆之西有大房一所,亦前中后三层,院内皆有厢房,西又有书房二层,并马棚、车房共二十三间,向系出赁。其馆之后身有东西小房二所,每所正房三间左右,厢房各二间,亦系出赁"。② 到嘉庆年间,"通计出赁之房约有五十余间"。③ 根据馆志中收录的一份涉及租约纠纷显示,道光年间馆中房屋出租"每年约可得房租三四百千文"。④

在道光六年(1826),绩溪会馆发生了一起内部纠纷,馆内王照、舒国安两人,"盘踞绩溪会馆,朋比侵蚀,并勾串租房之余玉川,捏称借项,馆业几归余姓占执"。⑤ 经过这一会馆危机后,会馆经理领事商议决定,"馆内每年租息所入,除岁修、祭祀一切费用外,倘多余资积,至百两以上即须增置产业或添盖房屋"。⑥ 在当时会馆经营者看来,投资房产和地产是一项较为稳定的增收方式,同时也能够起到防止资产流失的作用。

除购地—置房—出租的方式以外,存典生息是取得经费收入的另一主要

---

① (清)徐上镛 编:《重续歙县会馆录》上册《新集》。
② (清)程苹卿 编:《京都绩溪馆录》卷四《会馆建修缘起》。
③ (清)程苹卿 编:《京都绩溪馆录》卷四《会馆建修缘起》。
④ (清)程苹卿 编:《京都绩溪馆录》卷四《会馆建修缘起·丙戌清理会馆案卷》。
⑤ (清)程苹卿 编:《京都绩溪馆录》卷四会馆建修缘起·丙戌清理会馆案卷》。
⑥ (清)程苹卿 编:《京都绩溪馆录》卷一《规条》。

来源。而这一"理财"方式的出现，很有可能是受道光五年(1825)绩溪地方上实行宾兴盘费制度的影响。"邑中前捐有宾兴盘费一项，存典生息，次给士子试费，第在乡试赴省者"。① 该宾兴盘费制度的起草者，正是清代礼学三胡之一的胡培翚。嘉庆二十三年(1818)，胡培翚在旅居休宁时，曾模仿休宁商人汪国柱所立的《乡试旅资规条》②拟了一份关于资助绩溪宾兴盘费的草案。道光四年(1824)，时任内阁中书的胡培翚在返乡期间，与绩溪知县王日新一起颁布了之前制定的规条，并得到地方上的积极响应，"邑中绅士爰集众议，启告城乡捐银生息，以备科场年分给发盘费"。③ 根据这部《绩溪捐助宾兴盘费规条》的规定，由地方上筹集的捐输资金分存入县内各都的54家典行中，用所产生的利息来资助科举盘费。"公议城典六家运本较多，每典各领银三百两，乡典择其殷实者计四十八家，每典各领银八十两。所领本银俱系足曹平，银色十足，毫无克扣。每月七厘行息，日后交付息银亦须足平足色，不得短少"。④

京都绩溪会馆基本上也是沿用了道光四年《绩溪捐助宾兴盘费规条》的具体做法。从馆志的记录来看，道光十八年(1838)，"馆内余存，结至本年可得二百金"。⑤ 会馆内章秋渔、胡文甫等人商议，暂将该笔资金存入典行生息。从道光二十年(1840)至道光二十五年(1845)，会馆将捐输筹集的270两和逐年寄存的资金本息共凑足1000两，分存入北京城内的5家典行，按每月行息7厘的标准每年提取利息。各典行收到银钱后立有字据，原底存于会馆内公匦，字据原文如下：

> 本城典商今于与领状事，实领到京都本邑会馆余存暨邑人捐输公项，案内曹平足纹一千两整，商等五典均派各领二百两整，典名列后，按月七厘行息，遇乡试年分，即于六月底将息银算清，交出与值

---

① (清)程苹卿 编：《京都绩溪馆录》卷五《筹添来京试费缘起·部案规条》。
② (道光)《休宁县志》卷一五《人物志·尚义》记载："本邑士子乡试艰于资斧，(汪国柱)捐金五千二百有奇，呈请申详，定立规条，存典生息，以为试资。"
③ (清)胡培翚：《绩溪捐助宾兴盘费案卷·呈县通详词》。
④ (清)胡培翚 撰：《绩溪捐助宾兴盘费规条》。
⑤ (清)程苹卿 编：《京都绩溪馆录》卷五《筹添来京试费缘起·致胡竹村农部书》。

年司事，遵例给发，不致迟误。嗣后商等各典倘有歇业，即通知司事将本息银起出，派与现开各家暂存行息，俟有顶开或城内有新开之典，再将本银给领，照例行息，不得侵蚀推诿，所具领状是实。

程广泰典（印信）、周允大典（印信）、胡咸丰典（印信）、程怡怡典（印信）、程际泰典（印信）。

道光二十五年五月初一日　具①

月息7厘，即月利率0.7%，年利率为8.4%，按此执行，1000两的本金每年可获得84两的利息，相比于"每年约可得房租三四百千文"，②在金额数量虽显得较为微薄。但存典收息要比收房租更有稳定保障，会馆领事在给宾兴局的信函中也对比了存典和盖房出租两者的利弊。"会馆出赁之房现多亏朽，此项赶早凑成，再有余存即应修盖房屋，若用去百金，则必迟待一年。万一租赁无入，更不知待至何年。此项既未凑足，房屋渐即倾塌，一事不成，必致两事俱废"。③

（二）人事管理制度

京都绩溪会馆与同时期的同乡会馆一样，在人事管理上采用的是传统的总管—值年制。总管亦称"经理"、"总领事"，由会馆同乡推选一名在京人员担任。同时在经理下设协理二名，经理和协理的任期都是一年。"馆事以京职一人经理乡会留京者，二人协理（凡投供候选及应武会试来京者亦令轮输），阄分前后，一年一换，定于正月十三日新旧交代"。④《规条》中规定担任经理者须是"京职"人员，从实际推选的情况来看，首先必须身在北京，其次该人身份也要能不孚众望，而一旦有非常符合这两条件的人选，"一年一换"的轮值制度也可以作出适当的调整，比如绩溪著名的理学大儒胡培翚、道光年

---

① （清）程苹卿 编：《京都绩溪馆录》卷五《筹添来京试费缘起·各典领具》。
② 按1两银子兑换1千文计算，三四百千文值银300～400两。
③ （清）程苹卿 编：《京都绩溪馆录》卷五《筹添来京试费缘起·覆宾兴局值年司事书》。
④ （清）程苹卿 编：《京都绩溪馆录》卷一《规条》。

间的两浙盐经历章道基、拔贡曹道庸等都担任了数年的会馆经理。① 经理的职权很大,可以掌管会馆内一切事务,但所承担的责任亦重大。可以说,经理的称职程度关乎会馆的盛衰命运。总的来说,经理的职责主要分下述两方面。

一是负责会馆财产和经费的运作和管理。每当会馆需要进行馆屋的扩建、改拆和修缮时,就需要经理根据当年会馆的运营状况和实际需要制定相应的工程预算。从道光十七年(1837)至光绪七年(1881),绩溪会馆在历任经理领事的主持下先后开展了 14 次规模较大的修缮和添造(表 4-3)。同时,经理还要通过馆内账房上报的账目明细获知当年会馆的各项收支数额,并制定下一年的工作计划,确保在更能维持正常运作的前提下发挥资助考生、施棺助葬等功能。② 在财产、费用的支用上,经理也需秉承节俭原则,并严格控制馆外借贷行为。"或公项不敷,只可集众捐垫,不得借端借贷,如有主行借贷,即将借项责令偿还,其出借之人亦不得向馆内索取,违者呈究"。③ 这一系列措施都是为防止会馆资金的流失,一旦会馆经理在财产管理上失察,则很可能危及会馆的日常运营。绩溪会馆在历史上也曾任出现这一危机,"迨至丙子、丁丑间,经营者不无苟且,账目未能开出,游手无赖之徒遂得所借口……以致数年经营整顿之劳一旦败弃,而其人亦蒙诟厉至今"。④ 在胡炳卸任会馆经理后,葛雨田、张梧冈、曹步韩相继出任会馆领事,但会馆的运营状况仍在继续恶化,"先是乡会来京者,多不住会馆,步韩至独居之,有曹某者,颇不安分,常在馆滋扰",自曹道庸死后,"馆事啧有烦言,至丁丑间,闲杂人等复入

---

① (清)程苹卿 编:《京都绩溪馆录》卷 4《绩溪会馆碑记》。
② 如道光七年(1827)会馆上报给经理胡培翚的信中提到:"旧有积欠已扫数完清,上年于大厅后添盖两厢,开除用账,尚存京钱三百千有奇,每年收入房租除常用外又可余剩……将馆内余钱易银寄附宾兴局,照例存典生息,端为会试加筹一箸。"(清程苹卿 编:《京都绩溪馆录》卷五《筹添来京试费缘起·书札》)。
③ (清)程苹卿 编:《京都绩溪馆录》卷一《规条》。
④ (清)程苹卿 编:《京都绩溪馆录》卷四《会馆建修缘起》。

住馆内"。①

二是协调会馆内部或与外部之间的矛盾。作为一个以地缘关系为纽带的同乡团体,会馆内部人员之间也并非一个完全的利益共同体,矛盾和纠纷的发生不可避免。经理需要做的是处理协调各方的关系,妥善处理矛盾冲突,最大程度地维护会馆的利益。如道光五年(1825),发生了一起会馆内部人员勾结租客侵吞公产的经济纠纷,"王照、舒国安盘踞绩溪会馆,朋比侵蚀,并勾串租房之余玉川捏称借项,馆业几归余姓占执"。② 当时会馆经理胡培翚同时又是现任户部主事,他利用自己所拥有一些政治关系和社会影响,使官府在较短时间内作出公正判决:"此案舒国安、王照朋比为奸,踞占会馆,侵蚀租钱各有八百余吊之多,复沟通租房余姓捏称借钱,从中取利……并押令舒国安、王照即日搬移,不准逗留在馆,一面敕令该二人呈交账目,以便按款勾稽。"③

会馆经理除了需要执行上述两方面的职能以外,还要对任期内的账目、资金盈亏承担连带责任。《规条》规定,在新旧经理换届之际,"务将旧班经手收支账目算清,不得含混,如有亏短,集众理论。若新班徇隐接收所亏之项,即令赔偿,其交代账目并于是日开一清单粘贴于壁,听众查核"。④

对于会馆普通馆众,一旦作出严重损害会馆利益的行为,如王照、舒国安一类人,一经查实则革出馆籍,"永远不许入馆,嗣后如有侵蚀馆内钱文者,即照此办,毋稍徇隐"。⑤

---

① (清)程苹卿 编:《京都绩溪馆录》卷四《会馆建修缘起》。
② (清)程苹卿 编:《京都绩溪馆录》卷四《会馆建修缘起·丙戌清理会馆案卷》。
③ (清)程苹卿 编:《京都绩溪馆录》卷四《会馆建修缘起·钦命巡视北城检院批断》。
④ (清)程苹卿 编:《京都绩溪馆录》卷一《规条》。
⑤ (清)程苹卿 编:《京都绩溪馆录》卷一《规条》。

三、会馆的社会功能

(一)服务科举

明中期以后,北京便已有一定数量绩溪籍考生的出现,"吾绩鸣珂帝都,计偕公车每不乏其人,以暨监胄卿造掾史,岁时鳞集麋至,乃会馆实缺焉"。① 从万历庚子举人葛应秋的这段话中可以看出,创办会馆的初衷是源于这一时期绩溪科举业的兴盛。入清以来,绩溪地方上业儒者人数持续增加,其中亦不乏寒门士子,每逢大比,路费盘缠等经济问题成为他们赴考的最大阻碍。"绩溪僻处山中,土瘠民贫,业儒之家尤多寒素,每遇考试,远涉长途,艰于资斧"。② 而与同一时期的歙、休二县相比,绩溪在援助科举方面仍有较大差距,"国朝以来,休、歙二邑科甲浸盛,先后都门各设会馆,而绩溪未闻倡之者"。③ 由此可见,绩溪会馆创设的最直接和最主要目的便是服务本县的科举事业。

乾隆年间京都绩溪会馆重建之后,会馆经理领事通过商议讨论制定了数条关于如何服务科举的规条,明确具体的执行办法,以下择要述之。

> 一、凡应乡会试,朝考来京及外任入觐者,俱准住局馆内,如或人多房少,乡试年分先尽乡试者居住,会试年分先尽会试者居住,不得任意占据。若遇房屋空闲时,无内眷之候补选人员亦准居住,其余一切人等概不得居住会馆。
>
> 一、科场年分于乡会出场后,值年酌量人数备酒席,接场(不必过资,以上二事,俟馆内出息充裕再动公项)。
>
> 一、会馆之设,备应试待铨者居住,此都中通例也,唯发科受职之后,亦应输资以充公用。④

---

① (嘉庆)《绩溪县志》卷一一《艺文志》,第 571~572 页。
② (清)程苹卿 编:《京都绩溪馆录》卷五《筹添来京试费缘起·部案规条》。
③ (清)程苹卿 编:《京都绩溪馆录》卷四《会馆建修缘起·绩溪会馆碑记》。
④ (清)程苹卿 编:《京都绩溪馆录》卷一《规条》。

从规条内容不难看出,会馆对于赴试者的资助存在明显的"功利性"目的。在传统时代,科举考试可以说是寒门子弟跻身上层社会的唯一通道,而一旦通过考试取得功名,则在经济收入上会有质的提升。根据张仲礼的研究估算,清代汉族地方学官的年平均额外收入为1500两,而地方佐贰官员的额外收入则高达4500两。[①] 因此,规条中也出现了"唯发科受职之后,亦应输资以充公用"这样的规定,规条甚至还详细列出了各级官阶相对应的输资数额(表4-6)

表4-6 按官阶酌定输资数额统计

官员类别	官阶	金额	备注
京官	正一品	24两	
	从一品	16两	
	二品	10两	自二品以下由从转正不再输
	三、四品	6两	
	五、六品	4两	
	七品	2两	庶常留馆后再输1两
	八、九品、未入流	1两	
外官	督抚、总漕、总河、盐政	100两	每换一阶,即照数再输
	直隶州副提举	32两	
	知州、知县、盐库各大使	24两	
	同知	16两	
	六品佐杂	12两	
	七品佐杂、教职	10两	
	八品佐杂、教职	8两	
	九品、未入流	6两	自道府以下,捡发分发者先交一半,补缺后交全

---

① 张仲礼 著,费成康、王寅通 译:《中国绅士的收入》,上海:上海社会科学院出版社,2002年,第39页。

续表

官员类别	官阶	金额	备注
武官	一品	30两	
	二品	10两	
	三品	8两	
	四品	6两	
	五品	4两	
	六品	2两	
	七品	1两	以上捡发分发者先交一半，补缺后交全
出差	学差	50两	
	会试总裁	40两	
	试差	16两	
	会房	8两	
	乡房	4两	
	坐粮厅	30两	
	钱局监督	10两	
科甲	状元	24两	
	榜眼、探花	16两	
	进士	4两	会元、传胪加倍
	举人	2两	解元加倍
	恩、拔、副、岁、优贡	1两	

资料来源：(清)程苹卿 编，《京都绩溪馆录》卷一《规条》。

从该规条的实际执行来看，由科举及第而出任官职的绩溪同乡，总共有 98 人按规条约定向会馆捐输，总捐输金额为 770 两。① 这笔资金同样用作购地造房和存典生息，以资助后来士子。由此而见，会馆对科举考生的资助，在某种意义上也可看作一种风险投资行为，但这种"有偿"资助并不是单纯为会

---

① (清)程苹卿 编：《京都绩溪馆录》卷二《捐输名氏·新定规条乐输》。

馆本身牟利,而是通过受资助者的反哺行为实现会馆资金的长期良性运作,扩大以血缘和地缘为基础的社会和商业网络。

(二)例行祭祀

共同的祖先和神灵信仰是地域认同形成的主要标志之一,在传统徽州社会中,祭祀拥有相当重要的地位,通过举行地方性的祭祀活动和相关科仪形式,能够有效促进旅外乡人团体凝聚力的提升,维持其地域和身份认同。在明清时期各地会馆的日常运作中,例行祭祀都是作为一项重要的功能而存在,京都绩溪会馆也不例外。

会馆建筑的正房后层中间房间用来供奉汪公、文昌公、关公和财神等主要神灵,各神灵的祭祀时间都各不相同。根据会馆《规条》规定,每年"众神正月十八日恭祀,汪越国公二月初三日恭祀,文昌帝君五月十三日恭祀,关圣帝君九月十七日恭祀"。① 上述神灵既有全国性的供奉神灵,又有徽州本地的地方信仰,在这之中,汪公崇拜则最能够体现出绩溪会馆祭祀活动中的地方特征。

汪公全称为"汪越国公",在绩溪当地亦有"汪王""汪华大帝"的叫法,他的人物原型是唐朝越国公汪华,原名汪世华,字国辅,一字英发,绩溪登源人。(嘉庆)《绩溪县志》记载了汪华及其九子如何演化成为绩溪地方信仰的经过。② 虽然徽州各地都流传有汪公信仰,但是作为汪华故里的绩溪县,地方上为祭祀汪公及九子而修建的庙宇行祠尤多,其中主庙——忠烈庙始建于宋太平兴国五年(980年),后每朝每代都进行过修缮或重建。除忠烈庙以外,县内还设有七处忠烈行祠、一处八王庙(祀八子汪俊)和三处衍正公祠(祀九子汪献)。③

---

① (清)程苹卿 编:《京都绩溪馆录》卷一《规条》。
② (嘉庆)《绩溪县志》卷七《祀典志·乡祀》,第186~187页。
③ 忠烈行祠:一在北门白鹤观,一在外坑,一在坑口,一在六都岭坦,一在卓溪,一在八都大干,号王鸟庙,一在瀛川。八王庙:旧《志》云,徽溪庙在县西北五里,祀越国公第八子俊,今高迁村右,称"八王庙"。衍正公祠:一在河东市,一在县北五里乳溪,一在王叔居墓山之右。祀越国公第九子献。(嘉庆)《绩溪县志》卷七《祀典志·乡祀》。

由此可见,以汪公信仰为典型的地方神灵崇拜,是传统时代绩溪地方社会生活的重要组成部分。在旅京同乡群体中保持地方信仰的例行祭祀,是实现区域以外乡缘关系得以维系的重要途径,也是增强群体向心力和团队意识的关键纽带。

(三)施棺助葬

在传统时代同乡会馆的诸多功能之中,对客死他乡的邑人提供安葬善后服务是必不可少的基本项。在传统时代普世价值体系中,人们对"死"的重视程度甚高,"生有所养,死有所葬"是历来对生死问题的一个基本诉求。对于"死"的发生,需要面对收殓、停厝、出殡、埋葬等诸多环节,即便是穷人,至少也要达到入土为安的基本要求。对于旅外人士这一特殊群体,大部分都处于只身在外的状态,在交通和医疗条件不甚发达的时代,一朝亡故而魂断异乡的情况更是时有发生,而收厝亡故同乡,为贫者提供免费善后安葬,这都需要额外的场地空间。因此,由旅外同乡集资捐建的义园便应运而生。

从时间上看,京都绩溪义园的置建要早于会馆的重建。乾隆二年(1737)旅京绩溪同乡共 61 人发起捐输,总计捐银 86 两 6 钱 5 分,并于乾隆三年(1738)在东城崇南坊购置一块空地建成义园。根据上文所述,会馆的主要功能是服务科举,而义园则承担亡故同乡善后安置的义务,在这一层面上,可以说在早期的绩溪旅京同乡中,对义园施棺助葬的需求要高于会馆。乾隆二十四年(1759),汪立璨在为义园题写的《绩溪义冢碑记》中也言明了其中的因果顺序关系,"乾隆丁巳同乡诸君耆长购地,立绩溪义冢于三义巷,岁时会集,省奠事各就绪,乃谋复建会馆,众议咸协于壬戌春展墓之次,再申前议,遂得捐输数百金立今会馆……"①编者程苹卿按:"题是义冢碑记,而文多牵涉会馆,盖以会馆之立,由于先有义地,故同乡得以岁时会集,谋复建馆耳。"②

自义园置建后,经理人员根据当时的实际情况制定了一系列的规章制度,明确施棺助葬的具体措施,以维护义园的良性运作,这些措施如下。

---

① (清)程苹卿 编:《京都绩溪馆录》卷四《会馆建修缘起·绩溪义冢碑记》。
② (清)程苹卿 编:《京都绩溪馆录》卷四《会馆建修缘起》。

首先,严格控制相关费用支用额度。由于绩溪义园的经费主要依赖同乡的捐助,资金数量有限,不如歙、休二县会馆充裕,在无法实现"开源"的前提下,只能依靠"节流"压缩开支。规条中规定,"奠毕,到者小憩餐饭,没席用京钱二吊二百文,或一时到者人多,备席不敷,均酌散添饭,不添酒""义园须择诚实小心者看守……清明七月十五每次赏给京钱二吊以为堆冢添土之费(如冢土低沓,罚去赏钱)"。① 从其中"添饭不添酒"、扣罚看守赏钱的细节可以看出,义园对开支一项上的管理甚至可以用"严苛"形容,而这在客观上也的确起到了用少量经费实现义园长期运作的"节流"效果。

其次,严格审查受捐者身份准入。京都绩溪会馆义园作为绩溪籍的同乡组织,它的施棺对象只限于在京期间去世的绩溪人。而在施棺入园时,只有提供同乡证明才给予登记发号。"义园须按号埋葬,馆内设有号簿一本,同乡有病故者先到值年处取具编号印票一张,看园长班凭印票收埋,俟清明、七月十五值年到园时,将新添几冢保明验审,有无印票者而收埋者查出,即将长班送官究治,以防私盗寄埋等弊"。② 规条中提到的"长班",实际上就是受施棺者的担保人。之所以要确立这一条规定,是因为很可能在之前出现他籍之人冒籍乱入的情况。并且,即使籍贯身份上符合条件,也要优先贫困穷苦之人,"同乡有在都病死无力敛埋者,馆内给馆安葬"。③

笔者通过对京都绩溪会馆的组建过程、资金运作和人事管理制度的初步梳理,旨在揭示绩溪早期地缘组织的主要社会功能。与同一时期邻县的北京歙县会馆相比,无论是在会馆规模,还是在资金实力方面,京都绩溪会馆都相差较远。但在会馆的一些主要功能上,如服务科举和施棺助葬,京都绩溪会馆为旅京的绩溪籍人士提供了较为充足的帮助和支持。

随着时间的推移,京都绩溪会馆自身的格局规模在不断扩大,功能也渐趋完善。从乾隆到光绪年间,会馆经历了数次修缮,并伴随着几次较大规模

---

① (清)程莘卿 编:《京都绩溪馆录》卷一《规条》。
② (清)程莘卿 编:《京都绩溪馆录》卷一《规条》。
③ (清)程莘卿 编:《京都绩溪馆录》卷一《规条》。

的置地添房活动,特别是嘉道以后,会馆的发展速度较前期有了明显的提升。从这一层面上来说,这与绩溪县经商风气开启后商业发展所呈现出的繁荣局面有着正相关的紧密联系。在科举废除以后,会馆服务科举的功能戛然而止,从而转向为旅外商人群体提供服务,会馆成为他们在寓居地的主要聚会活动场所。同时,随着绩溪商人活动空间范围的扩大,京都绩溪会馆也成为其他地区组建地缘组织的良好范式。

第三节 近代绩商会馆的嬗变

近代会馆的发展经历了一个由单一地缘组织向多元的地缘、业缘组织嬗变的过程。这里所说的"会馆"是指在同籍贯的旅外群体特定的空间区域内组织而成的社会团体,亦有"公所""行会"的别称,"会馆者,集邑人而立公所也"。[①] 从性质上看,既有单一的同乡组织,也有从事工商行业的同业组织,这二者之间并不是完全割裂的个体关系。同业未必是同乡,但同乡者则很可能是同业关系,特别是在晚清民国时期,工商业会馆和公所存在大量交织和相互渗透的现象。彭南生归纳了晚清时期工商业会馆、公所的三种类型,即"以乡缘关系为纽带的工商业公所;以业缘关系为纽带的工商业会馆;同乡且同业的会馆或公所"。[②] 作为徽商中后来居上的绩溪商人群体,于晚清民国期间在上海、汉口、杭州、苏州等地组建的会馆和公所,基本上囊括了上述三种组织类型。这些地缘和业缘组织通过构建"乡土之链"的地域认同,在所经营的行业中谋求垄断,实现了商业网络和规模的拓展,同时也与寓居地产生了频繁的互动与交流,成为推动地方社会发展变迁的影响因素之一。

---

① 上海博物馆历史资料室编:《上海碑刻资料选辑》,上海:上海人民出版社,1980年,第235页。
② 彭南生:《行会制度的近代命运》,北京:人民出版社,2003年,第19~21页。

一、新式商人组织的形成背景

(一)近代中国经济格局变迁

毫无疑问,外国资本主义经济势力的入侵是1840年以后中国传统市场格局所遭受的最大冲击,它产生了"双刃剑"式影响:一方面摧毁了自给自足的传统小农经济,强行将国内市场纳入世界市场体系之中;另一方面,闭关锁国状态的被打破在客观上为民族资本主义经济的产生和发展提供了政策环境和商业空间,并催化了近代中国社会经济的转型。

社会经济的转型过程从中国近代历史上看,在空间上最初发生在几个通商口岸城市,且主要集中于商品流通领域,而作为最早开埠的港口口岸城市,上海成为见证近代中国经济格局变迁的最佳视角。上海开埠后,广州的外贸垄断地位被打破,茶业、生丝业等传统的出口行业逐渐由广州向上海迁移,而一些面向国内市场的行业也趁此机遇开始大量进驻上海,如墨业、酒菜馆业、花业、腌腊业、珠宝业等。中西贸易的不断发展极大地带动了上海市场商品经济的繁荣,到20世纪初期上海已经汇聚了来自五湖四海的商贾游民。"夫论中国商贾云集之地,货物星聚之区,二十余省当以沪上为首屈一指"。[①] 邹依仁据各种人口统计数据研究得出,从1852年到1910年,上海的总人口数从544,413人增至1,289,353人。他认为如此高的人口增长量是我国其他各大城市所没有发生过的,在世界城市人口史上亦属罕见。[②] 一定的人口规模是发展经济的必备条件,而上海所持续保持的人口净增趋势也反映了这座城市在中国近代经济史上的突出地位。

与传统的商业都会相比,上海不仅是面向国内开放市场,还是一个国际性的商业枢纽,它的市场和腹地空间更为广阔。资本主义国家所生产的洋布、洋油、火柴、五金、西药、玻璃、颜料等各类新式商品也集中运至上海进行销售。这些新型工业商品的出现打破了中国传统商人经营的固有框架体系,

---

① 《论本年沪市情形》,载《申报》第9999号,1901年2月13日。
② 邹依仁:《旧上海人口变迁的研究》,1983年,第3、90页。

随着时间的推移,新兴行业被不断引进或诞生,可供经商者选择的门类选项较以往大为丰富。在国际国内市场大环境下,商人鉴于市场竞争的复杂关系,对于业缘互助的需求逐渐超过了以乡缘关系为基础的同乡组织。在一些新兴行业中,如洋布业,1850 年第一家同春洋货号建立,到了 1858 年,上海的洋布货号已经增加至十五六家。洋布商人成立了振华堂洋布公所这一同业组织,该公所的宗旨为"联络同业,维持公益,研究商学,兴发实业,以冀同业之发达"。① 在选举和责任制度上,"本公所同业皆有扶持公益,保全公所名誉,筹议经费,条陈利弊之责任""本公所同业均有选举董事之权,并被选之任"。② 从上述诸方面可以发现,这一新式同业组织与传统封建官商性质的行会有了显著区别。而与它相似的如震巽洋木业公所、锡金公所、烟业公所等同业组织的在上海等通商口岸城市的集中出现,③也说明了中国近代经济空间格局的重心正向这些地区发生偏移。

(二)生产经营的现代化与产业集群的出现

从行业生产的角度来说,传统手工业的生产方式在生产力的推动下也出现了明显的发展更新。19 世纪 60 年代以后,晚清政府内部掀起的"洋务运动",引进了大量的西方机器生产设备和技术,在客观上极大地推进了中国早期的工业化进程。④ 以绩溪商人主要从事的茶叶生产为例,釜炒机、滚筒杀青机、解块机、望月氏揉捻机等一系列自动化机械的运用大大提升了茶叶的生产能力,在缫丝、纺织、碾米、面粉加工等诸多传统手工行业的部分工序中,也同样渗入了现代化的机器生产技术。在社会生产力迅速上升的背景下,生产方式必然也会产生与之相适应的变革,一些传统手工业的生产和经营形态在这一时期出现了较为明显的变化更新,包买型手工工场便成为最具有时代特色的生产形态。彭南生认为,包买主制下的依附经营在中国近代主要手工

---

① 彭泽益主编:《中国工商行会史资料集》(上册),北京:中华书局,1995 年,第 612 页。
② 彭泽益主编:《中国工商行会史资料集》(上册),1995 年,第 612~613 页。
③ 彭南生:《行会制度的近代命运》,2003 年,第 65~72 页。
④ 邹怡:《明清以来的徽州茶业与地方社会》,复旦大学 2006 年博士论文,第 108~111 页。

行业中广泛存在,并且在依附程度、类型和包买形态上有多种类型。① 在徽州茶业经济中也大量存在着商人型包买主、商人兼工场主型包买主、工场主型包买主等形式的包买制经济,如茶栈,最初是始作为茶商与洋行之间交易的中介机构,以抽取佣金作为盈利方式,而随着茶栈地位的上升,遂由中间商发展成为经营茶业贷款的金融机构,并通过资金来操控茶叶生产和销售,从中获利。"徽州茶号资本薄弱,大都全恃茶栈放款,始有充分活动之余地,而茶栈亦即利用先垫生产资金之魔力,得以从中渔利。查茶栈所用各费,虽系代客垫付,其中不无利润,要之买卖不能直接,只得明知故昧"。②

经济格局的变迁和行业的变革使得传统行业在近代以来出现了某些产业围绕中心地区而出现的聚合现象,从而形成了早期的产业集群。"产业集群"这一概念最初是由1990年迈克·波特在《国家竞争优势》一书中提出的:"集群即指在某一特定区域下的一个特别领域,存在着一群相互关联的公司、供应商,关联产业和专门化的制度和协会。"③产业集群因所属产业不同,范围和复杂程度不一,是一种介于市场和等级制之间的空间经济组织形式。经济地理学虽然也认识到这种空间上产业聚集的现象,但是对集群还是没有充分认知,直到20世纪90年代迈克·波特提出此概念后,学界才开始系统地分析和解构这种类型的经济组织形式。例如,近代中国的丝茧业,虽然从19世纪80年代开始,江、浙、沪地区开始陆续出现民族资本经营性质的缫丝厂和茧行,但是这些零星分散于各地的丝厂、茧行受到地区的限制。其所覆盖的范围也很有限,彼此之间不相为谋。有鉴于此,一部分茧业资本家于1901年间在无锡黄埠墩设立锡金茧业公所。20世纪初,浙江、江苏等地一部分丝厂主、茧商共同发起筹备,并于1910年在上海正式成立上海丝厂茧业总公所。1915年,上海丝厂茧业总公所正式改名为江浙皖丝厂茧业总公所。该

---

① 彭南生:《行会制度的近代命运》,2003年,第68页。
② 傅宏镇:《皖浙新安江流域之茶业》,1934年,第34页。
③ 迈克·波特(Michael E. Porter)著,李明轩、邱如美 译:《国家竞争优势》,北京:华夏出版社,2002年,第2页。

跨地区性同业组织是中国近代出现的一种产业集群实践模式,行业的发展使得生产的社会和区域分工进一步明确,并通过集群成员之间供需关系的联结,实现采购本地化,形成整个集群的成本优势、规模优势和市场占有优势。①

(三)来自官方的政策引导

五口通商的开启使中国打破封闭式的经济格局,传统的商业模式不得不面对来自世界市场的冲击,落后而涣散的国内商会组织状态使得华商在与洋商在商业竞争方面毫无优势。"中国历来商务,素未讲求。不特官与商隔阂,即商与商亦不相闻;不特彼业与此业隔阂,即同业之商,亦不相闻问。计近数十年间,开辟商埠至三十余处,各国群趋争利,而华商势涣力散,相形见绌,坐使利权旁落,浸成绝大漏卮"。② 作为管理者的晚清政府,也不希望看到在经济竞争中的落败,因此便以官方身份明确新式行业商会成立的现实目的,"商会之要义,约有二端。一曰'剔除内弊',一曰'考察外情'……即如玻璃、纸张、洋蜡、肥皂之类,凡洋货之适于民用,并可详探各国市情,以广销路。有商会则必应议设公司,借图抵制,此则考察外情之说也"。③ 并且拟定了一份简明章程,从其中一些条规中,可以看出晚清政府对于新兴商品行业以及对华商权益维护的重视。

> 第一款:本部以保护商业,开通商情,为一定之宗旨。惟商明散处各省,风尚不同,情形互易,本部势难周知其隐、巨细靡遗,自应提纲挈领,以总其成。至分条系目,则在各省、各埠设立商会,以为众商之脉络也。
>
> 第二款:凡各省、各埠,如前经各行众商,公立有"商业公所"及"商务公会"等名目者,应即遵照现定部章,一律改为"商会",以归画

---

① 《行业意识、组织网络与社会资本——江浙皖丝茧总公所的兴起与运作(1910—1930)》,《近代史学刊》,2004年第2期,第171~183页。
② 《商部奏定商会简明章程》,见《中国工商行会史料集》(下册),1995年,第970页。
③ 《商部奏定商会简明章程》,见《中国工商行会史料集》(下册),1995年,第971页。

一,其未立会所之处,亦即体察商务繁简,酌筹举办。至于官立之保商各局,应由各督抚酌量留撤。

第八款:凡属商务盛衰之故,进出口多寡之理,以及有无新出种植制造各商品,总会应按年由总理列表汇报本部,以备考核。其关系商业重要事宜,则随时禀陈。至尤为紧要者,并即电禀。

第十五款:凡华商遇有缪轕,可赴商会告知,总理定期邀集各董,秉公理论,从众公断。如两造尚不折服,准其具禀地方官核办。

第十六款:华洋商遇有交涉龃龉,商会应令两造各举公证一人,秉公处理,即酌行剖断,如未能允洽,再由两造公正人合举众望夙著者一人,从中裁判。其有两造情事,商会未及周悉,业经具控该地方官或该管领事者,即听两造自便。设该地方官领事等判断未尽公允,仍准被屈人告知商会,代为伸理。案情较重者,由总理禀呈本部,当会同外务部办理。

第二十六款:凡商人由能独出心裁,制造新器或编辑新书确系有用,或将中外原有货品改制精良者,均准报明商会考核后,由总理具禀本部,酌量给予专照年限,以杜作伪仿效,而示鼓励。①

民国四年(1915)十二月十四日,国民政府颁布了《商会法》,该部法规在清光绪《奏定商会简明章程二十六条》的基础上从组织、职务、选举任期、解职处罚、经费、清算等诸方面更加明确地规定了总商会和商会的职能和权力。民国五年(1916)二月继之出台了《商会法施行细则》,对总商会职务人员的选举任用、改组办法作了细致的补充说明,并将旅外中华总商会也纳入《商会法》的管理范围内。"第十五条:本法施行前原有旅外之中华商会商务总分会及其选任各职等一切名称,应依本法分别改称中华总商会中华商会及会长、副会长、会董。第十六条:旅外中华总商会商会之成立,应依本法详拟会章,

---

① 《奏定商会简明章程二十六条》,见《中国工商行会史料集》(下册),1995年,第971~977页。

经该管或其附近之领事署转请农商部核准……第十八条:前项规定,于旅外之中华总商会商会适用之",①进一步强化了政府对商会组织的干预引导效用。

民国七年(1918)四月二十七日,国民政府颁布的农商部令第 45 号《工商业同业公会规则》是近代中国第一部有关同业组织的政策法规,明确工商同业公会宗旨为"维护同业公共利益,矫正营业上之弊害",在设立原则和组织性质上,规定"同一区域内之工商同业者设立公会,以一会为限……不得以同业公会名义,而为营利事业"。②与《规则》同时出台的还有《工商同业公会规则施行办法》(农商部政令第 44 号),在具体的操作办法上提供更为明晰的解释,如"凡呈请设立工商同业公会时,须开具发起人之姓名、商号、年龄、住籍,陈明设立同业公会之必要理由,并将该区域内同业者工商号及经理人姓名表册,该处总商会商会之证明文件,并送核";工商同业公会须"得设立事务所,置总董一人,副董一人,董事十人至十五人,均为名誉职"。③民国十二年(1923)四月十四日,《修正工商同业公会规则》(农商部政令第 267 号)再行颁布,与初次出台的《规则》相比,该修正案主要修改了两方面的内容:一是关于同一地区内同业公会数量的再明确,"前项公所行会或会馆存在时,于该区域内不得另设该项同业公会";二是明确了该规则的适用范围,"本规则除有法令特别规定之外,于工商同业公会均适用之"。④

这一系列有关设立商会和同业公会政府法令的出台,为近代新兴工商行业的现代化转型提供了官方层面的政策支持,也极大地推进了旧式传统商会组织向新式工商业同业组织的嬗变进程。然而,在当时实际情况下,新旧商会组织存在着错综复杂的交织局面,彼此对抗竞争的状况时有发生,政府对

---

① 《商会法施行细则》,见《中国工商行会史料集》(下册),1995 年,第 983~985 页。
② 《工商同业公会规则》,见《中国工商行会史料集》(下册),1995 年,第 985~987 页。
③ 《工商同业公会施行办法》,见《中国工商行会史料集》(下册),1995 年,第 986~987 页。
④ 《修正工商同业公会规则》,见《中国工商行会史料集》(下册),1995 年,第 987~988 页。

此无统一的处理办法,因此只能默许这一局面的存续。"本规则施行前,原有关于各工商业之团体,不论用公所行会或会馆等名称者,均得照旧办理",①这也反映出从旧到新商会组织变更的客观艰难程度。

二、近代绩溪商人组织及其现代化转向

尽管民国时期上海仍然是各种新旧商人组织并存的局面,但是新式同乡会和工商同业组织正在逐步取代旧式的会馆、公所,旅沪绩溪商人在民国以来所组建的同乡组织和同业组织在结构、职能、管理制度等方面较以往旧式商人会馆相比都有不同程度的差异变化,传统的同乡会馆也在制度上作了调整。总而言之,在这一时期的商人会馆、公所都呈现出了多元的现代化转向趋势。

(一)绩溪旅沪同乡会的设立及主要职能

1929 年 5 月 13 日的《申报》上刊登了一则《绩溪旅沪同乡会征求会员通告》,其原文内容如下。

> 本会自丙寅年庆历十一月二十八日开会筹备以来,迄今数年,迭经时局变迁,因此停顿而未能正式成立,刻为徽州惨遭匪灾竟及四县之多。屯镇尽烬,成为瓦砾,百年难复。如此情况实属不忍目睹,同人等以事关桑梓之利害,巩固团体之精神,联络乡谊补救于万一,徽属六邑独为吾邑缺如,为此通告旅沪同乡未曾入会诸君,统希本月内来会报名登记并补具志愿书,以便定期开会员大会,特此通告。筹备委员会胡祥钧,程如麒,程克藩,邵锦卿,胡元堂,邵鹤龄,临时事务所在芝罘路劳合路底二百三十一号东楼。②

从上述《通告》内容可知,绩溪同乡会的筹备工作在 1926 年便已开展,当

---

① 《工商同业公会规则》,见《中国工商行会史料集》(下册),1995 年,第 986 页。
② 《绩溪旅沪同乡会征求会员通告》,载《申报》第 20166 号,1929 年 5 月 13 日。

年徽州六县中歙县、婺源县、祁门县都已建立县一级的同乡组织,①凡涉及绩溪县内纠纷、诉讼事件,均需通过徽宁同乡会出面协调沟通,如1926年发生在临溪镇上苏隆泰、鲍永斯等盐行扣斤短秤一事,由徽宁同乡会致电绩溪县政府。

> 徽宁同乡会日前接绩溪县五法团来函,声称临溪镇盐行历扣盐斤,每担常被私克七斤以上。盐为日用所需,关系民食,为此群起呼吁。该会接据来由,当发代电致绩溪县长云,顷接县商会、农会、教育会等法团函,称临溪镇苏隆泰、鲍永斯等盐行历扣盐斤,短少官秤,业经商会会董章和轩证实无讹,似此弁髦盐法损商病民,除电各当局从严惩办,并依法向县起诉,外特函请援助等情到会,当经敝会职员讨论,金以兹事关系民食,亟应澈底查究,用敢据情电请贵县长务希秉公办理,以平众愤,真相何若并希见示,曷胜公感。②

作为旅沪绩人的代表,胡适、汪孟邹等人也对绩溪旅沪同乡会的正式成立起了关键性作用。1930年,绩溪掀起荆州勘界运动,公推胡钟吾为民意代表,以上访形式来争取荆州的管辖权,这一事件也引起了各界旅外人士的响应。1930年,胡钟吾来沪向绩溪旅沪同乡会寻求声援,获得了胡适、汪孟邹等人的接待。同年9月5日,绩溪旅沪同乡会在执监联席会程克藩主席的主持下召开第三次执监联会,主要讨论绩溪荆州复界运动事件的解决途径,"绩溪荆州复界委员会来电及县政府布告到会、并请宣传案、(议决)查安徽省政府及内政部咨文绩溪县昌化县两政府、对于本案在未解决以前、双方停止进

---

① 歙县旅沪同乡会正式成立于1923年4月1日,由1922年成立的赈济会改名而来,"民国十一年间由方晓之、曹叔琴、程霖生、吴文甫、方志成、章南园、叶汲三、徐大公等发起组织,其间经办关于会员争议之调解失业,会员之救济,桑梓慈善之赈灾,桑梓侵害之援助等事"(《歙县旅沪同乡会会员名册》,1948年,上海档案馆馆藏档案,Q6-5-1034);婺源旅沪同乡会在1927年建立,曾由同乡江家珊、金里仁等组立同乡会,联络乡谊,举办公益;祁门旅沪同乡则在1922年前后组建。

② 《徽宁同乡会致绩溪县代电为盐商克扣盐斤事》,载《申报》第19129号,1926年6月5日。

行各在案并电县政府遵守前案办理、并致函徽宁同宁会援助"。① 在1931年召开的第九次执监联会中,绩方代表再次重申了在此事件中的立场。

> 绩昌界务问题,经中央委员会同勘定,荆州全部归绩在案,对于绩境与昌化上塘部份,应以原址界线是由阴山与阳山为标准,但阴山至栈岭为界,阳山至章家埭水口为界,线未明定,请求解释划清界线案,(议决)致函请愿代表胡钟吾,并请绩溪县政府,将十三都至栈岭界线部份,是否照原址界线勘定划清,以原有之阳阴两山栈岭界域为限,切勿以该处与荆州交换意见为解决。邵月润、邵在杭、胡元堂、程如麒、程克藩、邵叔伟、邵镛卿等,报告据胡锦吾宣言内开,绩溪田原亦我绩旧辖之地,竟以划归昌化云云,查(二)次之议案,以原址阴阳山归辖之界线为目的,断难将原辖之绩溪田械岭与(议决)以胡钟吾所拟绩溪各公团具名之宣言,有绩溪田亦划归昌化管辖,甚为疑惑,电请即日答复。②

会后,绩溪旅沪同乡会,率8620个绩溪旅沪人士共同通电声援,亚东图书馆、鸿运楼、胡开文沅记、满江春等30余个单位和店号以及100余人还捐银元支持。③ 此事件还获得了其他各地同乡会的声援和支持,如芜湖绩溪同乡会、汉口绩溪同乡会、宣城绩溪同乡会等均以呈文方式向中国国民党中央党部、民国政府及全国各级中国国民党党部、各级政府、各级社会团体请愿。

从职能方面看,绩溪旅沪同乡会还负责处理协调邑人的民事经济纠纷,如湖州"同茂祥"店内程氏邵氏的股权纠纷一案和十三都逍遥岩茶落坞伏岭下村人公产出让纠纷一案。

> 湖州同茂祥经理方湘帆来函、说明该店经遇情形、对于程邵氏

---

① 《绩溪同乡会执监联会》,载《申报》第20632号,1930年9月5日。
② 《绩溪同乡会执监会记》,载《申报》第20903号,1931年6月15日。
③ 汪汉水、耿培炳:《胡钟吾与胡适的老乡情结》,载《胡适研究通讯》,2008年第4期,第16~20页。

股份纠葛一案、据调查双方报告来函、言词各执、旅沪同人莫明真相应如何办理案、(议决)致函双方原主并请旅沪同乡秉公办理可也。①

奉绩溪县政府第一二七号公函,开案准贵会真代电开,据同乡商民邵在杭等函称,绩境十三都逍遥岩茶落坞地方,有伏岭下村人邵炳铎、邵在渊、邵运根等将该处公产业木出拼与遂安人,硕木种菰,人数复杂,良莠不齐,恳转电请查禁,以防后患等情理,合电请鉴核俯赐给示,严禁并令公安局制止等。②

(二)绩溪商人组织的多元转向表现

1. 科学民主性的提升

在组织管理上,新式商人团体的民主化程度较旧式会馆(公所)有显著提升,在选任方式、议事和经费管理等方面的不断完善改良也反映了时代的进步性。早期的传统会馆虽然也带有一定的民主性,但是从实际运作的情况来看,这种民主性是有局限的朴素民主。以上海徽宁会馆为例,在民国以前该会馆采用的是司年制的管理方式,即"歙、休、婺、黟、绩、宁五邑一郡各司一年,轮流公同选择殷实之家管理大总,经办堂中各项收支银钱出入,并收掌田房契据租息等折,每年清明节届结清总账,检点单契"。③ 民国以来,徽宁会馆用董事会制取代了先前的司年制,1930年新制定的《上海市徽宁会馆章程》对董事会制的运作实施作了详细的说明:"本会馆以董事会为最高权力机关,以全体董事过半出席者为法定人数……由董事全会选举董事十七人,会同值年董事六人共计二十三人组织董事会,即以当年值年董事为正副主席,董事会为权力机关,依照本章程规定行使职权。"④ 与司年制相比,董事会制

---

① 《绩溪同乡会执监联会》,载《申报》第20632号,1930年9月5日。
② 《绩溪同乡会开会纪》,载《申报》第20832号,1931年4月3日。
③ 《道光三十年庚戌十月公义增定章程》,见《中国工商行会史料集》(下册),1995年,第872页。
④ 《上海市徽宁会馆章程》,上海市档案馆馆藏档案,Q6—9—110。

打破了以往一体均分,轮流执事的朴素民主形式。对于会馆董事的选举任用更契合时代发展的需要,章程关于会馆董事资格的规定,要满足四个方面的条件:"凡徽宁旅沪同乡由董事六人以上联名函举,经董事会审查,合于下列条件之一提出大会通过者:1.乡望素孚者;2.办理善举事业著有成效;3.热心公益慷慨捐输;4.对于办理慈善事业有特殊之学识或经验。"[1]从历任绩溪籍徽宁会馆董事的身份背景来看,全部集中在经济实力较强的茶业和徽馆业上,如程裕新茶号经理程右泉、大全福菜馆经理邵叔伟、大中华菜馆经理胡元堂等人,他们在各自行业中所拥有的经济和社会资源足以有能力支持善举事业的推广。

继董事会制度后,1923年成立的徽宁旅沪同乡会采用了更具时代先进性的理评部制。所谓"理评部制",即由理事部与评议部联合监督领导的组织制度。理事部作为办事机构,综理一切内外事务,共设理事长一名,常任理事二十五名,由评议部选举产生。理事部下设总务科、财务科、公断科、教育课、求助科、交际科和稽核科七个部门,各科由两名常任理事担任正副主任,并由主任理事任命干事若干。评议部作为决策机构,主要负责审议、人事和监督工作,设有评议长一名,副评议长两名,评议员三十七名,书记长一名,书记四名。由理事部与评议部联合召开的联席会议是徽宁旅沪同乡会的最高决策机构,主要讨论审议与政府沟通交涉、商务、人事任命等重大事项。[2] 同时,徽宁旅沪同乡会虽没有完全摒弃董事会制,但董事必须通过理事部与评议部推选、审议产生。

在入会资格上,徽宁同乡会规定:"凡属徽宁两属旅沪同乡年满二十岁,有正常职业,未经剥夺公权并无精神病者经员一人介绍,不分性别均得加入本会会员。"[3]而徽宁会馆原则上只允许男性加入,这也体现了徽宁旅沪同乡会在民主开放性程度上的提高,如此进行最大限度地扩充资源更有利于商人

---

[1] 《上海市徽宁会馆章程》,上海市档案馆馆藏档案,Q6-9-110。
[2] 《徽宁旅沪同乡会第一届报告书》,1924年,第12~13页。
[3] 《徽宁旅沪同乡会第一届报告书》,1924年,第6页。

组织适应时代发展。

2. 协调政商关系，谋取商业利益

以商业联合组织的身份向政府争取政策倾斜和商业利益是近代商人会馆的主要对外职能，这也更体现商人资产阶级谋求利益最大化的本质属性。对商人来说，国家的经济政策与它们切身利益最为密切，尤其是在税收上，政策的调整变动对地方行业发展有着举足轻重的联系。作为地方上的同业组织，肩负着与政府协商税收问题、争取减免税收额度的重任。

以丝茧行业为例，近代以来茧捐一直是中国地方财政的大宗税源，清末时期浙江的茧税高达每担十二元。绩溪是民国时期新的丝茧产区，地方政府为鼓励县内丝茧业的发展，故而采用较轻的税率，"所纳捐税例彼江浙两省为轻，从前皖省茧捐每担纳洋贰元贰角"。① 相对于浙江每担十二元的茧捐，绩溪二元二角差不多只是其三分之一，"故运费虽大而纳税为轻，所以茧商均易于就范"②。然而民国十五年（1926年），皖省依照江苏当涂先例征收茧捐至每担六元后，使得原本在税率上的利润优势荡然无存，当然这对于茧行和蚕农的打击也是非常巨大的，一时出现了"转瞬数月，蚕事即屈""纳税偏苛，商民交困""蚕事之影响于民生，不堪闻问矣"的局面。1928年，绩溪茧业代表黄剑奎在给民国政府财政部和浙江省政府的呈文中如是叙述。

> 皖属绩溪一县……十年来乡人鉴于国际贸易之重要，群起而创设茧行，中间经拾者一再热心提倡，然终难发展，其大本大原，当为地境所关，而纳税偏苛，实为唯一之大患……查皖省以蚕桑发达地区，与地境关系，所纳税例比江浙轻，年来本省整顿税收，每担骤增为六元，据情而论，以纳税几等，运输独重之绩茧，理不能与江浙各茧在国际贸易场中争一席地，更何堪除完本省出产税外，入浙后尚须重纳过境税及附加税十元八角乎（计缴过境税九元，入浙附加税

---

① 《上海丝工业同业公会档案》，上海市档案馆藏，S37—1—255—44，第1页。
② 《上海丝工业同业公会档案》，上海市档案馆藏，S37—1—255—44，第2页。

一元八角,与浙茧应缴出产税九元及附加税一元八角者,其征额相同)同属黄帝之子孙,同隶革命旗帜之人民,何以浙茧运苏与苏茧运浙只须呈验捐照,各纳过境税一元,而独对于皖茧入浙横征暴敛,此大不解者一也。且过境税与出产税有别,不辩自明……皖赣已捐入浙境箱茶,只征银四角六分,仅占出产税十分之二三,惟皖茧一项,入境后之过境税与浙茧之出产税相若者,何耶?次大不解者二也。夫茶茧同一国际贸易品也,而征收之不平衡如此,江浙皖同一版图也,而税率之不公平又如彼,转瞬数月,蚕事即屈。

  近闻二月五号新闻报所载皖省丝茶税之新办法栏内,载有绩溪茧捐比额为一千三百捌拾元,而与近三年来由商民所负担完纳每担六元之捐,不及三分之一,商民在绩言绩,近茧言茧,查绩邑鲜茧出产,年有二千余担,以之烘成干茧当在六百担至八百担之间,今估以七百担计,以报载一千三百八十元为比额而论,国家所收税额每担尚不满二元,而商民完纳每担六元之重税,国家所得不满三分之一,而包商中饱已逾三分之二,是则国家虚负其名,包商得惠其实,结果商民受累,而影响及于产额日短,至国家税收亦因之日绌,此岂政府所提倡发展丝茶,增加产额之本意耶?①

历来官与商的对话中,商总是处于弱势,但随着新式同业组织的出现,这种被动的状态出现了一些转机,在绩溪地方上丝茧公所和江浙皖丝厂茧业总公所出面进行一次次申诉之下,政府也不得不作出让步。比如关于绩茧入浙过境税的问题,1928年,浙江省政府对绩溪丝茧公所的呈文作了批复:"因查此项茧包运入浙境,如果确在皖省局捐过正捐六元,持有捐票呈验应如,安徽省政府来咨饬令补缴浙捐三元,沪捐一元,以示体恤。"②政商关系历来都是从商者所要考虑的重要因素,官商博弈也一直是对话的主题。特别是规模较

---

  ① 《上海丝工业同业公会档案》,上海市档案馆藏,S37—1—255—44,第2~4页。
  ② 《上海丝工业同业公会档案》,上海市档案馆藏,S37—1—260—66,第1页。

小、地处偏远的丝厂茧行，他们更加渴望寻求一个高层次的组织平台来与政府开展直接对话，以求得更丰厚的商业利益。在绩溪丝茧分公所与地方政府往来行文中的一个细节值得关注，凡是由绩溪丝茧分公所送呈政府的呈文中，其往往署以江浙皖丝茧总公所委员会总董或者议董的名义，比如黄晋绅、沈联芳等丝茧业的头面人物分别捐有三品衔候选或补用知府的官衔，他们拥有更广阔的社会资源，与官府的渊源颇深，在一些地方上的官商纠纷中，由其出面参与调解往往能够取得较理想的效果，这也是新式工商同业组织较旧式工商行会所体现出的现代化转向之一。

3. 慈善公益事业形式的多样化

施棺助葬是一般传统同乡会馆设立的初衷，也是其实现慈善功能的主要方式。范金民指出，以善后设施为主体的慈善设施是各地域商帮在经营地联络、团结乡人的基本设施，各处商人会馆几乎无一例外都有相应的善后设施。① 传统时代的人们对于善后安葬极为重视，"生有所寄，死有所归，枯朽骸髋，必思埋葬得其一地，如生者之寝食居处了无遗憾，然后仁至尽，可以赞皇恩佐圣治也"。② 传统商人会馆的慈善行为也基本上局限于施棺助葬方面，从上海徽宁思恭堂的经费支出内容来看，除修缮馆屋和捐税以外，会馆经费主要花费在施棺和埋葬两大块。而近代徽商建立的商人会馆在慈善公益事业的实践中展现出更为多样性的方式路径，主要体现在以下方面。

第一，创办各种现代化医疗机构，提供医疗服务。1911年，徽宁会馆创办徽宁医治寄宿所；1919年，徽宁旅沪同乡会在大南门外煤屑路创办南市斜桥时疫医院；1924年，徽宁旅沪同乡会又创办了徽宁医院，当时《申报》对此事件也作了记载。

> 徽宁旅沪同乡会发起组织徽宁医院，救济贫病同乡，业由理评

---

① 范金民：《清代徽州商帮的慈善设施——以江南为中心》，载《中国史研究》，1999年第4期，第143~152页。

② 《上海徽宁思恭堂序》，见《中国工商行会史料集》（下册），1995年，第869页。

两部通过,并推出筹备员从事进行。前晚开第一次筹备会。郑介诚主席,报告本案经过后,首议在筹备期间先设施诊所案,主席说明理由,经众讨论,表决通过。次议聘请中西医士案,决定中医部请黄仰蘧、邵亦群担任;西医部请邓源和、江周海担任;药剂部请曹志功担任。即日由会备函敦请。次议筹备经费案,决定用筹备处名义,印发捐册,请两属同乡热心赞助,当场由詹铭珊担任捐助开办费洋五十元,又代表洪鉴庭捐助洋五十元,曹志功报告会员黄简荪代募到随安堂捐助洋五十元,公决致函申谢。①

在绩溪旅沪商人中经济实力位居前列的茶商汪惕予也同样热衷于医疗公益事业。光绪二十九年(1903),35岁的汪惕予从日本学医归来,"是年毕业回沪,设个人诊察所于沪北英界广西路,且聘日本医士上原宇佐郎为助医,时君医术已噪远近",②光绪三十年(1904),汪惕予欲集资创设了自新医院,大力推广西医技术。

第二,创办学校,解决寓居地的教育问题。传统徽商一向对子弟教育极为重视,进入近代以来,虽然科举制遭到废除,但是徽商对于新式教育也同样热衷,徽商组建的各类同乡组织,在教育方面投入了巨大的财力物力,为寓居地的同乡兴办学校,提供各类教育服务。1906年,绩溪会馆商人王子干最早拟在上海集资开办一所两等小学。

> 徽郡五道街级向有绩溪会馆一区,以备岁时联络桑梓聚议之所,近由本邑志士王君子干,以绩邑在郡人士甚众,理宜设学,以培子弟,遂发议就会馆开办两等小学一所,闻已经多数赞成矣。③

1922年,徽宁旅沪同乡会在前法租界八仙桥首安里创立新安小学;1929年,又在法租界贝勒路(现名兴业路)添设徽宁小学。当时两校的学生数量有

---

① 《徽宁医院筹备会纪》,载《申报》第18406号,1924年5月27日。
② (民国)汪立中:《余川越国汪氏族谱》卷三《传状上·汪惕予先生年谱》。
③ 《旅学将兴徽州》,载《申报》第12104号,1906年12月28日。

三四百人之多,后来这两所学校合并成为私立徽宁小学,设校董会,由画家黄宾虹,内政部卫生署技士许士琪,中医王仲奇,洋行的朱曼华,上海新闻记者公会常务理事、上海新闻报编辑余空我和法总巡捕房政事部的翻译程海涛六位徽州名人担任校董。在上海地区的徽商会馆也建立了学校,如兰溪新安同乡会于1946年在兰溪县创立新安小学,溧阳徽州会馆于1944年在溧阳建立新安期成小学。①

除子弟教育以外,徽商对成人教育也较为重视。绩溪茶商汪惕予在创办自新医院的同时,也创立了自新医科学校,"爰独力捐帑二万金以为之倡……各界捐助二万四千余金,共四万四千余金,乃于是年二月创办自新医院科学校……光绪三十四年,是年正月添设医学补习夜科于医校之内,以便中西医士公余之暇得以研究最新要之学理。章程发表后,远近来学者一百八十余人之多,每届六个月毕业一次"。②

4. 祭祀功能的弱化

新式商人组织在传统的祭神祀天功能上出现弱化的趋势。对共同祖先、地方和行业神灵的祭祀是旧式同乡会馆或同业公所例行举办的重要活动之一,如光绪年间的京都绩溪会馆在每年的不同时段都要祭拜各种神灵。"众神正月十八日恭祀,汪越国公二月初三日恭祀,文昌帝君五月十三日恭祀,关圣帝君九月十七日恭祀"。③上海徽宁思恭堂同样也非常重视祭神祀天的仪式举行,"一议歙、休、婺、黟、绩、宁郡、五县一郡各司一年,轮流管理宴待祀享,每月朔日恭诣神前拈香,拜毕并查堂中一切"。④学界一般观点认为,徽商会馆的神灵祭祀不仅是凝聚团队向心力并维持其身份认同的精神支柱,更重要的是借助于超人的力量来维护行规行约的权威性和神圣性,加强对行会

---

① 绩溪县地方志编委员会编:《绩溪县志》,1998年,第456页。
② (民国)汪立中:《余川越国汪氏族谱》卷三《传状上·汪惕予先生年谱》。
③ (清)程苹卿 编:《京都绩溪馆录》卷一《规条》。
④ 《公议堂中规条》见《中国工商行会史料集》(下册),1995年,第869~870页。

成员的监督与控制。① 这种带有传统封建色彩的会馆功能与旧式行会相对狭隘和保守的组织理念是基本一致的。随着中国近代市场经济的不断发展和相关法规政策的日臻完善，新式商人会馆更为强调对商业利益的争夺，而在行规行约的维护和内部纠纷的处理上则完全可以通过现代化的法律制度来得到保障，因而会馆的祀神功能在近代以来都出现了不同程度的衰退。

三、地缘与业缘交错下商业网络的发展困境

以地缘关系为纽带的同乡组织以"联络感情，合群互助，爱集乡人"为一般宗旨，董余鲁在论及徽宁旅沪同乡会的设立意义时曾言："使之团结于海上一隅，即所以使之团结于一乡，亦所以使之团结于一国，谋一隅之福，即所以谋一乡之福，谋一乡之福，即所以谋全国之福。"② 同业组织则旨在保护同业商人的经济利益，如华阳旅沪馆业公所，"以维馆业同人幸福为宗旨"，③ 川沙八业公所"以维持同业公共利益，矫正业务上之弊害为宗旨"。④ 晚清以来，同业公所如雨后春笋一般纷纷建立起来，据郭绪印的统计，上海开埠前的业缘性会馆仅有18所，而开埠后建立的业缘性会馆数量则达到87所。⑤ 民国以来，一部分旧式会馆、公所转型成为新式的工商同业公会、同乡会，同时保留了相当数量的旧式会馆、公所，因此便出现了新旧会馆、公所和乡缘、业缘组织相互交织、错综复杂的局面。而当业缘性的同业组织与地缘性的同乡组织因地缘空间或是业缘利益发生冲突，这种难以调和的复杂矛盾关系则成为商业网络保持维系和发展的极大阻碍。以旅沪徽馆业中绩、歙两帮派别分化而导致的公所对峙局面为例，可以窥见近代以来业缘与地缘关系的发展困境。

---

① 冯剑辉：《近代徽商研究》，合肥工业大学出版社，2009年，第151页；彭南生：《行会制度的近代命运》，2003年，第97页。
② 《徽宁旅沪同乡会第一届报告书》，1924年，第4页。
③ 《旅沪绩溪馆业公鉴》，载《申报》第17836号，1922年10月18日。
④ 《川沙八业公所简章》，见《中国工商行会史料集》（上册），1995年，第618页。
⑤ 郭绪印：《老上海的同乡团体》，2003年，第30页。

在徽馆行业内部，存在着以地缘空间为界线的划分，其中以绩溪帮和歙县帮两派占馆业的多数。绩、歙两帮在徽馆业经营上都有各自的发展优势，歙帮从事徽馆业的历史久远，可上溯至乾隆年间，学者王振忠认为最早以开设徽馆为业的应属歙县人。① 绩溪在经营徽馆上历史虽未及歙帮，但在近代以来取得了较快发展，"烹调业也是吾绩新兴事业之一。此业创始于何时不可考，其始仅创始于徽州府、屯溪、金华、兰溪、宣城等县市；继则扩展及于武汉三镇、芜湖、南京、苏州、上海、杭州等大都市，则是随近百年来海禁大开，工商业的发展而日臻发达"，②并在行业经营实力上逐渐超过了歙帮。因此民国时期毕卓君认为，"绩帮为徽馆之先河，歙帮则为后起者耳，以实力言，则歙帮不如绩帮，以绩帮原绾徽馆之专业，其历史甚为悠久，歙帮乃脱胎于绩帮，仅得自树旗帜于徽馆之下而已"。③

在早期的旅沪经营中，绩、歙两帮多以协同合作的方式共同打入市场，其中有不少绩、歙两地商人共同出资和经营的案例。如光绪二十七年(1875)绩溪六都章老丞与歙人柯君合开湘源楼，宣统元年(1909)绩溪十三都人汪定祥与歙人金某合开醉芳园。④ 随着时间的推移，徽菜迅速占领了上海大部分的饮食市场，利润的扩大可能导致利益分配出现矛盾纠纷。绩帮凭借其实力优势掌控着行业的话语权，歙帮不甘屈就，渴望独立经营，于是便逐渐分离出去，但在脱离绩帮之后，绩、歙两帮的实力并不均衡。至20世纪20年代，绩帮徽馆有复兴园、天丰园、天丰园、民乐园、第一春、畅乐园、醉白园、中华楼、惠和园、聚元楼、亦乐园等六十余家，而歙帮仅有大庆楼、三阳楼、共和春、申江春等十余家，数量上歙帮徽馆仅为绩帮的六分之一，相去悬殊。虽然绩歙两帮对外都称以"徽菜馆"，但是一般彼此互不来往，形成了"徽馆绩歙两帮，

---

① 王振忠教授在《清代、民国时期江浙一带的徽馆研究——以扬州、杭州和上海为例》一文中指出，《扬州画舫录》所载"因仿岩镇街没骨鱼面，名其店曰'合鲭'，盖以鲭鱼为面也"，而这家面馆的主人正是歙县人徐履安，徐履安的族叔就是著名的大盐商徐赞侯。
② 台北市绩溪同乡会编：《绩溪县志》，第715页。
③ 毕卓君：《本埠徽馆之概况》，载《申报》19435号，1927年4月21日。
④ 邵石友、程本海：《绩溪面馆业的历史》，39~40页。

隔阂甚深"的局面了。

1922年,绩帮徽馆业领袖路文彬在《申报》上刊文,针对徽馆经营中存在的如行业规范缺失、恶性竞争、组织松散等问题发起筹建华阳旅沪馆业公所,由于其所收纳的悉是绩溪籍人士,不但未能消除绩、歙两帮的隔阂,反而更激化了彼此的对抗。在旅沪绩溪馆业公所建立之后,歙县人朱志卿等也发起建立了所谓的馆业公益会,实为歙帮的同业公所,①以抗衡绩帮。

旅沪绩溪馆业公所和馆业公益会成立后,其所发挥的作用"除一致要求馆主改良待遇外,几无所事事""仅为沟通声气之机关而已,至于如何联络,以遂馆业之扩充,如何救济失业员役,以敦该业之风化,惜当局未遑顾及,不无缺憾"。② 在处理店内纠纷、维护馆店权益方面,多是向更高一级的安徽旅沪劳工会或是徽宁旅沪同乡会等地缘组织寻求沟通和解决的渠道,从1925年发生的一起地痞滋事的地方治安事件的处理上,可以窥见一斑。

> 沪南三角街三星楼徽菜馆,前遭徐正福硬用劣角不遂,纠众捣毁,由警拘送法庭,讯究在案兹悉旅沪华阳菜馆业,前晚假沪城公所开会讨论对付办法,同业到者五十余人,公推路永江主席报告此事实情,嗣经到会同业讨论之下,金以该徐正福等系当地流氓,三星楼被若辈捣毁以来,不能开市营业,若不请求官厅究惩,后患堪虞,且与同业营业前途大有关碍,遂公决,除函请徽宁旅沪同乡会援助外,一面具状地检厅,请求秉公究办,以儆凶横而维商业云。③

三星楼徽菜馆属于绩帮,在事件发生之后,旅沪绩溪馆业公所作为其直管的同业组织,在其出面向地检部门申诉的同时,还向徽宁旅沪同乡会请求援助。从这一细节可以看出,旅沪绩溪馆业公所在处理有较大社会影响的地方纠纷上,还是需要依靠更高一级的地缘组织来帮助实现其诉求。传统同业

---

① 毕卓君:《本埠徽馆之概况》,载《申报》19435号,1927年4月21日。
② 毕卓君:《本埠徽馆之概况》,载《申报》19435号,1927年4月21日。
③ 《申报》第18701号,1925年3月26日。

公所设置的初衷便是维护其群体的利益,联合同业与损害本行业利益的行为作斗争。而旅沪绩溪馆业公所连这最基础的一项也尚未有能力实现,深层次的利益诉求更是无从谈起。从三星楼事件的后续发展情况来看,起到主要的协调和沟通作用的还是徽宁旅沪同乡会。

> 沪南三角街三星楼徽菜馆,在地检厅状诉流氓徐正福、董瑞宝、董连生等,纠众行凶,将店捣毁,损失银洋等情,并经徽宁旅沪同乡会等各团体代抱不平,函呈到厅,要求秉公澈(彻)究,前日午后由该厅张检察官开庭,审理原告方面投案。①

> 又讯,日前徽宁同乡会为三星楼菜馆被流氓捣毁等情,曾致函各路商界总联合会请求援助,兹得其复函表示赞同。②

在徽人旅沪经商的过程中所建立的以地缘、业缘为纽带的公所或会馆,其初衷多数是为了联络感情,力谋桑梓商业之共同利益。但在时代的变迁中,随着旧式的公所、会馆的存续和新式同业公会的建立,便形成了各种新老地缘、业缘组织重复并存的局面。这些同业、同乡组织的存在确实可以为其所属的商帮群体谋取利益,建立竞争优势,但在狭隘的乡族宗法观念之下,同业公所则会转化为帮派争斗的附属工具,也背离了共谋利益的初衷。绩溪帮和歙帮所各自成立的沪绩溪馆业公所和馆业公益会,在实际运作过程中并未能够履行一个同业公所应有的基本职能,却更像是一种不同群体身份的表征,实际上是出于维护特定区域商人权益的需要,从而形成彼此对峙的局面,造成业缘关系困境。

何炳棣在《中国会馆史论》中指出,"京师郡邑会馆最初是同乡士宦公余聚会之所,逐渐变成试馆,但始终不免同乡商人参加的痕迹。京师以外的会

---

① 《申报》第18705号,1925年3月30日。
② 《申报》第18709号,1925年4月3日。

馆多属同乡工商组合的性质"。① 明清时期绩溪会馆类型的空间分布的确大致印证了何炳棣的这一判断,但也存在着一些不同的具体表现。如京都绩溪会馆作为试馆的典型代表,除了发挥服务科举的主要功能之外,同时也兼具施棺助葬、例行祭祀、调解纠纷等一般传统会馆的社会功能。此外,何炳棣对所说的"商人参加的痕迹"并没有作出更深入的解释,例如同一时期在北京设立的绩溪会馆和歙县会馆,两者虽然在组建和日常运作中都有"商人参加的痕迹",但是这种"痕迹"的深浅程度是迥然不同的,歙县会馆每年仅通过"邦项"的捐输就能够获得3000两的经费(道光年间被削减每年为2400两),两县会馆经费来源和数量的巨大落差提示我们,在分析地域商帮网络的建构时,同样也要不能忽视区域内部的地方性特征。

进入近代以来,各类商人组织的性质、组织形式和功能出现了新的变化。徐鼎新认为,同业团体的变化表现为新型行业团体的出现,其结构打破了狭隘的地域和旧有的行业范围,在一定程度上超越了乡谊联系和行会束缚。② 从绩溪商人在上海组建或参与的会馆、公所来看,与早期的商会组织相比,最大的变化特征便是在性质上从地缘关系偏向了业缘关系。"到20世纪初,会馆、公所等传统组织少数演化为纯同乡团体,而大多数改组为同业公会(联合会)"。③ 诸如上海书业同业公会、上海茶叶商业同业公会、华阳旅沪馆业公所等新式的工商同业公会,在组织结构、内外职能、管理制度等方面均显现出了多元化的现代化趋势和时代的进步性。

何炳棣认为共同的经济利益促成超地缘的业缘结合,使得地域观念逐渐消融,并加速了小群组织的衰微。④ 这一观点虽然解释了部分同乡团体向同业组织转化的内在原因,但是无法说明同乡、同业组织出现的分化现象。从

---

① 何炳棣:《中国会馆史论》,1966年,第11页。
② 徐鼎新:《旧上海工商会馆、公所、同业公会的历史考察》,载《上海研究论丛》第5辑,上海:上海社科院出版社,1990年,第79~114页。
③ 徐鼎新:《旧上海工商会馆、公所、同业公会的历史考察》,载《上海研究论丛》第5辑,1990年,第79~114页。
④ 何炳棣:《中国会馆史论》,1966年,第114页。

实际的情况来看,所谓的小群组织在近代以来并没有完全衰微,相反,五口通商以后,由局部地区商帮组成同乡或是同乡兼同业组织较前代更为常见。据郭绪印统计,上海105所同业及同业兼同乡会馆,在开埠前建立的只有18所,其余均为开埠后建立。[①] 民国以来,绩溪商人所组建的绩溪旅沪同乡会、汉口绩溪同乡会、绩溪旅宁同乡会、华阳旅沪馆业公所等俱是县一级的"小群组织",而从旅沪徽馆业中绩、歙两帮分设公所进行对峙的事件可以看出,地域商帮内部狭隘的地缘观念仍然存在。绩溪籍旅沪的徽馆业商人,除组建华阳旅沪馆业公所外,还加入上海酒菜馆业同业公会、绩溪旅沪同乡会、徽宁旅沪同乡会、安徽旅沪劳工会等多个不同层级尺度的乡缘和业缘组织。这种新旧会馆、公所重复设立,互相交织局面及其导致的管理混乱、功能失效和矛盾冲突等负面作用,在一定程度上也是新式商会组织在现代化转型中的羁绊因素。

[①] 郭绪印:《老上海的同乡团体》,2003年,第30页。

第五章　宗族商人的经商模式及其活动空间
——以《西关章氏族谱》为中心

　　徽州商帮的形成在很大程度上依赖于以亲缘关系为纽带的同族联合,在徽州境内出现商人较早的一些地区,这种特征体现得尤为明显。正如明末休宁人金正希所云:"夫两邑人以业贾,挈其亲戚知交而与共事,一故一家得业,不独一家食焉而已,其大者能活千家、百家,下以数十家、数家,且其人亦皆终岁客居于外,而家居者亦无几焉。"①宗族势力从一开始便对徽商的形成和兴起起到了极为关键的作用,并随时间推移,两者的结合程度更为紧密。唐力行认为,明清时期的徽商在其经营活动中与封建势力结成了神圣同盟,"旧的封建桎梏"——宗族组织在徽商的桑梓之地不仅没有松弛,反而更为巩固。②从地域空间范围上看,尽管徽州内部各县之间的具体情况各有差异,但是整体上这种模式的作用方式基本大同小异,近年来部分学者通过对徽州内部小区域的宗族研究,展示了徽商、宗族和乡村社会之间的相互作用关系,极大地丰富了徽商家族社区的研究现状,也开辟了徽商研究的

---

① (明)金声 著,(清)潘锡恩 校:《金太史集》卷四《与歙令君书》。
② 唐力行:《论徽商与封建宗族势力》,载《历史研究》,1986年第2期,第144~160页。

新路径。①

对绩溪而言,该县商人群体的形成与宗族的发展建设程度在某种程度上似乎并不协调,虽然在明中后期也出现了一些诸如曹显应、程圣通这样的商人案例,但是这些个体的经商活动多属于独立的个别现象,清朝前中期出现的绩溪商人也较为零星分散。对于早期绩溪徽商与宗族之间的关系究竟怎样一种状态,需要相关的家族与商人资料来弥补这一研究领域的空缺,而在这之中,《西关章氏族谱》对绩溪瀛洲和西关章氏一族的宗族建设、商业经营以及人口迁移都有相当细致而生动的记录,特别是其中《家传》部分详细地记录了章氏一族商人的生平及经商活动,为研究绩溪早期的商业社会提供了极具价值的史料。本章围绕这部族谱,并结合历代《绩溪县志》所记载的该族人

---

① 王振忠通过《〈复初集〉所见明代徽商与徽州社会》一文,细致地论述了明代歙县方氏商人的经营行业、经商理念和活动范围分布,并且生动地展示了歙县地域社会的城乡生活和微观差异(王振忠:《徽州社会文化史微探》,上海:上海社会科学出版社,2002年,第20~85页),他的另一篇文章《一部徽州族谱的社会文化解读——〈绩溪庙子山王氏谱〉研究》则通过一部宗谱的研究,展示了传统时期社会变迁下的乡村民俗画面,旨在拓展族谱研究的社会文化史意义(王振忠:《徽州社会文化史微探》,2002年,第109~126页)。唐力行《重构乡村基层社会生活的实态——值得深入考察的徽州古村落宅坦》一文全方位考察了绩溪宅坦长时段的社会变迁,并论述了胡氏宗族组织与科举、商业之间的相互作用关系(载《中国农史》,2002年第4期,第71~77页);唐著《徽州宗族社会》一书则更为全面地分析论述了徽州宗族的形成与分布、内部结构,及其与徽商、徽州社会变迁的相互影响(唐力行:《徽州宗族社会》,《徽州文化丛书》,合肥:安徽人民出版社,2005年)。卞利通过《徽州社会变迁个案剖析:祁门六都的社会变迁》《明代徽州一个家庭和家族的财富积累与社会变迁——祁门谢村谢琏家庭和家族个案剖析》两篇文章深入剖析了明清时期徽商家族与祁门乡村社会变迁的内在关联(卞利:《明清徽州社会研究》,合肥:安徽大学出版社,2004年)。张海鹏、王廷元主编的《徽商研究》收录了有关汪氏和胡氏分家阄书的研究,展示了徽州商人家族组织在财产分割上的具体表现,该书还对歙县芳坑江氏茶商家族经营活动及其盛衰进行了个案研究,丰富了徽商研究的个案资料(张海鹏、王廷元主编:《徽商研究》,合肥:安徽人民出版社,2005年)。赵华富对徽州农村宗族制度作了多项社会调查,并发表了《歙县呈坎前后罗氏宗族调查研究报告》(周绍泉、赵华富主编:《95国际徽州学术讨论会论文集》,合肥:安徽大学出版社,1997年);《民国西递明经胡氏宗族调查研究》(载《安徽大学学报》,1995年第4期);《歙县棠樾鲍氏宗族个案报告》(载《江淮论坛》,1993年第2期)等调查报告,分别对罗、胡、鲍诸宗族的形成、结构、宗族活动、族谱修撰、组织管理等方面作了较为全面的考察。

物,对绩溪宗族商人的经商模式和空间活动作微观研究尝试。

第一节　宗族建设的历史脉络

一、绩溪章氏的迁入和宗族的建立

(一)章运之始迁绩

绩溪章氏最早由章运之于政和四年(1114)从杭州昌化览村迁家瀛川,"夫宗源之来,则本于杭州之昌化览村"。① 迁绩始祖章运之讳幼祖,字运之,为宋从事郎,系福建浦城章氏始祖章及的十二世孙、浙江昌化览村章氏始祖章元方的四世孙。在迁居绩溪之前,昌化览村的章氏已经颇具规模,《宋咸淳谱自序》载,"庄产计税钱四十余两,堂众分为始祖已有,始祖致政,投间寓览村家,此累世金宝谷帛之类不可胜计"。② 章运之迁居绩溪的真实原因是躲避宣和年间方腊起义导致的地方战乱和饥荒,"宣和二年,方腊作乱横塈村砖阶巷,贼驻于此,杀掠甚众,独幼祖以孝义感动获免,寇平田里萧然,不死于贼难,则死于饥疫"。③ 章运之经常往返于父兄官邸之间,"道过瀛川,爱其山水清胜,因置田庄"。④ 在携家迁居绩溪瀛洲之后,章运之首先建屋于油坑淡竹山下,娶仁里村名族程二公之女程氏为妻。以农桑为生,并重建了原毁于战乱的画锦堂,基业日隆。后来村内爆发痢疾,母刘氏、妻程氏相继去世,章运之遂续娶徐氏,生有一子,名瑕。瑕生三子,分别为章诜、章庆和章授,后成为瀛洲的三大派。福建《章氏宗谱》将诜、庆、授三人分作二房,"公于孝孙公、兑孙公下兼后二房,而以诜、庆二公属孝孙公,后以授公属兑孙公"。⑤ 淳熙乙

---

① (民国)章尚志等:《西关章氏族谱》卷首《旧序·洪武谱自序》。
② (民国)章尚志等:《西关章氏族谱》卷首《旧序·宋咸淳谱自序》。
③ (民国)章尚志等:《西关章氏族谱》卷首《旧序·宋咸淳谱自序》。
④ (民国)章尚志等:《西关章氏族谱》卷首《旧序·洪武谱自序》
⑤ (民国)章尚志等:《西关章氏族谱》卷一中《瀛川统系》。

未年(1175),章运之去世,葬于坑下山凤膝穴。他的后代从油坑人家原址向外移居到油坑口(今龙川),油坑口三面环水,又是瀛川的水口,因此而得名"瀛洲",因其族世居瀛川,固世称"瀛洲章"。

(二)从瀛洲到西关

章氏一族在瀛洲繁衍数代之后,授公派下章足贵的曾孙章珍来从瀛洲迁出,举家来到县城的西寨口,并在当地发展成为章氏寨口一族。后来族人后裔章荣甫又从西寨口迁至西关,《章氏族谱》的《分族述》详细记载了这一迁徙流动的过程。

> 授公生四子,曰足徵,曰足贵,曰足富,曰足龙。据西关谱,足贵之曾孙珍来,赘市南唐氏,遂家邑西寨口……至今子姓百余人,为寨口族。足徵生二子,曰十,曰十四……十四生二子,曰七,七名喜孙,宋德祐间来赘市南金户王司计氏女,遂家寨口。七生二子,曰琉,曰琛。琉一传而止,琛生三子,曰丑,曰关,曰酉,关、酉殇。丑字荣甫,元泰定元年为本邑承发司掾史……荣甫晚年爱西关风景,遂自寨口徙家西关。初寨口之居,七与珍共之也,七为珍之叔父,七与珍盖先后来居,至是乃自别于寨口,称西关族。谱云授祖徙居市西寨口仁寿坊下,子足征复归于瀛洲,足贵仍居寨口,足徵至孙七,复居寨口。夫居详其地,地详其坊,似非漫然者,则寨口之族,授实基之。至七与珍,乃承而居之耳,不然七与珍皆赘市南者也,当依外舅以居,何乃舍市南而徙市西耶?寨口之田宅,必授所尝规画,虽未定居,盖已有卜居之志矣。以当年情事,核之寨口谱,良是。西关谱盖据其定居者,故以七与珍为断,其实七与珍皆蒙祖业而居也。寨口故地,在今(1849)崇德坊西北,宋时但有仁寿坊而无崇德坊,故系寨口与仁寿坊下……今足贵之子孙有家庙在坊之西北,额曰启佑堂,正古寨遗址也……当授之时,古寨未湮,故土人犹以名其地,而章氏因以名

其族也。①

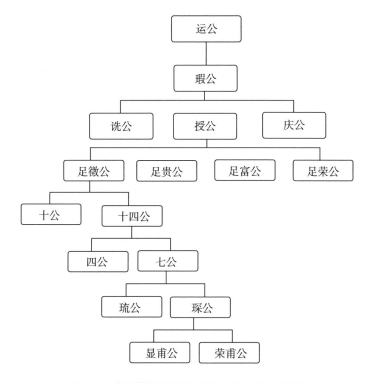

图 5-1　章氏瀛洲统系授公派一至八世世系图
资料来源：(民国)章尚志等纂，《西关章氏族谱》卷一中《瀛川统系》。

(三)西关章氏的建立

绩溪西关章氏始迁祖章荣甫是授公派的第五世孙，约于元至正年间由寨口迁至西关，"八世曰荣甫，为椽以廉干称，元至正徙宅西关"。② 也是从他开始，西关章脱离寨口派，作为独立一派发展繁衍。其后世文善、文政、文昇析为三族，以章文善长子章伯俊为长房，章文政长子章伯纯为二房，文昇公长子章伯荣为三房，构成了元以来西关章氏宗族三大房的格局。

---

① （清）章维烈等：《西关章氏族谱》卷首《谱辩下·分族述》。
② （民国）章尚志等：《西关章氏族谱》卷首《旧序·嘉靖西关谱胡序》。

荣甫娶金氏，邑之东南鄙，十一都上舍辉女也。生二子，曰明卿，曰显卿。显卿再传而止，明卿生二子，曰子贤，曰子南。子南殇，子贤娶歙蓝田叶氏，生四子，曰文同，曰文善，曰文政，曰文昇。文同早卒，文善工文章，受业于邑西程长史通，明洪武二十一年纂修家谱，长史为之序文……文昇名暹，宣宗时以岁贡官新化教谕，宣德六年重校旧谱，序而铭之。三公后皆繁衍，由是西关族析为文善、文政、文昇三大族。①

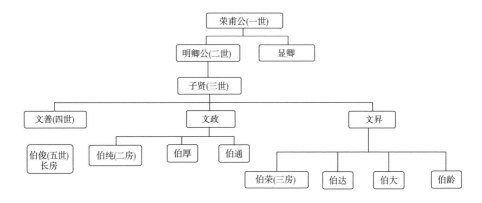

图 5-2　西关章氏本宗世系一至四世世系

资料来源：(民国)章尚志等纂，《西关章氏族谱》卷一下《本宗世系》。

自四世文善、文政、文昇三公分族以来，繁衍至九世，三房再次析族分派，其中长房章伯俊下析作孟裕公、孟初公、孟祥公、孟祐公等共 25 个支派；二房章伯纯下析作应星公、应奎公、应辰公、应轸公、应璧公等共 97 个支派；三房章伯荣下析作守达公、灵松公、应和公、应仕公、应伟公等共 86 个支派。至此为止，西关章氏一族的世系划分正式明确，即以章荣甫为一世，其下五世分作三房，九世三房共分作 208 个支派（见表 5-1）。

作为较早迁入的族姓之一，章氏一族在绩溪的繁衍一直保持着上升趋势。自运公迁瀛洲后，"自后重建画锦堂，基业日广，继娶徐氏，生子瑕，瑕生

---

① （清）章维烈等：《西关章氏族谱》卷首下《谱辩·分族述》。

诜、庆、授,子孙环居于此者,至今一百七十余年,凡十世"。① 随着八世章荣甫迁居县邑西关,章氏族群在绩溪县内的分布和规模进一步扩大,"以至于七公居县西,荣甫居西关,明卿醇朴自守,子贤诗书启后,绳绳继继,又凡几世矣"。② 明正德嘉靖年间,三房章伯荣七世"以表与以衮并徙同邑缸寨头","宏辂二子以瓒、以诰,并徙巢县",③这是章氏迁居西关以来首次向外迁移。外迁现象的出现反映了其宗族繁衍已经达到了一定程度,换而言之,从章氏初迁到七世迁出西关这近二百年间,西关章氏完成了宗族建立和繁衍的最初阶段。

表 5-1　西关章氏房派统计表

房	支派名称	数量
长房伯俊公	孟裕公、孟初公、孟祥公、孟祐公、孟福公、孟禄公、孟祚公、孟铭公、孟玥公、孟铨公、孟礼公、孟襦公、孟祜公、孟褀公、孟禧公、孟攒公、孟禔公、孟甫公、孟春公、孟秋公、孟政工、孟诠公、孟阳公、孟敬公、孟敏公	25
二房伯纯公	应星公、应奎公、应辰公、应轸公、应璧公、应娄公、应祉公、应禊公、应学公、应循公、应箕公、应期公、应富公、应贵公、应鹤公、应传公、应徵公、应绥公、应制公、应宾公、应宠公、应蘜公、应馘公、应绣公、应诏公、应诰公、应凰公、应衡公、应德公、应福公、应禄公、应选公、应衢公、应律公、应科公、应秀公、应柏公、应椿公、应松公、献邦公、献郧公、献邠公、献都公、献郡公、献郁公、献锦公、献钰公、献钦公、献钊公、献锜公、献金公、献铁公、献攒公、献镕公、献球公、献理公、献瑞公、献珂公、献珍公、献燮公、献荧公、献炙公、献美公、献照公、献鳌公、献烈公、献勋公、献熊公、献金公、献杰公、献然公、献黪公、献然公、献秋公、献炅公、献嘉公、献辉公、献炳公、献炜公、献燿公、献煌公、献燧公、献焯公、献焊公、献烨公、献点公、献黯公、献舜公、献禹公、献皋公、献益公、献武公、献赋公、献斌公、献易公、献书公、献臣公	97

---

① (民国)章尚志等:《西关章氏族谱》卷首《旧序·宋咸淳谱自序》。
② (民国)章尚志等:《西关章氏族谱》卷首《旧序·明洪武谱程序》。
③ (清)章维烈等:《西关章氏族谱》卷首下《谱辩·分族述》。

续表

房	支派名称	数量
三房伯荣公	守达公、灵松公、应和公、应仕公、应伟公、尚荣公、万荣公、金荣公、天高公、元宝公、应昕公、应晓公、应时公、应龙公、应嘌公、应曜公、应晖公、应乾公、应亢公、应师公、应坤公、应需公、应益公、应晋公、应桢公、应元公、应魁公、应京公、应旸公、应麟公、应祥公、应瑞公、应勋公、应昇公、应贡公、应凤公、应鹏公、应鹦公、应尧公、应兆公、应聘公、应禄公、献仁公、献谟公、献民公、献箴公、献庭公、献文公、献才公、惟伦公、惟清公、惟敏公、惟德公、惟敬公、惟明公、惟聪公、惟端公、惟时公、惟忠公、惟孝公、惟悌公、惟信公、惟仁公、惟一公、惟新公、惟京公、惟诠公、惟谋公、惟闾公、杜芳公、仲芳公、秋芳公、冬芳公、惟谟公、惟训公、惟诰公、惟谦公、惟谔公、惟谐公、斗芳公、晓芳公、润芳公、孝芳公、明芳公、春芳公、成芳公	86

资料来源:(民国)章尚志等纂,《西关章氏族谱》卷首《总目》。

二、谱系的重构与宗族认同的确立

对西关章氏一族宗族认同的构建,主要通过编修族谱的方式来实现。其族自迁绩溪以来,共进行了七次修谱的活动,"绩溪章氏之有族谱,自宋咸淳八年逊之公宜孙始。我西关之有族谱,自明洪武二十二年文善公同始。宣德六年,文善公弟文升公遐又增益其世系,分析其卷帙……嘉隆间木巷公乔始定箸,为西关谱酿金开雕……道光岁,惺斋公慨然有志修明而事未逮,至子维烈祗承厥绪,幸克有成"。① 按照修谱年代排列,分别为咸淳八年(1272)、洪武二十二年(1389)、宣德六年(1432)、嘉靖三十八年(1559)、万历元年(1573)、道光二十九年(1849)和民国五年(1916)。在这七部族谱中,目前完整存世的仅有三部,即万历谱(藏于国家图书馆)、道光谱(藏于国家图书馆、安徽省图书馆)和民国谱,其余诸部只存序文。

在谱系的构建中,通过对章运之和章荣甫两位始迁祖的辨析,西关章氏一族重新编订出区别于旧谱的新谱系。在清以前编修的旧谱中,其族编订的谱系分为福建浦城统系和瀍川统系,西关章氏只是作为瀍川统系下的一支,

---

① (民国)章尚志等:《西关章氏族谱》卷首《旧序·绩溪西关章氏族谱序》。

并未单独成系。至清道光二十九年(1849)重修族谱时,为厘清西关章氏与瀛川统系的关系,纂谱者章维烈就此撰《谱辩》一篇加以说明。

> 夫谱族之例有二,有统谱有分谱。统谱则以肇始之祖为一世,萃远近之族属统于肇始之祖,以奠世系而不容紊。分谱则以始迁组为一世,合迁后之族,属系于始迁之祖,以箸氏族而不可乱,惟未经成族者,不在此例,此天下所通行,今昔所共守也,各从其宜也。我章氏从事公祖瀛洲,刺史公祖浦城,尚书公祖南安,皆其例也。循其例而统谱于瀛洲,自当以从事公为一世,若统谱于浦城,则刺史公为一世,而从事公尚在十二世之列,统谱于南安,则尚书公为一世,而从事公又在二十二世之列,等而上之,则受姓之始为虢公佐姬,受命为太公,奄有天下为炎帝神农,从事公世次又在数十百世矣。我西关族掾史公出自瀛洲,从事公八世孙也,循分谱之例,而专谱我西关则又当以掾史公为一世,记曰别子为祖。掾史公者,瀛洲之别子,西关之始迁祖也。在瀛洲则为八世孙,在西关实居一世祖,是故旧谱西关族断自掾史公始,所以别于瀛洲统谱也。瀛洲、浦城二谱,皆尊迁祖为一世,仍刊列于简端,箸所自来示不忘本,且以为兹谱例也,且夫尊迁祖为一世,乃先世成规,迥非妄作,揆之于理,实分所宜,准之以情,得心之安,考之传记,既符别子之义,亦协从宜之经,名正言顺,众谋佥同,始行付梓,而或且妄以为非,而抑知无可非也。旧谱以从事公为一世,谅非从事公所自称,乃后之谱族者以其为始迁祖而尊之也。其时我掾史公居西关仅数世耳,族未蕃,世未远,且家庙未设,犹统于瀛洲,则掾史公尚在群昭群穆之列,不能遽尊为一世也。今则世远族繁,盈千累万,而家庙堂皇,犹不尊迁祖为一世,是相鼠之不若矣,乌在其为从宜也。①

此篇《谱辩》指出,在明代西关章氏所修之谱系中,关于始迁祖的认定,仍

---

① (清)章维烈等:《西关章氏族谱》卷首《谱辩》。

然沿用瀛川统系的旧例,即尊始迁瀛川的从事公(章运之)为一世,而始迁西关掾史公(章荣甫)则为八世。章维烈认为,旧谱中西关章氏谱系未能完全脱离瀛川统系的影响,与西关本宗势力发展繁衍程度有关,"我掾史公居西关仅数世耳,族未蕃,世未远,且家庙未设,犹统于瀛洲"。从明洪武修谱至道光二十九年(1849)重修族谱时,已历460年,西关章氏的宗族建设已今非昔比,"今则世远族繁,盈千累万,而家庙堂皇",因而其族认为有必要重构谱系,将西关章氏始迁祖掾史公(章荣甫)列为一世。

> 至谓迁祖本属八世,今乃升为一世,是孙反长于祖,抑知从事公为一世,而其父为浦城十一世,南安二十一世,其长不愈甚乎?必以迁祖称一世为非?则迁祖以上均各有祖,不几所称一世者皆非耶?将任其为一世耶?抑将并其谱而改之耶?任其为一世,则必如今所谱,而后可并其谱,而改之则必溯诸盘古,而后可苟溯诸盘古,则从事公尚难称为一世,又安得执一以为定论耶?第不以迁祖为一世,仍置于小宗之列,则家庙匾额宜改为支祠,历代辈行宜改从瀛洲,本祠辈行宜改为小宗,绪传其户名宜改为章小宗户,簿籍、器皿之属,凡称大宗者皆宜改号小宗,主祭宗主子宜改请诜公后裔,不然则迁祖有不得不称为一世者,况世次之下,通注旧谱世数,明白了然,牌墓所标尽可通用,若因昔日标定,遂遏迁祖为小宗,不惟背于礼经,抑且有乖祖制,不孝莫大焉,是执一非从宜也,从宜之谓礼乎?执一之谓礼乎?其必有说,以处此宗庙之礼言,不可以不明辩,秉笔乱缕,用载诸简。维烈谨识。①

从章维烈强烈的反问语气可以推测,当时西关章氏和瀛洲章氏二族就掾史公(章荣甫)能否升为一世的问题发生了激烈的争执。章维烈认为,一世的称谓没有绝对,从事公(运之)同时也是浦城十二世、南安二十二世,如果非要追根溯源,则可溯至开天盘古,纠结于此点便显得毫无意义。上文的后半部

---

① (清)章维烈等:《西关章氏族谱》卷首《谱辩》。

分其实是他抗辩的主要理据,即宗族势力的大小是决定能否独列宗系的关键。"第不以迁祖为一世,仍置于小宗之列,则家庙匾额宜改为支祠,历代辈行宜改从瀛洲,本祠辈行宜改为小宗,绪传其户名宜改为章小宗户"。言下之意,西关章氏不但建立了家庙祠堂,而且由其族人出任主祭宗主子,已然成为章氏大宗,理应享有大宗所应得之待遇。

西关章氏的宗族建设其实在明中后期已经达到相当高度,明万历四十四年(1616)章氏始修家庙,是其"大宗"意识正式出现的重要标志。"万历四十四年丙辰爰始建设家庙……其年秋九月作中堂,自是而寝室,而门堂。历二十有八年,崇祯十六年岁次癸未始克告厥成功"。① 而在筑宗祠和修族谱二者的次序上,《万历谱》修纂于万历元年(1573),要早于宗祠修建。与《嘉靖谱》类似,《万历谱》实际上也是《洪武谱》的增续,因而无法改变其原有的谱系。从旧谱上看,西关章氏仍保持先前的"小宗"格局,而明中期后家族渐兴的趋势无法实时体现在族谱之中。从明万历元年(1573)到清道光二十九年(1849)的276年,也是西关章氏一族宗族发展和外迁的鼎盛时期,在此期间虽已修建了本族宗祠,但一直没有重修族谱,族人对修谱的渴望极为强烈,最终在道光间由惺斋公付诸实施,并由其子维烈于道光二十九年(1849)修成付梓。从结果上看,《道光谱》的修纂名义上是延续了宗族记忆,"世宗之末木巷教授乃踵世而增详……迩来三百余岁矣,旷莫之修,有美弗彰,其故家典籍,多致散亡"。② 实际上其主要目的是重建谱系,重新明确以橡史公(荣甫)为一世的宗族认同,从而正式脱离瀛洲统系。

三、科举、捐纳所见之宗族发展

传统时代的士人在获得官衔和功名身份后,便能够为族人谋求更丰厚的物质利益,或以恩荫的形式使同族父辈、子弟直接获得功名身份,例如乾隆三十年(1765),章如麟被授予福山千总一职后,嘉庆元年(1796),其子凤智"以

---

① (清)章维烈等:《西关章氏族谱》卷二四《家传》。
② (民国)章尚志等:《西关章氏族谱》卷首《旧序·道光西关谱汪序》。

子如麟贵赠武翼都尉"，孙章象润"以孙如麟贵貤赠武翼都尉"、章名勋"以孙如麟晋貤赠都尉";①嘉庆五年(1800)，章道基由附贡选授两浙盐运经历章道基，次年，其子章云越"以子道基贵封征仕郎两浙盐运司经历"，孙章逢诏"以孙道基貤征仕郎两浙盐运司经历"。② 此外，明清时期"贾而好儒"的徽商在掌握了一定的物质财富后，也会将目光转投功名身份等追求，通过捐纳获得功名成为徽商群体的普遍现象。由此而见，从仕人数便成为除了人口规模以外，促进宗族发展、强化宗族影响力的另一个重要衡量指标，从章氏族人参加科举考试或通过捐纳入仕的具体表现可以反映出各时期相对应的宗族建设程度和发展水平。

表 5-2　历代章氏仕官人员一览表

朝代	时间	人物	入仕方式、职位、任地
宋	景德二年	章得象	除大理寺评事，知玉山县本寺丞
	大中祥符元年		以殿中丞签书观察判官，知台州，历南雄州
	天圣四年		以兵部郎除翰林学士知制诰
	景祐二年		翰林承旨兼侍讲学士
	景祐三年		同知枢密院事迁户部侍郎
	宝元元年		同中书门下平章事，集贤殿太学士
	庆历二年		中书侍郎、工部尚书兼枢密使
	庆历五年		拜镇安军节度使同平章事
	庆历五年	章约之	由荫历官光禄寺丞
	庆历五年	章元方	由荫历官大理评事，朝请大夫仓部员外郎
	不详	章琰	由荫历官雄州防御
	崇宁□年	章运之	诏授从事郎

---

① (民国)章尚志等：《西关章氏族谱》卷二五《人物表》。
② (民国)章尚志等：《西关章氏族谱》卷二五《人物表》。

续表

朝代	时间	人物	入仕方式、职位、任地
明	宣德八年	章遑	由岁贡选授新化县教谕
	正统□年	章伯荣	由吏员署本邑濠寨司巡检
	成化八年	章英	成化元年乙酉科,南畿中式第四十八名,授安州学政,左迁庐陵县训导
	嘉靖□年	章宏规	正德十四年岁贡,选授浮梁县训导,升曹县教谕
	嘉靖□年	章庞	由布衣举充容府典膳
	嘉靖十年	章序	嘉靖十年辛卯科乡试,南畿中式第百十八名
	嘉靖十年	章炫	嘉靖十年南畿丁酉科乡试,中式第百十八名
	万历元年	章锐	由恩贡选授冠县训导
	万历四年	章乔	由选贡选授萧县训导,升王府教授
	万历五年	章秦	由吏才选授曲阜县典吏
	万历三十一年	章海	由恩贡选授天府训导,升本府教授
	万历□年	章大化	由太学生选授抚州府经历,署贵溪东乡两县知县
	崇祯十四年	章如云	由武举选用旨钦赐右科进士出身
清	康熙八年	章炤	康熙八年岁贡
	康熙四十一年	章易	康熙四十一年岁贡
	康熙五十七年	章远	康熙五十七年岁贡
	乾隆元年	章瑞钟	由儒学增生应诏奉恩例授六品职衔
	乾隆九年	章凤智	由武举历官惠州府左营守备
	乾隆十五年	章凤仁	选授浙江提标后营千总,升常熟守备
	乾隆二十一年	章凤男	选授浙江绍协千总,题署左营守备
	乾隆二十六年	章名熏	以子凤仁贵貤赠武信佐郎
	乾隆二十六年	章象润	以孙凤仁贵貤赠武信佐郎
	乾隆三十年	章如麟	选授福山千总
	乾隆五十七年	章金	选授刘河千总,题署提标右营守备
	嘉庆五年	章道基	由附贡选授两浙盐运经历

续表

朝代	时间	人物	入仕方式、职位、任地
清	道光十七年	章遇鸿	由举人考授咸安宫教习
	咸丰二年		选授江西德兴县知县
	咸丰九年	章定金	由军功授陕属都闲镇江中戎
	咸丰九年	章定顺	选授新署湖北黄冈但店巡检兼摄知县事
	同治二年		由供事选授新涂县典史
	同治□年	章元煦	由附监生历任浙江桐庐乡县县丞,选授嘉善分县
	光绪三年	章洪钧	授职编修国史馆
	光绪四年	章元缜	由附生历署阜阳县训导,潜山县教谕,兼理颍州府教授
	光绪十一年	章正瑞	由岁贡选授英山县训导,兼理教谕
	光绪十三年	章定严	由廪贡生选授和州训导,兼理学止
	光绪十四年	章定建	由廪贡生选授安庆府训导兼理教授,调署潜山宿松教谕,怀宁县训导
	光绪十四年	章国玑	由监生历署睢宁县典史,印庄分司代理通州判
	光绪十六年	章正申	由拔贡考取会典馆誊录翰林院孔目,选授庐江县教谕
	光绪二十年	章正钿	由监生选授余姚县典史
	光绪二十年	章志恒	由监生历署江西崇仁县典史,建昌府经历三江口分县
	光绪二十年	章恒汉	由监生历署江苏南河闸官,福兴河政,历大套马逻巡检
	光绪二十六年	章恒观	由附贡生选授宁国县教谕

资料来源:(民国)章尚志等 纂,《西关章氏族谱》卷二五《人物表》。

从《章氏宗谱》中《人物表》的相关记载来看,明中期以后,西关章氏一族仕官的数量较前代有显著的增加,从成化八年到崇祯十四年共有11人选授官职(表5-2)。根据康熙《徽州府志》卷九《选举志》的统计,自明代绩溪县共出举人68名,进士18名,仅西关章氏一族就占据了其总数的12.7%。从清初至嘉庆的152年间,该族共产生了11名官员,已经接近整个明代的仕官人数,平均每隔13.8年出现一名官员,而嘉庆以后西关章氏一族所出的官员数量更多达15人,仅光绪年间便有11人,平均每7.6年出一名官员。从官衔职位上看,清代西关章氏族人所居之官位普遍要高于前代,其中亦不乏"浙江提标后营千总(章凤仁)""选授浙江绍协千总(章凤男)""福山千总(章如麟)""两浙盐运经历(章道基)"这类文武要员。

此外,清代该族中通过捐纳的方式来取得功名或是官职的人数也远多于前代。清嘉庆年后,中国人口已经达到4.33亿,乡绅数量在人口中所占比例也大为增加,儒生人数过剩,仕途变得更为狭窄。同时清政府为筹措资金放宽了对捐纳的限制,凡有赈灾、军需、河工、海防等诸多名目都可开设捐纳,捐纳制度便成了大批乡绅地主子弟跻身统治阶层的捷径。而捐纳一个增贡生的花费只需百两,咸同年间清政府为筹集军费甚至还对捐银减成折价,先是减折二成,继而减折三成、四成,甚至"不及定额之半"。从《章氏族谱》的记载来看,清康乾以来该族中人有相当数量的"例贡生""增贡生""附贡生",如章定严"由廪贡生选授和州训导",章定建"由廪贡生选授安庆府训导兼理教授,调署潜山宿松教谕,怀宁县训导"。①

不管是通过科举、恩荫入仕,还是捐纳购买官位头衔,西关章氏一族从仕人数的持续增加为其宗族繁衍昌盛提供了关键有力的保障,正如章维烈所言:"(吾族)子姓繁昌,数且盈万,仕于朝,举于乡,抡贡于学校者,无代无之。"②

第二节　宗族经商活动的特征表现

明中期以来,西关章氏宗族建设的扩大和增速使其成为绩溪县内名列前茅的名门大族,随着其下支派的外迁扩散,一张以家族血缘关系为纽带的地域关系网络逐渐构筑成形。在社会环境、价值观念和经济利益等诸方面因素的共同作用之下,经商行为开始在其家族中出现,并随时间推移逐渐扩大成为家族式的从商活动。

---

① (民国)章尚志等:《西关章氏族谱》卷二五《人物表》。
② (清)章维烈等:《西关章氏族谱》卷首下《谱辩·分族述》。

一、弃儒就贾的行为选择

西关章氏一族有记录的从商活动最早出现在其二房文政公第九世孙，"献邦，一名社益，号西台。家世业儒，少承家学，两试不偶，遂隐于贾"。① 根据族谱世系表的推算，其出贾时间大致在明中期嘉靖八年(1529)至嘉靖二十年(1541)。②

明中期以来，儒学的世俗化转型是一个重要的社会趋势。余英时指出："在16世纪儒家的知识分子中，渐渐有了一种趋势，即将形而上学的空论落实于各阶层都能接受的信条。引人深思的是，这样的新发展是否与当时商业文化的勃兴有关？"③以徽商举例，这一趋势与传统徽商行为选择之间的联系是客观存在的，赵华富认为"困于场屋"是徽商"弃儒服贾"的一大成因。④ 章献邦"弃儒就贾"的行为在当时的绩溪并非个例，直至清中后期，这种现象依然不鲜，如道咸年间六都坦川的洪辅成，"处士公治举业，久困场屋，一衿未青，家故贫……性喜读书，钻研至勤，以迫于生计，不克竟学。稍长，之姑苏习梓匠，师遇之薄，会抱疾归，遂不复出。更学制框之技，先世故设村肆，牌号怡茂，贸易盛于一时"。⑤ 与科举入仕相比，出贾的成功几率要高得多，特别是到了明朝末年，中国人口较明初增加了数倍，而举人、进士的数量却几乎未增，这在客观上导致了科举仕途难度增加，"弃儒就贾"现象的频现也成为必

---

① (清)章维烈等：《西关章氏族谱》卷二四《家传》。
② 参照族谱中的世系表，章献邦为章庞长子，字德甫，生正德辛未(1511)。根据《家传》记载，其出贾行为发生在两试不偶之后，明朝乡试每三年举行一次，二次就是六年，而首次参加科举的童生一般年龄都在十岁以上，据此推断，章献邦的出贾时间应该在其十八岁至三十岁之间。
③ 余英时：《儒家伦理与商人精神》，见《余英时文集》第三卷，桂林：广西师范大学出版社，2014年6月。
④ 赵华富：《徽州宗族研究》，合肥：安徽大学出版社，2004年，第507页。
⑤ (清)胡祥木：《坦川洪氏宗谱》卷二《列传·清国学生兴训洪公家传》。

然结果。"士而成功者十一,贾而成功者十之九"①的说法虽显得夸张,但也形象地言明了两者之间的难度与可行性的对比。

如果说"困于场屋"是业儒者"弃儒就贾"的主观原因,那么"家计为艰"和"承祖、父之遗业"则是在客观现实环境之中的被迫选择,史料记录的"弃儒就贾"现象中的人都是出于上述两方面原因。这种现象也同样发生在西关章氏家族的商人身上,如章献钰,"字良甫,号少邱。少失怙,业儒。以兄习举业,不克治生,家益落,乃弃学务农以供母若兄,辛苦备尝不以介意。后偕母舅白都公运盐于武林,家稍裕";②章馨,"字景宁……家故贫,遗田仅二、三亩,苦不给。商贩宛陵,以济家需,勤劳积聚,增置田念余亩,不有私财";③章必芳,"字实甫,太学生。幼颖敏,负奇志,矫矫不群,比长读书即以古人自期,不屑为记诵剽窃之学……旋因析箸,隐为浙商,经营筹画,亿则屡中"④;章必有,"字伟人,号锦林。登仕佐郎,弃儒服贾,立业兴隆"。⑤

无论是出于客观环境还是主观原因,服贾已经成为章氏家族除业儒之外的首要选择。此种贾儒转化行为的产生,与明清时期徽商,特别是歙、休两县商人的贾儒观念存在着必然联系。明中期以来,随着王阳明提出"古者四民异业而同道"的论调,以士商关系讨论为焦点的新四民论逐渐在社会中产生共鸣,尤以在徽商中的体现最为鲜明。明代歙县商人世家出身的汪道昆有一句名言:"大江以南,新都以文物著。其俗不儒则贾,相代若践更。要之,良贾何负鸿儒?"⑥"良贾何负鸿儒"实际上是对当时徽州商贸风气兴盛现象的反映,汪氏也对此补充道:"古者右儒而左贾,吾郡或右贾而左儒。盖诎者力不

---

① 《丰南志》第5册《百岁翁状》,转引自张海鹏、王廷元主编:《明清徽商资料选编》,合肥:黄山书社,1985年,第251页。
② (清)章维烈等:《西关章氏族谱》卷二四《家传》。
③ (清)章维烈等:《西关章氏族谱》卷二四《家传》。
④ (清)章维烈等:《西关章氏族谱》卷二四《家传》。
⑤ (民国)章尚志等:《西关章氏族谱》卷七《二房献金公·十三世至十七世》。
⑥ (明)汪道昆撰,胡益民、余国庆点校:《太函集》卷五五《诰赠奉直大夫户部员外郎程公暨赠宜人闵氏合葬墓志铭》,合肥:黄山书社,2004年。

足于贾,去而为儒;赢者才不足于儒,则反而归贾。"①西关章氏作为绩溪较早从事商业活动的一族,其在外与歙、休等邑商人的接触过程中,也潜移默化地受到了新士商观念的渗透。而随着人口流动带来的思想传播,这种新四民论所宣扬的从贾意识观念便进一步得到普及,从而成为其族,甚至整个绩溪县经商风气开启的主要促成因素。

二、家族传承的行业经营

西关章氏一族的经商活动,在绩溪最早出现的商人案例中体现出极为明显的宗族传承性。此种带有鲜明宗族色彩的行业经营,与歙、休诸地传统徽商的经商模式有着高度的相似性,主要体现在两个方面:一是依托家族亲缘关系,构建经营网络;二是凭借宗族势力攀结政治权贵,并通过政治权力对商业行为的渗透与支持,以强化行业经营。

作为宗族经营模式特征的第一方面,依托家族亲缘关系来组织商业网络是徽商采用的一般手段,章氏一族在从商之初同样采取了这种扩张手段。该族最先出贾的商人章献邦,"两试不偶,遂隐于贾。偕弟献郲营运商盐,牟利以养亲规,居积充裕,广置田庐,尝出粟以赒贫乏,独造漈坑桥,举乡饮,宾葛公,文献为之记,载邑志尚义传"。② 章献邦弟章献郲,"字仁甫,幼习博士艺,长而就贾。与其兄权管子之盐,厉志营运,以适父母。力行孝友,每削籍以振人之急,殆所谓富而好礼者也"。③ 献邦、献郲两兄弟以最为常见的家庭内部联手经营模式,迈出了章氏一族服贾经商的第一步。这种模式也延续到章氏后代的经商行为之中,"世耀,字德宇,号秋园,恩赐寿官。兄弟三人(另二人为章世用和章世高)以贸易起家,生平公正,和柔接人,行已素明大义。兄弟析爨分而复合者三,且以膏腴推与兄弟"。④ 经商的家族传承特性体现得最

---

① (明)汪道昆撰,胡益民、余国庆点校:《太函集》卷五四《明故处士溪阳吴长公墓志铭》。
② (民国)章尚志等:《西关章氏族谱》卷二四《家传》。
③ (民国)章尚志等:《西关章氏族谱》卷二四《家传》。
④ (民国)章尚志等:《西关章氏族谱》卷二四《家传》。

明显莫过于"子承父业":"名通,一名廷泰,字汝侯,登仕郎。赋性秉直,随父服贾,以义获利,为乡里所重";①"必彩,字焕文,太学生。父名光,以成衣客浙之衢州、西安,故资颇裕。既娶,于是而家焉";②"必焕,字斗南。壮年随父兄经商,往来吴越间,以诚信见重于时"。③

三、宗族间的姻亲联合

除了本族内部的合作经营,宗族之间的联姻使徽商的经营格局进一步扩大,合作也更为紧密。绩溪大宗望族之间的世代姻婚现象其实早已存在,宋人胡舜申在为《金紫胡氏宗谱》作序时指出:"至吾高祖以来,东西街,居崇仁坊,而敦礼坊,汪氏亦盛,两家东西角立世为婚姻,所居之地各占半县,绩溪言望族者惟胡氏汪氏。"④至明中后期,宗族联姻在家族经商中的促进作用得到彰显,章氏二房伯厚公下第八世章序,"一名贵祥,字元礼,号梅邱……配市南许选公女,子二,献锦、献钰",⑤章序次子章献钰的弃学就贾选择,与其母系许氏一族有着密切联系。

> 献钰,字良甫,号少邱。少失怙,业儒。以兄习举业,不克治生,家益落,乃弃学务农以供母若兄,辛苦备尝不以介意。后偕母舅白都公运盐于武林,家稍裕。⑥

宗族内部的合作与宗族之间的联姻,为商业的发展提供了必要的原始资本,也成为绩溪商人成帮结派的前提。在从商之初,原始资本往往需要家族、宗族之间的共同参与,完成初始积累与扩大,而这种建立在商业利益上的宗族血缘集团,在长期的合作过程中,各血缘网络相互交叉,望族大宗之间的关

---

① (民国)章尚志等:《西关章氏族谱》卷二四《家传》。
② (民国)章尚志等:《西关章氏族谱》卷二四《家传》。
③ (民国)章尚志等:《西关章氏族谱》卷二四《家传》。
④ (清)胡广植等:《金紫胡氏家谱》卷首《旧序·乾道重修家谱序》。
⑤ (清)章维烈等:《西关章氏族谱》卷五《二房伯厚公·五世至九世》。
⑥ (民国)章尚志等:《西关章氏族谱》卷二四《家传》。

系变得更为紧密,并促进了地域商人集团之间的进一步聚合,使其成为传统时代以宗族血缘为基础的地域商帮。

四、宗族利益与政治权力的结合

凭借宗族势力攀结政治权贵是章氏商人扩张商业势力的又一方式手段。在中国传统重农抑商的意识形态之下,商业的发展从未脱离政治势力的影响,政商关系一直以来都是商人们关心运营的焦点。上文述及,绩溪一地商业发展缓慢的主要原因之一便是缺乏必要的政治依靠。在这一点上,章氏一族的商人敏锐地觉察到了官商之间互相利用的重要性,"借资贵人"便成为其参与扩大商业势力的主要手段之一。章氏族人的经商活动真正形成一定实力和规模始于嘉庆年间,这其中最关键的核心人物便是章道基。

章道基,"一名永,号惺斋。由附贡生肄业,国子监考取天文生。任两浙盐运经历,历署九场二所盐大使。清勤明恕,所至有声。道光己丑以州同知致仕"。[①] 根据清制,两浙盐政由浙江巡抚兼任,盐政以下设盐运司同知、副史、判官、经历、知事、盈库大使等职,[②]盐运司经历和盐大使虽是七品、八品的官职,但实际掌控的权力颇大。章道基在历署东江、袁浦、芦沥、清泉、仁和、石堰、三江、鲍郎诸场大使及批验所松江、绍兴二大使期间,[③]长期执掌了任职地盐场的行政和产销大权,特别是握有批验盐引权。尽管后世族谱对其记载以清廉形象称世,但是实际建立在家族血缘关系之上的官商合流是显而易见的,并且还以家族传承的方式延续,以谋求长期稳定的商业垄断利益。章道基与其侄章必林之间的"合作"则更加能够体现出官与商的紧密关系。

> 必林,一名玉琳。明练庶务,通大义。故家贫乏,偕仲兄佐伯兄外贸,寓于杭。暇时即讲韬略,习骑射,二十二遂获中隽。晚循例为

---

① (民国)章尚志等:《西关章氏族谱》卷二四《家传》。
② (清)廷丰等修:《钦定重修两浙盐法志》卷二二《职官》,见《续修四库全书》史部政书类,上海古籍出版社,2002年。
③ (民国)章尚志等:《西关章氏族谱》卷二五《两浙盐运司经历章先生传》。

国子生,往来杭嘉间。然诺不欺,亿每多中,族叔盐经历公需次浙江,坐补原缺,历署诸场务,宦邸相从,时与数晨夕,以故得名盐政。是时,绩之业盐者,半出其手,而于艰难兴替之会,皆为经划得宜,感其恩者不一而足。①

除章必林外,章道基的胞弟章道源也是借此关系而从商获利者。"道源,字燧桓,号竹林,因伯兄已官两浙,遂援例授儒林郎候选布政司理问",同时他也是章氏盐业的始创者。嘉庆七年(1802),章道源在章道基的协助支持下开始了盐业的经营,并且将章氏子弟引入该行业中,其中包括了章必焕和章必芳。

章必焕,字斗南,他是章道源的族侄,比道源年长,也出身于一个商人家庭,其父章名榴,"一名惇榴,字紫如,八品寿官,生康熙癸巳,卒嘉庆丁巳"。②嘉庆《绩溪县志》中《尚义》有载:"业贾好义,兄某远适关东,抚其二子如己出。有友人贷银不能偿,出券还之。又于西郭外埋葬棺骸之无主者,并捐资为岁时之祭费。训导冯孝言举'乡饮',辞不就。"③章必焕"壮年随父经商,往来吴越间,以诚信见重于时,后父迈,家居奉养"。④ 在章道源开办盐业之前,章必焕曾跟随休宁一朱姓盐商从事盐业,"有休宁朱姓者,业盐策,闻其醇实朴诚,聘委重任,历三十余年,运筹碻磋,名著两浙,嗣是绩之业盐者,以斗南为鼻祖"。⑤ 从上文可推测出,朱姓盐商的经营规模虽不小,但章道源在有两浙盐运司经历章道基的这层政治背景下,其在盐业经营中的前景则明显地更被看好。因此,章必焕接受章道源的邀聘,"族叔道源始创盐业,知其熟谙盐务,亦以重任委之。于是同行不能作梗昂价,斗南功居多"。⑥

次子章必芳继承了家族产业,并在其父章道源带领下直接参与盐业经

---

① (民国)章尚志等:《西关章氏族谱》卷二四《家传》。
② (民国)章尚志等:《西关章氏族谱》卷二长房孟敏公·十三世至十七世》。
③ (嘉庆)《绩溪县志》卷一〇《人物志·尚义》。
④ (民国)章尚志等:《西关章氏族谱》卷二四《家传》。
⑤ (民国)章尚志等:《西关章氏族谱》卷二四《家传》。
⑥ (民国)章尚志等:《西关章氏族谱》卷二四《家传》。

营。"必芳,字实甫,太学生,幼颖敏,负奇志,矫矫不群……旋因析箸,隐为浙商,经营筹划,亿则屡中,不数年,增资累万"。① 章道源长子必淳和三子必枌虽未直接参与盐业经营,但也通过捐纳获得了两浙盐业官职:长子必淳,"字性初,号梓村,候选都司……旋以海氛助饷,其子煜得叙盐提举"。② 三子必枌,"名廷枚,字干才,号密巷,又号丽堂,由太学生例援授修职郎,候选盐课大使"。③

早年间国家专权商品的经营,从其诞生之初便注定了经营者与政治权贵之间存在千丝万缕的关系。明万历间实行行纲法以来,各帮商人为争取盐的专卖权而展开角逐,最终徽州盐商凭借强有力的宗族联合势力独霸两淮盐业数百年。值得注意的是,道光年后,休、歙两邑的大盐商在纲盐改票的影响下逐渐衰败,而绩溪章氏盐商在这一时代缝隙间逆流而上,延续了徽州末代盐商的气数脉络。官商合流模式的成功运作,为后世的商业经营提供了很好的范式,绩溪著名的"红顶商人"胡光墉也成为近代徽商的代表。尽管清后期徽州宗族社会的格局在发生变化,但是在商业经营上,家族传承的延续方式依旧是其保持活力的成功之道。

第三节　活动空间的分布及变迁

西关章氏一族的宗族历史,不仅是自古而今的时间发生过程,还是由点而线、由点而面的空间动态变化过程。空间作为人类个体、群体与社会之间产生联系的客观物质载体,它所包含的地理信息是时间线索所无法完全诠释的。因此,梳理章氏族人活动的空间分布,可以更全面地还原地方宗族与商业社会之间的互动关系。在此需要厘清的是,这种族人活动的空间分布包含两个层面的意义:一是空间覆盖,即其族人长期活动或居住的地方;二是空间

---

① (民国)章尚志等:《西关章氏族谱》卷二四《家传》。
② (民国)章尚志等:《西关章氏族谱》卷二四《家传》。
③ (民国)章尚志等:《西关章氏族谱》卷二四《家传》。

触及,即章氏族人到过,或者生活过的空间区域。

根据族谱的记载,章氏在初迁西关的二百余年时间内没有出现族人外迁的现象,直至明正德、嘉靖年间,三房伯荣公七世"以表与以衮并徙同邑缸寨头","宏辂二子以瓒、以诰,并徙巢县",①这是西关章氏最早出现的向外迁徙扩散。在此之后,西关章氏后世子孙没有中断外迁的步伐,其迁移的范围近至同邑或邻县,如"贵之九世孙定淇,徙居广德州叶家圩","五世孙应琥徙同郡歙之深渡";②远徙者有至浙江湖州、平湖、杭州,"五世孙三应徙浙江孝丰县之新塘村","八世孙必长徙浙江平湖县",湖北襄阳府,甚远至山东济宁,"庭之元孙启基徙山东济宁州桃故寺"。③ 兹将其各房外迁者统计于表5-3。

表5-3 西关章氏各房子孙外迁统计

房派	谱名	世系	迁徙地
长房伯俊公	孟春	九世	汪庄
	孟礼	九世	羣山北麓长安镇
	士颢	十一世	歙县深渡
	寄生	十一世	黄山云溪
	国正	十二世	绍兴
	严老	十三世	涧州磡头
	应琥	十三世	歙县深渡
	应仕	十三世	羣山南麓
	应试	十三世	羣山南麓
	光兴	十四世	羣山南麓
	邦辉	十四世	大洲源水塘坞
	传伯	十四世	休宁岔口
	光选	十四世	汪庄

---

① (清)章维烈等:《西关章氏族谱》卷首下《谱辩·分族述》。
② (清)章维烈等:《西关章氏族谱》卷首下《谱辩·分族述》。
③ (清)章维烈等:《西关章氏族谱》卷首下《谱辩·分族述》。

续表

房派	谱名	世系	迁徙地
长房伯俊公	嗣永	十四世	十五都
	仲善	十五世	荆州上吴家
	鸣鹤	十六世	和阳坞
	鸣凤	十六世	新岭脚
	双喜	十六世	苏州
	必雷	十六世	兰溪
	必兆	十六世	芜湖
	五乐	十六世	孝丰县南门外
	有元	十六世	扬州
	必任	十六世	歙西阳干
	必玫	十六世	松江
	必德	十六世	外塘
	必禄	十六世	外塘
	必炳	十六世	休宁隆阜
	必富	十六世	湾沚
	鸣皋	十六世	和阳坞
	鸣鹤	十六世	辛山岭麓
	鸣凤	十六世	辛山岭麓
	定尧	十七世	浙江潼关
	定东	十七世	浙江潼关
	定淇	十七世	广德州叶家圩
	定禧	十七世	休宁
	定妹	十七世	磡头
	定荣	十七世	吴家坑
	定友	十七世	古塘
	定年	十七世	歙县黄山

续表

房派	谱名	世系	迁徙地
长房伯俊公	定保	十七世	休宁石田
	定良	十七世	休宁
	定金	十七世	休宁潜阜
	定喜	十七世	歙县棉潭
	定启	十七世	休宁隆阜
	定寿	十七世	休宁隆阜
	定福	十七世	广德姚村
	正旺	十八世	休宁万安街
	正顺	十八世	休宁上溪口
	正兴	十八世	休宁
	正泰	十八世	歙县永南
	正丰	十八世	衢州芳村
	正庆	十八世	嘉兴
	正祥	十八世	婺源
	志浩	十九世	休宁榆村
	恒溥	二十一世	衢州杜泽镇
	恒信	二十一世	严州寿昌
二房文政公	基	八世	十四都
	献燧	八世	西坑
	献炳	九世	长安镇
	献炜	九世	长安镇
	献臣	九世	池州
	献瑞	九世	平银
	世护	十世	宁国府墩
	世绍	十世	宁国府墩
	世缙	十世	宁国府胡乐司

续表

房派	谱名	世系	迁徙地
二房文政公	岩护	十世	宁国府墩
	守达	十世	宁波
	守邦	十世	宁波府武学前
	文通	十世	襄阳府襄阳县
	世淳	十世	四都杨村
	可伸	十世	汪庄
	可贵	十世	淮安
	可继	十世	淮安林家浒
	士伸	十一世	浙江淳安县之港口
	玉景	十一世	八都上溪山
	七老	十一世	夹埂
	京寿	十一世	浙江
	文炤	十一世	苹林
	宗道	十一世	树林下
	宗契	十一世	宁国府华阳山
	宗凤	十一世	石金
	宗道	十一世	西坑
	士铨	十一世	古塘
	宗侃	十一世	淮安府
	宗文	十一世	歙县洽坑口
	福老	十一世	宁国府墩
	大敏	十一世	平银
	大社	十一世	歙南老竹岭脚
	大贵	十一世	灰灶上
	徽	十二世	宁国观音桥
	绍胤	十二世	开化石并

续表

房派	谱名	世系	迁徙地
二房文政公	顺德	十二世	溪塔
	启学	十二世	青阳县宁阳镇
	国万	十二世	江山县
	大福	十二世	芷白
	国老	十二世	长安镇
	务忠	十二世	长安镇
	启绣	十二世	扬溪镇
	启基	十二世	济宁州桃故寺
	元祥	十二世	宁国府麈岭麓
	启金	十二世	江西景德镇
	启五	十二世	河南
	象海	十二世	休宁隆阜
	绪鼎	十三世	歙县岩崎
	之燮	十三世	浙江汤溪县
	三应	十三世	浙江孝丰县新塘邨
	三标	十三世	清桐下
	逢周	十三世	浙江潼关
	逢富	十三世	丛山关
	明富	十三世	宜兴
	元祥	十三世	宁国府鹿岭脚
	传潘	十四世	河上岱
	传臣	十四世	横塍头
	传照	十四世	广德州
	传达	十四世	广德州
	日烈	十四世	杭州
	日灼	十四世	马界

续表

房派	谱名	世系	迁徙地
二房文政公	良品	十四世	浙江武义
	传叶	十四世	歙县深渡
	顺德	十四世	溪塔
	瑞光	十四世	浙江西安县莲花镇
	大荣	十五世	溧阳
	尚海	十五世	歙县岩峙
	尚明	十五世	龙川
	尚美	十五世	杭州盐桥街
	必燧	十五世	绍兴府水龙庙
	必椿	十六世	建平
	必昭	十六世	宁国黄土磡
	必远	十六世	水查坑
	必永	十六世	休宁
	必魁	十六世	歙县洪坑
	必梁	十六世	宁国府河沥溪
	必长	十六世	浙江平湖县
	定淦	十六世	休宁县小姑潭
三房伯荣公	以表	七世	缸寨头
	以衮	七世	缸寨头
	以让	七世	巢县
	以瓒	七世	巢县
	以浩	七世	巢县
	升云	八世	滁州
	献谟	九世	长安镇
	应伟	九世	景德镇
	守达	九世	淮西

续表

房派	谱名	世系	迁徙地
三房伯荣公	惟谟	九世	缸寨头
	惟训	九世	缸寨头
	应熏	九世	缸寨头
	献文	九世	隐龙溪
	仲旌	十世	旌德
	大如	十一世	扬溪镇
	绪袖	十三世	苏州
	绪祯	十三世	苏州
	绪裕	十三世	苏州
	绪祈	十三世	苏州
	钱	十四世	旌德
	万备	十四世	北邺
	名德	十五世	梧邺
	必珧	十六世	歙县潜口
	必焴	十六世	杨滩
	正凤	十八世	芜湖繁昌县
	志庆	十九世	泾县
	洪吉	二十世	浙江武义
小计	数量		合计
长房	56		160
二房	78		
三房	26		

资料来源：(民国)章尚志等纂，《西关章氏族谱》卷首下《谱辩·分族述》，卷一下至卷二十二《本宗统系表》。

从族人迁出的时间分布来看，在章氏族人外迁过程中出现两次高峰(图5-3)，第一次为十一至十二世，大致是在明万历、天启年间，共计33例，占迁出总数的20.6%，其中以二房占绝大部分，共30例；第二次外迁高峰出现在其十六至十七世,约为清康乾时期,共计42例,占迁出总数的26.2%,其中长房31例,二房9例,三房2例。三房之中长房和二房迁出数量要明显多于三房,其中二房族人的迁出主要集中在明末万历、天启年间,长房族人迁出则以清前中期的康乾时代为主。

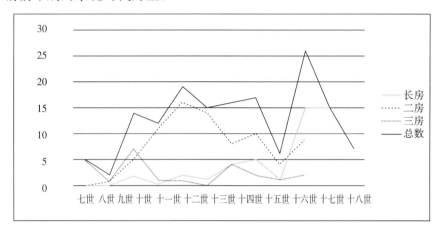

图5-3　西关章氏7—18世迁出族人统计图(纵轴单位:支)

资料来源:(民国)章尚志等纂,《西关章氏族谱》卷首下《谱辩·分族述》;卷一下至卷二十二《本宗统系表》。

从迁居地的分布分析章氏一族的活动范围,其族迁居的地区主要集中于同邑或同郡,其中在绩溪县内61处,徽州府下休宁县16处、歙县14处、婺源县1处;邻府宁国府下旌德、广德两县分布17处;在安徽省内其他诸府县分布共8处;在邻省浙江诸府县分布共24处,江西2处,江苏7处;其余省份共计10处(图5-4)。

若将章氏迁居地的空间分布用时间顺序加以排列,通过其所呈现出的空间动态演变过程,我们可以清晰地看出迁徙路线以家族派系为线索的延续扩伸和空间范围的叠加性呈扩大趋势。在章氏族人迁出的第一次高峰里,迁居地较多囿于徽州本府及相邻府县,在十一至十二世两世迁出的34例中,迁本府(绩溪、歙县、休宁)有20例,邻府宁国4例,省外(浙江、江西)7例,远迁(济宁、河南、淮安)的只占3例。在此之后,章氏迁居的地点较前代出现了明显的空间上的扩展,例如迁居浙江的数量占到了其族迁居地总数的15%。如二房献金公派下八世章府一支,其后世迁居路线主要沿新安江向浙江持续延伸,十一世章士伸及其二子启璿、启玥"迁淳安港口",①使之成为后世章氏一族,乃至绩溪商人旅外经营的一个重要据点。

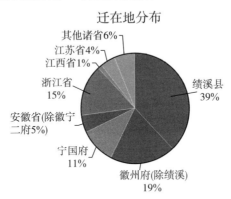

图 5-4　西关章氏迁居地分布统计

港口镇位于遂安港与新安江交汇之处,距离绩溪非常近,从当地流传的"云往绩溪,落雨淅淅;云往淳安,天晴昂昂"谚语中便可知两地彼此关联的程度。港口镇向为淳安、遂安与安徽歙县、屯溪等城镇水路交通之要道,在明代已形成市镇。港口镇的绩溪徽商的势力颇为庞大,其中便有章氏商人的身影。镇上各行业中,绩溪人所开的商店占了大多数,其商业经营活动一直持续到民国时期。这种较长时间的经商行为对当地的社会风俗、语言习惯等方面产生了深刻的影响,绩溪话甚至成为当地的通用语。章氏后人章亚光回忆如下。

> 我对港口最深刻的记忆是绩溪话在港口街上是通用语言。没有到过港口的人,可能认为这是天方夜谭。但我要说,这是事实。到港口之初,父亲带我串店,不论走进那爿店,他都用绩溪话与人打招呼,对方也是用绩溪话和我父亲寒暄。几天过去,听的是绩溪话,讲的是绩溪话,我坦然无惧了(我不久也学会了淳安话)。港口街上

---

① (民国)章尚志等:《西关章氏族谱》卷六《二房献鈇公·九世至十三世》。

为什么通用绩溪话？我初来乍到，不知奥妙所在。后来我认得的人多了，终于大彻大悟，原来港口街是绩溪人的"世界"！店老板，绩溪人多；店小鬼（学徒）和店伙计（店倌），绩溪人更多。还有老板娘、少爷、小姐，以及店倌家眷，到处都是绩溪人。这真是绩溪人云集的地方！我粗略地算过，当年（1949）港口街上约有一千来人（不包括街后的农民），绩溪人占60%以上。单镇上从商的还有休宁人、歙县人、黟县人，也有淳安人，但他们几乎都会讲绩溪话，有的人不会讲，却会听。就连街后的农民，会讲或者会听绩溪话的亦为数不少。绩溪人在港口街上开的商店，包括夫妻小店以及摆个摊位的，大大小小，总有五六十家（户）。①

自港口镇出来，章氏的迁居路线主要分为两支：一路是继续沿新安江而下，迁往杭州、嘉兴，十四世章日烈"迁杭州"，十五世尚美"迁杭州盐桥街"，十八世章正庆"迁嘉兴"；另一路是溯东阳江、衢江而上，迁往金华府、衢州府境内武义、西安、汤溪、兰溪等处。据《天下水陆路程》的路线描述，"淳安县，遂安县河口，共六十里。茶园、小溪岩、试金滩、上杨溪、下杨溪，共九十里。严州府，南往兰溪县、衢州府。乌石滩、七里濑，共五十里，钓鱼台、六滚滩，二十里。桐庐县，柴埠，可泊，程坟，共九十里。富阳县，浮山案，可以避溯，六和塔，共九十里"。② 港口镇至杭州府水程约为四百里，与至衢州府的水程相仿。在传统时代这种相对距离接近的水路交通，为徽商外出经商提供了良好的区位优势，也极大地促进了徽、严、衢、金诸府之间的社会、经济与文化上的交流。明清时期，徽州人迁往严、杭、金、衢者为数众多，不仅使当地成为货殖之地，更有诸多商人定居于此。有些市镇，如兰溪，正是受到徽商活动的影响，其商业繁荣的程度远过于府治金华的规模，曾有过"小小金华府，大大兰溪县"和"小小兰溪赛杭州"的说法。在上述诸地的徽商群体之中，章氏族人

---

① 章亚光：《绩溪人在淳安港口镇经商有术》，见《绩溪徽商》，2002年，第84页。
② （明）黄汴著，杨正泰校注：《天下水陆路程》卷五《休宁县至杭州府水》，太原：山西人民出版社，1992年。

则是绩溪较早以商人身份参与当地经商活动的商业势力。

> 公讳绪毓,字子英,姓章氏……公早岁失怙,既亡叔伯,终鲜兄弟,零丁孤苦,惟母氏是依。其天资英毅,卓荦不群。读书即通晓大义,因家世清贫,又早孤露,以故不及于学。甫冠,师端木,法计然,贸易徽浙,持筹屡中,不十数年遂起其家。
>
> 必鉴,字衡若……先在宛陵贸易,精于筹算,有大志,不甘为人伙,后到兰溪游埠镇创立万泰基业,以贻子孙,家道所由兴也。
>
> 正浩,字养然,太学生,加蓝翎候选同知。洪杨之乱,年甫幼冲,备尝艰苦。承平后,即往衢州贸易,以信义著闻,基业日隆,家道渐裕。①

除浙江以外,章氏选择的迁居地,诸如江苏苏州、淮安、扬州,江西景德镇,安徽芜湖,山东济宁等府县,多属明清时期商业较为繁荣的地区,特别是有徽州商人参与经营活动的地区。这些市县在章氏迁居之前,早已有他邑徽商的经商活动,万历《歙县志》中《货殖》记载如下。

> 今之所谓都会者,则大之而为两京、江、浙、闽、广诸省,次之而苏、松、淮、扬诸府,临清、济宁诸州,仪真、芜湖诸县,瓜州、景德诸镇……故邑之贾,岂惟如上所称大都会皆有之,即山陬海澨、孤村僻壤,亦不无吾邑之人,但云大贾必居其都会耳。②

以上关于西关章氏族人空间分布的统计,仅是根据其族谱记载而测算的大致数据,其族实际覆盖和触及的空间区域应该要大于统计之描述。但是从已有的案例和数据可以看出,章氏一族作为绩溪较早出现的商人群体,它所进行的经商地区选择,在促成绩溪商业社会产生上起到了极为关键的作用。这种商业分布在空间上的塑形对将来绩溪整个商业格局的划分影响深远。

---

① (民国)章尚志等:《西关章氏族谱》卷二四《家传》。
② (明)谢陛 编:《歙志》卷一〇《货殖》,合肥:黄山书社,2014年。

到了清末民国时期,绩溪商业社会的结构特征已经十分明显,胡适在给民国新修县志提的建议中言道:"新志应列'大绩溪'一门,由各都画出路线,可看各都移殖的方向,及其经营的种类。如金华、兰溪为一路,孝丰、湖州为一路,杭州为一路,上海为一路,自绩溪至长江为一路。然亦有偏重,如面馆虽起于各村,而后来成为十五都一带的专业;如汉口虽由吾族开辟,后而来亦不限于北乡。然通州自是仁里程家所创,他乡无之;'横港'一带亦以岭南人为独多。"①

本章通过梳理绩溪西关章氏一族中商人案例,窥探了绩溪县内早期商人的产生和发展过程。西关章氏商人的产生有着与当时徽州商人相似的时代印痕,即明中期以后儒学的世俗化转型,并由此导致了"弃儒就贾"现象的发生。与绩溪早期零散出现商人不同的是,章氏一族商人的经商行为显示出较为明显的家族传承性和延续性,并通过宗族血缘网络扩大其经商的行业范围和空间区域。从明嘉靖年间族内章献邦、章献邠兄弟联手经营盐业至清道光年间章道源、章必焕叔侄合力运销两浙盐务,这两百余年间章氏一族的商业经营主要通过宗族内部的亲缘关系得以维持并壮大。从族人外迁的空间分布上看,其所选择的迁居地,诸如浙江、苏州、淮安、扬州,江西景德镇,安徽芜湖,山东济宁等府县,多属明清时期商业较为繁荣的地区。章氏一族作为绩溪早期出现的经商家族,其与传统徽州商帮之间的交流与互动,促进了经商风气的传入,对绩溪县商业社会的形成和发展起到了先导作用。

---

① 胡适:《胡适家书》,2013年,第235页。

第六章　绅商个体所见之乡村生活与地方社会
——以胡近仁及其家族为中心的考察

作为连接国家权力与乡村社会的衔接者,乡绅阶层实际上支配着地方上的社会文教和经济生活,清中后期以来,随着生活方式、意识观念和社会经济等方面发生的剧烈变化,地方乡绅对本地的乡村经济和地方社会的变迁起到了不同程度的牵引和推动作用。笔者于 2015 年在上庄查阅到一批有关"胡景隆春牌号药店"的商业文书资料,包括 1 份分股合约、9 张盘结红利单及 15 件书信,内容涉及 20 世纪初至 1943 年三溪镇胡景隆春牌号药店的经营状况,更重要的是其生动展现了近代乡绅胡近仁商人身份的一面。现通过该批文书资料的解读,同时结合相关的族谱、方志资料及后人回忆,对胡近仁的社会身份、社交关系和家族产业作具体梳理,以此来探究近代以来乡村商业和地方社会的变迁。

第一节 胡近仁的生活环境及其家族背景

一、绩溪上庄与胡近仁家族

上庄,旧时亦称"上川",因位于常溪上游而得名(与上庄相对的是下游的下庄,即今宅坦)。宋太平兴国元年(976),绩溪划定乡里,上庄所在地区归修仁乡管辖;元朝在宋时十乡建置的基础上再划分十五都,修仁乡改名"修文乡",上庄隶属于修文乡八都;清初将县境合并为三大直辖乡,上庄属北乡八都。宣统元年(1909),全县裁撤直辖乡改设自治区,上庄划归绩溪县第三辖区八都。在1939年,撤保建乡镇后,上庄隶属于龙井乡,在1941年因其为胡适故里而改名"适之",但不久又改回"上庄"之称。①

上庄村位于徽岭以北的绩溪县境西陲,南邻歙县,西接旌德,是传统时代沟通徽、宁两府间陆路交通的咽喉要道。"歙与绩接壤也,而上庄在绩之西偏,于歙为尤近"。②客商来往非常频繁,因此成为太平天国时期清军和太平军抢夺的主要据点。上庄村三面环山,中部河谷地带地势相对平缓,传统上经济以农业种植为主业,主要种植茶、竹和桑树。上庄村周围分布着瑞川、余川、择里、金山、宅坦等自然村落。

据该村村志记载,最早定居上庄的居民为朱氏,传闻元至正十年(1350),修仁乡各姓参加柯大统起义,后来起义失败,朱氏外逃,为躲避官兵追杀,便将朱姓先后改为曹姓和方姓。在难平后,该族返回上庄,但此时村内已被胡氏占据,并还要受胡氏的欺辱。为此,其族又将方姓改为姚姓,因"姚"与"油"同音,意为油总是浮(胡)在上面。但由于村志编纂的主观性和村民知识来源不明,此说并未得到证实。而一直以来聚居于上庄的明经胡氏一族,则有较为详实可考的史料来考辨其源流。据宣统《上川明经胡氏宗谱》(下称《胡氏

---

① 上庄村志编委会编:《上庄村志》,2009年,第17页。
② (清)胡祥木:《上川明经胡氏宗谱》上卷之上《列传·荫林胡公传》。

宗谱》)序载,"胡里迁翚北,迁杨林,迁上庄,其始迁上庄祖,曰七二公,是自以来阅二十五世六百余年于兹矣"。① 虽然族谱中对七二公并没有详细的记载,但是从时间上推断,胡氏定居上庄大约在元大德至延祐年间。经过600多年的宗族繁衍,上川明经胡氏共分出14个支系、108个支派(表7-1),至咸同兵燹到来前,上庄胡氏人口已有6000人左右,②清代名儒胡桂森、"胡开文"墨业创始人胡天注、民国著名学者胡适皆出于该族。

表 6-1 上川明经胡氏派系统计表

分系	房派	数量
分系一	元柏公派、元久公派、元贵公派、元明公派、元宇公派、元作公派、元勤公派、元皇公派、元有公派、元大工派、元武公派、元佐公派、元伏公派、元仕公派、元祚公派、元浩公派、元政公派、元春公派、元白公派、元太公派、元玉公派、元崇公派、元万公派、元碧公派、元海公派、元修公派、元位公派、元旦公派、元积公派、元辂公派、元富公派、元会公派、元灿公派、元福公派、元攀公派、元恭公派、元敬公派	37
分系二	元当公派上	1
分系三	元当公派下	1
分系四	元栋公派、元科公派、元安公派、元报公派、元久公派、元满公派、元社公派、元七公派、元泗公派、元周公派、元保公派	11
分系五	元夏公派、元韬公派、元统公派、元棣公派、元潜公派、元曦公派、元曜公派、元梓公派、元乔公派、元腾公派、元盛公派、元杍公派、元威公派	13
分系六	元珠公派、元玉公派、元茂公派、元庄公派、元首公派	5
分系七	元美公派、元兰公派	2
分系八	元祥公派、元芳公派、元奎公派、元禄公派、元邦公派、元节公派、元田公派、元恺公派、元慈公派	9
分系九	元惠公派	1
分系十	元忻公派、元惇公派、元恢公派、元俊公派、元橄公派、元栱公派、元憪公派、元祎公派、元贤公派、元庆公派	10

---

① (清)胡祥木:《上川明经胡氏宗谱》卷首《序》。
② 胡适口述,唐德刚整理翻译:《胡适口述自传》,第5~6页。

续表

分系	房派	数量
分系十一	元昇公派、元厚公派、元明公派、元聪公派、元遐公派、元龄公派一	6
分系十二	元龄公派二	1
分系十三	元龄公派三	1
分系十四	元龄公派四、元玠公派、元凤公派、元鹤公派、元鉴公派、元锭公派、元寿公派、元汝公派、元庆公派、元兆公派	10

资料来源：(清)胡祥木等纂修：《上川明经胡氏宗谱》中卷之下《分系世系表》。

二、胡近仁的家族背景

胡近仁，谱名祥木，更字董人，号松臣，又号晓筠，生于光绪丙戌年（1886）八月初五，属于第七系元美公派下。他出生在一个儒商世家，曾祖父胡敬德，字景棠，一字五兴，生于乾隆壬寅年（1782）二月十一日，曾在五口通商后从事洋庄茶贸易，并通过捐纳获得"国学生，诰赠奉直大夫"的身份。胡景棠生有三子，长子锡诰，次子锡印和三子锡祥，其中次子胡锡印过继给兄胡成德，而胡锡印正是胡近仁的祖父。胡锡诰、胡锡印、胡锡祥兄弟三人皆继承家业从事商业贸易，并在当地社会中享有一定的知名度和影响力，歙绅吴士杰撰有《荫林胡公传（附杉林公）》详述了胡锡印的生平事迹，并收录于《胡氏宗谱》中，其文如下。

> 歙与绩接壤也，而上庄在绩之西偏，于歙为尤近。往时父老自绩来者，为言上庄荫林公先辈长者，其后以负笈橐笔再至绩，绩人士又时时道公行义，私窃向往其为人。已而内交公之文孙董人，因益习公之生平及其所以训厉于家者，乃始克载笔为之传焉。

> 公天性仁孝，笃宗族，周急难，勇于为义。幼奉父命出后，伯母节孝曹太宜人，惋愉色，养能曲，得其欢，弱冠挟计然策，客游上洋，缜栗自将已为婚，友器重，交相推引，公顾慨然叹曰："吾母数十年茹苦含贞，今老矣，膝下仅吾一人，身衣手线，寸草春晖，且本生父母亦春秋高，奈何千里远游，久客以咸堂上乎？"是时初启关为五口互市，公生父景棠公尝居茶贸，迁各国。公既归，衣邻步昵，曲尽孝养，恳

第六章　绅商个体所见之乡村生活与地方社会——以胡近仁及其家族为中心的考察

恳服劳,刻苦策励,以故业隆隆日起。久之复偕其昆季,营别业于旌德三溪,三溪故军民杂处地,车毂桴互,奸宄无籍者往往潜伏其中,公熟察人情,善结纳,择英杰之士,而折节与交,又重然诺,喜推解,以故群情詟服,曰:"胡公长厚,吾不忍欺也。"其后父兄继卒,公更主家政益务,敦睦干济,虽以商往来旌绩间,而恒以尊祖敬宗为念,族中重建寝祠,襄董工役,不辞艰苦。又倡建其顺堂支祠,且捐金数百,恢拓基域,至于谋窀穸,除道路,营祀产,公家之事皆知无不为,尤慷慨,好施与,尝贷泾上吴侍御拙庵金数百,已而吴卒,公即柩焚其券。族人有同公贾铁瓮者,归途溺于江,公闻之,即出千缗产恤其孤孀,曰:"睦姻任恤,吾夙志也,况同袍乎?"其家感临存涕泣称道。弗既云上庄山邑也,层峦复岭,地狭人稠,所艺谷恒不给十一,翔踊倍他处,值西寇后滋以凋劫,往往饥号塞听,而巨室富家类厚自封殖,无毫发措念,独公与其季杉林公轻财好义,每自外运粮后,朘直以粜,又置糜通衢,以饴族党及饫孤寒者之修脯焉。

杉林公名廷春,行名锡祥,为人沉伟,自喜脱去町畦,而公则密致端重,时有二难之称。公晚年复捐资,偕族人建胡氏义仓,春贷秋收,取其息以赒茕独,族人多倚赖之,其善行类如此。尤喜读书,自以少年失学,故课率诸子加严,建书屋,置书田,所以劝励者甚至,尝曰:"岂为功名始读书,不学无术,古人固已言之矣。矧世变日新,物竞维烈,若之何其弁髦视之也。"遇人多恂恂粥粥,绝崖岸,寡言笑,喜俭憎华,衣冠古朴,迄今诸子孙皆恭谨退让,以诗书泽其家,盖其言规行矩,敛志闻修,积于身,施于家,而传之后也如此,比诸孔门其诸古笃行之君子欤。①

上文中提到的"营别业与旌德三溪"指的就是咸同兵燹后,胡锡印与兄弟合资在旌德县三溪镇开创的"胡景隆"商号,该店名由来应该与胡锡印生父景

---

① (清)胡祥木:《上川明经胡氏宗谱》上卷之上《列传·荫林胡公传》。

棠的字有关。根据上文内容推测,胡锡印之所以能够实施捐资修建宗祠、抚恤同乡、运粮平粜等一系列公益行为,是因为其在商业贸易中所获得的丰厚利润。"胡景隆"商号在创设后的短时间内就发展成为当时三溪镇上较大规模的店铺,"三溪有先太父荫林公之景隆,趾萼相衔,业并素封"。① 据当代文史资料记载,"胡景隆"商号以经营杂货起家,在获利后扩充经营范围,除布匹、京广杂货不断增加花色品种外,还涉足加工业和农副业,先后开设了药店、油坊、蜡烛坊和糕饼坊,同时购置房产田地进行桑蚕养殖。②

通过成功的商业经营,胡锡印、胡锡祥两兄弟在较短时间内积累了较多的商业资本,有了经济财富的支持。胡锡印有能力实施捐资修建宗祠、抚恤同乡、运粮平粜等一系列公益行为,并开始将目光投注到子弟的教育事业上。胡锡印膝下共有三子,长子胡贞照,二子胡贞泽以及三子胡贞泮,其中二子胡贞泽过继给其兄锡祥。虽然有清一代可以通过捐纳的方式获取功名官衔,但是这种异途出身的"士人"在时人心目中终究低人一等。因此,次子胡贞泽选择以科举"正途"来获取功名身份。"光绪辛卯邑庠生,保奖五品蓝翎,字厚生,号润民,癸巳秋闱及庚子、辛丑并科秋闱两次房荐"。③ 长子胡贞照也没有跟从父亲经营家族产业,而是通过胡锡印积累的社会关系踏足官场。"光绪乙亥入邑庠,庚辰补廪,字鉴平,一字荣奎,尝从青浦熊刺史祖诒、泾县吴侍御焯游,内行尤洁"。④ 此处提及的这位泾县吴侍御,应该就是曾向胡锡印借资的吴拙庵。据上引《荫林胡公传》载,胡氏"尝贷泾上吴侍御拙庵金数百,已而吴卒,公即柩焚其券"。但作为胡氏子弟"弃贾就儒"的代价,"胡景隆"商号的经营压力便集中在了胡锡印一人身上。光绪乙未年(1895)在胡锡印去世后,"胡景隆"商号因时局不佳和后继乏人而逐渐衰落,甚至濒临倒闭,其产业收缩到只剩药店,这便是当时胡近仁所面临的真实局面。1907 年,胡适在寄

---

① (清)胡祥木:《上川明经胡氏宗谱》下卷之下《拾遗》。
② 胡志治、叶惠基等口述,纪铎、曹诚复采写:《绩溪人在三溪》,载《绩溪文史资料》(第3辑),1993 年,第 11 页。
③ (清)胡祥木:《上川明经上川明经胡氏宗谱》上卷之中《学林》。
④ (清)胡祥木:《上川明经上川明经胡氏宗谱》上卷之中《学林》。

给胡近仁的信中题写了一首诗,也提到了胡近仁潦倒的状态:"怜君潦倒复穷愁,愧我难为借箸谋。吟到泪随书洒句,那堪相对兴悲秋。"①

第二节　商业经营:胡近仁与"胡景隆春牌号药店"

一、"胡景隆春牌号药店"商业文书概述

胡景隆号商业文书是胡从先生祖辈遗留之物,并由胡从本人珍藏,虽然先后经历抗日战争、解放战争等诸次战争,但是保存至今品相还较为完好,实属不易。该批文书由一纸分股合约、九张盘结红单和十五件商号内部书信组成,从时间跨度上看,最早的书信写于光绪壬寅年(1902),最后一张红利单写于民国三十二年(1943),其主要记录的是晚清民国时期的经营状况。虽然其中有若干年份的缺失,但是现存部分十分详细地记录了释股方式、经营状况、分红明细以及家庭生活细节等内容。由于目前绩溪县内所发现的文书较少,其中商业文书更是稀缺,故而该文书的学术研究价值不言而明。

(一)书写格式

立于民国十三年(1924)的分股合约,由胡佩兰执笔拟写,字迹工整清晰,整张股纸除左上角被撕去一方角以外,其余部分较为完整,且撕去部分应无字迹,全文共计582字,其内容可以分为前后两个部分,前半部分交代本次释股的发生背景,并明确了各房股东所占有的股份。

　　缘先祖胡锡印公昔年创设三溪胡景隆春牌号药店一业,前清宣统二年析产时,店本作为十股,分授各房,载明分关,不赘。自民国六年后,店事由跃臣尽心打理,近年始入佳境。民国十二年,遂由店内买收厚生公名下所遗药店,本四股半,当立有□股,据存店为凭。今春公□盘结,除去各股拨款并跃臣酬劳外,实存坐本计大洋一千

---

① 耿云志、欧阳哲生 编:《胡适书信集》(上册),第2页。

六百元整,分作五股半,内鼎臣公、近仁、跃臣每房各占一股,佩兰、祥运各占一股二毫五厘。凡店内人员玖人及此后逐年生意盈虚,统照股份平均支配,永无异议。

后半部分是该商号所制定的规章制度,涉及利率约定、经营责权划分、盈利分配、助学制度等几个方面内容。

> 兹特商定章程七条,并订立合议约一样五纸,永远各执一纸,存照大发。一议店内坐本每年官利照长年一分二厘支给;一议本店当业用人各事务,公推跃臣全权经理;一议逐年盘结,除去官利及各项开销外,倘获余利,内提十成之二归经理人酬劳,内提十成之一酬老同事方君,其余十成之七按股份支领;一议每年盘结交,由经理人分发红单,交各股东备核;一议各房子孙,如有中等学校或大学肄业者,每年由官利下提大洋拾元补助学费,休业即罢;一议各股支收当乎权节,每年只能支领官余利,不准侵及坐本。倘因己用,不得已向店内借支各项,至及拾元以外,即须起息。若将官利余利转存店内只按时计息,与外存同等待遇。一议本章程未尽事宜,得援照现行公司律办理。

从民国十五年(1926)至民国三十二年(1943)间所存的九张盘结红单,内容也是分为两部分,前半部分是店内当年所获得利润和各股东存于店内股本的统计,后半部分罗列了该年店内的各项支出,并在最后盘算出当年的实际盈利数额,笔者将民国十九年(1930)新正盘结红单中的明细列于表 6-2。

表 6-2 民国十九年(1930)新正盘结红单一览表

收支情况	明细
收入	存货洋 869 元 6 角 5 分
	存大洋并钞共洋 450 元
	存鉴思手洋 300 元
	存陈全珍洋 150 元
	存干茶 50 担,作洋 150 元

续表

收支情况	明细
收入	存鼎记洋50元8角3分3厘
	存近记洋69元9角7分9厘
	存佩记洋188元8角3分
	存跃记洋56元6角9分1厘
	存胜记洋134元5角八分3厘
合计	洋2460元
店本及支出	坐本洋1600元
	十八年份红利192元
	近仁洋200元
	各号尾欠洋10元
合计	洋2002元
余利	458元,内除洋137元(店内员工彩红)
红利分配	鼎记得洋50元3角6分
	近记得洋59元2角6分1厘
	佩记得洋72元9角5分
	跃记得洋50元3角6分
	胜记得洋72元9角5分

其余十五件书信大多数是往来于上庄胡氏家族和三溪胡景隆商号之间的商业信件,其内容较为庞杂,包罗药方单、货物清单、家族日常事务协商等诸方面的内容,笔者选录了其中一份书信列于下。

  鼎臣少东家君安启,今着花益寿送上春由九元,秤一百斤,至祈复秤,倘有皮由,仰交原平肩回,是荷,外有货单三(份),至祈照单查收为要,此复,即请日安,葭月初六,胡景隆号泐。

(二)股东的构成及其相关人物考证

这份写于红纸之上的分股合约,开篇便言明订立该合约的一共有五人,分别为胡门程氏、胡近仁、胡跃臣、胡佩兰、胡祥运,这五人也是"胡景隆春牌号药店"的股东,结合宣统《胡氏宗谱》世系表的内容对照,笔者将其一一对应,兹列于下。

胡门程氏,为胡祥吉之遗孀,"胡祥吉,国学生,生名绍祖,字象南,号鼎臣,生光绪癸未十一月二十五子时,殁光绪戊申十月十三亥时,娶程氏",①而在几封由胡景隆商号寄与鼎臣的信函中,出现了"鼎臣少东家君"的称呼,内容也涉及汇报商号经营的情况,再加之其为胡贞照之长子,因此完全有理由断定胡祥吉生前应为胡景隆商号的股东之一,而在其去世之后,程氏也有权继承其所遗留的股份。

胡祥木,"字近仁,更字董人,号松臣,又号晓筠,生光绪丙戌八月初五巳时",为胡贞照之二子。

胡祥鱼,"国学生,名维祖,字次牧,号跃臣,生光绪辛卯正月初四巳时",为胡贞照之三子。

胡祥梦,"从九品,名缵祖,字佩兰,号周臣,生光绪庚寅十月初四寅时",为胡贞泮长子。

胡祥运,"名纯祖,字际唐,号会臣,生光绪乙亥十二月二十八寅时",②为胡贞泮次子。

除此以外,合约中还出现了"老同事方君"这一人名,据笔者推测,此人极有可能是合约最后"见议执友人方厚田"。明清以来,徽州家族产业经营者的成功经营往往得益于其所设立的严格的规章制度,因此在其条款议立之时往往会由同乡第三方加以中证,③胡景隆春牌号药铺的立约也照此做法执行,文中的方厚田即为中证之人。

---

① (清)胡祥木:《上川明经胡氏宗谱》中卷之下《分系七·元美公派世系表下》。
② 引文均见(清)胡祥木等修:《上川明经胡氏宗谱》中卷之下《分系七·元美公派世系表下》。
③ 王振忠在《重商思潮激荡下的传统徽墨经营——关于〈有乾公号四轮承做合同新章〉的解读》中指出,"明清以来,婺源墨商多制定严格的规章制度,这些商业条款,往往都要由同乡亲戚加以中证,以获得乡族的认可,这是墨业中的通常惯例"。

从股东构成这一点来看,胡近仁、胡跃臣两兄弟与胡门程氏为叔嫂关系,而佩兰、祥运两兄弟又与前三者互为堂兄弟关系,并且该店股本也未渗入外族资金,由此而见,该药铺是一个典型的家族产业。依据中国传统,诸子均分往往是家族析产时所采用的多数方式,同一层次的房派之间所分得的家产、族产一般较为均等。胡景隆商号股份的具体分配上,也比较明显地反映出这一理念。合约言明该店坐本共计洋1600元,分作五股半,加上收购胡厚生名下药店的四股半,共计十股,每股为160元,"鼎臣公、近仁、跃臣每房各占一股",由于时年鼎臣已辞世多年,其名下股份由其遗孀程氏继承,三人每人实际所分得股份为160元;"佩兰、祥运各占一股二毫五厘"。佩兰和祥运作为二房,每人实际所分得股份为200元,各房的股额分配较为均等,至于二房所占股额要比大房多出半股,笔者推测可能是由于胡贞照早卒(光绪癸巳年1893),而此时三子年纪尚幼,佩兰十一岁、跃臣一十岁、近仁十五岁,其店经营诸项主要由胡仰春二子胡贞泮打理,留与其后的股额稍多也在情理之中。

二、民国时期商号的经营方式和状态

由于资料的缺乏,我们对该药店早期的经营状况不得而知,但由合约中"自民国六年后,店事由跃臣尽心打理,近年始入佳境"一语可以反推之,在民国六年(1917)年之前,药铺的经营状况一度低迷。究其缘由,笔者认为,经理人的易变是店铺管理方面出现危机的主要原因。从胡景隆商号的内部信件中可以发现,由三溪胡景隆店内发往上庄的书信,其收信人大多为"鼎臣先生",信的内容包括货物清单、药方和增派人手的请示,[①]特别是后者,一般只有经理才有权决定人手的派遣。由此可见,胡鼎臣在世时是胡景隆商号的主要经营管理者,或者说至少是其中之一。但随着胡鼎臣于光绪戊申(1908)十月十三突然病逝,店铺在一时失去了掌舵人,更有甚者,店铺内居心不良的

---

① 如"象男兄长大人侍右:敬启者,兹者因正海来办菜油之便,受此特奉前寄鞋一双,谅该收矣,合望寄铜锁一把,并望芹记支太史饼一斤、赤砂三斤、葛粉二斤、麻球、糖早(枣)二斤、椒月一斤、洋皂一方,望即与原人带回为幸","布柜人手稀,望嘱家中派来店为要"。

伙计店员在此忙乱之际趁火打劫,①其管理的混乱程度可见一斑。

在商号经营状况不善的情况下,仍选择在宣统二年(1910)和民国十三年(1924)两度析产释股,既受到当时的社会环境影响,也有其自身原因。前文已述,太平天国战乱之后,徽州一地析产的比例较以往有明显的增加,绩溪一地"析产者十之八九,共产者不过百分之二三"。东家胡鼎臣的突然亡故是第一次析产的直接原因,由于事出仓促,对于析产之后的经营管理缺乏考虑,从而导致商号的一度衰败。

在胡跃臣接管了店铺的经营管理权之后,经过六年的调整,经营状况开始复苏,并且开始扩大资本。"民国十二年,遂由店内买收厚生公名下所遗药店,本四股半",这也导致民国十三年(1924)第二次析产的发生。并购药店之后,胡景隆商号内部资本结构也随之发生改变,收购药店所支出的资金由店本提供,共计四股半,实际上是由流动资金转化为固定资产,而剩余的五股半还需按照约定比例重新进行划分,以避免在日后出现利润分配上的纠纷,这也体现了徽商在长期的经商实践中积累的从商智慧。

在议定的七条章程中,其中有两条为:"一议本店当业用人各事务,公推跃臣全权经理;一议逐年盘结,除去官利及各项开销外,倘获余利,内提十成之二,归经理人酬劳,内提十成之一,酬老同事方君,其余十成之七,按股份支领。"在胡鼎臣去世后,胡跃臣开始执掌商号,并艰难地扭转了经营状况,他通过这一过程证明了自己在经营管理方面的能力,因此合议以条款中的形式确立了跃臣经理人的地位。在第二条款中,从关于余利的分配可以看出,药店每年给予跃臣的酬劳达二成之多,这说明了各股东对其能力的充分肯定,这种聘用职业经理人的方式也是有利于店铺长期经营的举措。

章程中对于店内资本的借贷也有着严格而明确的规定,"一议各股支收当乎权节,每年只能支领官余利,不准侵及坐本,倘因己用,不得已向店内借支各项,至及拾元以外,即须起息,若将官利余利转存店内,只按时计息,与外

---

① 据胡丛先生口述,店铺在失去经理人的时期内,有不少店员起先暗中偷窃店内财物,后竟然明目张胆地肆意掠夺。

存同等待遇"。虽然胡景隆药铺在性质上是家族拥有和经营的产业,但是从上述条款可以看出,管理者对于店铺资产的管理极为严格。此处所言的"坐本"是指店铺的固定财产和正常运作所需要的基础资金。一旦坐本缺失,店铺将会陷入无法正常运转的局面。在资金借贷上,其规定为"拾元起息",那在当时的"拾元"究竟是怎样一种量级,笔者参照了民国十五年(1926)的红利单,其上记有各股东分得余利的数额,如"存鼎(鼎臣)记洋四十六元四角零五厘,存近(近仁)记洋四十六元二钱六分",大致上是各股东获利总额的五分之一,至于其息几何,合约中虽并未提及,但通常可以看作按照官利,即"一分二厘",对于转存入店铺的余利,也同样按照外存的利息按时支给。

上述诸款在规章制度上对商号的股权及余利分配、资本管理、人事福利都作了细致严格的规定,在其后的经营管理及实际能够实现的获利情况究竟能够达到何种程度呢,表6-3中显示的自民国十五年(1926)至民国三十二年(1943)的股东红利单给我们提供了非常详细的数据资料。

表6-3 胡景隆商号盈亏金额统计

时间	坐本(元)	经营总额(元)	皮利(元)
1926年	1600	1843	118.47
1930年	1600	2002	450
1931年	1600	1992	711
1932年	1600	2020	554.4
1933年	1600	1992	363.85
1938年	1600	1982	395
1943年	1600	7234.4	860.6

从统计的数字来看,在民国十三年(1924)析产分股之后,其历年之经营状况都比较良好,每年都能够盈利,且在民国十五年(1926)后利润的增长幅度比较明显(民国末年国内通货膨胀之速率极为夸张,光从数额上看其盈利数额较前些年份显得增长极大)。在章程的实际执行程度上,历年以来各房股东虽经历了人员的更迭,但还是非常严格地遵守了先前制定的章程,始终都不曾侵及坐本。从最初的南北杂货铺到后来涉及油坊、当铺、糕饼坊、蜡烛

坊等多个行业,胡景隆商号名下的资产数量不断累加,根据1937年上报的土地清册载,"田318.84亩,旱地桑田7.3亩,房产占地2.1亩",[①]这也是胡景隆商号得以长期存续的关键所在。在新中国成立后,该商号仍维持着日常经营,直到1957年被收归国有。

章程在关于余利分配中有一细节,即"内提十成之一酬老同事方君"。据上文考证,方君即方厚田,是此前协助跃臣经营管理店铺的主要管理人之一。方厚田既不属于胡氏族人,也未拥有商号股份,章程却明确规定他能够享受一成的余利分成,这种现象在家族式的经营行业中并不多见。除方厚田这样有特殊地位的员工之外,一般的店员同样也有不菲的金钱福利,胡景隆商号各年的盘结红单中赫然列有"店内员工彩红"一栏(表6-4),这项金额每年的支出占店铺余利的20%~30%,由此可见该商号对店内雇员的体恤和关怀程度。

表6-4 胡景隆商号店员福利统计

年份	余利(元)	店员彩红(元)	所占比例
1930年	458	137	29.91%
1931年	711	213	29.95%
1932年	554.4	166	29.94%
1933年	363.85	109	29.95%
1934年	245	73	29.79%
1938年	395	118	29.87%
1942年	4496	871	19.37%
1943年	8606	2000	23.23%

三、胡近仁作为股东的收益

在继承了父亲胡贞照名下的股份之后,胡近仁作为"胡景隆春牌号药店"的五大股东之一,便开始获得由商业经营所带来的物质利益。笔者根据历年新正盘结红利单所列数目,整理了胡近仁在此一项中的财务收支,兹列于表6-5。

---

① 上庄村志委会编:《上庄村志》,2009年版,第98页。

表 6-5　胡近仁在"胡景隆春牌号药店"中的财务收支

年份	存店股份	派得红利
1926 年	34 元 5 角 6 分	
1930 年	68 元 9 角 7 分 9 厘	59 元 2 角 6 分 1 厘
1931 年	72 元 6 角 6 厘	90 元 5 角
1932 年	34 元 9 角 6 分 7 厘	70 元 5 角
1933 年	84 元 5 分 7 厘	46 元
1934 年	79 元 7 角 8 分 9 厘	31 元 2 角 7 分 1 厘
1938 年 *	144 元 5 角 5 分 1 厘	50 元 3 角 6 分
1942 年	968 元 6 角 6 分 8 厘	
1943 年	753 元 7 角 9 分 8 厘	1201 元

胡近仁于 1935 年去世,名下股份由子胡赟继承,即红利单所注赟记

从表 6-5 统计来看,胡近仁生前基本上每年都能从"胡景隆春牌号药店"获得稳定收入,红利金额视实际的经营状况而定,一般在三十至九十元不等。根据当时地方上的物价水平和人均物资消耗推算,"鲜柴每斤价,城七文,乡四文;茶每斤价五百文;谷每百斤价三元三角;米每升价一百文,每元二十升;猪肉每斤价四百八十文,每元四斤四两;菜油每斤价三百八十文,每元五斤四两;黄豆每升价一百文;盐每升价一百四十文;麦每斤价一百四十文。普通中人之家,及普通商店,大概每人每日油八钱,米一升,菜若干,以上各物按日计。余按月计,如猪肉每月一斤,盐每月一斤等",①胡近仁一家三口每月的基本生活消费在五至六元,仅靠这笔收入基本上就可以满足其家半年左右的衣食开支。

---

① 王子乾:《绩溪经济状况》,载《微音月刊》,1925 年第 19 期,第 26 页。

第三节　乡儒胡近仁的社会职业及社会关系

一、胡近仁的社会身份和主要职业

虽然胡近仁拥有祖上家产的部分股权,也从中获得了不少的物质收益,但是在当地的乡村生活中,乡儒是他更主要的另一重身份。儒商家庭出身的胡近仁,在家庭重教文化的熏陶和家族商业财富的支持下,自幼便开始接受传统教育,《胡氏宗谱》中载:"祥木,元美公派贞照公之次子也,光绪癸卯入邑庠,乙巳科试以一等第一名补廪。"①胡近仁在业儒中打下了坚实的国学基础,并展现出极高的文学、史学天赋,清末徽州知府刘汝骥称赞他为"学传家弄,幼读楹书,誉满胶庠,群夸椽笔"。② 1923年,胡近仁在《读书杂志》上发表《读顾颉刚先生〈论古史〉书以后》一文,以大禹身份事迹的考证为例,就顾颉刚在《古史论》中提出的"层累地造成中国古史"理论发表了自己的看法。他认为,"古史虽然庞杂,但只限在尧舜以前,若尧舜以后的史料,似乎比较稍近事实"。③ 胡适对于顾颉刚、钱玄同、刘扶黎和胡近仁四人的这次古史讨论高度评价,他如是说:"这件事可算是中国学术界的一件可喜的事,他在中国史学上的重要一定不亚于丁在君先生发起的科学与人生观的讨论在中国思想史上的重要。这半年多《努力》和《读书杂志》的读者也许嫌这两组大论争太繁重了太沉闷了,然而我们可以断言这两组文章是《努力》出世以来最有永久价值的文章。在最近的将来,我这个武断的估价就会有许多人承认的。这一次古史的讨论里最侥幸是双方的旗鼓相当,阵势很严整,所以讨论最有精采。"④

除史学以外,胡近仁还精通音韵和格律,生前著有《奈何天居士吟草》诗

---

① (清)胡祥木:《上川明经胡氏宗谱》上卷之中《学林》。
② (清)胡祥木:《上川明经胡氏宗谱》卷首《序》。
③ 胡堇人:《读顾颉刚先生〈论古史〉书以后》,载《读书杂志》,1923第11期。
④ 胡适:《古史讨论的读后感》,载《读书杂志》,1924年第18期。

集,虽未出版,但从村志、县志和族谱所搜集的到几首诗词来看,或睹物思怀,或直抒胸臆。如他所赋《雨花台秋眺》一诗:"俯仰江天一览间,石城远接垒新环。千林叶落长千里,百艇舟舣大胜关。尚有轻烟秋岁月,空余故迹旧河山。一抔幸仰孤忠魂,拜罢怜然泪暗潸。"①该诗对仗工整,饱含意蕴,颇具古人之风。胡适在为胡近仁撰写的《奈何天居士吟草·序》中云:"吾乡地僻,数十年来,章句之学,尚无其人;至于诗词,更无论矣。即近仁所师亦不解此。顾近仁乃能独树一帜,以能诗闻,非所谓得天独厚者耶,非所谓不囿于流俗者邪?……然则其诗之价值更何待鄙人之哓哓耶?"胡适对胡近仁这部诗集的评价是相当高的。

  胡近仁虽有深厚的学识功底和远大的理想抱负,但因家道中落而导致的经济拮据使他不得不放弃宏愿,"故今日救时之策,当取旧宪,酌以新潮,庶因势利导,治功可蕲。若必攻错,他山则在,彼时将变橘为枳,在我为削足适履,恐利未形而害已先着矣。予夙持此者,尝欲编古代民俗史,演绎国情,借备研究,只以奔走尘坋,未遑授简"。② 为谋得生计,胡近仁将自身学识主要应用在了宗谱编纂上,当起了谱师。宣统二年(1910),刚逾弱冠的胡近仁,面对洪杨兵燹后村内人口外迁、旧谱资料散佚的困难阻碍,毅然承担起修谱大任。他率领谱局人员"咨故老,访罗祖典旧闻,并率众人采集吉金贞石",参阅并借鉴了一些邻近望族所修的宗谱,如光绪三十三年(1907)绩溪《金紫胡氏家谱》和光绪九年(1883)青阳《官礼陈氏宗谱》,并对照本族仅存的乾隆谱,确定宗谱的架构和内容。在修谱过程中,胡近仁始终秉承"主张修谱之要,首在剔伪,次则阙疑、查访、校对四者并重。旧谱非有确据,不敢轻为删改"③的原则,使其成为一家之信史。在历经两年后,该谱最终于民国元年付梓。全谱共分为 3 卷,卷首凡例、修谱名目等,卷上诰敕、遗像、列传、学林、仕宦、善行、文苑、列女等,卷中世系表,卷下规训、存旧等,卷末跋、后序等。

---

① 上庄村志编委会 编:《上庄村志》,2009 年,第 244 页。
② (清)胡祥木:《坦川洪氏宗谱》卷之首《胡序》。
③ (清)胡祥木等修:《上川明经胡氏宗谱》首卷《凡例》。

《上川明经胡氏宗谱》修成后受到了族人和诸方家的一致好评，也使得胡近仁才学、名气在当地各乡传播开来，一些欲重修宗谱的氏族纷纷前来聘请他作主纂者。他先后主纂了邻村四部宗谱，还协助旺川曹显承堂修成《曹显承堂支谱》。"十余年来，唯数辑谱乘，始自本族，继修余川汪氏、金川叶氏及歙县之竹溪、谷川，本县瑞川诸柯氏合谱。以为纵未怀铅握椠，克酬夙愿，而借谱牒之修或亦足伸吾说于万一，以是殚智竭虑，不惮再三"。① 从上川胡氏、余川汪氏、坦川洪氏、新安柯氏和旺川曹氏支谱的几部宗谱统计，胡近仁在以上5部宗谱中，共撰写了像赞19篇，序4篇，人物列传16篇，记16篇，跋2篇，还有杂记、小传和诗词等。除此以外，他还替瑞川程雨生所经营的"程裕新"茶号写过《程裕新茶号之过去将来》一文，刊登在《茶叶分类品目》中，用作商业宣传。

鉴于编修族谱所积累的经验和名声，1932年，胡近仁被聘为绩溪县志编纂，与总纂胡子承、王集成、程东屏、胡运中等人合作，主持修志规划与编写工作。在编纂过程中，胡适曾与胡近仁就县志的编绘方式、篇章结构和出版方式等问题进行具体深入的书信交流。② 可惜胡近仁于1935年去世，县志的另

---

① （清）胡祥木：《坦川洪氏宗谱》卷之首《胡序》。
② 1933年胡适写给胡近仁的信中说：关于县志体裁，我因为有些意见一时决无法实行，所以不愿高谈空论，今略举一二：1.地图必须用新式测量，决不可用老式地图；应有地质地图，与地势高下图。此似无法行的。但应与省志局有分县新图，总比旧法地图为佳；如他们有测量专员，县志局亦可略加补助，请他来测量。上海中央研究院地质研究所叶良辅先生曾调查安徽地质，县志局亦可请教他。2. 县志应注重邑人迁徙经商的分布与历史。县志不可但见小绩溪，而不看见那更重要的"大绩溪"。若无那"大绩溪"，小绩溪早已饿死，早已不成个局面。新志应列"大绩溪"一门，由各都画出路线，可看各都移殖的方向，及其经营的种类。如金华、兰溪为一路，孝丰、湖州为一路，杭州为一路，上海为一路，自绩溪至长江为一路……其间各都虽不各走一路，然亦有偏重。如面馆虽起于各村，而后来成为十五都一带的专业；如汉口虽由吾族开辟，后而来亦不限于北乡。然通州自是仁里程家所创，他乡无之；"横港"一带亦以岭南人为独多。3. 有一事必不可不奉告：县志必须带到上海排印，千万不可刻木板。我藏的《万历志》、《康熙续志》、乾隆《绩溪县志》，当托人带到城里交诸公参考，嘉庆《绩溪县志》似可不必奉寄了。将来若有余资，似可将此四部与罗氏《新安志》中的绩溪部分，合并付排印，托亚东办理此事，作为新志的附录。可惜《正德志》无法寻觅了。（耿云志、欧阳哲生 编：《胡适书信集》（上册），1996年，第593~594页。）

一主编王集成也于1944年病逝,该版《绩溪县志》只修撰了目录、凡例、文牍和部分人物资料,未能完整成书。

胡近仁的另一重身份是小学教员。在民国建立后,特别是"五四"运动以后,地方上对于新式教育的普及极为重视,各类新式学校在绩溪各乡纷纷成立。1919年,经村董和各塾商商讨后,上庄村内各所旧式私塾合并两所国民初级小学,后来胡适兄长胡绍之又建议将上庄这两所初级小学合并为一个新式学校,并获得了胡适和旅外同乡的一致赞同。1923年,在胡适的倡导下,"私立毓英小学"正式成立,由胡适任名誉校长,胡近仁任执事校长,胡鉴臣为副校长。[①]胡近仁后来还在汪惕予创办的余川燃藜小学任过教职。至于教员的薪俸几何,在1928年胡适寄于胡近仁的信中曾有提及:"你的信已收到了。你太客气了!其实我原信的意思是请你援照聘请教员最高年薪之例。你既不肯自定,现由我定为年薪贰百四十元,自十七年一月起算。上海同人,由我去通知了,一切费神,十分感谢。"[②]对比胡近仁从"胡景隆春牌号药店"所派得的红利金额,教员240元的年薪确实要比50～90元的分红高得多,这也是其以文人身份取得的主要收入。

二、胡近仁与胡适

胡近仁和胡适两家早在祖辈便有了较为密切的交往,胡铁花曾在《钝夫年谱》中提到,"(1867年)正月(胡铁花)送玠弟及毓度至旌德三溪镇,从步瀛族伯读书。时步瀛族伯于印林族太叔所开三溪之景隆店也"。[③]胡近仁与胡适两人虽然同属同宗,但并不同派,胡适属二分系元当公派下本系第二十三世,胡近仁则属七分系元美公派下本系第二十二世,两人虽只相差8岁,但按照辈分排行,胡近仁是胡适的族叔辈。

胡适童年在上庄读书时,因爱好文学小说而与胡近仁结缘,他在《四十自

---

① 上庄村志编委会 编:《上庄村志》,2009年,第158～160页。
② 耿云志、欧阳哲生 编:《胡适书信集》(上册),1996年,第411页。
③ 胡传:《钝夫年谱》,见《胡适文集》(1),第466页。

述》中这样写道。

> 帮助我借小说最出力的是族叔近仁,就是民国十二年和顾颉刚先生讨论古史的胡堇人。他比我大几岁,已"开笔"写文章了,十几岁就考取了秀才。我同他不同学堂,但常常相见,成了最要好的朋友。他天才很高,也肯用功,读书比我多,家中也颇有藏书。他看过小说,常借给我看。我借到的小说,也常借给他看。我们两人各有一个小手折,把看过的小说都记载上面,时时交换比较,看谁看的书多。①

在八股文盛行的时代,唯独坊间话本小说是用类似白话的平民口语所写的,阅读小说为胡适打下了白话文的基础,这也就是胡适所说的"帮我把文字弄通顺了"的功能。童年的这一特殊爱好竟成为后来胡适推广白话文的起点之一,而胡近仁可以说是最初推动者。

在离开上庄之后,胡适与胡近仁一直保持着密切的书信往来,据《胡适书信集》所收录的胡适信稿来看,1905—1933年的28年间,胡适写给胡近仁的信有28封,信的内容从家庭事务到学术研究、史实考证、文字改革、甲骨文研究和诗词唱和等,而从信中称呼和行文内容来看,两人关系似乎变得更为亲切,以至于无话不谈。1915年之前,胡适在信中对胡近仁的称呼是"致近仁老叔大人尊前""近仁先生大人鉴""近仁先生赐鉴""樨禅老叔赐鉴",落款一般带有体现辈分的"侄",如"侄骍顿首""族侄骍顿首"、"族侄骍顿首谨识",显得较为正式,从行文内容中亦可以明显感受到是晚辈与长辈之间的交流语气,比如1907年胡适在写给胡近仁的第一封信中真诚而谦卑与其作了诗词方面的探讨交流。② 而后来随着时间的推移,胡适对他的称呼方式也出现了一些变化,如称其为"近仁足下""老近""近仁""近叔",落款也简略为"适""适之""适之上"等,相比之前则显得较为随意。这倒并非是胡适在成名之后对

---

① 胡适:《四十自述》,见《胡适文集》(1),第51页。
② 详见耿云志、欧阳哲生 编:《胡适书信集》(上册),1996年,第1页。

近亲故交态度傲慢,而是少了些传统的繁文缛节,多了分真心实意。

在胡适离家之后,家内事务也大多都委托胡近仁照料,由于胡适母亲冯顺娣不识字,他们母子间的通信全部由胡近仁代笔。1927年胡适学成归国,于是年冬返回上庄与江冬秀完婚,婚礼的主管负责人便是胡近仁,而宴席上的菜肴则由是胡近仁的夫人石菊萍负责料理。胡近仁后人家中现在还保留着当年宴请宾客的菜谱和曾经借给胡适婚礼宴席上用的盘碗餐具。1935年胡近仁去世后,他的遗孀和儿子均受到了胡适一家的照顾。

三、文人与鸦片

绩溪地方上鸦片的传入最早始于咸同年间的太平天国运动,当时湘军中多有吸食鸦片的行为。他们在绩溪境内与太平军交战的同时,也将鸦片传入了当地。胡在渭辑录《徽难哀音》对此场景有过描写:"御寇可能施豹略,教场空自拥鸦军(官军多吸鸦片)。"[①]这一陋习竟成近代绩溪地方上的一个严重社会问题,宣统年间徽州知府刘汝骥在《徽州府禀地方情形》中论述道:"徽俗不论贫富,吃烟者十人而六七,面熏骨削,举目皆是。"[②]绩溪乡绅朱瑞麟认为,无业游民的增多也加剧了县内的烟赌风气,"生产者约十分之三,不生产者约十分之七,故生计日愈贫。父母爱惜男女,视若掌珍,孩提时既无家庭教育,长谋职业,辄废半途,于是不士不商不工不农之人,无所事事,渐趋于烟、赌两途"。[③]尽管徽州府和各县均出台了一些禁烟措施,但效果甚微。"近日烟禁森严,绅士为齐民表率,不闻有具结督责之条,有嗜好者帖然如故也"。[④]在商业较为发达的乡镇中,专供吸食鸦片的乌烟馆数量并不在少数,比如临溪镇,在抗战中随着过往人员剧增,隐藏于蔽巷中的乌烟馆也成倍增加。

上庄村在太平天国后剩余的丁口不过1200,而根据胡适回忆,这群幸存

---

① 胡在渭:《徽难哀音》,载《近代史资料》,1963年第1期,第148页。
② (清)刘汝骥:《陶甓公牍》卷一〇《禀详·徽州府禀地方情形》,第542页。
③ (清)刘汝骥:《陶甓公牍》卷一〇《法制科·绩溪民情之习惯·生产部生产之分数》,第611页。
④ (清)刘汝骥:《陶甓公牍》卷一二《法制科·绩溪绅士办事之习惯·资格》,第623页。

生的人中，竟有 200 人染有烟瘾，"鸦片鬼的堕落，实有甚于一般游手好闲的懒汉。他们终年耕耘所获，还不足以偿付烟债"。① 不仅无业之民吸食鸦片，还有不少士绅也沉迷其中，其中就包括胡近仁。

胡近仁在长期从事修谱撰文等卷帙浩繁的文字工作过程中，经常废寝忘食，连续通宵伏案，十分耗费精力，他自己也曾感叹："秋生秃管，方编疆索之书，冷月寒毡，正辑乡邦之志。"② 在这种状态下，胡近仁开始接触鸦片，依靠它来提神醒脑，而不知不觉中，他就这样染上了吸毒的恶习。胡适在得知此事后，也是多次来信，言辞恳切地规劝他戒掉烟瘾。在1928年寄于胡近仁的信中，胡适如是说："你昨天说起要进光慈医院去戒烟，我听了十分高兴。希望此时能成功。鸦片之害确可以破家灭族，此不待远求例证，即看本族大分二分的许多人家，便可明白。即如尊府，如我家，都是明例。你是一族之才士，一乡之领袖，岂可终于暴弃自己，沉迷不返？你现在身遭惨痛，正是一个人生转头反省的时候，若任此深刻的惨痛轻轻过去，不能使他在行为上、人格上，发生一点良好影响，岂不辜负了这一个惨痛的境地？"③ 尽管胡近仁对鸦片的危害已有了清醒的认识，但由于成瘾已久，很难戒除，再加上常年处在潦倒的环境中，积重难返，于1935年因病英年早逝，终年50岁。1935年《学风》上为他刊登了一则讣告："绩溪县志馆编纂胡近仁先生，八都上庄人，为现代学者胡适之先生堂叔，幼与适之同学，且相友善。其学问渊博，素为邑人钦仰。二十一年五月，该县县志馆成立，聘为编纂。惟身体素弱，且又多病，忽于阴历十二月初四日逝世，享年五十岁。该县宿儒又弱一个，闻者多为悼惜。"④ 一代精英宿儒最后竟陨于鸦片之毒害，令人不胜唏嘘。"胡开文"墨店后人胡恩森曾说："如果胡适不走出上庄的大山，那他永远是上庄的胡适；正是因为胡适走出了上庄的大山，他才成为中国的胡适。"⑤ 反过来看，那个没

---

① 胡适口述，唐德刚整理翻译：《胡适口述自传》，2005年，第9页。
② （清）胡祥木：《坦川洪氏宗谱》卷之首《胡序》。
③ 耿云志、欧阳哲生 编：《胡适书信集》（上册），1996年，第453～454页。
④ 《绩溪耆宿胡近仁先生逝世》，载《学风》，1935年第1期，第5页。
⑤ 上庄村志编委会 编：《上庄村志》，2009年，第2页。

有走出大山的胡适,不正是胡近仁吗?

第四节 跨越府界的区域互动:上庄、三溪两镇的社会和经济交流

一、三溪镇的商业区位和早期绩商

徽州历来处于山多田少、缺粮少食的状态,这种情况在绩溪尤为突显。作为皖南地区人均产粮较高的平原圩区,邻县旌德素有"徽州粮仓"之称,除了本地消费,旌德所产粮食大部分经绩溪临溪、扬溪两地转运,再销往徽州,"出口货物以米为大宗,因绩北旌德、宁国皆产米,米贩以临溪为销场也"。①在明清时期,徽宁两府之间屡禁不止的私盐贸易客观上提升了旌德与徽州经济交流之频度,②这其中以绩溪上庄与旌德三溪之间的社会和经济来往最具典型性。

三溪镇位于旌德县西北边陲,因徽水、麟溪、玉溪三河汇流入泾川而得名。在现代公路开通之前,作为徽水河航运的起点,三溪镇是皖南北部山区与圩区衔接的重要水陆码头和商埠。旌德大部、绩溪岭北、太平东乡和泾县南乡地区居民常年生产、生活所需物资均由芜湖、湾止溯青弋江而上,运至泾县赤滩,再换竹筏运到三溪,而后扩散四乡。上述诸地所产的茶叶、竹木、米粮等大宗农副产品也大多从三溪集运出境,销往芜湖、安庆、汉口、南京、上海等地。正是这一交通区位优势造就了三溪商业经济的繁荣。自清中期以来,旌德、绩溪、泾县、太平诸县商贾竞相涉足三溪商业市场,在这之中,尤以绩溪岭北地区商人的势力进入最早,影响最深远。

徽宁之间的传统商路有两条,一条是徽岭以南经由扬之水、戈溪河流域

---

① 胡步洲编:《绩溪乡土地理》第3章第5节《临溪渔间之航路》。
② 李甜:《溢出边界的"朝奉":明清以降徽州与旌德的地域关系》,载《史林》,2016年第5期,第113~122页。

沟通徽宁二府,另一重要通道便是经由绩溪八都上庄连接歙县和旌德两县的陆路。绩溪岭北七、八都一带与旌德南部山水相连,风俗相同,沿徽水北上经旌阳到三溪只有七八十里的路程。根据当代《绩溪县志》描述,上庄与旌德之间的路线如下:上庄(5里)—择树下(5里)—石家亭(5里)—坦头(5里)—浩寨(5里)—杨滩(5里)—分界山(5里)—版书下(5里)—将军庙(5里)—南五里(5里)—旌德县(5里)。① 在咸同兵燹中,胡铁花也曾沿此路前往旌德县城购粮,"三月郡城湘军进克旌德县……得谷,惧贼复至,争槖卖其半,价遂大减。洋银一元可购米三斗。钝夫闻之,力疾归购粮。足乏力,途只一百三十五里,行五日乃达"。② 据《上庄村志》载,沟通上庄与旌德西乡之间另有两路:一是经宅坦、鲍村、翻恩岭、风栖湾,过杨桃岭抵旌德白地;二是经余川、上金山,翻越大塔凹抵旌德高甲村。③

清代中期旌德与绩溪岭北一带的商货交易非常频繁,除盐和米稻等大宗商品外,日用副食杂货的流通量也不小,胡景隆商号信件中的货单提到了几类常见输入商品,如"今寄上鲜亥油壹元,计重四斤";"今着花益寿送上春由九元,秤一百斤,至祈复秤";"今枣一斤,洋四文六分,枯老十八两二钱,洋九元六角,青田十斤,本洋六角,草席六条,三百六十五钱一角,本洋一元二角八分";"前赐弟扇面一把,又收到此样甚好,今着投字前望,兄照样再买一把,勿要写字为要,合寄下英洋一元,祈买標月布二匹""并望芹记寄太史饼一斤、赤砂三斤、葛粉二斤、麻球、糖早(枣)二斤、椒月一斤、洋皂一方"。从这些由三溪寄往上庄的货物来看,从糕点食品,糖、油、盐调料到药材、布匹、洋货等,包含了基本生活所需的各类日常消耗品,由此可见三溪与上庄之间商货流通的紧密程度。

朝发夕至的距离优势和频繁的商货交易为绩溪岭北八都商人进入三溪市场创造了天然的营商环境优势,胡近仁祖父胡锡印率先于咸同兵燹结束后

---

① 绩溪县地方志编委员会编:《绩溪县志》,北京:方志出版社,2011年,第447页。
② 胡传:《钝夫年谱》,欧阳哲生编:《胡适文集》(1),第455页。
③ 上庄村志编委会 编:《上庄村志》,2009年,第107~108页。

第六章　绅商个体所见之乡村生活与地方社会——以胡近仁及其家族为中心的考察

在三溪开设了"胡景隆"商号,并在经商方面取得了较大的成功。与此同时,胡锡印的成功案例也引起了胡氏家族和亲邻古旧的关注,他们也随之来到三溪开店设坊。继"胡景隆"之后,由胡氏另一支派在三溪开设第二家商号——"胡正隆"。它除经营南北杂货外,还兼设茶、丝、米行、油坊、染坊等,也代办邮政和骡马运输,经营种类多样。在传到第三代经营者手中时,家族子弟对于经商的热情已有所衰退,在分家析产后,胡教将名下的商号改名为"正隆教记"。另一房则搬到沙坝街开设"鸿发"布号,兼制黄烟,两店的后来经营状况并不理想,不久即破产闭歇。

二、绩商势力在三溪的扩张

"胡景隆"商号在经历了其经营鼎盛期后,经营状况有所滑落,光绪年间"胡景隆"经理兼店主胡厚生(胡锡印次子胡贞泽,字厚生)在写给上庄胡灶产(胡贞泽侄胡鼎臣,乳名灶产)的信中提到店内近况。

> 灶产贤侄见启:
> 　　店内现应南辉、思之均去家不返,柜上生意虽属清寥,然大概不思鼎力,尚有缺人也,再我店此际开销客往,约计二千余元,每日所进无多,办土尚欠资本,前着月照往太平钱少南处意望移洋五百元,谁知今岂因解粮甚紧,无应分毫。同泰之项亦难应用,且各账现亦难收,加之天雨绵延不出,生意更为见紧,念及客账实费踌躇,为特走笔通知,望吾侄可速返,钟宏兄即日来店为宜。并望吾侄上面筹画,能调度五六百金归店应济否?或者向本村内焰兄处,或坦川玉堂兄处,或别有处,倘遇知音能通若干应用,则与言定不过暂时移,准来正月半前归还,认其息钱可算,此属场面要需,望勿置之度外……

为解决由资金压力出现的经营困境,胡厚生希望"能调度五六百金归店应济"。信中提到的坦川玉堂兄,就是来自岭北六都坦头的洪氏一族。该族中洪宾、洪荣章父子,便是继上庄胡氏之后来到三溪经商的又一大商业势力,而其规模在当时已经远超处于衰落途中的"胡景隆""胡正隆"两家商号。

洪宾最早是在六都坦头村内开设"洪怡兴"号杂货店,后来随着经营成功,便将商业扩大到旌德、芜湖一带。"既而高掌远跖,广设商肆,遍及旌城、三溪、泾城、芜湖、扬州各埠,商业之盛,一时无比。内则求田问舍,计前后构居室十余所,置膏腴数顷,贻谋之裕冠于族党"。① 在子辈分家析产时,长子洪荣章因与上庄胡氏有姻亲关系,便将一份店业搬到了三溪沙坝街南端开设了"公成"杂货店,除经营布匹杂货外,还兼设油坊、面店、糕饼坊和蜡烛坊,初聘员工二十余人。"公成"开设之初,便以庞大的规模和雄厚资金在三溪名噪一时。当时,旌德西南的双河、兴隆、孙村、白地等地区皆在他的业务覆盖范围内,货物批发生意更是远及绩溪岭北、歙县许村和太平县城。在鼎盛时期,"公成"曾拥有招牌十三块,资产20万元。

"鼎和"是洪荣章继"公成"后,与他人合资开设的第二家商号,店址在三溪正街的北市,经营行业除与"公成"相同的副食百货外,还设有中药坊、货栈,该店铺的作坊号称"三十六间"。"鼎和"号主要弥补"公成"在北线业务范围上的空白,其业务向三溪北郊和泾县东乡一带辐射。

"协孚"是由洪荣章独资开设于中街的商号,名义上为"鼎和"分号,主营美孚煤油,兼营酱坊、面店和豆腐坊,也提供骡马运输。②

洪氏商人在三溪镇上开设的店铺还有"正泰"药店、"恒和"杂货铺和"大春"药店。其他由绩溪商人开设的店铺有庆大、志康、镒顺、怡顺、鼎新、裕泰、丰大、存仁堂等。据不完全统计,连小摊铺在内,三溪镇上的绩溪商店共有30多家(表6-6),势力极大,并在相当长的时期内垄断了三溪商业,至新中国成立前,历届三溪商会会长均由绩溪人担任。

---

① (清)胡祥木:《坦川洪氏宗谱》卷二《列传·洪会昌太翁家传》。
② 胡志治、叶惠基等口述,纪铎、曹诚复采写,《绩溪人在三溪》,载《绩溪文史资料》(第三辑),1993年,第12~13页。

表 6-6　三溪镇上绩溪商人商店统计

名称	行业分类	店主、经理人	备注信息
胡景隆	杂货布匹、粮油副食、国药	胡锡印、胡贞泽、胡鼎臣、胡跃丞	1864年左右创于中街，鼎盛期店员80人
胡正隆	杂货布匹、茶、丝、油、织染、运输	胡教等	开办于同光年间
公成	杂货布匹、粮油副食、蜡烛	洪荣章	位于沙坝街南端，员工20多人，资产20万元
鼎和	杂货布匹、粮油副食、国药	洪荣章等	位于正街北市
协孚	煤油、酱坊、面店、豆腐坊、运输	洪荣章	位于中街
恒和	杂货、面店	洪定九、胡振起、汪成勋	后由汪成勋独资运营
正泰	国药	洪润民	位于三溪中街
庆大	杂货、冶坊、石膏	曹揖堂等	位于三溪大桥北头
志康	杂货布匹、煤油、冶坊	叶大荣	位于三溪中街
镒顺	冶坊	叶大荣、曹揖堂、黄瑞庭、朱学锦	后改为"利民"
怡顺	糟坊	叶大荣	职员20人
鼎新	酱坊、豆腐坊、糕饼坊	曹揖堂	位于三溪正街，鼎和对门
丰大	酒坊、粉丝坊	章恒中	位于三溪中市街，后改名"丰大有"
存仁堂	国药	胡门墙	1935年开设于三溪沙坝街
大春	国药	洪祯祥	1948年开设于北街
裕泰	杂货	汪寿勋	

资料来源：胡志治、叶惠基等口述，纪铎、曹诚复 采写，《绩溪人在三溪》，载《绩溪文史资料》（第三辑），1993年，第12～13页；《坦头村志》，2002年，第111～112页。

三、绩商在三溪社会的融入

绩溪商人在旅外经商中体现出了较强的适应性，胡锡印在创设"胡景隆"商号时，便已开始积极融入当地社会，广交人脉，积累资源，如《胡氏宗谱》中所描述，"公熟察人情，善结纳，择英杰之士，折节与交，又重然诺，喜推解，以故群情詟服"。① 曹揖堂在任"鼎和"经理期间，有意地拉拢四乡顾客，广结地方政商要员，后来他辞去经理职务，自创"庆大"，聘任当时旌德知县胡少圃、旌德十七都董王子芬为名誉股东，租用王子芬房屋作店面，并利用各股东在当地的社会关系大肆宣传，以招徕旌德县城和东西乡顾客，使生意日益兴隆。绩溪浩寨乡人叶大荣也运用这一方式，拉拢旌德朱旺村富户黄瑞庭、朱学锦，在当地开设"镒顺"冶坊。

在三溪共同经营的绩商群体，受传统乡族观念的影响，通常彼此关照支持，对外团结一致。各店店主所聘用的经理、管账、伙计、学徒基本都是沾亲带故的同乡或同族，各店店主之间亦有姻亲、东伙或是父子兄弟关系。在开展商业竞争的同时，也能够在私下相互协作。比如上文信中所提到的"胡景隆"商号经理胡厚生向同族胡内焰和坦头洪玉堂借资一事，还有抗战时期胡英经营的"鸿发"布店出现财务危机时，同乡洪荣章便主动命管事于除夕夜用红漆盘给胡英送去一千元，帮"鸿发"和胡英暂渡难关。

在经营商业的同时，来自绩溪的店东、伙计有很大一部分选择在当地购置田产，安家落户，繁衍生息。如"胡景隆春牌号药店"经理人胡跃臣的后代已经从上庄迁出，并在三溪安家，至今仍有部分生活在三溪镇上。在与当地人长期生活劳作过程中，绩溪人也学会了当地语言，习惯了当地风俗，逐渐与寓居地居民融为一体。在三溪的绩商还积极参与当地社会活动，凡三溪组织整修街道、兴办庙会、搭台演戏等活动，绩商均主动投资赞助，对当地慈善和文教等公益事业，绩商亦不吝钱财，慷慨援助。在历经了数代繁衍后，在三溪的绩商后代子孙，除了知道自己祖籍是绩溪外，俨然已经成为三溪土著。

作为国家权力与乡村社会的衔接者，乡绅阶层实际上支配着地方上的社会文教和经济生活。胡近仁一向以文人乡绅身份示于人，而"胡景隆"商号文

---

① （清）胡祥木：《上川明经胡氏宗谱》上卷之上《列传·荫林胡公传》。

书的发现,则揭示了他表面乡绅身份背后的另一重商人身份。该批文书所包含的合约、账册和书信,从商业、社会和生活多角度立体化地展示了徽州家族与商业经营之间的相互关系,并使我们认识到胡近仁的乡绅身份的获得和维持,与家族前代所积累的商业资本有着极为密切的联系。对照胡近仁以文人身份参与的社会行为,我们可以发现,随着商号实际经营状态的起伏,他的行为选择也在作出调整。根据上文分析,"胡景隆春牌号药店"在1917年之前曾经历持续十年左右的经营低迷阶段,胡近仁的日常生活一度潦倒,从1907年胡适寄给胡近仁信中题的一首小诗中,我们可以感受胡近仁的真实状态:"怜君潦倒复穷愁,愧我难为借箸谋。吟到泪随书洒句,那堪相对兴悲秋。"也正在这一时期,胡近仁主持修编了本族及邻村柯氏、汪氏、叶氏等族的族谱,在无法通过商业经营获取收入的情况下,以修谱赚取收入成为平衡家庭收支的途径之一,这也是一个近代乡绅在文人和商人双重身份下的生计模式。

结　语

　　本著选择以晚清、民国时期徽州绩溪县为中心和切入点,从历史社会地理的研究角度,就近代徽商与地方商业社会这一核心问题,展开多方位的宏观讨论和尝试性的微观实证探究。徽州作为一个有机统一的空间实体,在地理环境、社会风俗、人群性格、社会经济发展程度上既存在共通性和共同性,也有较为明显的区域差异性和个体特殊性。而这种差异性和特殊性是如何形成的;与地方社会之间是怎样一种关系;由此而导致其他层面的社会差异在时间和空间上如何体现以及对地方社会变迁有何种助推或阻碍力量,这一系列的疑问便成为本著最初始的问题。

　　徽州府绩溪县作为一个边缘地带的政区单位,又是典型皖南山区地形单元,同时夹在歙县、休宁一类遍地金银气的核心政区和旌德、宁国一带平原圩区之间,长期处于政治边缘化和社会固封化的状态,因此在明清时期歙县、休宁、婺源等县商人大量外出经商并取得巨大成功的同时,绩溪县却仍是一幅"惟守农业,罔事商贾"的社会图景。然而在清中期以后,这一长期保持不变的社会状态却迎来了剧烈的变革,商人势力崛起和经商风气开启成为地方社会变迁主要的推动力量。围绕这一基本观点,继而又产生了一系列新的问题:如绩溪商业为何在清中期发展缓慢,而又在清嘉庆以后短时间内集中出现;绩商的主要经营行业有哪些,与传统徽商行业有何差异;绩商所经营的行业在近代以来有哪些盛衰变化;绩商的社会网络、同乡组织和空间分布呈现怎样的特征;绩溪本土的地方社会有哪些近代化表现;绩商个体、宗族和乡村的发展变迁如何具体体现等相关内容。通过对上述问题的逐一梳理,我们能够剖析出近代商人、商业与地方社会变迁之间的内在联系,从而展示出一个传统区域社会是如何一步步地从传统走向近现代。

一、绩溪县内的空间分异格局

这里所指的空间包含了两层含义,一层是在地理环境上形成的实体空间,另一层指的是由地理实体空间所衍生出的社会和文化的空间。地理环境决定了区域开发模式的空间基调,也影响了聚落形成的时间顺序和空间形态。绩溪境内徽岭的隔断效应及"山压水冲"的地形特征,使县内形成了南、北两乡的格局划分,而徽岭南北不同的地理环境进一步造就了传统时代显著的社会和人群差异。早在宋代,这种差异便已体现得较为明显,正如罗愿在《新安志》中所言:"绩溪俗有二:由徽岭以南,壤瘠赋重而民贫;其北壤沃赋平,人有余则柔循肤。"[①]这种由农业生产环境不同而形成的空间分异,直到近代还存在着深刻的影响,比如在茶业经济方面,位于新安江流域内的茶产地所出茶叶分别通过登水、扬之水和芦水运往临溪镇集中,再由临溪运销屯溪。而岭北长江流域所出产的茶叶则主要由天津和山东帮茶商采办,北上通过长江运往华北地区。

在社会经济方面,行业的分布也存在着明显的空间分异。近代以来,随着绩溪县经商风气的开启和商人群体的壮大,位于县内不同区域的人群所从事的行业也有显著的地域差别。根据本著第三章对绩溪商人经营行业的研究可以看出,民国时期在上海经营徽馆业的绩溪人绝大多数来自十三都和十四都,而从事茶叶贸易的商人则主要来自岭北六、七、八都一带。胡适也曾指出:"如面馆虽起于各村,而后来成为十五都一带的专业;如汉口虽由吾族开

---

① (宋)罗愿 著:《新安志》卷一《风俗》。

辟,后而来亦不限于北乡。然通州自是仁里程家所创,他乡无之;'横港'一带亦以岭南人为独多。"①

二、商业发展的时间线索

关于经商风气形成的问题讨论,首先要区分零星分散的商人个体和集中形成的商帮群体之间的差别。从时间上看,尽管绩溪县在明代中期便已经出现旅外经商的个案,但这些个体就如同石子投入水中而泛起的涟漪,随着水面渐归平息,他们所产生的影响也渐次消亡。而具有一定人数的商帮出现是经商风气正式形成的主要标志。地理环境的限制、浓厚的乡土观念以及政治资源的缺乏是绩溪商贾晚出三大主因。嘉道年后,整体时局发生变化,县内部人口压力剧增,内外因的共同作用为绩溪商业的起步提供了内在驱动力和外在机缘。爆发于咸同年间的太平天国运动虽然对徽州和绩溪本地造成了极大的破坏,但是同时削弱了徽州其他各县商帮的整体实力。战争过后,绩溪商业的迅速复兴使得绩商与其他商帮之间的差距进一步缩小,并呈现出破而后立的局面。

五口通商以来,绩商的活动频率和活跃程度较前表现得更为突出。以茶商为例,早期绩溪茶商并不在传统茶叶贸易口岸——广州经营,而是在杭州、苏南一带活动。五口通商以后,上海在茶叶出口贸易上的经济地位逐渐超过广州,绩溪茶商也随之转移到汉口、上海等口岸城市,形成以洋庄茶为主的经营格局。在民国时期,茶业更是成为绩溪旅外商业的主要经济支柱。另一个绩商所经营的主要行业是徽馆业。自1843年上海开埠后,随着城市的拓展和城市功能区的完善,饮食行业的规模随之壮大,徽馆作为较早入沪的商业群体势力之一,在短时间内迅速占领了上海饮食市场,虽然民国以来在城市文化空间多元化的趋势下有所衰退,但仍是绩商的主要经营行业之一。

总体来看,近代以来,以盐业和典业著称的传统徽商均出现了明显的衰

---

① 胡适:《胡适家书》,2013年,第235页。

退之势,徽墨行业在科举制废除之后也失去了相当一部分的市场,茶业经济虽然在晚清民国时期有阶段性的复苏,但是也无法在当时诸多商帮中形成绝对的垄断优势。总而言之,徽商在盐、典、茶、墨等传统行业上的整体经营状况不如从前。但是与此同时,作为徽州商帮中的后起之秀的绩溪商人在民族工业和教育出版业等新兴行业领域均有涉猎,从而也促使县内产业经济格局发生调整。

三、绩溪商人的时代特征

作为徽商的组成部分,绩商群体与徽州商帮有着密切的联系,在徽商经营的一些传统行业,如茶业、墨业和典业,绩商亦有涉及。特别是在茶业经营方面,绩溪的茶业经济有着区别于徽州其他各县茶业的特殊格局。在非传统的徽商经营领域,以经营徽州特色菜品的徽州面馆、酒菜馆(统称"徽馆")随着徽商势力的扩张而渗透到长江中下游地区的汉口、芜湖、南京、上海、杭州等城市,并依托庞大的血缘、地缘和业缘组织迅速发展壮大。这一产业逐渐垄断成为绩溪最具代表性的新兴旅外行业,通过对晚清民国时期旅沪徽馆业分布和变迁的具体研究,能够从徽馆业盛衰变迁这个窗口窥见近代徽商群体与现代都会城市的命运联系及其所经营行业的变化趋势。除徽馆业以外,绩商在一些现代化的新兴工商行业领域,如现代工业、医疗卫生业和图书出版业等均有一定的突出表现。

与传统徽商一样,绩商能够取得发展和成功的原因之一在于构建了一张庞大的社会网络。从明代万历年间始建京都绩溪会馆到近代各大城市所分布的会馆、公所和同乡会,由绩商所组建的各类地缘和业缘组织在空间分布和组织类型上呈现出多样化的发展趋势。在空间分布上,绩溪会馆由最初作为政治中心的北京扩散至经济和商业高度集中的长江沿岸和江南地区;在组织类型上,其也由单一的依托血缘、亲缘和乡缘的区域地域组织发展成为地缘、业缘共存的多种会馆形式。在功能上和管理方面,新式商人会馆显示了其内部科学民主性的提升、职能种类的健全和慈善公益形式的多样化等方面的多元转化路径。但与此同时,地缘与业缘的交错使各类会馆的部分功能发生重叠,在狭隘的乡族观念下,各地区、各行业之间的不良竞争仍时有发生,遂成为近代商人群体在近代化转型中的羁绊。

四、对区域社会研究的一些思考

在作区域社会研究的过程中,除了要关注乡村、群体、社会等面一级的整体表现,也要注重点状的宗族、个体及其社会行为、族群意识的具体分析。通过梳理绩溪西关章氏一族商人案例,窥探绩溪县内早期商人的产生和发展过程。与绩溪早期零散出现商人不同的是,章氏一族商人的经商行为显示出较为明显的家族传承性和延续性,并通过宗族血缘网络扩大其经商的行业范围和空间区域。从明嘉靖年间,族内章献邦、章献邠兄弟联手经营盐业至清道光年间章道源、章必焕叔侄合力运销两浙盐务,这两百余年间,章氏一族的商业经营主要依赖这种宗族内部的亲缘关系得以维持并壮大。从族人外迁的空间分布上看,其所选择的迁居地,诸如浙江、苏州、淮安、扬州、江西景德镇、安徽芜湖、山东济宁等府县,多属明清时期商业较为繁荣的地区,特别是有徽州商人参与经营活动。章氏一族作为绩溪早期出现的经商家族,其与传统徽州商帮之间的交流与互动,促进了经商风气的传入,对绩溪县商业社会的形成和发展起到了先导和传达作用。

在个案研究方面,主要对近代绅商胡近仁多重社会身份进行揭示。从"胡景隆春牌号药店"相关文书对其家族产业进行整理分析,该批文书所包含的合约、账册和书信,从商业、社会和生活多角度立体化地展示了徽州家族与商业经营之间的相互关系,并使我们认识到胡近仁的乡绅身份的获得和维持,与家族前代所积累的商业资本有着极为密切的联系。通过对照胡近仁以文人身份所参与的社会行为,我们可以发现,随着商号实际经营状态的起伏,他的行为选择也在作出调整。我们看到了在近代动荡时局下,商人个体、家族和区域社会变迁之间的内在关联。

作为区域研究,本著即使将空间范围缩小到一个县级单位,将时间范围锁定在清和民国两个时期，也无法做到"竭泽而渔"式的史料搜集，因此，本著所研究的对象和区域还有值得深入的空间，主要集中在以下几个方面。

第一，作为徽州的代名词之一，商人和商业对地方社会发展变迁固然产生过深远的影响，然而放在整个大历史当中，这两个方面还不足以准确揭示徽州区域社会的整体特征。此外，对于绩溪与徽州其他县份区域发展变迁的对比分析与整理研究，还有待讨论。

第二，对于商人和商业的研究，在史料发掘方面也还有深入的空间。绩溪商人在近代以来的经商活动相当活跃，商人群体的数量也十分庞大，特别是在徽馆业和茶业两大经营领域。然而与徽州其他县份相比，目前已经发现的有关绩溪商人和商业的文书资料还相对较少，内容也较零散。因此，在信息化程度较高的当下时代，如何进一步挖掘地方民间文书资料，是区域社会史研究的一项基础工作，也是本著研究今后所要继续深入的一个方向。

第三，随着区域社会史研究的不断深入，通过个案研究来剖析一个区域社会的整体面貌已经成为当下研究者所广泛采用的研究范式，但在本著研究中，类似西关章氏家族和上庄明经胡氏这样的案例，它们对区域社会的整体特征到底具有多少代表性，是否能够代表同一时期或是同一区域大多数的家族特征，也是值得再考量的问题之一。

参考文献

一、方志、专志与地方文献

[1] (宋)罗愿. 新安志[O]//宋元方志丛刊[O]. 北京:中华书局,1990.

[2] (明)何东序. 徽州府志[O]//北京图书馆古籍珍本丛刊[O]. 北京:书目文献出版社,1998.

[3] (明)谢陛编. 歙志[O]. 合肥:黄山书社,2014.

[4] (明)余士奇,谢存仁纂. 祁门县志[O]. 合肥古旧书店,1961.

[5] (清)高晫纂. 徽州府志[O]. 清康熙二十二年(1683)抄本,上海图书馆藏.

[6] (清)丁廷楗,赵吉士. 徽州府志[O]//中国方志丛书[O],台北:成文出版社有限公司印行,1985.

[7] (清)马步蟾. 徽州府志[O]//《中国地方志集成》[O]. 南京:江苏古籍出版社,1998。

[8] (清)周溶,汪韵珊纂. 祁门县志[O]. 清同治十二年(1873)刻本.

[9] (清)较陈锡. 绩溪县志[O]. 清乾隆二十一年(1756)刻本.

[10] (清)清恺. 绩溪县志[O]. 合肥:黄山书社,2010.

[11] (清)何应松. 休宁县志[O]//中国地方志集成[O],南京:江苏古籍出版社,1998.

[12] (清)陶澍,邓廷桢,李振庸,韩玖. 安徽通志[O]. 清道光十年(1830)

刻本,复旦大学图书馆藏.

[13] (清)廷丰等.钦定重修两浙盐法志[O],上海古籍出版社,2002.

[14] (清)冯煦,陈师礼.皖政辑要[O],合肥:黄山书社,2005.

[15] (清)吴坤修,何绍基、杨沂孙.重修安徽通志[O].清光绪四年(1878)刻本,复旦大学图书馆藏.

[16] (民国)徐乃昌.南陵县志[O]//中国地方志集成 [O],南京:江苏古籍出版社,1998年.

[17] (民国)安徽通志馆.安徽通志稿 [O].民国二十三年(1934)铅印本,复旦大学图书馆藏.

[18] (民国)石国柱,许承尧.歙县志[O]//中国地方志集成 [O].南京:江苏古籍出版社,1998.

[19] (民国)胡步洲.绩溪乡土地理 [O].民国十五年(1926)油印本,安徽省图书馆藏.

[20] (民国)罗柏麓,姚桓等.遂安县志[O].民国十九年(1930)刊本

[21] 台北市绩溪同乡会.绩溪县志[M].台北:太安印刷厂股份有限公司,1963.

[22] 吴相湘、刘绍唐.中国经济志[M],台北:传记文学出版社,1971.

[23] 绩溪县地名办公室.绩溪县地名录[M].内部资料图书,1988.

[24] 何警吾.徽州地区简志 [M].合肥:黄山书社,1989.

[25] 徽州地区交通志编委会编.徽州地区交通志 [M].合肥:黄山书社,1996.

[26] 许传成,许晓骏.磡头志 [M],皖新闻出版局内部资料(2000)124号,1997.

[27] 绩溪县地方志编纂委员会.绩溪县志[M].合肥:黄山书社,1998.

[28] 曹健主.旺川古今 [M].皖宣内部资料,1999.

[29] 胡昭璧.龙井春秋[M].皖宣内部资料,2000.

[30] 汪治芳.坦头村志[M].皖宣内部资料,2002.

[31] 吴关善.吴家坑村志 [M].皖宣内部资料,2002.

[32] 汪本铨.余川村志》[M].内部资料,2004.

[33] 黄义新.绩溪县教育志 [M].北京:方志出版社,2005.

[34] 冯耀璋. 冯村志[M]. 内部资料,2000.

[35] 程勇、张新如. 华阳镇志[M]. 皖宣内部资料,2007.

[36] 汪俊庚. 千年仁里[M]. 皖宣内部资料,2009.

[37] 上庄村志编委会. 上庄村志[M]. 内部资料图书,2009.

[38] 绩溪县地方志编纂委员会. 绩溪县志[M]. 北京:方志出版社,2011.

二、谱牒类

[39] (明)章乔. 西关章氏族谱[O]. 明万历刻本,上海图书馆藏.

[40] (清)邵兰等. 华阳邵氏统宗谱[O]. 清乾隆二十八年(1763)刻本,上海图书馆藏.

[41] (清)章维烈等. 西关章氏族谱[O]. 清道光二十九年(1849)木活字本,上海图书馆藏.

[42] (清)周之屏. 绩溪城西周氏宗谱[O]. 光绪三十一年(1905)木活字本,上海图书馆藏.

[43] (清)胡广植等. 金紫胡氏家谱[O]. 清光绪三十三年(1907)木活字本,上海图书馆藏.

[44] (清)周善鼎等. 仙石周氏宗谱[O]. 清宣统三年(1911)木活字本,上海图书馆藏.

[45] (清)胡祥木等. 上川明经胡氏宗谱[O]. 清宣统三年(1911)木活字本,上海图书馆藏.

[46] (清)程宗旦等. 绩溪仁里程世禄堂世系谱[O]. 清宣统三年(1911)木活字本,上海图书馆藏.

[47] (清)周启海等. 周氏重修族谱[O]. 民国元年(1912)木活字本,上海图书馆藏.

[48] (清)许桂馨,许威. 涧洲许氏宗谱[O]. 民国三年(1914)木活字本,上海图书馆藏.

[49] (民国)章尚志等. 西关章氏族谱[O]. 民国四年(1915)木活字本,上海图书馆藏.

[50] (民国)汪立中. 余川越国汪氏族谱[O]. 民国五年(1916)木活字本,上海图书馆藏.

[51] (民国)王德藩等. 盘川王氏家谱 [O]. 民国十年(1921)木活字本, 上海图书馆藏.

[52] (民国)胡士坊等. 明经胡氏龙井派族谱[O]. 民国十六年(1927)木活字本, 上海图书馆藏.

[53] (清)胡祥木. 坦川洪氏宗谱 [O]. 民国十六年(1927)木活字本, 上海图书馆藏.

[54] (民国)曹诚瑾等. 曹氏宗谱 [O]. 民国十六年(1927)木活字本, 上海图书馆藏.

[55] (民国)王集成. 绩溪庙子山王氏谱 [O]. 民国二十四年(1935)铅印本, 上海图书馆藏.

三、文书、档案资料

[56] (清)程苹卿. 京都绩溪馆录 [O]. 光绪年间刻本.

[57] (清)胡培翚, 王日新. 绩溪捐助宾兴盘费规条 [O]. 清刻本, 安徽省图书馆藏.

[58] 胡应来. 汪裕泰茶号调查报告 [B]. 上海档案馆馆藏档案, Q78-2-14521.

[59] 上海市茶叶同业公会. 茶叶史料 [B]. 上海市档案馆藏, S357-3-1.

[60] 上海市徽宁会馆章程[B]. 上海市档案馆馆藏档案, Q6-9-110.

[61] 徽宁旅沪同乡会第一届报告书 [M]. 1924年, 上海图书馆藏.

[62] 上海商业储蓄银行之茶叶调查报告(1934-1040)[B]. 上海档案馆馆藏档案, Q275-1-1996.

[63] 瑞生和茶腿店1947年7月11日调查 [B]. 上海档案馆馆藏档案, Q78-2-15367.

[64] 汪裕泰茶号第一次调查[B]. 上海市档案馆馆藏档案, Q275-1-1996.

[65] 寿景伟. 中国茶叶公司创立缘起 [B]. 贸易委员会档案, 309(2)-1112

[66] 茶输出业同业公会. 各文化事业单位向本会劝募的来往文书 [B]. 上海市档案馆藏, S198-1-92.

[67] 上海丝工业同业公会档案[B]. 上海档案馆馆藏档案, S37-1-92-23.

[68] 上海缫丝工业同业公会档案[B]. 上海档案馆馆藏档案, S37-1-255-44.

[69] 上海市社会局茶输出同业公会成立案卷[B]. 上海市档案馆藏档案, Q6-34-346.

[70] 安徽省第十区行政督察专员公署布告[B]. 绩溪档案馆馆藏档案, 卷号115.

[71] 绩溪绸布百货同业会呈文·布字第7号[B]. 绩溪档案馆馆藏文书档案, 卷号115.

[72] 胡希圣. 绩溪一瞥[B]. 绩溪县档案馆藏, 案卷号302.

四、晚清民国书刊、杂志

[73] 游戏报[N].

[74] 申报[N].

[75] 安徽俗话报[N].

[76] 医学世界[N].

[77] 读书杂志[J].

[78] 微音月刊[J].

[79] 教育月刊[J].

[80] 安徽教育行政周刊[J].

[81] 红玫瑰画报[N].

[82] 大常识是指南针[N].

[83] 农学杂志特刊第三种[J].

[84] 新月[J].

[85] 社会月刊[J].

[86] 时事汇报[N].

[87] 安徽省政府政务月刊[J].

[88] 学风[J].

[89] 上海生活[J].

[90] 铁路杂志[J].

[91] 傅宏镇. 皖浙新安江流域之茶业[M]. 上海大文印刷所, 1934.

[92] 上海商业储蓄银行调查部. 上海之茶及茶业[N]. 商业调查刊第四编,1931.

[93] 商务印书馆辑. 上海指南[N]. 上海:商务印书馆,1909.

[94] 商务印书馆辑. 上海指南[N]. 上海:商务印书馆,1910.

[95] 商务印书馆辑. 上海指南[N]. 上海:商务印书馆,1912.

[96] 商务印书馆辑. 上海指南[N]. 上海:商务印书馆,1916.

[97] 商务印书馆辑. 上海指南[N]. 上海:商务印书馆,1920.

五、史书、文集、笔记及其他资料

[98] (汉)班固. 汉书[O]. 北京:中华书局,1999.

[99] (唐)白居易. 白居易集[O]. 北京:中华书局,1999.

[100] (明)黄汴. 天下水陆路程[O]. 太原:山西人民出版社,1992.

[101] (明)金声. 金太史集[O]//乾坤正气集[O],同治求是斋本.

[102] (明)汪道昆. 太函集[O]. 合肥:黄山书社,2004.

[103] (清)李斗. 扬州画舫录[O]. 北京:中华书局,2008.

[104] (清)赵吉士著. 寄园寄所寄[O]. 上海:大远图书供应社,1935.

[105] (清)刘锦藻. 清朝续文献通考[O]. 杭州:浙江古籍出版社,2000.

[106] (清)张之洞纂. 奏定学堂章程[O]//近代中国史料丛刊[O]. 台北:文海出版社,1966.

[107] (清)梅曾亮. 柏枧山房文集[O]//中华文史丛书[O]. 台北:华文书,1968年.

[108] (清)沈复. 浮生六记[O]. 北京:人民文学出版社,2010.

[109] (清)刘汝骥. 陶甓公牍[O]//官箴书集成[O]. 合肥:黄山书社,1997.

[110] (清)沈练,仲学辂. 广蚕桑说辑补[O]. 北京:农业出版社,1960.

[111] (清)范祖述. 杭俗遗风[O]. 同治二年(1863)手抄本.

[112] (清)王韬著. 瀛壖杂志[O]. 上海古籍出版社,1989.

[113] (清)王茂荫. 王士郎奏议[O]. 合肥:黄山书社,1991.

[114] (清)曾国荃. 曾忠襄公奏议[O]. 光绪二十九(1903)年刊本.

[115] (清)徐珂. 清稗类钞[O]. 北京:中华书局,1984.

[116] (民国)王定九. 上海顾问 [M]. 上海：中央书店, 1934.

[117] (民国)萧剑青. 上海向导 [M]. 上海经纬书局, 1937.

[118] (民国)王定九. 上海门径 [M]. 上海：中央书店, 1937.

[119] (民国)赵尔巽. 清史稿 [O]. 北京：中华书局, 1977.

[120] (民国)许承尧. 歙事闲谭 [O]. 合肥：黄山书社, 2014.

[121] (民国)陈去病. 五石脂 [O]. 南京：江苏古籍出版社, 1999.

[122] (民国)杨德惠、董文中. 上海之工商业 [M]. 重庆：中外出版社, 1941.

[123] 上海市文史馆编. 上海地方史资料 [M]. 上海社会科学院出版社, 1984.

[124] 颜非主. 绩溪文史资料(第一辑) [M]. 皖宣内部资料, 1985.

[125] 吴承联. 旧上海茶馆酒楼 [M]. 华东师范大学出版社, 1989.

[126] 胡祥翰.《上海小志》[O], 上海古籍出版社, 1989.

[127] 绩溪县地方办公室. 徽岭南北 [M]. 皖宣内部资料, 1987.

[128] 颜非主. 绩溪文史资料(第二辑) [M]. 皖宣内部资料, 1988.

[129] 胡祖德. 沪谚外编 [O]. 上海古籍出版社, 1989.

[130] 梁实. 梁实秋怀人丛录 [M]. 北京：中国广播电视出版社, 1991.

[131] 胡其佳. 绩溪文史资料(第三辑) [M]. 皖宣内部资料, 1993.

[132] 洪树林. 绩溪文史资料(第四辑) [M]. 皖宣内部资料, 1996.

[133] 歙县文史资料委员会. 歙县文史资料(第五辑) [M]. 内部资料图书, 1997年.

[134] 邵之惠. 绩溪徽商 [M]. 皖宣内部图书, 2002.

[135] 邵之惠. 绩溪徽商(续一) [M]. 皖宣内部图书, 2004.

[136] 沈寂编，戴敦邦. 老上海小百姓 [M]. 上海辞书出版社, 2005.

[137] 吴健熙，田一平. 上海生活：1937－1941 [M]. 上海社会科学院出版社, 2006.

[138] 邵之惠. 绩溪徽商(续二) [M]. 皖宣内部图书, 2008.

[139] 承载、吴健熙. 老上海百业指南 [M]. 上海社会科学院出版社, 2008.

[140] 邵之惠. 绩溪徽商(续三) [M]. 皖宣内部图书, 2010.

[141] 芜湖市工商联.芜湖胡开文墨店调查(1962年)[M]//文史资料选辑[N].2011.

[142] 上海商务印书馆编译所.大清新法令[O].北京:商务印书馆,2011.

[143] 邵之惠编.绩溪徽商(续四)[M].皖宣内部图书,2012.

六、资料汇编

[144] 中国科学院经济研究所.中国近代经济史参考资料丛刊[G].北京:生活·读书·新知三联书店,1957.

[145] 中国科学院近代史研究所近代史资料编辑组.近代史资料[G].北京:中华书局,1963.

[146] 上海博物馆历史资料室.上海碑刻资料选辑[G].上海人民出版社,1980.

[147] 苏州历史博物馆.明清苏州工商业碑刻集[G].南京:江苏人民出版社,1981.

[148] 张海鹏,王廷元.明清徽商资料选编[G].合肥:黄山书社,1985.

[149] 安徽省博物馆.明清徽州社会经济资料丛编[G].北京:中国社会科学出版社,1988.

[150] 陈元晖编.中国近代教育史资料汇编[G].上海教育出版社,1991.

[151] 周绍泉,王钰欣.徽州千年契约文书[G].石家庄:花山文艺出版社,1993.

[152] 刘伯山.徽州文书[G].南宁:广西师范大学出版社,2005.

[153] 彭泽益.中国工商行会史资料集[G].北京:中华书局,1995.

[154] 耿云志,欧阳哲生.胡适书信集[G].北京大学出版社,1996.

[155] 欧阳哲生.胡适文集[G].北京大学出版社,1998.

[156] 曹伯言.胡适日记全编[G].合肥:安徽教育出版社,2001.

[157] 李德龙,俞冰.历代日记丛钞[G].北京:学苑出版社,2006.

[158] 殷梦霞,李强.民国铁路沿线经济调查报告汇编[G].北京:国家图书馆出版社,2009.

[159] 王日根,薛志鹏. 中国会馆志资料集成[G]. 厦门大学出版社,2013.

七、论著

1. 著作、论文集

[160] 何炳棣. 中国会馆史论[M]. 台北:台湾学生书局,1966.

[161] 叶显恩. 明清徽州农村社会和佃仆制[M]. 合肥:安徽人民出版社,1983.

[162] 邹依仁. 旧上海人口变迁的研究[M]. 上海人民出版社,1983.

[163] 汪原放. 回忆亚东图书馆[M]. 上海:学林出版社,1983.

[164] 刘石吉. 明清时代江南市镇研究[M]. 北京:中国社会科学出版社,1987.

[165] 樊树志. 明清江南市镇探微[M]. 上海:复旦大学出版社,1990.

[166] 张仲礼. 中国绅士:关于其在十九世纪中国社会中作用的研究[M]. 上海:上海社会科学院出版社,1991.

[167] 叶显恩. 清代区域社会经济研究[M]. 北京:中华书局,1992.

[168] 唐力行. 商人与中国近世社会[M]. 杭州:浙江人民出版社,1993.

[169] 张海鹏,张海瀛. 中国十大商帮[M]. 合肥:黄山书社,1993.

[170] 邱澎生. 商人团体与社会变迁:清代苏州的会馆公所与商会[D]. 台湾大学博士学位论文,1995.

[171] 王日根. 乡土之链:明清会馆与社会变迁[M]. 天津人民出版社,1996.

[172] 周振鹤. 中国历史文化区域研究[M]. 上海:复旦大学出版社,1997.

[173] 胡成业. 胡适外传[M],皖宣内部资料,1997.

[174] 唐力行. 商人与文化的双重变奏——徽商与宗族社会的历史考察[M]. 武汉:华中理工大学出版社,1997.

[175] 周晓光,李琳琦. 徽商与经营文化[M]. 北京:世界图书出版社,1998.

[176] 常建华. 宗族志[M]. 上海人民出版社,1998.

[177] 林永匡,王熹.清代饮食文化研究[M].哈尔滨:黑龙江教育出版社,1999.

[178] 唐力行.明清以来徽州区域社会经济研究[M].合肥:安徽大学出版社,1999.

[179] 张仲礼.中国绅士的收入[M].上海社会科学院出版社,2001.

[180] 杨念群.中层理论——东西方思想会通下的中国史研究[M].南昌:江西教育出版社,2001.

[181] 费孝通.江村经济[M].北京:商务印书馆,2001.

[182] 邹逸麟.历史人文地理[M].北京:社会科学出版社,2001.

[183] 王振忠.徽州社会文化史探微——新发现的16—20世纪民间档案文书研究[M].上海:上海社会科学院出版社,2002.

[184] 冯贤亮.明清江南地区的环境变动与社会控制[M].上海人民出版社,2002.

[185] 李琳琦.明清徽商与徽州教育[M].武汉:湖北教育出版社,2003.

[186] 郭绪印.老上海的同乡团体[M].上海:文汇出版社,2003.

[187] 胡武林.徽州茶经[M].北京:当代中国出版社,2003.

[188] 赵力.商业与社会变迁——以1644－1949年黟县为例[D].复旦大学硕士论文,2003.

[189] 冯尔康.中国社会史概论[M].北京:高等教育出版社,2004.

[190] 赵华富.徽州宗族研究[M].合肥:安徽大学出版社,2004.

[191] 卞利.明清徽州社会研究[M].合肥:安徽大学出版社,2004.

[192] 樊树志.江南市镇:传统与变革[M].上海:复旦大学出版社,2005.

[193] 唐力行.徽州宗族社会[M].合肥:安徽人民出版社,2005.

[194] 常建华.明代宗族研究[M].上海人民出版社,2005.

[195] 冯尔康.18世纪以来中国家庭的现代转向[M].上海人民出版社,2005.

[196] 邵之惠,洪璟,张脉贤.徽菜[M].合肥:安徽人民出版社,2005.

[197] 王廷元,张海鹏.徽商研究[M].合肥:安徽人民出版社,2005.

[198] 赵世瑜.小历史与大历史:区域社会史的理念、方法与实践[M].

北京:生活·读书·新知三联书店,2006.

[199] 何建木.商人、商业与区域社会变迁——以清民国的婺源为中心[D].复旦大学博士论文,2006.

[200] 曹聚仁.上海春秋[M].北京:生活·读书·新知三联书店,2007.

[201] 唐力行.苏州与徽州——16-20世纪两地互动与社会变迁的比较研究[M].北京:商务印书馆,2007.

[202] 王日根.中国会馆史[M].上海:东方出版中心,2007.

[203] 费孝通.乡土中国[M].上海人民出版社,2008.

[204] 李甜.明清时期宁国府旌德县商业发展和社会变迁[D].复旦大学硕士论文,2009.

[205] 刘芳正.民国时期上海徽州茶商与社会变迁[D].上海师范大学硕士学位论文,2009.

[206] 王振忠.新安江[M].南京:江苏教育出版社,2010.

[207] 王振忠.日出而作[M].北京:生活·读书·新知三联书店,2010.

[208] 石原皋.闲话胡适[M].北京:人民大学出版社,2011.

[209] 代洪亮.复兴与发展——学术史视野中的中国社会史研究[D].山东大学博士论文,2011.

[210] 王振忠.徽学研究入门[M].上海:复旦大学出版社,2011.[M],上海:上海人民出版社,2011.

[211] 邹怡.明清以来的徽州茶业与地方社会[M].上海:复旦大学出版社,2012.

[212] 陈慈玉.近代中国茶叶之发展[M].北京:中国人民大学出版社,2013.

[213] 唐鲁孙.中国吃[M].桂林:广西师范大学出版社,2013.

[214] 王振忠.明清徽商与淮扬社会变迁[M].北京:生活·读书·新知三联书店,2014.

[215] 余英时.儒家伦理与商人精神[M].桂林:广西师范大学出版社,2014.

[216] 唐力行.延续与断裂——徽州乡村的超稳定结构与社会变迁[M].北京:商务印书馆,2015.

[217]（日）加藤繁.清代的北京商人会馆[J]//中国经济史考证（第三卷）[M].北京:商务印书馆,1973.

[218]（日）岸本美绪.明清交替と江南社会——17世纪中国の秩序问题[M].东京:东京大学出版会,1999.

[219]（日）熊远报.清代徽州地域社会史研究:境界・集団・ネットワータと社会秩序[M].东京:汲古书院,2003.

[220]（美）黄宗智.华北的小农经济与社会变迁[M].北京:中华书局,1986.

[221]（美）施坚雅.中国农村的市场和社会结构[M].北京:中国社会科学出版社,1998.

[222]（美）施坚雅.中华帝国晚期的城市[M].北京:中华书局,2000.

[223]（美）迈克・波特(Michael E. Porter).国家竞争优势[M].北京:华夏出版社,2002.

[224]（美）杜赞奇.文化、权力与国家:1900—1942年的华北农村[M].南京:江苏人民出版社,2003.

[225]（美）黄宗智.中国研究的范式问题讨论[M].北京:中国社会科学出版社,2003.

[226]（美）黄宗智.长江三角洲小农家庭与乡村发展1350－1988[M].法律出版社,2014.

[227]（英）迈克・克朗.文化地理学[M].南京大学出版社,2005.

2.论文

[228]梁启超.近代学风地理的分布[J].清华学报,1915(3):25.

[229]（日）和田清.关于支那的金银钱[J].东洋学报,1922,(12).

[230]（日）根岸佶.支那の同乡团体[J]//东京商科大学创立五十周年纪念论文集[C].1925,(12).

[231]傅衣凌.明代徽商考——中国商业资本集团史初稿之一[J].福建省研究院研究汇报.1947,(2).

[232]许正.安徽茶叶史略[J].安徽史学,1960,(3):1～10.

[233]（日）加藤繁.清代的北京商人会馆[J].中国经济史考证,1973,(3):101～122.

[234] 陈桥驿.历史时期绍兴地区聚落的形成与发展[J].地理学报,1980,(1):15~23.

[235] 叶显恩.试论徽州商人资本的形成与发展[J].中国史研究,1980,(3):107~118.

[236] 叶显恩.徽商的衰落及其历史作用[J].江淮论坛,1982,(3):57~63.

[237] 李则纲.徽商略述[J].江淮论坛,1982,(1):1~14.

[238] 叶显恩.徽商利润的封建化与资本主义萌芽[J].中山大学学报,1983,(1):49~56.

[239] 陈平民.也谈徽墨奇葩"胡开文"——与紫玉同志商榷[J].江淮论坛,1984,(4):39~41.

[240] 吴仁安,唐力行.明清徽州茶商述论[J].安徽史学,1985,(3)

[241] 徐子超.也谈"胡开文"的创业与创名[J].江淮论坛,1985,(3):102~104.

[242] 王廷元.徽州典商述论[J].安徽史学,1986,(1):15~21.

[243] 唐力行.论徽商与封建宗族势力[J].历史研究,1986,(2):144~160.

[244] 徐鼎新.试论清末民初的上海(江浙皖)丝厂茧业总公所[J].中国经济史研究,1986,(2):61~75.

[245] 郭蕴深.汉口地区的中俄茶叶贸易[J].江汉论坛,1987,(1):64~65.

[246] 徐子超.再谈"胡开文"的创业与创名[J].徽州学丛刊,1987,(2).

[247] (日)重田德著,刘森译.清代徽州商人之一面[A]//徽州社会经济史研究译文集[C].合肥:黄山书社,1987:417~456.

[248] 吴仁安.论明清徽商在上海地区的经营活动与历史作用[J].大连大学学报,1999,(5).106~110.

[249] 王珍.徽商与茶叶经营[J].徽州社会科学,1990,(4).

[250] (日)臼井佐知子,何小刚.徽商及其网络[J].安徽史学,1991,(4):18~24.

[251] 石秉根.徽菜馆始祖[A]//徽商史话[M].合肥:黄山书社,1992:166.

[252] 徐子超.胡开文墨业系年要录[J].江淮论坛,1992,(6):78~83.

[253] 赵世瑜.中国社会史研究笔谈——社会史研究呼唤理论[J].历史

研究,1993,(2):15～16.

[254] 周天游,葛承雍.中国社会史研究的新趋向——"地域社会与传统中国"国际学术会议综述[J].历史研究,1995,(1):103～119.

[255] 唐力行.徽州方氏与社会变迁——兼论地域社会与传统中国[J].历史研究,1995,(1):73～85.

[256] 徐子超.胡开文墨业的创业者胡余德[A]//近代商人[M].合肥:黄山书社,1996.

[257] 周晓光.19世纪50－60年代中国社会的战乱与徽州商帮的衰落[A]//首届国际徽学学术讨论会文集[C].合肥:黄山书社,1996:227～247.

[258] 张朝胜.民国时期的旅沪徽州茶商:兼谈徽商衰落问题[J].安徽史学,1996,(2):74～77.

[259] 王振忠.社会史与历史社会地理[J].复旦学报(社会科学版),1997,(1):16～18.

[260] 张燕华,周晓光.论道光中叶以后上海在徽茶贸易中的地位[J].历史档案,1997,(1):95～101.

[261] 唐晓峰.社会历史研究的地理学视角[J].读书,1997,(5):3～8.

[262] 陈克艰.历史具体和理论"态度"——评《明清徽商与淮扬社会变迁》[J].史林,1997,(3):111～113.

[263] 周晓光.论五口通商后徽州茶商贸易重心转移[J].安徽史学,1998,(3):44～49.

[264] 周晓光.近代外国资本主义势力的入侵与徽州茶商的兴衰[J].江海学刊,1998,(6).336～345.

[265] 何炳棣,巫仁恕.扬州盐商:十八世纪中国商业资本的研究[J].中国经济社会史研究,1999,(2):59～76.

[266] 范金民.清代徽州商帮的慈善设施——以江南为中心[J],中国史研究,1999,(4):143～152.

[267] 曹健,洪树林.粮商曹显应[A]//古代商人[M].合肥:黄山书社,1999:98～102.

[268] 王振忠.稀见清代徽州商业文书抄本十种[J].华南研究资料中心通讯,2000年,(20):95～98.

[269] 王振忠.一部徽州族谱的社会文化解读——《绩溪庙子山王氏谱》研究[J].社会科学战,2001,(3):109~126.

[270] 王振忠.民间档案文书与徽州社会史研究的拓展[J].天津社会科学,2001,(5):140~144.

[271] 王振忠.徽商日记所见汉口茶商的社会生活——徽州文书抄本《日知其所无》笺证[J].文化遗产研究集刊,2001,(2).

[272] 王振忠.清代徽州与广东的商路及商业——歙县茶商抄本《万里云程》研究[J].历史地理,2001年,(1):297~315

[273] 王振忠.抄本<习登日记>——一册徽州学徒的日记[J].古籍研究,2002,(2):74~75.

[274] 范金民,夏维中.明清徽州典商述略[J].徽学,2002,(1):129~138.

[275] 唐力行.重构乡村基层社会生活的实态——一个值得深入考察的徽州古村落宅坦[J].中国农业史,2002,(4):77~78.

[276] 刘志伟.地域社会与文化的结构——珠江三角洲研究的历史学与人类学对话[J].历史研究,2003,(1):54-64.

[277] 王振忠.徽州少年日记(1949)[J].天涯,2003,(5):80~85.

[278] 吴宏岐,王洪瑞.历史社会地理学的若干理论问题[J].陕西师范大学学报,2004,(3):89~94.

[279] 唐力行.从杭州的徽商看商人组织向血缘化的回归——以抗战前夕杭州汪王庙为例论国家、民间社团、商人的互动与社会变迁[J].学术月刊,2004,(5):58~67.

[280] 王振忠.清代、民国时期江浙一带的徽馆研究——以扬州、杭州和上海为例[A]//明清以来江南社会与文化论集[C].上海:上海社会科学院出版社,2004:128.

[281] (美)萧凤霞,刘志伟.宗族、市场、盗寇与蛋民——明以后珠江三角洲的族群与社会[J].中国社会经济史研究,2004,(3):1~13.

[282] 魏文享.行业意识、组织网络与社会资本——江浙皖丝茧总公所的兴起与运作(1910—1930)[J].近代史学刊,2005,(5):171~183.

[283] 王振忠.历史社会地理研究刍议[J].中国历史地理论丛,2005,(4):5-14.

[284] 胡云. 胡天注与"胡开文"墨业考证[J]. 黄山学院学报,2005,(5):17～21.

[285] 王振忠. 明清文献中"徽商"一词的初步考察[J]. 历史研究,2006,(1):170～173.

[286] 范金民. 明代地域商帮的兴起[J]. 中国经济史研究,2006年,(3):93－103.

[287] 刘伯山. 论徽州传统社会的近代化[J]. 学术界,2006,(6):142～151.

[288] 王振忠. 徽商子弟眼中的太平天国史事——新发现的徽州日记稿本《记事珠》解题[J],九州学林,2006.

[289] 陈春生. 走向历史现场[J]. 读书,2006,(9):19～28.

[290] 王振忠. 从《应星日记》看晚明清初的徽州乡土社会[J]. 社会科学,2006,(12):121～132.

[291] 王日根. 明清徽州商人的家族观念及其超越[J]. 安徽史学,2007,(1):88～93.

[292] 周兵. 显微镜下放大历史:微观史学[J]. 历史教学问题,2007,(2):38～43.

[293] 王振忠,王娜. 作为启蒙读物的徽州书信——刊本《汪大盛新刻详正汇采书信要言》[J]. 安徽史学,2007,(3):77～80.

[294] 邹振环. 西餐引入与近代上海城市文化空间的开拓[J]. 史林,2007,(4):137～149.

[295] (美)萧凤霞,包弼德等. 区域·结构·秩序——历史学与人类学的对话[J]. 文史哲,2007,(5):5～20.

[296] 唐力行. "千丁之族,未尝散处":动乱与徽州宗族记忆系统的重建——以徽州绩溪县宅坦村为个案的研究[J]. 史林,2007,(2):82～94.

[297] 唐力行. 从区域史研究走向区域比较研究[J]. 上海师范大学学报(哲学社会科学版),2008,(1):74～79.

[298] 陶德臣. 英属锡兰茶业经济的崛起及其对中国茶产业的影响与打击[J]. 中国社会经济研究,2008,(4):314～323.

[299] 江礼旸. "浓油赤酱"从何而来——徽菜是上海本帮菜的源头[J]. 食品与生活,2008,(6):24～25.

[300] 陶荣. 近代徽杭公路的开通与徽州市镇社会近代化[J]. 黄山学院学报,2009,(2):19~24.

[301] 林欢. 从墨票看胡开文墨业发展的几个问题[J]. 徽学,2010,(1):65~78.

[302] 王裕明. 明代商业经营中的官利制[J]. 中国经济史研究,2010,(3):144~151.

[303] 马勇虎. 乱世中的商业经营——咸丰年间徽商志成号商业账簿研究[J]. 近代史研究,2010,(5):107~128.

[304] 陈春声,肖文评. 聚落形态与社会转型:明清之际韩江流域地方动乱之历史影响[J]. 史学月刊,2011,(2):55~68.

[304] 彭景涛,萧功秦,刘芳正. 承继与变革:民国时期上海徽州茶商近代转型的历史考察[J]. 江西财经大学学报,2012,(4):87~93.

[306] 马勇虎. 民国徽商、乡村工业与地方市场——培本有限公司经营账簿研究[J]. 中国社会经济史研究,2011,(1):62~68.

[307] 朱国兴,金声琅,孙克奎. 徽州菜肴的地理表征及感知分析[J]. 地理研究,2011,(12):2222~2228.

[308] 汪聚泰,刘芳正. 从旅沪学徒到黄埔学员[J]. 史林,2013,(1):32~37.

[309] 周生春,陈倩倩. 家族商号传承与治理制度的演变——以胡开文墨业"分产不分业"为例[J]. 浙江大学学报(人文社会科学版),2014,(3):33~43.

[310] 梁诸英. 民国时期徽州交通网络的多元格局及评价[J]. 安徽史学,2014,(3):122~127.

[311] 王振忠. 重商思潮激荡下的传统徽墨经营——关于《有乾公号四轮承做合同新章》的解读[J]. 安徽大学学报(哲学社会科学版),2014,(4):93~100.

[312] 李甜. 溢出边界的"朝奉":明清以降徽州与旌德的地域关系[J]. 史林,2016,(5):113~122.